儒家生态思想通论

乔清举　著

北京大学出版社
PEKING UNIVERSITY PRESS

图书在版编目(CIP)数据

儒家生态思想通论/乔清举著.—北京:北京大学出版社,2013.11
(儒家思想与儒家经典研究丛书)
ISBN 978-7-301-20843-4

Ⅰ.①儒… Ⅱ.①乔… Ⅲ.①儒家-生态学-研究
Ⅳ.①B222.05②Q14

中国版本图书馆 CIP 数据核字(2012)第 132346 号

本书为教育部规划项目"儒家生态哲学思想研究"(08JA720017)课题的最终成果

书　　　名:	儒家生态思想通论
著作责任者:	乔清举　著
丛书主编:	汤一介
责任编辑:	肖　雪　王长民
标准书号:	ISBN 978-7-301-20843-4/B·1047
出版发行:	北京大学出版社
地　　　址:	北京市海淀区成府路 205 号　100871
网　　　址:	http://www.pup.cn　新浪官方微博:@北京大学出版社
电子信箱:	dianjiwenhua@163.com
电　　　话:	邮购部 62752015　发行部 62750672
	编辑部 62756694　出版部 62754962
印　　　刷　者:	北京大学印刷厂
经　　　销　者:	新华书店
	880mm×1230mm　A5　11 印张　300 千字
	2013 年 11 月第 1 版　2013 年 11 月第 1 次印刷
定　　　价:	28.00 元

未经许可,不得以任何方式复制或抄袭本书之部分或全部内容。
版权所有,侵权必究
举报电话:010-62752024　电子信箱:fd@pup.pku.edu.cn

教育部哲学社会科学研究重大课题攻关项目

《儒藏》附属项目

总 序

当前,随着全球化浪潮的跌宕起伏,欧美金融危机、债务危机不断深化,国际形势日变。世界范围内原有的社会经济、政治、科技,及至外交、思想、文化等固有格局,均面临重大变动、调整和重新组合,近三百年来一直占统治地位的工业文明形态,亦面临调整和转型。这一历史进程的快慢缓急,目前虽然还难以具体预测,但从人类文明发展的历史逻辑和基本规律来看,此一历史趋势之无法逆转似乎已成定局。也正是这一现实背景和历史动因,为我国的"和谐社会"和全人类的"和谐世界"的建设,提供了千载难逢的历史机遇。

中华民族正处于伟大复兴的过程中,民族的复兴必有民族文化复兴的支撑。儒家文化在历史上曾是中华文化的主流,她自觉地传承着夏、商、周三代文明且代有发展,并深刻影响着中国社会的方方面面。同时,我们必须清醒地认识到,只有首先植根于本民族的文化传统并给以现代的转化,在此基础上才能有效地汲取和消化其文明的优秀成果,从而熔铸和塑造出新的民族文化精神,其中包括思维方式、行为方式、价值观体系、话语系统、社会发展模式、文化软实力、以及民族的创造力、凝聚力等。只有如此,我们才能在新的历史条件下,加强对人类文明转型的自主能力,取得决定适应新环境、新时代文化选择的自主地位,以支撑我们的民族复兴大业能够最终得以实现、完成、发展和巩固,并为当前人类社会作出应有贡献。

(一)

有鉴于上述时代发展的历史特点和当今人类文明激变转型的背景及中华民族复兴的历史大趋势,北京大学于2003年启动了由汤一介先生为首席专家的《儒藏》编纂工程。该工程作为我国一项重大的学术文化项目，由教育部正式批准立项，并被确定为"教育部哲学社会科学研究重大课题攻关项目"。在"立项通知书"中，教育部要求北京大学和首席专家"瞄准国内和世界先进水平，认真组织跨学科、跨学校、跨部门和跨地区的联合攻关，积极开展实质性的国际学术合作与交流，力争取得具有重大学术价值和社会影响的标志性成果"。编纂这一浩大的文化主体工程，在采取符合现代方式对儒家文献进行整理出版的同时，加强对儒家经典和儒家思想研究，便成为《儒藏》编纂工程的"一体之两翼"。这也是当初《儒藏》工程总体设计和的基本内容和主要任务。也即是说，在我们集全国二十六所高校及有关科研院所几百名专家学者共同攻关编纂一部有现代标点、校勘的《儒藏》（精华编），以实现儒家文献外部形式的现代化，以为现代世界和现代人提供一个能够方便利用的现代版本，这是推动儒学现代化和中国文化复兴的重要一步，同时也是对儒家经典本身及儒家思想进行全面、系统深入研究的重要基础。

《儒藏》工程首席专家汤一介先生早在《儒藏》工程论证时即明确提出："《儒藏》工程由编纂与研究两部分构成，它既要对儒家经典文献进行全面的整理和编纂，又要对儒家思想进行系统的研究和阐释。"汤先生认为，在《儒藏》编纂过程中，"编目"本身就是一项重要的研究工作，编出一部好的《儒藏大全总目》和一套好的《儒藏精华总目》，都可以说是一项重要研究成果。因为每一部典籍，从版本、源流，到校刊、考订，再到断句、标点及写出一篇合格的校勘记等，无不需要有宽广深厚的古代语言文字学、目录学、版本学和丰富的历史文化知识为底蕴，都需要在研究的基础上才能作好。由于《儒藏》的编纂是一项十年至二十年，甚至更长时间才能完成的巨大工程，因此在编纂《儒藏》的同时，也要对儒家经典文献方面和儒家义理思想方面进行全方位的探索、挖掘和研究。这些研究性的工作，正可以利用编纂《儒藏》的有利条件（文献资料、版本选择、校勘成果及人才配备等多方面条件），组织力量编写出高质量的学术研究成果，如《中国儒学史》《儒家人物研究》《儒家典籍研究》《儒家伦理问题研究》

等。还可以考虑组织力量撰写当前人类社会所面临的重大课题的研究,如《儒家思想与生态问题》等等。汤先生的这些设想,对《儒藏》工程的攻关进展起到蓝图设计和思想推动的作用。

从《儒藏》工程正式由教育部批准立项起,经过近八年的努力,在《儒藏》工程的总体部分,标点、断句、校勘已完成了《儒藏》精华编总量的近百分之八十。在儒家思想和儒家经典研究方面,已经完成了九卷本《中国儒学史》的研究和撰写(北京大学出版社 2011 年出版),同时还出版了五期《儒家典籍与思想研究集刊》。(共发表了近 150 篇学术论文)这些研究成果的出现,标志着《儒藏》工程正在顺利发展并茁壮成长。

(二)

《儒藏》工程的顺利进行并取得多项阶段性研究成果,是与教育部、北京大学和积极参与此项工程的所有专家学者共同努力及关心中国文化发展和民族复兴的各界朋友的支持分不开的。在此我们愿与各位读者分享学术前辈及学术同仁对《儒藏》事业的支持、关怀和谆谆勉励的殷殷之情。

著名国学大师饶宗颐先生盛称《儒藏》的编纂与研究乃是"重新塑造我们的新经学"和"我们国家踏上文艺复兴时代"过程中的学术盛筵。为此他专门撰写了《〈儒藏〉与新经学》一文发表在《光明日报》上。其文充满了对中国文化复兴的期待,他说:

> 我们现在生活在充满进步、生机蓬勃的盛世,我们可以考虑重新塑造我们的新经学。世界上没有一个国家没有他们的 Bible(圣经)。……我们的哲学史,由子学时代进入经学时代,经学几乎贯彻了汉以后的整部历史。"五四"以来,把经学纳入史学,只作史料来看待,不免可惜!现在许多出土的简帛记录,把经典原型在秦汉以前的本来面目,活现在我们眼前,过去自宋迄清的学人千方百计去求索梦想不到的东西,现在正如苏轼诗句"大千在掌握"之中,我们应该再做一番整理工夫,重新制定我

们新时代的 Bible。我所预期的文艺复兴,不是一二人的事,而是整个民族的事,也是世界汉学家共同的期待。

经书是我们的文化精华的宝库,是国民思维模式、知识涵蕴的基础;亦是先哲道德关怀与睿智的核心精义、不废江河的论著。重新认识经书的价值,在当前是有重要意义的。……"经"的重要性,由于讲的是常道,树立起真理的标准,去衡量行事的正确与否,取古典之精华,以笃实的科学理解,使人的文化生活与自然相协调,使人与人之间的联系取得和谐的境界。……经书对现代推进精神文明建设有积极性的重大作用。汉人比"五经"为五常,……五常是很平常的道理,是讲人与人之间互相亲爱、互相敬重、团结群众、促进文明的总原则。在科技领先的时代下,更应发扬光大,以免把人沦为物质的俘虏。我们对古代文献不是不加一字的不给予批判,而是要推陈出新,与现代接轨,给以新的诠释。

欣闻近年来北京大学在教育部支持下,已联合内外数十所大学和学术机构……数百位学者参加,正在编纂校点排印本《儒藏》,将儒家的传世文献,包括最新的出土文献以及域外文献作一次系统的整理,同时还进行相应的儒学及多项专题研究,这项巨大的工程必将对新经学的重建、对我国的文艺复兴作出重大贡献。为此,我特为主持其事的汤一介教授写过一副对联,上联是"三藏添新典",下联是"时中协太和",以示对《儒藏》工程的支持。

法国远东学院、法国高等人文学院前院长、欧洲著名汉学家汪德迈(LéonVandermeersch)先生,是一位对东方学术,特别是对中国文化有浓厚兴趣并对中国儒学家有专门研究的法国学者,他尤其重视儒家经典中《周易》的价值意义,认为"在中国的各个历史时期,没有一部像《周易》这样被阅读研究和一再修订,《周易》就如欧洲传统中的《圣经》一样"。这位法国汉学家不但能说一口流利的汉语,且对当代中国的政治、经济、社会及文化常保持高度关注并有深入研究。汪德迈先生对《儒藏》的编纂与研究也一直给予热情的关心和支持,他在《〈儒藏〉的世界意义》一文中说：

>……不仅在社会实践方面，也在人与宇宙的观念方面，中国思想家与西方思想家大相异趣，两者有着完全不同的路向。启蒙运动后，西方思想家不再对中国感兴趣，因为鸦片战争后中国的衰落被认在现代化发展上难有出路。然而，1978年以来，在新的目标推动下，中国的飞速发展，表明了适应现代化要求的中国文化的能力。与此同时，面对后现代化的挑战，西方反而表现出无能为力，如全球环境的破坏、富国与穷国之间经济差距的扩大、核武器扩散、不同种族之间的地区冲突增多。曾经带给世界完美的人权思想的西方人文主义面对近代社会以降的挑战，迄今无法给出一个正确的答案。
>
>那么，为什么不能思考一下儒家思想可能指引世界的道路，例如"天人合一"提出的尊重自然的思想、"远神近人"所倡导的拒绝宗教的完整主义，以及"四海之内皆兄弟"的博爱精神呢？可能还应该使儒教精神在当今世界诸多问题的清晰追问中重新认识。依我的意见，《儒藏》的重要意义是给当代思想家从中国传统最重要的思潮中汲取精神遗产的一个平行的通道。我希望这不仅针对中国的当代思想家，同样也针对世界思想家。
>
>我要指出，20世纪下半叶代表西方最高汉学研究水平的著名学者李约瑟，正是他将中国的科学思想收集并使之成为世界科学文化的一部分，《儒藏》的出版或也可将中国人文主义汇集并将成为后现代全球人文主义的组成部分，就像李约瑟所说的那样——朝宗于海。

以上两位各具代表性的学者对《儒藏》工程的支持，其中也包含了他们对儒家经典和儒家思想研究的价值意义的充分肯定，同时也反映了他们对以"西方现代性"引领下的当今人类文明的发展所心存的诸多忧虑和反思，因此他们对以儒家思想为主流、主干的中国传统文化，在当今中国及世界如何发挥作用等问题给予了深具历史性和现实性的深切关注。

（三）

其实，从上世纪末至本世纪初，甚至一直到现在，已有不少西方学者持有与上述两位各具代表性的学者基本相同的立场和观点，他们在当今人类文明突飞猛进发展的脉动中似乎看到了自工业文明以来，人类生存所遇到的从未有过的困境，因而呼吁在"汲取西方文明之精华，去其糟粕，通过融合东方与南半球文明的重大贡献而创造出文明共生的局面"。这是对西方文化全方位的反省和对人类新文化的呼唤。

这里，"文明共生"的命题包含着对近年西方颇为流行的所谓"文明冲突论"、"终极价值论"、"历史终结论"以及"可持续发展论"的理论甄别和文化的批判。他们认为，过去的三百年，世界的现代化多是由西方来定义的，因此在很多地方，现代化基本等同于西方化或美国化。特别是在冷战刚刚结束不久，便有人提出西方自由民主制度的所谓"终极价值"论和所谓"历史终结"论。殊不知，人类文明的发展不会停止在任何一个历史阶段上，因此把人类文明发展的某个阶段看作是"历史的终结"，把任何一种特定条件下生成的社会制度或社会形态绝对化为"终极价值"，这都是较为肤浅和短视的观点。如果承认历史可"终结"在人类文明发展的某个特定的阶段而不会再变，或者认为某种制度或价值体系有所"终极"而不再发展，这是既缺乏历史眼光，又缺乏哲学头脑。这样的看法，比杜撰玛雅世界末日的预言高明不了多少。

至于"可持续发展"的理论，在一些具有叛逆精神的西方学者眼中，这仅仅是在生态环境压力下暂缓发展的一种权宜之计，该理论并未挖掘"发展"逻辑的根源。"而在'人类发展'这一提法里，'人类'这个词十分空洞，它最多也只是指西方的人文模式。"因此，"'发展'这一表面看来具有普遍价值的概念，构建的却是一个西方中心主义的典型神话。它是一架疯狂的西化发动机，一个北半球国家对'不发达'国家的殖民工具。"（〔法〕埃德加·莫寒:《社会世界还是帝国世界》）我们从这些表述中，可以看到一些西方学者对西方现代性的反思和真正的文化觉醒及对现实世界的人文关怀。在他们看来，所谓"发展"，"恰恰忽视了不可计算、不可变卖的人类精神财富，诸如捐献、高尚、信誉和良心。'发展'所经之处扫荡了文化宝藏与古代传统和文明的知识。而'欠发展'这一漫不经心的和粗野的提法，将千万年的文化智慧与人生艺术贬得一钱不值"。"发展"当然给人们带来了科学的、技术的、医学的、和社会的进步，"但它同时也带来了对环境对文化的破坏，造成了新的不平等，结果是新的奴役取代了老式奴役。'可持续'或'可行性发展'的说法虽然可以减缓或削弱这一破坏进程，但却不能改变其摧毁性的结局"。（出处同前引）

西方学者对当今人类文明发展局限性的提示与批判，已常常触及近三百年来工业文明所面临的困境，即人与自然、人与人（包括人与社会）、人自身的灵与肉等三大关系的严重失调、失序、失范和失控。由于三大关系平衡的破坏，于是便产生了人类迄今为止最为严重的生态危机、社会危机和道德危机。那么，这些危机产生的根源究竟在哪里？这也是从上世纪末至本世纪初，一些西方学者所一再追寻的问题。他们认为，自工业文明以来，西方社会生活的各个领域都越来越受制于算计，受制于攫取利益的技巧，数量凌驾于质量之上，人口密集地区的生活质量下降，工业化种植和养殖使乡村荒漠化，而且造成了严重的食物危害。"悖论在于，西方文明在全球凯旋之时，却正在经受其内部的危机，而他的完成揭示的却是它自身的贫乏。""地球这颗宇宙行星被四个既相关又不受控制的动力所推动：科学、技术、工业与资本主义（利润）。"这四大动力在为工业文明积累无限的物质财富和为人类创造无限福祉的同时，也制造并加工了自人类产生以来一个最大的"产品"——欲望。在这些西方者看来，工业文明实质上不过是一架不断制造"欲望"的疯狂发动机。然而，人类的欲望又是没有止境的，这就必然导致人欲横流而得不到控制。三大关系的破坏和三大危机的产生，其内在原因盖源于此。

欲望驱动利益的追逐，利益的追逐又反过来刺激欲望的躁动、萌生与膨胀，使人类生活的各个领域都越来越多地受制于巧伪和算计，越来越多地受制于攫取利益的权力、技巧和庞杂的工具,使人与自然、人与社会、人与人、人自身灵与肉之间展开没有止境的纠缠和搏斗,未来展示给我们的"既是黄金时代,又是恶魔的时代"。在这个善恶"俱分进化"的时代,人生如何安顿?社会如何安宁?世界如何和谐?这一系列问题和一大堆问号都需要回答和解决,而解决之道又在哪里?

(四)

汤一介先生在北京大学新近出版的九卷本《中国儒家史》总序中说:"全球化已把世界连成一片,任何国家、任何民族所解决的不仅是其自身社会的问题,而是要面向全世界。因此,世界各国、各民族理应将会出现为人类社会走出困境的大思想家或跨国大思想家集团。实际上,各国各民族的有些思想家已在思考和反省人类社会如何走出当前的困局、迎接一个新时代的种种问题。在此情况下,各国各民族的历史文化经验和智慧,无疑是十分重要的。因此,对影响中国社会二千多年历史的主流文化'儒家'应有一总体的认识和态度是很必要的。"汤先生的这些话固然是对九卷本《中国儒家史》的研究和出版说的,但也同样适用于"儒家思想与儒家经典研究丛书"。

现在,我们将把四部关于"儒家思想与儒家经典"的研究新著奉献给读者。它们分别是郭彧所著的《易文献辨诂》、苏永利所著的《易学思维研究》、乔清举所著的《儒家生态思想通论》、张沛所著的《中说解理》。这四部新著是作为"儒家思想与儒家经典研究丛书"的一部分与读者见面的,同时它也是"北京大学《儒藏》编纂与研究中心"承担教育部"《儒藏》编纂与研究"重大攻关项目主体工程中若干子项目中的一项。这套丛书所以命名为"儒家思想与儒家经典研究",是为了体现《儒藏》工程"一体之两翼"的设想,即《儒藏》的编纂与研究"是主体,"儒家思想研究"和"儒家经典研究"是"两翼"。思想研究多属文本之义理范畴,其中包括思想、义理之辨析、逻辑、方法之发明以及思想、旨趣之探讨等。而经典研究,则多属文本之文义、考据范畴,其中包括传统文献学中的目录、版本、文字、注释、校勘、训诂乃至辨伪、辑佚等工夫。因此,上述所谓"两翼",实即古已有之的所谓"辞"与"志",抑或义理与章句或义理与考据,这两者的互动,形成传统学术中的所谓义理学与考据学两派的历史分野。

随着历史的发展和时代的变迁,儒家思想,乃至儒家经典自身也不断地发生变化。在变化过程中,往往是思想的变化大于经典文本本身的变化,在中国历史上所形成的经学传统及其发展,即体现这种双重变化所带来的学术研究的复杂性和歧异性。义理学派强调思想的演变要尽量符合时代发展,因此自觉或不自觉地在经典解释中体现时代的特点,因此也就自觉或不自觉地对文本本身加以义理的"干预",而出现穿凿甚至"无视"。而考据学派则更多地强调文本本身的相对稳定性,对"穿凿"和"无视"加以纠正,促使思想的研究不脱离文本或更符合文本原意。在中国传统学术研究中,这两派的相互"纠结",不但没有影响传统学术的进步,反而推动了学术研究的发展。两者的结合恰是中国经典解释的基本特征。

汤一介先生在九卷本《中国儒学史》的"总序"中,专设"儒学与普遍价值"和"儒学与经典诠释"两节,这与他多年来一直提倡在中国传统文化中寻求"普遍价值"和建立"中国自己的解释学"相呼应。他说:"如果说儒学能为解决'人与自然'、'人与人(社会)'、'人自身的身心内外'的矛盾提供某些有意义的思想资源,那么我们能不能说这些思想资源针对某些特定的问题包含着'普遍价值'的意义呢?我认为这应是肯定的。"同时汤先生也指出,中国哲学,特别是儒家思想,经过新的解释,才有可能从"传统"走向"现代",实现所谓儒家思想的"现代转化"。我个人的理解,汤先生所以呼吁追寻中国哲学和儒家思想资源中具有"普遍价值"的东西,是需要艰苦细致的"现代转化"工作,而这项工作又与"建立中国的解释学"有密切关系。无论是义理之学还是考据之学,从本质上说它们都是现代意义上的"解释学"。中国有很长的解释经典的历史传统,而且形成了种种不同的对经典解释的方法,其中包括文字学、音韵学、训诂学、考据学及义理之学等等,但我们还缺乏对经典解释实践中内含的解释学的自觉。因此,对解释历史的充分了解与考察,将有助于从中提炼、归纳中国的解释学理论,提高儒家思想"现代转化"的理论能力和理论建设,以便更广泛、更深入地追寻和提炼深藏在中国哲学和中国文化中具有"普遍价值"的文化思想资源。

《儒家思想与儒家经典研究丛书》的集结与出版,即是为实现上述任务的一种尝试,它将与《儒藏》的编纂与研究同步展开。感谢《易文献辨诂》、《易学思维研究》、《儒家生态思想通论》及《中说解理》四部新著的作者,因为,这四部新著的出版,为《儒藏》的编纂与研究及"儒家思想与儒家经典研究"提供了新的学术成果。同时,也感谢北大出版社对此付出的辛勤努力。

李中华
2012年岁末于北京大学

目 录

前言:新启蒙运动
　　——人类生存方式的生态转向 …………………………… 1

第一章　生态哲学的基本问题和儒家的态度 ……………… 10
　第一节　环境、生态、自然与"生生" ……………………… 10
　第二节　道德共同体 ………………………………………… 17
　第三节　人类中心主义 ……………………………………… 24
　第四节　价值 ………………………………………………… 29
　第五节　生命 ………………………………………………… 39
　第六节　权利 ………………………………………………… 47

第二章　"恩至禽兽"
　　——道德共同体中的动物 ……………………………… 54
　第一节　"德及禽兽"
　　——动物之作为道德共同体的成员 …………………… 55
　第二节　动物的使用价值
　　——对动物的日常使用中的生态因素 ………………… 59
　第三节　人工养育动物 ……………………………………… 64
　第四节　关于狩猎及其限制 ………………………………… 67
　第五节　祭祀、动物作为祭品与对动物的祭祀 …………… 72
　第六节　动物作为自然的神性标志的生态意义 …………… 81
　第七节　动物保护的政令与法律 …………………………… 87

第三章　"泽及草木"
　　——道德共同体中的植物 ……………………………… 91
　第一节　"泽及草木"
　　——植物作为道德共同体的成员 ……………………… 91

第二节　神秘的植物 …………………………………………… 104
第三节　草木与生活
　　　　——植物的使用价值 ………………………………… 112
第四节　林木保护的机构与措施 …………………………… 120

第四章　"恩及于土"
　　　　——道德共同体中的土地 …………………………… 129
第一节　土、地、壤、田的辨析与土地作为道德共同体的成员
　　　　…………………………………………………………… 129
第二节　对土地的种类、性能的认识和生态性维护使用
　　　　…………………………………………………………… 135
第三节　土地管理的机构及政令 …………………………… 140
第四节　"报本反始",立社祭土
　　　　——对土地的祭祀及其生态意义 …………………… 144

第五章　"国主山川"
　　　　——山川作为道德共同体的成员 …………………… 146
第一节　山脉作为道德共同体的成员 ……………………… 146
第二节　水与河流作为道德共同体的成员 ………………… 149
第三节　与水相处的智慧和对于河流与水的保护 ………… 156
第四节　祭祀山川 …………………………………………… 163

第六章　气、通、和、生、时、道:儒家生态哲学范畴论 … 171
第一节　气、阴阳、五行与世界的五行化 ………………… 172
第二节　气的"通" …………………………………………… 187
第三节　气的运动的"和" …………………………………… 193
第四节　乐与"和" …………………………………………… 198
第五节　"天地之大德曰生"
　　　　——气的运行的"生"与"生生" …………………… 211
第六节　时、时序与天道 …………………………………… 239

第七章　天人合一与仁:儒家生态哲学的功夫论与境界论
　　　　…………………………………………………………… 257
第一节　"因"与"无为":天人合一的前提 ………………… 257

第二节	天人合一论	261
第三节	惟人为贵：人与万物的差异性	276
第四节	仁的生态功夫与境界	283
第五节	人应该做什么？再探群己权界	299

主要参考文献 ··· 309
人名索引 ··· 318
概念索引 ··· 323
后　记 ··· 329

前言:新启蒙运动
——人类生存方式的生态转向

一、人类面临空前的生态危机

从十五六世纪开始,人类就逐渐进入了"近代化"或"现代化"(modern)的时代。到目前为止,现代化的生存模式所引发和积累起来的生态危机越来越明显和深刻了。20 世纪 90 年代,联合国环境计划署的执行主席马斯塔法·托尔贝指出,全球变暖、臭氧层消耗和生物多样性的消失是对自然世界的三大主要威胁。[①] 进入 21 世纪以来,人类生存的环境因素如水体、大气、土地、森林、物种等,都遭到了越发空前严重的污染和破坏。环境恶化、物种灭绝、气候变异等人为灾害成为时时刻刻威胁人类生存的达摩克利斯剑。

人类长期过度地垦荒和砍伐森林,导致全球性水资源分布失衡、水源枯竭、洪涝和干旱频繁交替发生;由于大量使用 DDT 等各类化学杀虫剂和工业化的快速发展,造成水体污染,人类面临空前的水危机。人类每时每刻都不能离开的空气,因为化石燃料的广泛使用而遭到严重污染,各种可吸入颗粒物严重影响着人类的健康,酸雨则毁坏了不少地区的森林和植被。保护地球免受太阳紫外线过度照射的臭氧层,由于受人类大量使用含有氟利昂的制冷剂的影响,在南极上空出现了巨大的空洞——臭氧空洞一旦出现在或扩大到人类居住区域的上空,包括人在内的各类生物就会直接暴露在强烈的紫外线照

[①] [美]詹姆斯·奥康纳:《自然的理由——生态马克思主义研究》,唐正东、臧佩洪译,南京:南京大学出版社,2003 年版,第 215 页。

射之下,后果不堪设想。化石燃料的大量使用还造成大气中的二氧化碳急剧增加,地球出现温室效应,冰川融化,海平面上升,不少地区可能会在近几十年内永久消失于海水的淹没之中——南太平洋岛国图瓦卢已经开始被海水淹没,马尔代夫危在旦夕,上海、纽约处于警戒之中;在即将被淹没的地区的名单上,还可以加上水城威尼斯、夏威夷群岛、瑙鲁、基里巴斯、汤加、瓦努阿图、巴布亚新几内亚……人类赖以生存的大地——土壤,因为失去了植被的保护,出现了沙漠化、荒漠化的趋势,昔日郁郁葱葱的绿洲变成了今天荒无人烟的茫茫戈壁。又因为化肥的长期使用,造成土壤板结,化学成分单一,各类微生物死亡。土壤被改造成了只能生长农作物的工具,失去了它自身固有的调节力和生长力,它作为生态系统的一部分而与其他部分的循环被粗暴地割断了。尤有甚者,不少生活垃圾、工业垃圾未经处理就直接被填埋进了土地,各种重金属渗入土壤,永久不能分解,而这些重金属又通过农作物转入了人们的身体中!现代工业把森林当作资源,砍伐的速度远远超过了森林的自我更新速度,导致全球森林覆盖率锐减,动植物物种迅速灭绝。据估计,目前地球上每天有一百多个物种灭绝,一年高达五万种。[①] 人类活动所造成的物种灭绝速度,是物种本底灭绝率的 100 倍;地球正经历着 6500 万年前恐龙灭绝以来最大的物种灭绝事件。中国儒家文化讲"诚"为天道,诚是实,是信。"实"是天道的客观实在性,"信"是它的基本的稳定性和恒常性。人类的活动扰乱了天道,破坏了天道之诚。地球用几十亿年时间形成的生态平衡,被智人这个物种破坏了。在美国,郊狼灭绝了;在中国,华南虎灭绝了。当人类赖以生存的环境遭到破坏,物种接踵灭绝后,最后一个灭亡的物种将会是什么?恐怕会是人类自身。在 20 世纪 40 年代,中国哲学家金岳霖对于天人二分的危险提出了警告。他指出,"实在一旦被二分,斗争和抵抗便不可避免。单就纯粹客体自然来说,事情似乎多少已成定局,胜利一直属于人",但是,

---

[①] [美]戴斯·贾丁斯:《环境伦理学》,林官明译,北京:北京大学出版社,2002 年版,第 145—146 页。

这种胜利并不是最终性的,事实上,"甚至可以说,胜利者同时也就是失败者"①。美国学者迈克尔 C. 凯尔顿说:"在一个人类中心主义的世界中,可以简单地设想我们这个物种是相对地恒存的。而在一个进化的宇宙里,持续存在是一种成就,没有哪个物种是理所当然地如此的。"②的确,"那种使我们无限光荣的力量,也正是置我们于险境的力量"③。与此相同,恩格斯也曾经指出:"我们不要过分陶醉于我们人类对自然界的胜利。对于每一次这样的胜利,自然界都对我们进行报复。每一次胜利,起初确实取得了我们预期的结果,但是往后和再往后却发生完全不同的、出乎意料的影响,常常把最初的结果又取消了。"④

二、危机的根源:人类中心主义和对自然的斗争

近代启蒙运动所确立的人类中心主义(anthropocentrism)是导致目前生态危机的思想根源。在古希腊哲学中,人和自然的二分还不很严重。自然的神性和诗意的光辉往往透过泛神论闪烁出来,人类对于自然还带着虔诚的敬畏。当然,在古希腊,生态哲学也还未得到自觉的发展。因为一方面人类还没有产生全面而又深刻的生态危机,另一方面生态自然的时间性和变动性也与古希腊哲学所探索的超时间、无变动的"作为存在的存在"迥异。在古希腊形而上学看

---

① 金岳霖:*Tao*, *Nature and Man*(《道、自然与人》),《金岳霖文集》,第 2 册,金岳霖学术基金委员会编,兰州:甘肃人民出版社,1995 年版,第 725 页。
② Michael C. Kalton, "Extending the Neo-Confucian Tradition:Questions and Reconceptualization for the Twenty-first Century," *Confucianism and Ecology*: *The Interrelation of Heaven*, *Earth*, *and Humans*. eds. Tucker, Mary and John Berthrong, (Cambridge, Mass.: Harvard University Press, 1998.)p. 92. [美]迈克尔·C. 凯尔顿:《新儒学传统的扩展:为了 21 世纪而提出的问题与再构思》(英文),《儒学与生态》(英文),玛丽·艾维琳·塔克、约翰·白诗朗主编,哈佛大学出版社,1998 年版,第 92 页。
③ [美]迈克尔·C. 凯尔顿:《新儒学传统的扩展:为了 21 世纪而提出的问题与再构思》(英文),《儒学与生态学》(英文),第 92 页。
④ 恩格斯:《自然辩证法》,《马克思恩格斯选集》,第 4 卷,北京:人民出版社,1995 年第 2 版,第 383 页。

来,生态自然"根本不是真实的,因而不可能是知识的对象"①。美国哲学家哈格罗夫指出,为了使保护自然的态度能够从希腊哲学中引出,就必须要有另一套形而上学假设:"(1)要使保护自然客体的努力变得有意义,这些客体就必须拥有在某些常规条件下的合理的持久性;(2)它们要具有足够的非持久性,以至它们能够被损坏;(3)人类的行为和不作为有可能明显地影响这些客体的存在。"②

从罗马时期开始,随着基督教一神论的普及,自然的神意和魅力逐渐被上帝独自的光辉所取代。《圣经》认为,地球是上帝赐给人类的家园,人类可以并且应该去征服和控制自然。这就给自然祛了魅,为人类中心主义世界观的确立奠定了基础。历史学家小林恩·怀特指出,"在一般的基督教徒心目中,自然的主要功能就是满足人类的需求。在极端的情况下,自然被看做是魔鬼的威胁、肉欲以及必须被有力地抑制的动物本能的来源";可以说,"没有一种宗教更以人类为中心。没有一种宗教在把人之外的一切都排斥在这个神圣的王国之外,和否认对低级物种具有道德上的义务方面更为严格"③。

不过,在中世纪的西欧,宗教作为社会的主导也有一定的积极意义。神或上帝在统治人类社会的一切的同时,也约束着人们的物质欲望和人的理性主体性。近代启蒙主义最终打破了神本主义,确立了人的价值和地位,兴起了肯定个人的现世享受的人本主义(humanism)和强调主客体对立的理性主义等思潮。④ 可以说,人类中心

---

① [美]尤金·哈格罗夫:《环境伦理学基础》,杨通进译,重庆:重庆出版社,2007年版,第42页。
② 哈格罗夫:《环境伦理学基础》,第42页。
③ [美]唐纳德·沃斯特:《自然的经济体系——生态思想史》,侯文蕙译,北京:商务印书馆,1999年版,第47页。
④ Humanism 在中文语境中可以翻译为人本主义、人道主义、人文主义等。本书有意做出以下区分:人本主义指肯定人的现世生活和世俗享受的合理性,即通常所说的凡俗/世俗合理性;人道主义指对人之作为人的价值的肯定;人文主义主要指人文学科及其中所体现的精神。

主义是启蒙心态(the enlightenment mentality)的果实之一。① 人类中心主义把人作为评判一切价值的唯一尺度,在人与自然的关系方面,肯定人为主体,自然为客体;人是自然的主人,客观世界的价值是它对人的意义。在人类中心主义的观念中,"价值"根本上就是一个主观性范畴,外部世界没有自身内在价值,只有工具性的使用价值。这里的人,是一个以物质财富的享受和占有为主要内容的利益主体。诚如康德所说,"人是目的"②。人的一切活动都是为了人的生存和发展,外部世界的一切事物都是人实现自己利益的手段。

启蒙运动强化了对自然的祛魅,科学的发展则使这种祛魅得到落实、巩固并进一步向纵深发展。在近代科学的视野中,自然越来越成为有待人类去征服、去控制、去塑造的一团没有生命力的惰性材料。启蒙主义哲学家笛卡儿提出了确立主体性的"我思"概念,"我思"作为理性,与自然对立。培根提出了"知识就是力量",又提出了控制自然的思想,要求"将人类帝国的界限,扩大到一切可能影响到的事物"③。康德在自然方面提出"人为自然立法",又在道德方面提出人对于动物没有道德义务。不过,康德还保留了"物自体"的概念,表现了人类的谦逊。费希特就不一样了,他提出自我设定自我、设定非我的观点。他的思想在黑格尔哲学中表现为理念——其实也就是带有启蒙哲学局限性的人类理性——成为唯一的绝对。理念通过它自身的外化产生自然界,又把自然界摄归于自身,把它消化为自身的一个否定性环节,由此达到自身发展的丰富和完善。如果说黑格尔哲学也有天人合一的思想,那么他是人类中心主义的,他不承认

---

① Tu Weiming, "Beyond the Enlightment Mentality: Confucianism and Ecolog," *The Interrelation of Heaven, Earth, and Humans.* eds. Tucker, Mary and John Berthrong, (Cambridge, Mass.: Harvard University Press, 1998.) p. 3. [美]杜维明:《超越启蒙心态》(英文),《儒学与生态》(英文),玛丽·艾维琳·喏克·约翰·白诗朗主编,哈佛大学出版社,1998年版,第3页。

② [德]康德:《道德形而上学原理》,苗力田译,上海:上海人民出版社,1986年版,第80页。

③ 《自然的经济体系——生态思想史》,第51页。

客体——天、自然的独立性,而把它作为绝对精神的一个规定性。英国经验论哲学在一定意义上承认客观独立的自然界的存在。但是,这种学说认为,自然是一个没有价值的对象,只有人的劳动才能赋予它价值。如洛克就曾说过,一块荒地,在没有劳动附加于它之前是没有价值的。谁附加劳动于它,谁就使它具有了价值,因而也就获得了对它的所有权。这种理论意在确立劳动的价值,却忽略了自然本身的固有价值,或者说是用劳动的价值取代了自然的价值,由此来肯定人在自然界中的中心地位。照哈格罗夫所说,洛克的财产理论的最糟糕的结果是这种理论产生了"非道德和非社会的观念。洛克的理论鼓励土地所有者以反社会的方式去行动,并宣称对土地本身不负任何道德义务,甚至对共同体中那些受其土地使用方式影响的其他人也不负任何道德义务"①。总之,近代以来的西方思想对于客体自身的自为性和内在价值的无视,是造成人类对于自然的不计后果的全面开发和破坏的思想根源。

三、生态启蒙运动——人类生存方式的生态转向

面临深刻的生态危机,当前的人类需要一场新的启蒙运动。这场新启蒙运动的实质是重究"天人之际",再探"群己权界",即重新认识人、认识自然——"群"以及二者的关系,建立新的生存方式。如果说15到16世纪的西方近代启蒙运动成就了几个世纪的现代工业文明,那么,新启蒙运动的实质是生态启蒙,是促成人类的生存方式的生态转向,造就生态文明。

生态文明是一种存在方式。如果把人类的存在看做各种参数的函数就会发现,根本地决定人类存在方式的参数实际上只有两种:一种是文化的,包括各种观念和社会组织结构等;一种是生态的,包括土地、山川、物种、气候等。任何一种关于人类存在的学说,如果没有认识到人类存在的生态性制约都是不完善的,也是不深刻的。美国著名生态哲学家罗尔斯顿说:"衡量一种哲学是否深刻的尺度之一,

---

① 哈格罗夫:《环境伦理学基础》,第89页。

就是看它是否把自然看做与文化是互补的,而给予它应有的尊重。"①近代西方文化没有认识到这一点,这是它的巨大缺陷。人类如果还要在这个星球上生存下去,那么它的生存就必然是生态性的;生态地存在应是人类根本的存在方式。在我们的视野中,"生态"是一个天然地包含人类应该如何存在的价值规范词汇,具有规定人类存在的"应当"状态的价值意义。

儒家哲学在本质上是生态的。它从未把人和自然分割开来,它的"天命之谓性"、"天人合一"、天道即是人道的基本认识奠定了服从自然秩序的存在模式。② 它的"与天地万物为一体"的道德追求把道德共同体扩展到了一切生物和非生物。它所提倡的尊重生命、让生命完成自己的生长周期、实现自己的本性的处世方式肯定了一切生物的内在价值,它对于保护动物、植物、山河、大地提出了系统的认识并采取了切实的措施。我们说,生态启蒙的一个重要方面是转向东方,寻求儒家生态智慧的启发,在一些问题上吸收甚至回到儒家文化的原则上。同时,儒家文化也应积极地参与当代生态问题的对话、讨论,进入当代语境,对自己的文化理念、论证方式实行现代转型。萨缪尔·辛德(Samuel Snyder)说:"儒学概念除非参与当代问题、对话和术语,否则就是无用的。"③他又引用凯尔顿的话指出:"为了成为培育当代环境伦理的有用工具,新儒家思维必须与当代理解进行现实性的接触,调整自身,以便能够形成严肃的对话。"④"儒家传统自身必须与它的政治、社会、和文化环境一同持续进化,以便能够形

---

① [美]霍尔姆斯·罗尔斯顿 III:《哲学走向荒野》(中文版序言),刘耳、叶平译,长春:吉林人民出版社,2000 年版,第 11 页。
② 程颐说:"道一也,岂人道自是人道,天道自是天道?"这正是天道即是人道的典型表述。见(宋)程颢、程颐:《二程集》,王孝鱼点校,北京:中华书局,1981 年版,第 182 页。
③ Samuel Snyder,"Chinese Traditions and Ecology:Survey Article," *Worldviews*, Vol. 10, 2006, Koninklijke Brill NV, Leiden, p. 111. 萨缪尔·辛德:《中国传统和生态学概论》,《世界观》,2006 年第 10 期,第 111 页。
④ 萨缪尔·辛德:《中国传统和生态学概论》,《世界观》,2006 年第 10 期,第 111 页。

成有效的和易于理解的生态思维。"①

当然,谈到儒家哲学、东方哲学对于生态哲学的意义,西方学者是有不同声音的。如罗尔斯顿认为,在把东方的传统观点应用于当代环境问题时,必须注意到东方宗教的基本目标和根源于西方哲学、科技、宗教的生态危机的不同。东方哲学,包括道家、佛教等,或许能帮助东方评价自然,但并不能帮助西方评价自然,或者面对具体的生态危机,为西方提供一个可用于决策的模型。② 所谓评价自然,在罗尔斯顿看来不仅仅是建立关于实在或自然的本质的理论,还是一套行为体系。"评价自然不止是要建立一套关于实在的本质或自然的本质的命题。评价自然是一种行动。"③"为了使'评价自然'的能力产生效力,一定要有行动的规定。历史资源必须展示出一种源自它的观念的对于行动的规定,使得这种行动对于人们当前人们所处的情景产生直接的结果。"④罗尔斯顿认为,东方并不能提供这样的行为规定。他又指出:"在东方思想中,阴阳往往相互抵消,最终导致一种虚无,成为佛教的那种人们或喜或惧的'空'。在我们西方世界的解释中,更多的是历史的发展、新颖的东西,以至于世界会进步的希望。这种解释是在循环的圆顶的基础上加了一个矢量,形成了一个上升的螺旋。人类是自然进化的'正'派生出来的与它对立的'反',但又趋于与它形成一个'合'。"⑤另一位美国著名的生态哲学

---

① 萨缪尔·辛德:《中国传统和生态学概论》,《世界观》,2006 年第 10 期,第 111 页。
② Holmes Rolston III, "Can East Help the West to Value Nature?" *Philosophy East and West*, Vol.37, No.2(April 1987). p.174. 罗尔斯顿:《东方能帮助西方评价自然吗?》,《东西方哲学》,第 37 卷,第 2 号,1987 年 4 月,第 174 页。
③ Rodney L. Taylor, "Companionship with the World: Roots and Btranches of a Confucian Ecology," *Confucianism and Ecology: The Interrelation of Heaven, Earth, and Humans*. eds. Tucker, Mary and John Berthrong, (Cambridge, Mass.: Harvard University Press, 1998.)p.52.[美]罗德尼·L.泰勒,《与世界的伙伴关系——儒家生态的根与枝》(英文),《儒学与生态》(英文),玛丽·艾维琳·塔克、约翰·白诗朗主编,哈佛大学出版社,1998 年版,第 52 页。
④ [美]罗德尼·L.泰勒,《物吾与也——儒家生态的根与枝》(英文),《儒学与生态》(英文),第 49 页。
⑤ 罗尔斯顿:《哲学走向荒野》,第 472—473 页。

家哈格罗夫则对"东方思想的侵入"表示警惕。他指出,自然事物"具有内在的魅力和兴趣,这种理念并不意味着西方文明的终结或人类的终结,因为它在任何意义上都不意味着完全反对为了人类的目的而对地球的经济使用;此外,它也没有牵涉到任何东方思想的侵入,而仅仅是回到了更为平衡的西方价值体系"①。

我们认为,在东方文化中,观念和行为规定之间的联系并非如罗尔斯顿所说那样截然分离。东方文化亦非只停留于观念而不能帮助进行环境决策。在历史上,儒家文化把与自然和谐相处的观念转化成了像《礼记·月令》所记述的那种环境保护政令规定以及历代的法律。道家的"反者道之动"、儒家文化"生生之谓易"都决不会最终沦陷于"空"。罗尔斯顿对于儒家、道家文化的具体内容可能并不十分了解。哈格罗夫的观点则似仍包含着一定的偏见,或许他的观点是对西方文化固有偏见的一种回应。客观地说,儒家文化的确比西方现代文化更有利于人与自然的和谐相处。所谓新启蒙运动,在很大程度上应该是人类文化的东方转向,当然这不是说东方文化取代西方文化,而是说人类应该打破东西方的界限,在对双方文化进行更为深入的相互理解的基础上,更多地吸收东方文化的原则,共同面对生态危机的挑战。

---

① 哈格罗夫:《环境伦理学基础》,第134页。

第一章　生态哲学的基本问题和儒家的态度

本章对于当代生态哲学的基本问题加以简单的介绍,并基于儒家文化,提出对于这些问题的理解和评论。本章具有大纲的性质,此后几章论述儒家生态思想大体都采用此章的概念。

第一节　环境、生态、自然与"生生"

环境、生态、自然、"生物圈"、"生态圈"等等是我们研究环境伦理或生态哲学首先碰到的概念。这些概念的含义是什么,相互之间有什么区别?本书在吸收学界成果的基础上,提出以下认识。

一、环境

所谓"环境",指环绕人类周围的外部世界。在德语中,"环境"一词为"Umwelt","Um"是环绕,welt 是世界。在英语中,有两个词可以是"环境",一个是"surroundings",是周围的一切的意思;一个是"enviorment",这个词来自法语"environs"是"在圆圈中"、"环绕"的意思。《不列颠百科全书》对"环境"的解释是:"作用于一个生物体或生态群落上并最终决定其形态和生存的物理、化学和生物等因素的综合体。"①《辞海》对于"环境"的解释是:"围绕人类生存和发展的各种外部条件和要素的总体。在时间和空间上是无限的。分为自然环境和社会环境。自然环境中,按其组成要素,分为大气环境、水环境、土壤环境、生物环境等。"②本书的内容是生态哲学,故不再论说社会环境。

---

① 《不列颠百科全书》(国际中文版),第 6 册,北京:中国大百科全书出版社,2002 年版,第 82 页。
② 《辞海》(第六版),上海:上海辞书出版社,2009 年版,第 947 页。

可以说,《辞海》的定义更多地体现了人们对于环境的日常理解。这就是说,"环境"是相对于人而言的,"环境"概念蕴涵着人。所谓"环"是环绕于人,所谓"境"是透过人的视野的客观存在。离开了人,无所谓"环",也无所谓"境"。由此言之,环境一词包含着人和外部客观存在的关系。这种关系的一个特点是被动性。环境是人类存在的基础和出发点,但这个基础并不是人类主动选择的结果。人类进入其生存的环境,实际上是被抛入、被投入。外部客观世界已经现成地存在着。虽然人类可以在一定程度上改造客观世界,但人类并不能选择自己的环境。所以,人对于环境具有一定的被动性。其次,环境对于人来说具有唯一性,这是二者关系的又一特点。一方面,因为人类具有这样的环境是被抛入,而不是选择的结果,所以环境对于人类说是唯一的。另一方面,即使能够选择,目前也没有发现可供移居的其他星球。那种整体移居到其他星球的设想,至少从目前来看在相当长的时间内还不具有现实性。

从语义学分析来看,"环境"概念在本体意义上有一定的局限性。首先,"环境"是因环绕人而成为环境的,所以它天然地带有一定的人类中心主义性质或色彩。其次,环境只是对外部世界的一个静态的、表面的说明,还没有深入到它的内部构造。环境有它的构成要素,如前述的大气环境、水环境、土壤环境、生物环境等;这些要素又各有其运动形式,不同要素之间还有一定的联系,构成环境的深层结构。深入地理解它的结构与过程,我们可以得到"生态"的概念。

二、生态

生态学,在英文中叫做"Ecology",是德国生态学家恩斯特·海克尔(Ernest Haeckel)1866年提出的。它由两个希腊词根"Oikos"(家、家用)与"logos"(研究、学)组成,是研究生物体与它们的环境(家)的关系的学问。《不列颠百科全书》指出,"生态学"是"研究生物与其环境间关系的学科。……现代生态学的中心概念是生态系统,即在特定地区内一切交互作用的生物及其环境组成的功能整体"。①《辞海》认为,生态学是"研究生物之间及生物与非生物之间相互关系的学科"②。所谓生态系统,《辞海》定义为:"生物群落及其地理环境相互作用的自然系统。例如,森林、草原、苔原、湖泊、河流、海洋、农田。生态系统包括四个基本组成成分:即无机环境、生物的生产者(绿色植物)、消费者(草食动物和肉食动物)、分解者(腐生微生物)。生物之间存在生物链(或食物网)的相互联系。太阳能由绿色植物的光合作用转化为生物能,并借食物链流向动物或微生物;水和营养物质(碳、氧、氢、磷等)通过食物链不断地合成和分解,在环境与生物之间反复地进行着生物——地球——化学的循环作用。以生物为核心的能量流动和物质循环,是生态系统最基本的功能和特征。"③

我们知道,生物并不限于人。生态学既然是研究生物与环境之间的关系,④这样,生态概念从内涵上便超出了"环境"的深度,进入了环境要素即生态系统之间的相互作用和某一系统内部诸要素之间的相互作用的层次。生态科学提出的"生态圈"、"生物圈"等,都是把生物包括人及其周围的环境统一起来的概念。生态圈的定义照《不列颠百科全书》所说,是"地球上生态系统的总和,包括一切活生物体与其相互作用的非生物环境"。生物圈是"包括人类在内的一切生物所赖以生存的地球表层(包括大气圈、水圈和岩石圈)的生物学环境"⑤。"生态系统包括着生物和非生物两个方面。"⑥由于生态概念包括一切生物及其环境,人在其中不必一定占据中心位置,所以在逻辑上生态学可以超越人类中心主义,不必以人为中心来看待人与其外部世界(包括其他生物)的关系;在范围上,生态学同时也超

---

① 《不列颠百科全书》(国际中文版),第5册,北京:中国大百科全书出版社,2002年版,第505—506页。
②③ 《辞海》,第1499页、第705页。
④ 本书单独使用"生态学"一词时,除有特殊说明外,一般指作为科学的生态学。
⑤ [美]芭芭拉·沃德勒内·杜博斯:《只有一个地球——对一个小小行星的关怀和维护》,《国外公害丛书》编委会译校,长春:吉林人民出版社,1997年版,第54页。
⑥ 《自然的经济体系——生态思想史》,第422页。

出人与自然的关系的限度,研究其他生物之间的关系,其他生态系统内部要素和生态系统之家的关系,把这种关系作为确定人与自然的关系的重要参数,从而更为全面地把握人与其外部环境的关系。

三、自然

环境和生态都属于自然。在不甚严格的意义上,可以说环境等值于自然。对于人类来说,自然就是环境,环境就是自然。令人略感意外的是,《不列颠百科全书》、《辞海》均无作为自然界的"自然"条目。《辞海》第五版、第六版均有"自然界"和"地理环境"条,类似于作为自然界的自然。关于自然界,这两个版本的定义都是"统一的客观物质世界。是在意识之外、不依赖意识而独立存在的客观实在。处于永恒运动与变化发展之中,不断地被人的意识所认识并被人所改造"[①]。关于地理环境,《辞海》第五版的定义是:"通常指环绕人类社会的自然界,亦称'自然环境',包括作为生产资料和劳动对象的各种自然条件的总和。是人类生活、社会生存和发展的物质基础和经常必要的条件。包括自然地理环境和人文地理环境。前者是气候、地貌、水文、土壤植被与动物界有机组合的自然综合体;后者是人类通过历史的和现代的经济、政治、社会、文化等活动在原先的自然地理环境基础上所造成的人为环境。它可以加速或延缓社会发展的进程。随着社会生产力的发展,人类社会将更广泛、深刻地影响和作用于地理环境。"[②]应当指出,《辞海》对于"自然界"、"地理环境"的定义都是现代性的产物,不无可议之处。其问题首先是自然和意识的对立性分离,也就是人和自然的二分;其次是无条件、无限制地张扬人对于自然的改造。在定义中,"自然"仿佛是一个没有自性、只等改造的物体。其实,自然有其更为深刻的含义,中西文化对此都有所体认。需要指出的是,《辞海》第六版"自然环境"条目中,删去了"随着社会生产力发展"以下说明,改为"随着社会经济与文化的进步,人地关系已要求达到和谐发展的目标。"[③]这反映

[①②] 《辞海》(第五版),上海:上海辞书出版社,1999年版,第2282页、第322页。
[③] 《辞海》(第六版),第437页。

了近十年来人们对于人与自然关系认识的新进展。

"自然"在英语中是"nature",德语为"natur",显然是同一个词根来的。"自然"的希腊文写法为"φυσιs",拉丁文写法为"physis"、"phuein",它的本来含义是"起源"、"诞生"或"生长"、本性。亚里士多德对自然进行了较为详尽的分析,提出了它的六种含义:1."生物的创造";2."一生物的内在部分,其生长由此发动而进行";3."每一自然事物由彼得于自然者,开始其最初活动。那些事物由于与其他事物接触或有机结合而得到增益者,此之谓生长";4."任何事物所赖以组成的原始材料";5."自然事物的本质","创生过程的终极目的";6.事物的"怎是"。总之,"本性就是自然事物的动变渊源"①。从这些解释可以看出,自然的主要含义是生长和变动的根源。所以,有的学者说亚里士多德的自然不是它所是,"而是它将会成为什么,是一种可能性"②,是有道理的。在亚里士多德哲学中,一个事物的自然就是它的目的——"telos",这意味着事物的生长是朝向自己的目的进展的过程。亚里士多德关于自然的解释,与中国哲学的自然概念实有相通之处。

在中国典籍中,"自然"也是自己而然的自我生出。中文"自然"的概念来自老子。在《道德经》中,这一概念一共出现了5次,其基本含义包括政治和自然界两个方面。作为表示自然界的某种特点的概念,它指事物不受外部干扰的自我生长和形成,是自己而然,与人为的外在干扰相对立。如:

> 希言自然。(第二十三章)③
> 人法地,地法天,天法道,道法自然。(第二十五章)④
> 道之尊,德之贵,夫莫之命而常自然。(第五十一章)⑤
> 以辅万物之自然而不敢为。(第六十四章)⑥

---

① [古希腊]亚里士多德:《形而上学》,吴寿彭译,北京:商务印书馆,1959年版,第87—89页。
② [美]詹姆斯·奥康纳:《自然的理由——生态马克思主义研究》,唐正东、臧佩洪译,南京:南京大学出版社,2003年版,《导言》,第34页。
③④⑤⑥ 陈鼓应:《老子今注今译》,北京:商务印书馆,1984年版,第157页、第163页、第261页、第309页。

这些都是让事物自我生长之义。作为政治词汇,也是"无为",对于百姓的日常生活不加干扰,如"功成事遂,百姓皆谓:'我自然'。"① 《庄子·田子方》篇亦有"无为而才自然矣"。② 后来王充讲过"天道自然,自然无为",③ 郭象也说过"自然者,不为而自然者也"。④ 这些都承袭了自我发展、自我生长、自我如此的含义;这其中当然也包含了事物具有独立的性质或曰"自性"的含义。国外有的学者把"自然"翻译为"self-so",自己如此,是比较准确的。总之,作为自然界的自然,是一个自我诞生、自我发展、自我转化,无外力——即人类的力量——干预的独自的状态。

四、"生生":儒家哲学的态度

自然的自我生长的特性,在《易传》中进一步被明确为"天地之大德曰生"、"生生之谓易"。天地,亦即现代意义的自然。德,是性质。"天地之大德曰生"与希腊语、拉丁语中"自然"的本来意义相同,这并不是什么偶然,毋宁说是人类对于自然的共同体认,反映了人类存在的原初状态,或者说本真状态。"生生"是原初的存在,是宇宙过程的真实意义和深层本质;也是儒道所说的天地之道,儒家哲学所说的"天地之心";借用康德哲学的术语来说,是宇宙的"合目的性"(Zweckmaessigkeit/purposiveness)。"合目的"是康德在《判断力批判》中提出的一个概念,我们认为这个概念具有本体论意义,反映了世界运行的可期待的结果,是事实,也是价值。蒙培元指出:"自然界作为生命整体,当然是有内在目的的。"⑤ 他认为,自然的目的就是"生生"。我们同意这个结论。

儒家的"生生"比之道家的"自然"更具有丰富性、发展性和积极性。蒙培元说,"所谓'生'的目的性,是指向着完善、完美的方向发

---

① 陈鼓应:《老子今注今译》,第131页。
② 陈鼓应:《庄子今注今译》,北京:商务印书馆,1983年版,第540页。
③ 黄晖:《论衡校释》,北京:中华书局,1990年版,第630—631页。
④ (清)郭庆藩:《庄子集释》,《诸子集成》,第3册,北京:中华书局,1954年版,第10页。
⑤ 蒙培元:《人与自然——中国哲学生态观》,北京:人民出版社,2004年版,第7页。

展,亦可称为善。善就是目的"①。这表明了"生生"的价值意义。如前所述,对于我们来说,"生态"一词具有价值性。我们把儒家哲学的生生不息、自然的合目的性作为生态的价值含义。在我们看来,生态哲学就是研究和支持自然的生生不息的哲学。当然,生生不息也是自然界的一个事实。现代生态科学也认识到了这一点。生态思想史家把生态学定义为"一门专门研究和谐的科学,一种在自然界中发现的和谐,它为一个更有生机的、协调和谐的人类共同体提供了一种模式"②。唐纳德·沃斯特认为,生态学的社会意义在于敦促我们"采取一系列政策以规范人类行为",在"政治、经济和文化方面出现一场真正的革命"。③

近现代科学为了理解自然,采取了还原论和机械论的思维模式。所谓还原论,就是把自然现象还原为物理现象、化学现象;所谓机械论,是把自然理解为力的相互作用的线性因果链条。应该承认,这种思维方式取得了巨大的成效。人类对于自然的物质结构以及宇宙演化过程的理解,都因此达到了前所未有的深度。可是,这种思维方式也带来了迫在眉睫的生态危机。现在我们理解自然,应该吸收儒家哲学的理念,深入到其内部的结构和过程,更加着重它的合目的性、整体性、联系性、有机性。诚如成中英所说,环境的深层结构和过程是"对于生的状态和过程的真实理解","这意味着我们需要理解环境中的道内容和道过程,而道表示不停运动和形式多样的生命创造的途径"。④ 道的本体论就是生命创造,是生生。罗尔斯顿说,"自然包括任何存在,是一切存在的总和"。这包括宇宙层面;如限制在地球层面,则自然是"产生生命的系统"。⑤ 我们同意这种看法,更进一步指出,整个宇宙层面也是生生不息的过程。

---

① 蒙培元:《人与自然——中国哲学生态观》,北京:人民出版社,2004年版,第7页。
②③ 《自然的经济体系——生态思想史》,第419—420页、第425—426页。
④ Chung-Ying Cheng ,"On Environmental Ethics of the Tao and the Ch'I," *Enviromental Ethics*, Vol.1, 1986,p577. 成中英:《论"道"和"气"的环境伦理》,《环境伦理》,1986年版,第1卷,第1期,第577页。
⑤ 《哲学走向荒野》,第41页。

第二节 道德共同体

一、道德共同体及其扩大

道德共同体(moral community)是指人类应该道德地对待的对象的范围。当代哲学常用"道德代理人"(moral agent)和"道德顾客"(moral patient)来表示它。在西方哲学史上,这个范围就是人类本身,不包括动植物等自然界。亚里士多德说:"植物活着是为了动物,所有其他动物活着是为了人类。……如果我们相信世界不会没有任何目的地造物,那么自然就是为了人而造的万物。"①托马斯·阿奎那也说:"我们要批驳那种认为人杀死野兽的行为是错误的这种错误观点。由于动物天生要被人所用,这是一种自然的过程。相应地,根据神的旨意,人类可以随心所欲地驾驭之,可杀死也可以其他方式役使。"②笛卡儿主张意识是决定道德身份的根据,动物不具有意识,所以也不是道德关怀的对象。③ 康德认为道德身份只限于主体和目的;人是目的。"只有有理性的人才有道德价值";动物只是人实现目的的工具,人对于动物不负有道德责任。"就动物而言,我们不负有任何直接的义务。动物不具有自我意识,仅仅是实现一个目的的工具,这个目的就是人";"我们对于动物的义务,只是我们对于人的一种间接义务"④。

---

① [古希腊]亚里士多德:《政治学》,第 1 卷,第八章。转引自戴斯·贾丁斯《环境伦理学——环境哲学导论》,第 106 页。此段译文与吴寿彭的译文有些差别。吴译为:"自然就为动物生长着丰美的植物,为众人繁育许多动物。……如果说自然所作所为既无残缺,亦无虚废,那么天生一切动物应该都可以提供给人类的服用。"见亚里士多德:《政治学》,吴寿彭译,北京:商务印书馆,1965 年版,第 24—25 页。
② 转引自戴斯·贾丁斯:《环境伦理学——环境哲学导论》,林官明译,北京:北京大学出版社,2002 年版,第 106 页。
③ 戴斯·贾丁斯:《环境伦理学——环境哲学导论》,第 106—107 页。
④ [德]康德:《只有理性存在才有道德价值》,转引自何怀宏主编《生态伦理——精神资源与哲学基础》,保定:河北大学出版社,2002 年版,第 343 页。

人类发展史是一个道德共同体不断扩大的过程,这是人类理性进步的表现。虽然人属于道德共同体的范围,可是在古希腊,奴隶和妇女并不具有完全的道德地位。直到20世纪50年代,黑人和妇女仍不能得到完全的道德关怀。随着生态哲学的发展,道德共同体的范围在西方哲学中逐渐扩大到动物、植物、土地。在现代西方哲学中,边沁把动物放进了道德关怀的范围。他提出,道德的根据不是肤色、腿的个数、皮毛状况、语言、推理等,而是愉快与痛苦的感受能力。动物能忍受痛苦,所以也应属于道德关怀的对象。他说:"问题并非它们能否作理性思考,亦非能否交谈,而是它们能否忍受。"①彼得·辛格(Peter Singer)等当代动物权利论者主张动物应得到道德关怀。生物中心主义认为,人对所有的生命都负有道德义务。生态中心主义进一步认为,人对于构成生态的无生命物也负有道德责任,比如利奥波德的土地伦理就主张,人对于土地也要有道德关怀。

人类的良知也是不断地进化和扩展的。道德共同体的扩展可以说是良知"进化"或扩展的结果。达尔文在《人类的由来》中描述了人类最高贵的属性——道德意识发展的历史,指出"良知的增长是人的'社会性本能和同情心'的对象的不断扩展的过程"②。达尔文认为,道德朝着超越功利主义的目的,"比有用或有利更高的方向演变着。在其最后的最高阶段,它就变成了一种超越自我的怜悯、同情的感情,并和其他一切有生命的物质、包括地球本身有了血缘联系。当人类具有了可以同情活动着和活着的东西的能力时,也就是能同情一切生命,而不只是同情人们自己的家庭、国家、甚至某些物种时,他们才算真正文明化了"③。迈克尔·凯尔顿认为,人类的心(mind-heart)是"生命在其30亿年的进化中设计出来的最灵敏而富有弹性的适应系统"④。罗尔斯顿较为详细地提出

---

① [英]边沁:《道德与立法原理导论》,时殷弘译,北京:商务印书馆,2000年,第349页脚注。
② 《哲学走向荒野》,第34页。
③ 《自然的经济体系——生态思想史》,第222—223页。
④ [美]迈克尔·C.凯尔顿:《新儒学传统的扩展:为了21世纪而提出的问题与再构思》(英文),《儒学与生态》(英文),第98页。

了人类良知的进化线路图：首先是关爱"家庭和部落,之后同胞、种族、动物";他进一步指出,"如果我们的良知能演进到能包容整个生态系统,那一定会是非常高尚的"①。他强调,"出于对于自然的爱","良知必须向前进化"②。良知的扩展"形成一种普遍性的道德倾向,这种普遍性不只是普适性"③。"道德发展的结果并非那些碰巧成为适宜者之辈的残存,而是道德上最优越者的幸存。"④应当指出,良知的对象或者说道德共同体包括天地万物,对于中国哲学来说并不陌生。

二、儒家道德共同体的范围

在儒家哲学中,道德共同体的范围本来就包括动物和植物,直至无机物如泥土瓦石之类。这叫做"德及禽兽"⑤、"泽及草木"⑥、"禽兽草木广裕"⑦、"恩及于土"⑧、"恩及于金石"⑨、"恩至于水"⑩、"化及鸟兽"、"顺物性命"⑪等。在《周礼》《仪礼》《礼记》《春秋》三传等典籍中,有道德地对待动物、植物、山河大地的系统思想。北宋张载提出"民胞物与"、程颢提出"仁者浑然与物同体"、《宋史·道学传》提出"盈覆载之间,无一民一物不被是道之泽,以遂其性"⑫,明代王阳明提出"大人者与天地万物为一体"⑬,这些都表明儒家哲学的道德共同体包括整个自然界。从"仁"的概念的演进来看,孔子说仁

---

① ② 《哲学走向荒野》,第 35 页。
③ 《哲学走向荒野》,第 99 页。
④ 《自然的经济体系——生态思想史》,第 216—217 页。
⑤ （汉）司马迁撰：《史记》,北京：中华书局,1982 年版,第 59 页。
⑥ （汉）班固撰《汉书·严助传》引淮南王刘安上武帝书,北京：中华书局,1962 年版,第 2780 页。
⑦ （汉）贾谊：《贾谊集》,上海：上海人民出版社,1976 年版,第 196 页。
⑧ （清）苏舆撰：《春秋繁露义证》,钟哲点校,北京：中华书局,2002 年版,第 375 页。
⑨ ⑩ 《春秋繁露义证》,第 376 页、第 381 页。
⑪ （宋）范晔撰：《后汉书》,北京：中华书局,1965 年版,第 874 页、882 页。
⑫ （元）脱脱：《宋史》,北京：中华书局,1977 年版,第 12709 页。
⑬ （明）王守仁：《王阳明全集》,吴光等编校,上海：上海古籍出版社,1992 年版,第 968 页。

者"爱人",孟子提出了亲亲、仁民、爱物的思想。董仲舒指出:"质于爱民,以下至于鸟兽昆虫莫不爱。不爱,奚足谓仁?仁者,爱人之名也。"①东汉郑玄在解释仁时说:"仁,爱人以及物。"②这个物包括自然界的客观事物。上述说法明确地表明儒家道德共同体的范围包括天地万物。就宋明儒学来说,仁是道德共同体的核心;或者说,道德共同体以仁为纽带。

三、天人一体:从道德共同体到形上和价值的共同体

道德共同体在儒家哲学中是天人合一的一个侧面,既是一种形而上的共同体,也是一种价值的共同体。

在儒家哲学中,"仁"并不仅仅是一种德性或道德规范,也还有超道德的含义。在宋代之前,仁是德性之一,与义、礼、智、信并列,其内涵是爱。从宋代开始,仁从一德上升为全德之名。程颢在《识仁篇》中说:"仁者浑然与物同体。义、礼、智、信皆仁也。"③程颐也同意这一看法,指出仁"偏言"则与义、礼、智相对立,"专言"则包含义、礼、智三者。他说"四德之元,犹五常之仁。偏言则一事,专言则包四者。"④朱熹说:"仁者,本心之全德。"⑤这就把仁从一种德性上升为德性之总体或曰德性本身,也就是所谓的"全德之名"⑥。宋代儒学家又把《易传》的生生之德作为仁的内涵,指出"仁"就是"生意"。这样,生生之德便从关于外部世界的本体描述又进一步转化为表示人的德性的概念。程子说,心如谷种,仁是其中包含的生意:"心譬如谷种,生之性便是仁。"⑦"心生道也,恻隐之心,人之生道也。"⑧在《周易》中,元亨利贞为"乾"之四德,实则也是天道的四种性质。理

---

① 《春秋繁露义证》,第251页。
② (汉)郑玄注,(唐)贾公彦疏:《周礼注疏》,《十三经注疏》,北京:中华书局,1980年版,第707页。
③④ 《二程集》,第16页、第697页。
⑤ (宋)朱熹:《四书章句集注》,北京:中华书局,1983年版,第131页。
⑥ 冯友兰:《中国哲学史》上册,北京:中华书局,1961年版,第101页。
⑦⑧ 《二程集》,第184页、第274页。

学家把仁义礼智与元亨利贞相比配,把元作为春。因为春天是万物生长发育的季节,所以仁在理学家那里也是生意。由于生生是天地之德,所以仁作为生意贯穿春夏秋冬四时。这意味着仁也是天地万物的本体。仁既为天地的生生之德,从而人的德性也就具有了本体的含义。于是,仁也就超出了伦理性的爱,成为天地万物包括人的本体。这表明,在儒家哲学中,道德共同体也是一个具有本体基础的形上共同体、价值共同体。"当伦理的边界扩大到包括万物时,培养合适的人道的工作就要把自己的视野和关注的范围扩大到更大的道(天)。"① 这意味着人同于道乃是天人一体或天人合一的深层含义。这也是冯友兰所说的同天的境界。② 这种结构确立了儒家的道德共同体包括天地万物的本体基础。从道德共同体的范围来看,儒家哲学本质上就是生态哲学。

四、内在关系与外在关系

所谓内在关系是关系项能够相互影响,设 a、b 为两个关系项,若 a 发生变化,b 亦随之发生变化;反之亦然,则二者是内在关系,否则是外在关系。在内在关系中,关系项之间具有着本质联系,反之,在外在关系中,关系项则不具有本质联系。近代西方哲学通常的观点是人与外部世界的关系是外在性的。这意味着自然和人是两个相互独立的世界,人可以对自然进行任何活动或干预,可以征服它,控制它,而不至于影响它。征服和控制自然在西方哲学看来也是人类从野蛮到文明的跃升。西方哲学关于人与自然之所以形成外在关系的观念,照成中英所说源自两个哲学假设。其一是"自然是由各种机械力所完成的作品,一维的自然规律控制着这个完成过程。这个一

---

① Blakeley, Donald, "Listening to the Animals: The Confucian View of Animal Welfare," *Journal of Chinese Philosophy*, 30:2 (June 2003).[美]唐纳德·N. 布拉克雷:《倾听动物——儒家的动物福利观》,《中国哲学学刊》,总第 30 卷,2003 年 6 月,第 137 页。
② 冯友兰:《新原人》,《三松堂全集》,第 4 卷,郑州:河南人民出版社,1986 年版,第 632 页。

维的自然律由物理科学和物理主义还原论的方法论所揭示"①;又一是这个世界上的每一个事物都由明确的、孤立的实体构成,"因而可以把它作为一个封闭系统单独地、孤立地处理。这是现代科学处理问题的方法论中的孤立论和原子论假定"②。我们同意这一分析。当代全面而又深刻的生态危机表明,这两个假设都是成问题的。在一定意义上,自然可以没有人而存在;而在任何意义上,人都不能离开自然而存在。人类从产生以来,就是在和自然的相互联系中存在的,所以,谈自然而不谈论人或者谈论人而不谈论自然,把二者割裂开来看待,都是不符合实在的真实情况的。用机械的因果联系去把握外部世界,是一种肤浅的理解。"生物圈"、"生态系统"概念的提出,推进了对于自然的认识;"有机论"、"错综论"的提出,更进一步加深了对于自然的认识。

中国哲学对于自然的认识从来不是离开人的,它是在人与自然的关系中认识自然和认识人的。中国哲学也不把某种终极不可再分的微粒作为世界的终极实在。如果说它有一个终极实在的话,那就是气。气具有波粒二象性,是物质、能量、运动、活力、关系的统一体,而不是孤立的自己规定自己的微粒。在中国哲学中,关系、联系同样是实在的规定性。中国哲学的天人一体观实际上是把人和自然作为大自然的两个焦点,主张二者是在相互联系中共存的。儒家哲学认为,自然和人的联系是内在性的,即二者之间可以相互影响。关于此,最为著名的是董仲舒的天人感应之说。他认为,君主的喜怒哀乐会引起气候的变化,"天有阴阳,人亦有阴阳。天地之阴气起,而人之阴气应之而起,人之阴气起,天地之阴气亦宜应之而起,其道一也"③。自然影响人,是直接的和明显的。人影响自然,在过去常常被认为是荒谬的,现在看来还未必如此。臭氧洞的形成和扩大,海平面的上升,温室效应的出现,全球变暖,洪涝和干旱的频繁发生,其实

---

①② 成中英:《论"道"和"气"的环境伦理》(英文),《环境伦理》(英文),1986 年第 1 期,第 351 页。

③ 《春秋繁露义证》,第 360 页。

都是人影响气候的结果。董仲舒的问题可能是把二者的联系说得过于直接、过于简单了,并且还往往局限于君主,但这种联系的存在却是不可否认的。"现在,在生物圈中大多数时间和空间范围内出现的变化都显得是内在的和必然的。"①汤一介先生指出,在中国历史上,"'天'不只是指外在于人的自然界,而是一有机的、连续性的、生生不息的、能动的、与'人'相关联的('天行健、君子以自强不息')存在。基于此,'天'这一概念在中国是指与"人"有着内在联系的有机体"②。又说:"我们不能把'天'和'人'的关系看成是一种外在关系,这是因为'天即人,人即天','天'和'人'是相即不离的。'人'离不开'天',离开'天'则'人'无法生存;'天'离不开'人',离开'人'则'天'的活泼泼的气象无以彰显。这种存在于'天'和'人之间的内在关系正是中国哲学的特点。"③

笔者认为,可以把单纯的自然规律称为自然规律,如,没有人的影响的气候现象就是单纯的自然规律。但是,把人的因素作为一个参数加入后,自然规律即成为生态规律。笔者把"生态"规定为人和自然相互作用的系统,这样,生态规律便是人和自然的关系的表述。人和自然的关系是内在的,但不一定是即时的,而会有一个时间过程;也不是说对于自然的任何微小改动都不可,比如,挖一锨土就会产生影响。时间和程度是此种内在关系的两个参数。由自然、人、时间、强度四种参数共同作用而形成的规律就是生态学规律,此时人和自然的关系的内在性质是十分明显的。在现实中,人对于自然的征服和改造之所以还没有形成出乎意料的后果,只是因为时间未到。经历一定的时间后,人对于自然的任何较大程度的改造都会形成出乎意料的后果。这当然不是说人在自然面前就束手无为甚至坐以待毙了。在儒家哲学中,自然不是人的一个现成的、完成了的外在的他者,同样,人也不是自然的一个现成的、完成了的外在的他者,毋宁说,二者都是在与对方的联系中形成着、发展着和共存着的。自然

---

① 《自然的经济体系》,第458页。
②③ 汤一介:《论天人合一》,《中国哲学史》,2005年第2期,第7页、第10页。

"生生不息",人性"日生日成"。《周易》六十四最后一卦是《未济》,即没有完成,大有深意。这说明自然和人都是在形成中的,二者的联系的本质是人因其有意识和能动性,而在对自然的深入理解和主动顺应中帮助自然发展,从而实现人自身的发展与完善。这种帮助自然与发展自身的统一,《中庸》说为"与天地参",张载说"为天地立心",王夫之说为"延天佑人"①,都是意味隽永的。成中英说,"以儒道为代表的中国哲学发展了关于环境的内在观。把人作为自然的完成者(consummator)而不是征服者;自然的参与者而不是掠夺者"②,这无疑是准确的。

第三节　人类中心主义

一、强人类中心主义(strong anthropocentrism)

照菲利浦·J. 艾文荷(Philip J. Ivanhoe)的看法,人类中心主义有认识论、形上学和伦理学三种。认识论的人类中心主义"主张我们是从人类的观点来看事物的,我们在感知和理解世界时,使用了一些因人而形成的概念,又依赖于人的感知感官"③。应该说,这反映了人类认识的特点。形上学人类中心主义认为,"人是自然的其余部分的'主人'。其中一个版本说,我们是独立于自然而被创造出来的,我们在自然之上,是一个独自的、优越的、自成一体的种类。这种观点的一个直接含义是,自然是一个在那里由我们随心所欲地去用

---

① (明)王夫之:《周易外传》,北京:中华书局,1977年版,第167页。
② 成中英:《论"道"和"气"的环境伦理》(英文),《环境伦理》(英文),1986年第1期,第577页。
③ Philip J. Ivanhoe, "Early Confucianism and Enviormental Ethics, "*Confucianism and Ecology: The Interrelation of Heaven, Earth, and Humans.* eds. Tucker, Mary and John Berthrong, (Cambridge, Mass.: Harvard University Press, 1998.) p. 65. [美]菲利浦·J. 艾文荷:《早期儒家思想与环境伦理》(英文),《儒学与生态》(英文),玛丽·艾维琳·塔克、约翰·白诗朗主编,麻州剑桥:哈佛大学出版社,1998年版,第65页。

的东西"①。这是强人类中心主义的观点,前文已有所涉及。诚如艾文荷所言,它"缺乏科学上的可信度。"强伦理学人类中心主义认为,只有"人类的福利是有价值的"。"按照这种观点,仅仅人类的需要和欲望是有价值的,其余的整个自然界都是为我们而存在的。"②

强人类中心主义有其理论基础。在古希腊,哲学家认为自然是为了人而存在的,前述亚里士多德关于植物、动物与人的关系的认识,即是一个典型。基督教教义强化了这一点。基督教认为,人是上帝按照自己的形象创造出来的,自然是上帝创造出来供人类征服和利用的。所以,人有权利控制、支配和使用自然。近代以后,理性概念兴起,理性成为人类中心主义的基础。唐纳德·沃斯特指出:"人类物种的集体理性,正如在科学和技术中所表达的那样,已经成为人类需要的唯一的神:一种人类智慧的宗教。这种宗教把地球看做人类的隶属者,可以向人类的需要提供帮助;并且,在完全被合理化和修正之后,还可以证实人类独特的神力。在这个意义上,文明已成为过时的被遗弃了的基督教理想中那个吸引人的天堂的替代品。人类必定会声称自己已是自然界的工程师;否则,他就会继续在达尔文早就认为是可惧的自然状态中过着邪恶和不可补救的生活。"③对于人类中心主义的形成,近代科学起了推波助澜的作用。植物学家林奈认为:"'所有的东西生来都是为人服务的',因而,在'赞美造物主的产品'的过程中,人们还能够期望去享受那些他所需要的使他的生活舒适愉快的一切东西。"④"为了提高人类自身的利益,人类应当不断地把他的帝国扩展到其他动物身上,因为有上帝设计的自然的经济体系作保证,他所做的一切都将继续存在。自然中神所赋予的仁慈和远见的最终证据,就是它甚至能够忍受人类的暴力。"⑤对于林奈学派来说,"生态学的研究是征服生物世界的有力工具"⑥。理性统治自然,甚至被认为是"一条通往道德的补救的途径","一种超越

---

①② 菲利浦·J.艾文荷:《早期儒家思想与环境伦理》(英文),《儒学与生态学》(英文),第66页、第67页。
③④⑤⑥ 《自然的经济体系》,第215页、第58页、第74页、第75页。

人类之中的野蛮兽性的方法"①。总之,"在理性时代被广泛接受的自然经济体系的特点便是它的仁慈奉献。一般都认为,自然是表达上帝对其生物、尤其是人的善心的有序状态。天地万物主要是为人而存在。"②林奈等人的观点可谓形而上学性质的强人类中心主义,面对当今广泛存在而愈加深刻的全球性生态危机,这种人类中心主义在学界已经逐渐失去可信度。早在40年代,金岳霖就已经对这种强人类中心主义提出过批评。他指出:"自我中心的困境(egocentric predicament)使个人看不到他和其他个人之间的基本同一性(basic identity),人类中心主义的困境(anthropocentric predicament)则使他无视他和其他动物、其他生物和事物之间的同一性。"③金岳霖敏锐地发现,就在《圣经》中,也弥漫着人类中心主义的色彩。因为"如果没有人类中心论甚至自我中心论,谁会相信上帝按照他自己的形象创造了人类,谁会想让他这么做呢?假如我们有实实在在的谦卑感,我们当然不愿根据我们的形象——我们属于并将继续属于尘世的形象——来羞辱他"④。金岳霖提出了一种"普遍同情(universal sympathy)的态度"⑤,来纠正人类中心主义。

二、弱人类中心主义(weak anthropocentrism)

强人类中心主义有三大教条。第一,人具有理性,是目的,因而是道德关怀的对象。第二,人具有内在价值,非人的自然物不存在价值,其价值只是对于人的工具性价值,是人的主观价值的投射。第三,道德规范只是调节人与人之间关系的准则。弱人类中心主义、包括非人类中心主义的主张是重新定义人的利益,重新确立道德关怀的范围,重新认识价值。弱人类中心主义以美国学者诺顿(Bryan G. Norton)等人为代表。

弱人类中心主义指出,强人类中心主义往往把人的某些特殊性

---

①② 《自然的经济体系》,第215页、第67页。
③④⑤ 《道、自然与人》(英文版),《金岳霖文集》,第2册,第629—630页、第725页、第630页。

作为人高于其他动物的根据,但人的特长和动物的特长都是相对的,动物也具有一些智力,也会使用工具;而所谓道德自律等,也不是人人都能做得到的。所以,人的生物学特征与道德关怀之间并无必然联系,应该把自然界纳入道德关怀的范围。关于人的欲望和需求,诺顿分为感觉偏好(felt preference)和慎思偏好(considered peference)两种。照他所说,感觉偏好是任何一种可感觉或可体验的欲望或需要,慎思偏好则是经过审慎思考而表达出来的欲望或需要。感觉偏好并非都是合理的,不能作为价值的标准,否则就会陷入对于自然的掠夺性开发;慎思偏好才是合理的。① 对于强人类中心主义把自然作为工具性的资源,弱人类中心主义认为,由于知识的有限性,人类很难知道什么是资源,现在是不是在浪费未来的资源;对于各类资源的不同重要性也无法排列。弱人类中心主义肯定自然的价值。诺顿指出,自然具有丰富人的精神世界,改变和转化人的世界观和价值观的功能,这是自然的转化价值。这种价值虽然不能满足人的某种物质需要,但仍是价值。罗尔斯顿分析了自然所具有的经济价值、生命支撑价值、科学价值、审美价值、生命价值、多样性与统一性价值、稳定性与自发性价值、辩证性价值、宗教象征价值等八种价值。② 他们都否定了自然自身没有价值的强人类中心主义观点。一言以蔽之,在弱人类中心主义看来,强人类中心主义把自利作为人类行为的原则,既不正确,也不具有客观必然性。③

三、同于大道:儒家的态度

儒家哲学的态度是什么呢? 大致在殷周之际,中国哲学已经经历过一次否定神或帝的作用,肯定人之"德"的价值的去神化运动。后来儒家文化提出了"天地之性(生)人为贵"的思想。但是,儒家的"贵"并不是超出自然而宰制和征服之,而是与自然一致,遵从大道;

---

① 《生态伦理——精神资源与哲学基础》,第 344 页。
② 《哲学走向荒野》,第二篇第五章,第 119—152 页。
③ 《生态伦理——精神资源与哲学基础》,第 356—360 页。

"天人合一"是这种思想的最好表达。儒家哲学对于人与外部世界的关系的认识表现在思维的结构上,较早的是天、地、人不相分离的三重结构,以《周易》的"三才之道"为典型;三重结构进一步演化为二重结构,即是"天人合一"。① 在更为深刻的层次上,儒家主张人性和天性是一致的,这来自《中庸》的"天命之谓性"。张载说"天地之塞吾其体,天地之帅吾其性"。天人合一的生态意义是把人置于自然,使之服从于自然的总规律,使自然成为人的存在的规范性因素或内在限制;表现在哲学上,则是一种人寓居于自然的结构。《中庸》的"尽己之性"、"尽人之性"、"尽物之性"、"与天地参"、董仲舒的"天人之际,合二为一"、张载的"民胞物与"、程颢的"仁者浑然与物同体"、程颐、朱熹的"心与理一"、王阳明的"大人者与天地万物为一体"、王夫之的"延天佑人"等,都是人寓居于自然的结构。在儒家哲学中,人的贵,也是人的优异,这种优异即表现为能够认识自然之道并自觉地服从它,帮助它完成自身。

笔者设想,按照儒家文化的一贯观点,把人和自然合起来称作自然Ⅰ,即整个生态圈,把单独的自然作为自然Ⅱ、单独的人作为自然Ⅲ;把太极阴阳图变成椭圆形;把自然Ⅲ、自然Ⅱ作为自然Ⅰ的两个焦点(如图)。根据"一阴一阳之谓道"的原则,这两个圈都不是全部自然Ⅰ的中心,而是它的两个焦点。这是人与自然相对立而又在终极意义上寓居于自然的结构。

自然Ⅰ

在这种结构中,一方面,人和"自然"是对立的,自然并没有给人类提供直接、现成的生活资料,人类必须通过劳动如开垦土地、培育

---

① 笔者认为,天人合一是中国先人在与水的交往实践中产生的"根源性智慧",具有跨越儒道不同派别的普遍性。见拙著《河流的文化生命》,郑州:黄河水利出版社,2007年版。

植物、驯养动物、兴修水利等等才能获得生存。这些都可以说是对自然的改造，人在改造自然的过程中确立了自己的主体性，展开了人性和精神的丰富性等。这正如上图中两个焦点是对立的一样。另一方面，人对于自然的改造最终仍应从属于自然，一致于大道，是赞天地之化育，而不是坏天地之化育。从这个角度看，人又是自然的富有同情心而又具有主动性的朋友和伙伴，而不是外在的征服者和他者。同于大道，也就是同于作为宇宙的合目的性的生生不息的"天地之大德"。诚如罗尔斯顿所说："说遵循自然时，总是指那充满生机的进化和生态运动。是指那个我们大写为 Nature 的、有时还拟人化为'母亲'的自然。"① 在上图中，人与自然也相互渗透，构成一个统一的整体。这是儒家哲学的原则。关于人和自然的相互渗透，金岳霖指出："一旦我们想到未曾二分的实在，我们也就想到了它的有机整体性。这种整体性部分地包含着存在的相互渗透，这种相互渗透是人类浸入它的同时代的东西和事体并被它们所贯穿，这些东西和事体又浸入人类的事情并被人类的事情所贯穿。所有的实际都是相互依赖的。"② 罗尔斯顿更进一步说明了人与外部世界的相互渗透，他说，从生态学上看，皮肤"与其说是一种坚硬的外壳，不如说是一种柔和的、允许相互渗透的界面。"③ "自我通过新陈代谢与生态系统相互渗透（至少从隐喻的意义上说），世界与我成为一体了。"④ 罗尔斯顿称此为生态学思考的"一种穿越边界的想象力"⑤，而从儒家一气贯通的哲学观来看，这毋宁说也是一个基本事实。

第四节　价　　值

一、价值简论

价值起初是一个经济学范畴。马克思在《资本论》中指出，价值

---

① 《哲学走向荒野》，第 41 页。
② 《道、自然与人》（英文），《金岳霖文集》，第 2 卷，第 716—717 页。
③④⑤ 《哲学走向荒野》，第 26 页。

是凝结在商品中的无差别的社会劳动,是不同商品可以进行交换的基础;与价值相联系的是使用价值,即商品的有用的属性。价值一词后来被引申到人文学科,广泛应用于道德、宗教、艺术、科学、经济、政治、法律等领域。价值学认为价值是"任何有益的事物"①。由于"有益"是相对于人而言的,所以价值学的"价值"天然地带有人类中心主义的色彩。价值学对于价值又有内在价值和工具性价值的区分。所谓工具性价值是一个实体对于另一实体(实际上通常是人类)的效用,"如果一个实体因自身的缘故而有价值或它的价值与对它的使用无关,那么这个实体就具有内在价值"②。价值学说认为,外部客观事物只是相对于人而具有某种有用性,从而具有价值的,所以它的价值终究不过是工具性价值、使用价值。只有人才具有内在价值,即因其自身而不是因为其相对于其他目的而具有价值。价值学所说的工具性价值,也就是经济学所说的使用价值,价值学把这种工具价值作为外部客观世界的价值。

由于事实是客观的,价值被认为是主观的,这样在哲学中又产生了事实与价值、是与应该的区分。鉴于价值的意义过于广泛,本书将其分为劳动附加价值、存在论或天道论价值和道德引导价值三种,分别进行论述。

二、价值的三重含义和"是"与"应该"统一

(一) 劳动附加价值　一件物品,若是产品或人造物,则具有劳动附加价值;否则不具有此种价值。这里的劳动可以是体力劳动,也可以是脑力劳动。洛克说荒野未经治理便没有价值,其实不过是说它没有劳动附加值。从自然本身来看,荒野作为生态的一个环节、作为野生动植物的生长园地,是有价值的。对于人类来说,荒野作为审美对象,也是有价值的;作为潜在的食物生长地,同样是有价值的。

就人造物而论,因其通常是为了某一目的而制造出来的,故总具

---

① 《简明不列颠百科全书》,第4册,第306页。
② 哈格罗夫:《环境伦理学基础》,第157页。

有有用性或实用性,即具有工具性价值,如面包可以充饥,电视机可用来看节目等。因为"有用"是相对于人而言的,所以工具性价值都具有一定的主观性,同一物的工具性价值或使用价值可因人而异,比如毛巾可以洗脸,也可用来娱乐。非制造物作为使用价值,也具有这样的特点。劳动附加价值具有一定的客观性,它是人类劳动和商品的自然属性的结合。劳动是一个客观外在的过程,商品的自然属性也是客观的,二者凝结在产品上,所以,一物是否具有劳动附加价值,是可以进行客观判断的。

(二) 天道论价值 那些非劳动产品的自然物,如河流、山脉、森林、野兽等,相对于人类说,可以具有工具性价值是不言自明的。它们是否也具有内在价值呢?如果把"价值"定义为事物对人的有用性——这实际上是用事物的工具性价值来取代价值,再来问自然事物是否具有内在价值,那在逻辑上就是自相矛盾的。这说明,在人类中心主义的框架下,根本无法追问事物是否具有内在价值,因为在这种思维中只有人才具有内在价值。所以,在方法论上,我们必须突破价值定义的这种局限性,进一步基于生态过程,把事物放在存在论的高度来论述它的价值。在此,我们可以提出事物的存在价值的概念。事物的存在价值也是自然物的内在价值,是它对于自然本身的意义;而它对于人的意义则是它的工具性价值。一个自然物对于它自身、另一物、整个自然过程的意义或作用,都是自然范围内的事情,故可视为因其自身的缘故而具有的价值,也就是它的内在价值。如果说存在论是一种天道论,那么我们可以说,存在论价值也就是天道价值论。天道价值论就是从天道来看自然事物,从其作为天道的一个环节来确定其价值。

天道价值论超越了人类中心主义的价值论。据此而论,事物之具有内在价值,根据不是理性,不是自我意识,不是自律,不是作为目的,否则任何非人之物都不具有内在价值;而是它作为道的过程的一个环节的价值,包括自我同一性、对于他物的意义等等,这些都是在道的过程之内的,所以都是事物的内在价值。

对于生命体来说,生命本身就是一种价值。诚如泰勒所说:"所有有生命的物体都有其自身的善,所有生命都是'生命目的中心'"①,"每个生命都有其善,因为作为生命,它有方向,有目标,有目的"②。所以,任何有生命物都是具有内在价值的。对于非生命物、无机物来说,它的内在价值来自它的自我同一性,它的利益表现为它的自身同一性的保持。比如,山脉保持自己是山脉,河流保持自己是河流。这种保持虽然不像人的自我同一性的保持那样是一种有意识、有目的的活动,但它在自然的发展过程中仍然是十分明显的。就河流而言,一定的水量、一定的水质、一定的行洪空间,都是它的利益所在,也是它的内在价值所在。如果我们不尊重和维护河流的权利,就必然会遭到自然的惩罚。

对于事物自身的善这一概念我们还须全面地看待。人类中心主义认为,事物自身的善其实是一事物自身的利益,这种善的概念往往具有一定的自私性和狭隘性。照这个逻辑推理,没有自身的利益就没有价值,那么上帝或许是最无价值的了。其实,在自然的进化过程中,事物是相互联系的,没有哪个事物可以仅仅依靠自身的善而生存下来。所以,对于任何事物,在肯定它自身的善的同时,也应肯定它对于其他物的善或价值;一事物对他物的意义,看似工具价值,实则放到天道的过程中,仍然是它的内在价值。

美国学者布拉克雷在分析儒家的动物价值论时提出了一个三元价值矩阵模型,值得借鉴。他说:"从《论语》中可以看出,孔子认为动物有三种价值等级:1.自身作为生物,2.为了他物,3.作为运行着的道的整体的一部分。上述三者构成一个价值矩阵。这个矩阵一方面可能是以人为中心的,因为人可以吃动物;另一方面,整体的天道高于一切。"③我们把这个价值矩阵进一步推广到无机物,同时,把三元矩阵简化为内在价值的天道价值和相对于人的工具性价值二元矩阵,以与目前通行的内在价值与工具性价值的二元分类相一致。内

---

①② 贾丁斯:《环境伦理学》,第157页、第159页。
③ 唐纳德·N.布拉克雷:《倾听动物——儒家的动物福利观点》(英文),《中国哲学杂志》(英文),总第30卷,2003年6月,第142页。

在价值或天道价值包括事物作为天道的一个环节和它对于其他自然事物的价值两部分内容。我们也接受布拉克雷的"天道高于一切"的结论。这样,人对自然的评价和使用就应该服从于天道,这就可以摆脱人类中心主义的缺陷。这也是布拉克雷的结论:"在人、动物和环境三者的关系中,一个人的把他的人之为人的利益视为最高的企图,应被放在既定的自然模式的界限之下(矩阵三)。"① 同时,需要指出的是,在万物一体的原则下,一切有机物和无机物的相对于天道的使用价值其实仍是其价值的一部分。在天道之下,一切价值都是内在的。当然,人类中心主义者仍可能会认为,"即使我们把非人类中心主义的价值赋予了非人类的动物和自然客体,价值仍然是人类中心主义的或'人类'的,因为它们仍然是被人类价值者所创造出来的价值"②。这种说法实际上涉及的是认识论的人类中心主义。诚然,任何认识必定是人的认识,但是不能因此认为认识的对象是我们赋予的。价值不过是被人类所认识到和承认的,而不是人赋予事物的。它是一种客观存在。

(三)作为道德导向的价值　由于价值是善,③ 善是伦理学的目标,这样,价值又变成道德导向,是"应该"。自然界事物是客观事实,是"是";人的行为领域的导向是善,是"应该"。由"是"能不能推出"应该",成为哲学中事实与价值的区分问题。休谟首先提出了这个问题,并做了否定性回答。照康德伦理学的说法,"应该"是人的有意识的选择,是自律。追问自然有没有价值,实际上是追问自然有没有道德引导作用,能否提供道德启示。结论是否定的,"是"不包含"应该"。康德把人和自然分割开了,造成自然不能对人类提供道德启示。摩尔提出,从"是"中推出"应该",是"自然主义谬误"(the naturalistic fallacy)。但是,自然真的不包含价值导向吗?当代

---

① 唐纳德·N.布拉克雷:《倾听动物——儒家的动物福利观点》(英文),《中国哲学杂志》(英文),总第 30 卷,2003 年 6 月,第 142 页。
② 哈格罗夫:《环境伦理学基础》,第 159 页。
③ 笔者认为,在西语中,好、善都是"good",二者的一致导致了价值从自然属性的概念转化为道德导向概念。

生态哲学家如泰勒、罗尔斯顿等人对此问题进行了研究,做出了肯定的回答。

如前所述,泰勒认为,所有的生命都是"生命目的中心"(teleological-centers-of-life),生命的目的是"生长、发展、持续和繁衍",生命都是朝着这个方向发展的。可见,生命是有方向性的。这是生命自身固有的善。①"说某物体有固有价值就是要超越它们有利益这样的实际要求,并做出规范性的论断说它们需要道德关注,道德主体对其负有义务。"②这样就从事实进入了价值。泰勒提出了人对于生物的四个一般性责任,分别是"无毒害法则",即不伤害生物;"不干涉法则",即不干涉生物的自由;"忠诚法则",即不欺骗或背叛生物;"公平法则",即对于受伤害的生物体进行补偿。③

成中英也提出了一个基于形而上学的事实与价值相统一的论证,其核心是从事物被创造的源头和事物之间的相互关联的框架来确定其价值。他说:"一个价值之成为价值,不是因为它是被创造为实在的,而是因为它在诸事物的格局中有内在的位置,能够被关联、被发展、被增强。价值也与人心有特殊的关系。它既包含在感觉中,也包含在事物的被感觉到的性质中,是欣赏、认知、肯定或否定、探索、发展或重建的对象。事物皆有价值,因其兴起于创造的源头,形成于创造的过程;所以才会有'继之者善,成之者性'这样的表述。善是性的表现,因而是理解世界的整体性质的基础,或曰价值的理想形式。价值既如此,则就该人去发现事物或情境的真实价值,惟其如此,他或她才能从事于价值的创造性建构或重建。"④

由"是"到"应该",罗尔斯顿提出的论证可以说是最为系统和深

---

① ② ③　贾丁斯:《环境伦理学》,第 159 页、第 157 页、第 160—162 页。
④　Chung-ying Cheng, "Cosmology, Ecology, and Ethics in the Confucian Personhood," *Confucianism and Ecology: The Interrelation of Heaven, Earth, and Humans*. eds. Tucker, Mary and John Berthrong, (Cambridge, Mass.: Harvard University Press, 1998.) p.221.[美]成中英:《儒家人格中的宇宙论、生态学和伦理学》(英文),《儒学与生态学》(英文),第 221 页。

入的。他肯定"生态系统的机能整体中存在着固有道德要求",①提出了从科学规律转化为"切近的道德义务",即从"是"中推出"应该"的论证过程。所谓切近的道德义务,"指由某种终极的、较高层次的道德原则[道德义务前提]派生出的、在具体事情上指导人们行为的义务"。②比如,动态平衡是生态学首要的规律,如何把这个规律变成"切近的道德义务"? 罗尔斯顿提出了如下两个三段论过程:

技术性义务	生态规律	条件性前提
你们应该促进自然的循环	因为维持生命活动的生态系统必须循环,否则将趋毁灭③	如果你希望保护人类的生命的话

这个三段式的读法是条件性前提→生态规律→技术性义务。在这个三段式中,借助于"条件性前提",罗尔斯顿把"生态规律"转换成了"技术性义务"。罗尔斯顿进一步用"切近的道德义务"代替"条件性前提",从生态规律中推导出了"切近的道德义务":

切近的道德义务	生态规律	道德义务前提
你们应该促进自然的循环	因为维持生命活动的生态系统必须循环,否则将走向毁灭④	你们应当保护人类的生命

罗尔斯顿指出,在这个三段式中,描述生态规律的"必须"是一种物理学意义"必然","这个生态规律与促进生命的义务结合在一起时,就使这个必须变成了一种道德意义上的必然"⑤,从而由"是"(必须、必然)推出"应该",即"切近的道德义务"。

罗尔斯顿又引用考韦尔的话指出,由动态平衡规律可以推出道德规范理论:"自然平衡可不仅是我们一切价值的源泉,它是我们可以建立的所有其他价值的唯一基础。换句话说,自然平衡是一种终极价值。……这里是把人类的价值看做由可以客观地加以确定的人

---

①②③④⑤ 《哲学走向荒野》,第7页、第8页、第9页、第9—10页、第10页。

与自然的生态关系决定的。我们确定人类的目的,必须与自然的生态系统相协调。"①他的话表明,当我们把自然的平衡作为人与自然关系的最高事实时,它也就成为一种具有道德引导意义的价值。

笔者肯定罗尔斯顿等人的认识,同意事实的确包含着价值即道德引导意义的结论。笔者在此提出三个论据,首先是日常语言证据。在日常语言使用中,"是"包含着"价值",如,英语从 nature(自然)到 natural(自然的),德语从 natur(自然)到 natuerlich(自然的),中文从"自然"到"自然的"等,日语、韩语与中文类似,都包含着从事实转换到价值的意味。其次,生态规律本身就是行为律令。生态规律通常用"必须"来表示,如"生态必须是循环的",这里的"必须"不仅表示一种"事实",而且同时还表示极强的命令意味,是一定如此,非如此不可,否则就会毁灭。关于"必须"的用法,我们可以拿部队的例子作为说明。在部队中,长官对于下属的命令是"必须",这个"必须"同时也是下属的义务,下属应该服从,所以,在这里"必须"也是"应该"。当然,长官命令的内容是不是符合道德,那是另外一回事。比如,长官命令杀死俘虏,下属也应该服从。但是,杀降是不道德的。这涉及内容。"生态必须是循环的"是规律,也是命令。这个命令的发出者当然是自然,人只是认识到这个命令而已。自然所发出的命令对于自然中的一切存在者都是有效的,包括人。所以,自然的"必须"对人来说是一种命令,同时也是人应该服从的义务,是人的"应该"。人应该按照此命令去做。这样,生态规律换个角度来说就是人的道德义务。"是"也就成为"应该"。这在形式上是正确的。至于"生态必须是循环的"作为一种规律是不是道德的,则是另外一个问题。拉尔夫·杰勒德认为,"大自然中的明显模式或显而易见的趋势给人类提供了'应有的义务'所需的全部答案。如果发现大自然是一个相互依存的世界,那么人类将不得不把这一特征看做是一种道德宣言"②。"虽然'应有的义务'和'客观存在'是两个明显不

---

① 《哲学走向荒野》,第13页。
② 《自然的经济体系——生态思想史》,第391页。

同的独特概念,但任何将其严格分开的企图可能都是误导人的。"①我们同意这个观点。

第三的论据是本体论的。从本体上说,最高的事实或者原则同时也就是价值,真、善、美在终极意义上是统一的。金岳霖曾经指出,太极是真善美如的统一,"太极至真,至善,至美,至如"②。本体论要求我们从总体或全体的角度、或者说从道体的角度来看待自然。如,就道体来说,最高的事实是生生的合目的性,这个事实具有必然性,不是那种被决定的被动消极和无奈的因果性必然,而是一种一定如此的积极趋势。我们必须改变观察和思考的方式,从只见树木的观察上升到同时也见森林的观察。就某处森林来说,也许发生了很多死亡事件,一些树木已经枯萎,一些猛兽正在衰老,从这之中看不到自然的生生之德;又,一年四季,春生、夏长、秋收、冬藏,是一个循环不已的过程,从这些具体事件中也看不到自然的生生之德。可是,当我们把目光放大到整个生态圈,放大到由无数个春夏秋冬组成的自然过程,就会发现生生不息毫无疑问是自然的必然趋势。这种必然对于自然中的一切存在来说都是必须,也都是应该,对人亦然。罗尔斯顿说:"自然的价值还在于事物的生机里,在它们为生存而进行的斗争和对生命的热忱中。正是在这种意义上,我们才常说要尊重生命,不管它是否体现在一种可爱的物种中。"③可见,自然的生机也就是自然的价值。他又说:"我们爱自然中那一致性与自由的融合。"④所谓"一致性与自由的融合",其实也就是《中庸》所说的"鸢飞鱼跃"。

自然含有价值,也可以从自然演化史方面得到证明。唐纳德·沃斯特认为,"对生态系统概念的分析是新生态学最重要的依据;它表明,即使从这个被认为是完善而客观的关于自然的严守中立的描

---

① 《自然的经济体系——生态思想史》,第 393 页。
② 金岳霖:《论道》,北京:商务印书馆,1987 年版,第 213 页。
③④ 《哲学走向荒野》,第 67 页。

述角度看,道德价值观也是题中原有之义"①。"在没有超自然力量的指引下,对自然界的科学解释事实上是我们的道德观念剩下的唯一源泉。"②

三、事实与价值的统一:儒家哲学的态度

儒家哲学典籍中没有叫做"价值"的词汇,但据《孝经》记载,孔子说:"天地之性,人为贵。"③这个"贵",照张岱年说即表示价值。类似的说法还有《尚书》中的"惟天地,万物父母;惟人,万物之灵"④,《礼记·礼运》篇中的"人者,天地之心也"⑤,以及"人者五行之秀气也"等说法,都是对于人的价值的不同说明。可以说,儒家哲学认为人是有价值的。不过,在儒家哲学中,万物同样是有价值的。儒家哲学尊重万物的生命,重视天地的生生之德,要求任何事物都能"尽性",即实现自己的本性,反对"暴殄天物",这实际上肯定了万物的价值。这种价值是事物的内在价值,而不是对人的工具性价值。同时,在儒家看来,自然世界也具有道德引申意义。首先,自然本身是道德性质的。《易传》说"一阴一阳之谓道,继之者善也,成之者性也",这里的善,即可以理解为天道即善。天道既是一种客观存在,也是一种道德价值,二者是一体的。就自然的道德引导价值而论,儒家哲学认为,事实和价值是统一的,天道即是人道,物理即是道理。程颐说:"道一也,岂人道自是人道,天道自是天道?"⑥朱熹说:"格物者,欲究极其物之理,使无不尽,然后我之知

---

① 《自然的经济体系——生态思想史》,第304页。"原有之义"原作"原有主义",据文义改。
② 《自然的经济体系——生态思想史》,第393页。
③ (唐)李隆基注,(宋)邢昺疏:《孝经注疏》,《十三经注疏》,北京:中华书局,1980年版,第2553页。
④ (汉)孔安国传,(唐)孔颖达疏:《尚书正义》,《十三经注疏》,北京:中华书局,1980年版,第180页。
⑤ (汉)郑玄注,(唐)孔颖达疏:《礼记正义》,《十三经注疏》,北京:中华书局,1980年版,第1424页。
⑥ (宋)程颢、程颐:《二程集》,王孝鱼点校,北京:中华书局,1981年版,第182页。

无所不至。物理即道理,天下初无二理。"①天道与人道的统一,也是由天人合一的基本结构所决定的。人与自然的关系,是一种道德关系;遵从自然,是一种有道德意义的生活。这是儒家的基本态度。在宋明哲学中,天道和人道的内涵,是仁、是生生。黄勇说:"二程说性、理、道或天为包括人在内的万物的根本实在,他们不是说,这种实在存在于万物之外、之下或之后,而是说毋宁就是事物的生生(life-giving activity)本身。换句话说,自然、理、道或天不是某种给予事物生命的形而上存在,而是万物所展现的生生活动本身。"②这个结论是值得肯定的。

第五节 生 命

一、通行的生命定义③

"生命"无疑是古老而又神秘的现象。《不列颠百科全书》提出的一个初步定义是:"一种物质复合体或个体的状态,特征为能执行某些功能活动,包括代谢、生长、生殖以及某些类型的应答性或适应。生命的其他特征是有机分子要经历复杂的变化,并将这些分子组成越来越大的单位:原生质、细胞、器官和机体。"④不过,《不列颠百科全书》也承认,迄今为止,人们还不能给它下一个涵盖所有相关学科、令所有相关专业都满意的定义。目前所知的生命定义,都是不同专业从各自的角度提出的,有以下若干种。

1. 生理学定义:生命是"具有进食、代谢、排泄、呼吸、运动、生

---

① (宋)黎靖德编:《朱子语类》,王星贤点校,北京:中华书局,1994年版,第294页。
② Yong Huang, "Cheng Brothers' Neo-Confucian Virtue Ehtics: the Identity of Virtue and Nature," *Journal of Chinese Philosophy* 30:3&4 (September/December 2003), p.458。黄勇:《程氏兄弟的新儒学德性伦理》,《中国哲学学刊》,总第30卷,第3、4期,2003年9月、12月,第458页。
③ 本节系作者《河流的文化生命》一书第一章部分内容的简略。
④ 《不列颠百科全书》(国际中文版),第10册,中国大百科全书出版社,1986年版,第74页。

长、生殖和反应性功能的系统"①。

2. 新陈代谢定义:"生命系统具有界面,与外界经常交换物质但不改变其自身性质"②。

3. 生物学/生物化学定义:生命是由核酸和蛋白质等物质组成的多分子体系,具有不断自我更新、繁殖后代以及对外界产生反应的能力。"生命系统包含着储藏遗传信息的核质和调节代谢的酶蛋白"③。

4. 遗传学定义:"生命是通过基因复制、突变和自然选择而进化的系统。"④这也就是通常所说的 DNA 的复制。

5. 物理学定义之一:"生命是个开放系统,它通过能量流动和物质循环而不断增加内部秩序"⑤。具体地说,热力学第二定律认为,任何自发的系统都是朝着熵增的方向、即越来越混乱、越无序的方向发展的。相反,生命却是朝着熵减少的方向演化的。一旦负熵的增加趋近于零,生命就将终结。

6. 物理学定义之二:生命乃是一个"整体性和组织的"过程。⑥贝塔朗菲实际上是在生物化学的基础上,又采用现代物理学系统论的整体性、有序性、自调节性或自组织性来解释生命的。在他看来,生命就是一个以化学反应为基础的自组织系统,所以,他认为"生物学的任务是要确定控制生命过程的有序和组织的定律"⑦。

二、对通行生命定义的反思

上述关于生命的定义表明,对于生命的认识是随着科学的发展而不断深入的,科学构成了认识生命的坚实基础和可靠工具。应当指出,以科学为依托也是近代以来人类认识的基本思维方式,知识的进步端由此来。但是,这一思维方式也有它的局限性。首先,它所认为的"科学"是永恒的、普遍的,但这样的"科学"并不存在。这一思

---

① ② ③ ④ ⑤ 《不列颠百科全书》(国际中文版),第 10 册,第 74 页。
⑦ [奥]路德维希·冯·贝特朗菲:《生命问题——现代生物思想评价》,吴晓江译,金吾伦校,北京:商务印书馆,1999 年版,第 19 页。

维方式在具体运用时,所立足的只能是某一时期的科学,由此,这一时期科学认识的深度便构成了生命认识的限度。既然科学是不断发展的,那么,基于一定时期的科学水平而提出的认识就必然带有那一时期科学认识特有的局限,不能构成永恒的真理,这是不言而喻的。

其次,以科学为基础的思维方式在处理生命问题时存在还原主义、本质主义和化约主义的局限性。这种思维方式总是把生命还原为生物的生命,进而还原为科学问题,把某一科学认识作为生命的本质;而实际上,生命现象的复杂性远远超出所有现行科学的认识。就生命的生物学定义而言,汽车也具有进食、呼吸、排泄、运动等功能,某些细菌却不能呼吸。就生命的新陈代谢定义而言,火焰也具有界面和物质交换,并且能够生长;种子却可以休眠上千年而无代谢活动。就生命的生物化学定义而言,"以化学成分来下定义,有本质缺陷:难道其他分子便不能表现生命现象?已知某种病毒样生物可能无核酸"。又比如,如果从进化的角度理解生命,根据物理学的最新进展可知,我们所居住的宇宙,自从大爆炸产生之后,也是不断地发展进化的,有一个从简单到复杂的过程,甚至它的尺寸也是在不断增加的。这个宇宙是不是也有生命?再比如包括大地、水圈、生物圈在内的地球生态系统,按照新陈代谢的生命定义来看,显然都具有物质交换的界面,并且在一定程度上具有类似于DNA复制的自我修复功能,这是否也可认为是一种生命系统?可见,宇宙、生态系统、甚至汽车等,都具有生命的部分特征;同样,像细菌、种子(在一定时段)等,却没有对于生命来说十分重要的呼吸功能。这些都表明了传统生命定义的局限性。

科学还原论的又一个问题是生命本质主义论,把有生物和非生物、生命界和非生命界分得太开,割裂了生命的普遍性和一体性。按照克里斯蒂安·德迪夫的观点来看,"所有的物种都起源于单个祖先生命形式"[1]。"分子词源学"是现代生物学考察生命起源的一种方法,它的基本思路是对动植物的一种叫做"细胞色素c"的蛋白质

---

[1] 《不列颠百科全书》(国际中文版),第10册,第74页。

进行分析,由此考察生物之间的亲缘关系。这种蛋白质由一百多个左右的氨基酸组成,物种之间相同的氨基酸越多,亲缘性就越强。分析表明,人和恒河猴、狗、响尾蛇、牛蛙、金枪鱼、蚕、小麦、酵母菌的细胞色素 c 的差异量分别是 1、11、14、18、21、31、43、45。[①] 这个序列一目了然地说明了人和其他动植物的远近亲疏关系。人和小麦、酵母菌有 50 个氨基酸相同,说明"这三个有天壤之别的物种之间有一个共同祖先",[②]这表明了生命体的一体性。

可见,生命界和非生命界之间并不存在截然的鸿沟,而构成一个连续。事实上,病毒即构成生命和非生命的边缘地带。病毒是一个基本的生物单位,能够复制自身或协变复制,但它没有自主生命,不能进行有机分子的初级合成,因为它缺乏进行这些活动的必要条件——酶系统。由生命和非生命的连续我们可以进一步推论出,从非生命到生命也可以构成一个连续的过渡。通常并不被认为具有生命特征的存在形式如地球的生态系统、山脉、河流、泥土、岩石等,也都具有生命的一些特征,如自我保持性。山脉具有生长的特点,必须做一定的功才能把岩石分解开,这是岩石的自我保持性。做功的大小可以作为岩石的自我保持性的一个指标。土地有维持自身不被污染的自我保持性。当然,这种保持性很弱。在讨论生命的定义时我们已经提出,汽车具有新陈代谢和消耗能量输出功的特征,火焰具有界面和物质交换等,这些也都是生命的特征。至于地球的生态系统,则具有更多的生命特征。关于此,我们可以从盖娅学说中得到启示。盖娅是古希腊神话中的大地女神。英国科学家、皇家学会会员拉夫洛克在研究自然和生态问题时提出了"盖娅设想"。这一学说认为,地球和地球上的生物并不仅仅是随意地相互作用,"它们相互作用的方式倾向于纠正地球与生物的相互冲突所造成的失衡"[③]。"盖娅设想"的新颖之处在于提出地球是一个自稳定自调节的系统,具有

---

① [美]克里斯蒂安·德蒂夫:《生机勃勃的尘埃——地球生命的起源和进化》,王玉山译,上海:上海科技教育出版社,1999年版,第4页。
②③ 《生机勃勃的尘埃——地球生命的起源和进化》,第4页。

类似生物生命的特征。"地球就是一个活的生物,自行调控其环境,使其适合生命的生长。"①地球上的生命为盖娅学说提供了证据。历史上地球曾经多次发生巨大灾难,引起物种灭绝,但生物不仅恢复,而且又产生了进化。不过,这个过程需要几百万年的时间。盖娅学说肯定了地球自身的生命调节特点,表明地球也是具有一定意义的生命体,对我们来说这是一个非常重要的结论。

贝塔朗菲认为,生命体系不会终止于有机体。他从系统论着眼提出,更为高级的生命形态或生命单位"首先是同一物种的有机体的联盟,例如,动物的群体。典型的例子是管水母、浮游群体的水螅虫,它们形成巨大的族类"②;其次,"空间中分离的有机体也可能有超个体的组织,如蚁、蜂、白蚁的昆虫社会"③;"整体的所有标准,都适用于昆虫社会。系统发育导向组织化程度更高的动物社会的趋势,可以与导向更高等有机体的趋势相比拟"④。贝塔朗菲进一步指出,"不仅相同有机体的联合,而且不同物种的联合都可以形成更高有序的系统"⑤,共生现象就是典型的例子。从寄居蟹和海葵那样的松散地生活在一起的现象,到非常密切的如较低等的有机体寄生于较高级的有机体的器官内,都构成一个整体。比共生现象更为高级的系统是"某一区域的动物群和植物群落(生物群落),诸如一个湖泊或一片森林,并不只是许多有机体的聚集体,而是受确定规律支配的单位。生物群落被定义为'在动态平衡中维持自身的种群系统'"⑥。在他看来,最后的、最高的生命单位是"地球上整个生命界。如果一群生物体被消除,那么整个生命界必定会达到新的平衡状态或平衡被破坏的状态"⑦。"生命之流只有在所有种群的有机体之间连续的物质流中才能维持。"⑧这种生命观我们是同意的,符合生态哲学的观点。

---

①② 《生机勃勃的尘埃——地球生命的起源和进化》,第 285 页、第 286 页。
③④⑤ 《生命问题——现代生物思想评价》,第 54 页。
⑥⑦ 《生命问题——现代生物思想评价》,第 55 页。
⑧ 《生命问题——现代生物思想评价》,第 56 页。

三、新生命观的提出

认识到还原主义思维方式的局限后,我们将看到,生命定义包含着一定的可扩展性。首先,科学的认识越深入,对于生命的认识也就越深入,生命的定义也就获得了扩展的可能性。其次,从理论上说,生命定义扩展的方向是打破一定时期的科学认识的局限性,打破本质主义还原论思维方式的局限性,向着肯定生命和非生命的一体性来发展。下面,我们提出对于生命概念的新理解或新扩展。

(一)生命的广泛性 这个结论是显而易见的。泥土、岩石、病毒、细菌、植物圈、动物圈、生态圈等,都表现了生命的不同特征,可以说都是有生命的。换句话说,生命的特征普遍表现于宇宙万物之中。在生命的广泛性的范畴下,对于泥土、岩石、河流、山脉、太阳、地球、地球的生物圈、生态圈是不是有生命等问题,都可以做出肯定的答案,只是它们的生命特征和规定性不尽相同而已。生命的广泛性使我们跳出本质主义的局限性。

(二)生命的层级性 生命是广泛的,不同物体所表现的生命的形式、特征或特点各不相同,如土、石具有自我保持性,山脉往往具有生长性,人的遗传基因 DNA 具有自我复制的功能等。这些不同形式的生命构成生命的形层级体系。鉴于迄今为止科学和工业发展的经验教训,我们必须承认,除了生物圈的生命现象外,至少还有环境圈、生态圈、宇宙自身也都是有生命的。如何排列所有生命形式的层级序列是自然科学和哲学、宗教需要认真加以解决的问题。笔者赞同金岳霖的观点,人在这个序列中不一定是终点,也不一定是最高点。在人之上,我们至少还须承认其他形态的生命。如,贝塔朗菲把有机物聚合体也成为生命。罗尔斯顿说:"由我们组成的现在的生命,应该具有这种伸展向未来的潜在性,……人类的总体对未来有一种权利:人这个物种作为一个集合体应该延续下去。"[①]笔者同意,"延续下去"并不是天经地义的,而是努力的结果。

---

① 《哲学走向荒野》,第 97 页。

整体性的概念对于理解生命现象具有十分重要的意义。不仅一个在时空上孤立的个体是一个整体,而且一个环境系统、一个生物群落等在时空上分离的组织群落也都可以视为一个完整的整体,直至整个地球全体、宇宙全体,都可作如是观。贝塔朗菲指出,"由各部分竞争而形成的统一体存在于每个生物系统——有机体和超个体的生命单位中。这反映了一种可以追溯到赫拉克利特和库萨的尼古拉的深刻的形而上学观念:作为一个整体的世界及其每个个别的实体,都是一个对立统一体,然而,这样的统一体在它们的对立和斗争中构成和保持了一个更大的整体"①。只有从整体的观念出发,才能把生命的特征赋予这些对象。宇宙作为一个整体,也是有生命的。中国现代哲学家梁漱溟先生曾经说,全宇宙是一个大生命,这无疑是一个洞见。

(三)生命的家族类似性　如前所述,传统的生命定义是生物本质主义的。本质主义是一种思维方式,以一般和个别、普遍和特殊、本质和现象为范畴体系,从诸多个别现象中抽象出一般、普遍或者本质,舍弃那些所谓非本质的特点。这实际上是以某种认识为前提的剪裁,其中包含着循环论证的缺陷。在达到一般或者普遍之后,本质主义会把这个"一般"作为理解其他所有个别的"钥匙"或者关键,其实是用一般代替对所有具体的个别的理解和研究、无视或者抹杀个别的那些被认为属于一般之外的特点。这种思维方式对于把握复多固然简便易行,但是,由于它存在以一般代替个别的缺陷,所以常常把个别的具体性看做无意义的东西而抹杀掉。用一般代替、甚至抹杀个别,可谓本质主义的暴力倾向所在;把某一具体的个体作为普遍或一般来代表所有个体的做法尤其荒谬。其实,个别的那些非一般意义的特点,对于个别来说,并不是可有可无的,有时甚至是十分重要的。

本质主义的生命概念认为生命是生物体所具有的一种性能,把生命作为生物体的本质来看待,并以这一本质来规定生命,尤其是以人类作为生命的典范。这一概念存在的问题是对所谓非生命存在

---

① 《生命问题——现代生物思想评价》,第58页。

物、部分生命存在物的不尊重,成为导致物种灭绝、环境污染、生态恶化的思维根源。所以,突破和超越本质主义生命观,达到对于生命的新理解势在必行。为此,我们提出生命的家族类似性概念,把生命看做一个没有唯一的、固定的、决定性的本质的"家族类似"概念。

"家族类似"概念是维特根斯坦在说明各种"游戏"(game)时提出的,[1]对于突破本质主义思维方式十分有效。不过,维特根斯坦并没有对这一概念进行定义。我们可以这样理解它。设某一家族 J,有成员 M、N、O、P 等,其中 M 有 a、b、c 等身体或心理特征,N 有 b、c、d 特征,O 有 d、e、a 特征,P 有 c、d、e 等特征。如果我们看到一个 X 有 a、b、c、d、e 特征中的若干项,我们会倾向于认为,这个 X 属于家族 J。我们做出这个判断,仅仅是出于类似,而不是也不能把 a、b、c、d、e 中的一项、几项或者全体认作这一家族的本质特征,认为只要某个 X 有了这一项或者几项,就一定属于这个家族。家族类似排斥本质主义的归约主义,使我们能够更加专注于研究而不是抹杀个体的具体性。

从前述关于生命的定义和对于生命的普遍性、层级性的论述可以引申出生命的家族类似性。从家族类似性来看,生命的最简单、最普遍的含义是存在和不存在。不存在可以是本来就没有,我们这里所说的不存在是从存在到不存在,是存在的消亡、消失,也就是死亡。任何事物,只要具备从存在到消亡的过程,无论是自我发展的结果还是外在影响所致,都可以说具有一定意义的生命。泥土算得上是最不具有生命的东西了。但是,生活经验告诉我们,泥土可以被烧制成砖瓦,从而失去它的性质,这就是泥土的死和砖瓦的生。泥土被烧制成砖瓦就再也不能发挥孕育和生长万物的作用了,不是死了又是什么呢?现代物理学把这个过程称为熵增的过程。泥土被烧制成砖瓦,砖瓦毕竟还是有用的物件。这里面包含着自然的转化,用庄子的话说,是道通为一的万物禅形,成毁一如:"其分也,成也;其成也,毁也。凡物无成与毁,复通为一。唯达者知通为一。"[2]但是,现代工业

---

[1] [奥]维特根斯坦:《哲学研究》,李步楼译,北京:商务印书馆,1996 年版,第 48 页。
[2] 陈鼓应:《庄子今注今译》,第 62 页。

产生的化学垃圾、电子垃圾等把泥土污染以后,泥土彻底失去了参与万物循环死而复生的循环的条件,也就彻底死亡了,动、植物从此失去家园,此诚可谓泥土的悲哀。泥土还包含有能量的吸收、积蓄、储存和输出过程。泥土的能量乃是广义的土地的肥力,它把能量输出到赖之以生的植物中,各种作物、果实,则是泥土的产出。泥土的能量交换也是和生命的能量交换一样的化学反应过程。利奥波德提出,"土地不仅仅是土壤,它是能量流过一个由土壤、植物,以及动物所组成的环路的源泉。食物链是一个使能量向上运动的活的通道,死亡和衰败则又使它回到土壤。这个环路不是封闭的,某些能量消散在衰败之中,某些能量靠从空中吸收而得到补充,某些则储存在土壤、泥炭,以及年代久远的森林之中。这是一个持续不断的环路,就像一个慢慢增长的旋转着的生命储备处"[1]。利奥波德提出"健康的土地"[2]、"土地伦理"等概念,扩大了道德共同体的界限,使"它包括土壤、水、植物和动物,或者把它们概括起来:土地"[3]。利奥波德的论述在一定程度上支持了我们的土地具有生命的观点。

总之,"生命"是一个动态的、开放的家族类似概念。由此出发,我们会发现,自然中许多事物都具有生命的某些或不少特征,它们无疑都是一定限度的生命形式。这使我们对于生命的认识扩大,把许多事物都纳入生命的范畴进行考察,重新确立与它们的关系。必须指出,我们这么定义生命,和传统万物有灵论和物活论是有所区别的。我们并不认为万物都有神灵,也不认为所有物质都具意识能力。

第六节 权　　利

一、传统权利概念及其向自然界的扩展

权利是一个政治学与法律学术语,"指自然人和法人依法行使

---

[1] [美]奥尔多·利奥波德:《沙乡年鉴》,侯文蕙译,长春:吉林人民出版社,1997年版,第205页。
[2][3] 《沙乡年鉴》,第193页、第187页。

的权能与享受的利益"①。这里的人是处于一定社会政治经济关系中的个人,"法人"则是与人一样享受权利和承担义务的组织机构。权利有三个构成要件,一、权利者须有一定的利益,构成权利的基础;二、权利者须有理性或者自我意识,能够理解和认识到自己的权利;三、权利者愿意提出自己的权利主张。如果权利者明知被侵权而仍不主张自己的权利,则超过一定的时效后法律会认为此权利者已放弃自己的权利,此后即使他再提起诉讼,法律亦不予支持。这是目前通行的对于权利的解释。康德的道德哲学认为,人有理性,自身是目的,可以称为"人格","无理性的东西",只叫"物件"。② 与人格相比,物件只是手段。当代生态哲学的人类中心主义基本上继承了以康德为代表的传统权利理论,认为权利是一种社会现象,是属人的范畴,与自然界和自然事物无关。换言之,自然界不在权利范畴之内,不是人的道德义务的对象。因为自然不具有意识,不是一个理性主体;不能主张自己的权利,不具有道德自律性,不能与人订立契约。澳大利亚哲学家帕斯莫尔(John Passmore)认为,人对于自然的责任,只是对于人的责任的一种变形。比如,一个人不能随意虐待一条狗,不是因为狗是一个权利主体或道德对象,而是因为一方面人有同情心,另一方面狗是某个人的财产;一个人不能随意侵犯他人的财产。所以,人对于自然的责任归根结底是对于人的责任。当然,康德认为人也有不虐待动物的义务。因为人虐待动物会易于养成残忍的性情,终究会危及人类自身。洛克也提出过一种"仁慈"理论,认为残忍地对待动物是不必要的,不道德的,可能会激发人对人的残忍。

权利能不能扩展到自然界事物上? 比如能否提出动物、植物以及山河大地的权利? 坚持传统权利观的学者,甚至一些生态哲学家对于权利概念的这种扩展都是持否定态度的。如,日本马克思主义哲学家岩佐茂认为:"权利是通过追求自由和平等的人们的运动,作

---

① 《辞海》(第六版),第 1857 页。
② [德]康德:《道德形而上学原理》,苗力田译,上海:上海人民出版社,1986 年版,第 80 页。

为人的权利而被获得、拥护和发展而来的。……那种试图把由人的权利发展而来的权利概念扩展到人以外的东西之上的做法,不管其意图如何,都会带来权利概念的暧昧化、相对化。"①美国环境伦理学者哈格罗夫也指出,"权利是一个极其特定的概念,只能是道德的或法律的"②;环境主义者常常是整体主义者,他们关注的是种群和系统的稳定性,并不特别保护个体生命的权益,而"权利只能用于个体的利益"③。

非人类中心主义的生态哲学则主张把权利赋予自然,把权利扩展到动物、植物、生态圈,主张自然是和人相平等的权利主体。利奥波德、罗尔斯顿、克里考特(J. B. Callicot)是这方面的典型。他们强调生态整体的完整性,因而被认为是整体主义(holism)。如利奥波德的土地伦理学认为:"当一个事物有助于保护生物共同体的和谐、稳定和魅力的时候,它就是正确的,当它走向反面时,就是错误的。"④根据生态整体论、相互联系的整体高于个体,整体不能被还原为个体之和。所谓整体性,在笔者看来是生态圈的完整性;同时,从天道运行来看,也是天道的统一性的表现。与罗尔斯顿等人不同,彼得·辛格、泰勒(Paul W. Taylor)等人在谈到自然的权利时,判断的对象是个体自然物,标准是自然物是否有生命、自己的利益、理性、道德自律等。如前所述,边沁提出了感受性的概念,认为动物具有感知痛苦的能力,所以值得道德关怀。边沁的思路便属于个体主义的。1975年,辛格出版了《动物解放》一书,为动物的权利问题提出了一个哲学上的论证,该书因而被称为动物权利论的"圣经"。辛格采用功利主义的平等和功利两个尺度来论证动物的权利。他认为,平等是一种规范,权利表现为利益的平等;利益表现为功利,即快乐的最大化。确定利益的标准不是智力、种族等,而是痛苦和愉快的感受能

---

① [日]岩佐茂:《环境的思想》,韩立新等译,北京:中央编译出版社,1997年版,第100页。
②③ 哈格罗夫:《环境伦理学基础》,第219页。
④ 《沙乡年鉴》,第213页。

力(sentience)。感受能力是拥有利益的充要条件,而不必追问利益的主体是什么。有感觉的动物具有体验愉快和避免痛苦的感受能力,所以能够拥有自己的利益和权利。① 当代美国学者汤姆·雷根(Tom·Regen)进一步论证了动物的权利。他指出,人具有道德地位,根据是人具有内在价值(inherent value);人具有内在价值的根据是人是"一个生命的主体(the subject-of-a-life)"。所谓生命主体,不仅意味着有生命,有意识,还具有期望、愿望、感觉、未来等意识,有其偏好和福利,实现愿望和目标的能力,心理的同一性,独立于他人的功用和幸福等。② 雷根认为,动物也具有上述特征,所以,动物也具有内在价值,有自己的权利,如动物有免予遭受痛苦的权利,医学上使用动物做实验是不道德的,不能把动物仅仅作为促进我们福利的工具。雷根主张每一个生命主体的天赋价值都是相同的,所以每个生命主体的权利也是相同的。这颇似墨子的兼爱论。雷根的论证存在两方面的问题。首先,天赋价值和权利之间是否具有必然联系尚缺乏坚实的论证;其次,据雷根所说,拥有感受能力的一岁以上的高等哺乳类动物具有价值。这样一来,同是生命,有的拥有权利,有的不拥有,这就出现了混乱。与雷根不同的是,沃伦(M. A. Warren)主张,动物拥有感觉,所以也拥有利益,动物的感觉是它拥有利益和权利的基础。沃伦肯定,人的权利比动物的权利广泛,如人的自由包括言论自由,这种自由对于动物来说可能是没有意义的。人不仅是生命主体,也能在道德上把他人看做平等的存在物;人有道德自律能力,也可以作为人的权利的根据。

二、儒家哲学的态度:自然的普遍权利

自然有没有权利?儒家的回答是肯定的。在儒家文化中,不仅生物——动物和植物有权利,就连无生命物,如土地、山脉、河流,也

---

① 参看《生态伦理——资源与哲学基础》,第380—384页。
② T. Regen, *The Case for Animal Rights*, 引自《生态伦理——资源与哲学基础》,第387页。

是各有其权利的。当然,儒家没有用"权利"这个词,它所说的"权",是"权衡"、"权变"。前者是称重行为,后者是根据具体的情景采用具体的道德法则,都不是现代意义的权利。儒家主张保护自然,也没有细致到当代生态哲学的地步。不过,儒家哲学包含了自然的权利的思想。儒家的基本理论可谓存在权利说。就是说,从天道运行的过程来看,任何事物既存在,即有其本性;其本性是其在自然界诞生和持续存在的基础,这是事物的利益所在,也是其权利所在。儒家的思想是,存在就有利益,本性即是权利。前述关于儒家道德共同体的思想已经表明了这一点。就自然本身来说,儒家一方面是整体主义的,讲究的是天地之大德曰生,这可谓自然的总体;另一方面又是个体主义的,《中庸》的"尽性"讲的是每一人、每一物的尽性。整体主义和个体主义在儒家哲学中是统一的,其关键在于道的演化的过程,二者在道演的过程中达到统一。儒家对于动物的基本态度是用仁慈的爱心对待动物,尊重其生命,促使其完成生命周期。儒家也利用动物的使用价值,也打猎,也食用动物等。但这种使用是从属于大道的运行的。如前所述,根据布拉克雷的研究,儒家把动物的价值置于由天道、人、物所组成的价值三元矩阵中看待,把天道作为价值的最高准则。"动物有价值,但人的价值可以优先于动物的价值。这样一来,对动物的对待就应由两个矩阵所决定,第二个同时也是更高的矩阵牵涉到人的利益和偏好。这种对动物的对待会是一种'人道的'(humane)对待。在自然为了人类的进步视人对于动物和环境的使用为合法的意义上,可把这种对待理解为矩阵三所要表述的内容。一个人的合适地构成的自我同一性,应包括给予动物以它们应得的对待,纵然这种评价常常是偏向于人的,也应如此。"[①]任何对于动物的使用或者造成动物价值毁灭的事情,都要求有"理由或证据表明这个行动是为了更大的善";这样,动物权利就得到了一定程度的保障。关于把动物用作祭祀的牺牲,布拉克雷认为这是"剥夺一个特

[①] 唐纳德·N.布拉克雷:《倾听动物——儒家的动物福利观点》(英文),《中国哲学杂志》(英文),总第30卷,2003年6月,第143页。

殊的当下价值"来"肯定整个过程中的重要部分的价值","是用自然自己的资源来尊敬自然"。①

关于山河大地等无机自然物,自然保护主义认为"任何存在的事物仅仅因为它的存在就拥有存在的权利"②。华特生认为:"任何事物都有存在权利",是从事实中导出价值。比如,大地的存在并不能证明其权利。对此,哈格罗夫提出了一个改进的论证:"'大地'的继续存在对于人类的基础存在从工具意义上讲十分重要。'大地'应当存在,这并不是因为它有权利,而是因为人类有权利,而保护人类的权利需要通过保护大地来实现。"③这个论证实际上把大地的权利转换成了人的权利,大地的权利被消解了。在儒家文化看来,大地是有权利的,我们应该善待大地,"恩及于土"。我们基于儒家文化的认识提出以下的论证。首先,从自然的演化史上来看,土地的产生和形成经历了一个漫长的过程,它是自然演化过程的一个环节,一个步骤,由一系列的自然演化事件作为其存在的前因。就现存生态体系来看,土地并非可有可无的,而是自然的不可或缺的环节。土地对于自然过程来说是有价值的,它是所有生物包括人存在的基础。其次,在自然演化的过程中,土地形成了自己的物理、化学、生态等等性质,这些性质是它存在和完成一定生态功能的基础。我们如果破坏了这些性质,比如,严重地污染了它,就会毁灭它生养万物的性能,破坏它存在或完成其生态功能的基础,从而破坏了生态的完整性。从生态的完整性来说,任何一个构成生态过程的事物都是有自己利益和权利的。比如河流,一定的水量、水质,一定的蓄水行洪空间,都是它的利益所在,也是它的权利所在。如前所述,存在即利益,性质即权利。所以,儒家哲学讲让万物尽性,实现自己的本性。再次,违反自然的权利,一定会受到生态惩罚。这也敦促我们把自然当作具有自己的权利的事物对待。哈格罗夫质疑把权利等概念运用到自然事

---

① 唐纳德·N.布拉克雷:《倾听动物——儒家的动物福利观点》(英文),《中国哲学杂志》(英文),总第 30 卷,2003 年 6 月,第 140 页。
②③ 哈格罗夫:《环境伦理学基础》,第 218 页、第 219 页。

物的有效性,他说:"把非人类中心主义的权利、利益和内在价值的证明运用于没有生命的自然客体,并没有像把它运用于有生命的自然客体那样有效(如果它们有效的话)。我们能够确认生命体的愿望、需求和利益,但把它们用在非生命的存在物上,这些词就变成形而上学的了。"① 问题是,当我们违反自然规律侵犯自然的权利时,我们的确受到自然的惩罚。由此言之,自然的权利概念还是非常现实的。

---

① 哈格罗夫:《环境伦理学基础》,第 205—206 页。

第二章 "恩至禽兽"
——道德共同体中的动物

在儒家哲学中,动物属于道德共同体的范围;儒家要求"恩至禽兽"①。儒家对于动物的道德关怀是从人的仁心、恻隐之心出发,承认它们和人一样也是生命,要求爱护和尊重它们的生命,重视它们的内在价值,让它们顺利生长,完成自己的生命周期。当然,儒家也利用动物的使用价值,把动物作为食物、衣物的来源,也同意打猎;但是,诚如布拉克雷所指出的那样,儒家文化对于动物的价值分为"作为生物"、"为了他物"、"作为运行着的道的整体的一部分"三元价值矩阵。这个矩阵一方面可能是以人为中心的,因为人可以食用动物;另一方面,整体的天道又高于一切,人对于动物的使用被置于天道的限制之下:"在人、动物和环境三者的关系中,那种使人自己的利益成为最高的企图应被放在自然的既定模式的界限之下"。所以,儒家对于使用动物有许多限制,比如打猎不能合围,要网开一面;在动物繁殖季节,不能用雌动物祭祀等等。此外,儒家文化还把麟、龙、龟、凤看做具有神灵作用的动物,祭祀那些保护庄稼有功的动物。这种态度促进了人们保护动物的意识。儒家还制定了保护动物的措施、政令,其中有些成为法律。总之,儒家文化的态度近似于弱人类中心主义,肯定人的地位;同时又类似于非人类中心主义,把人对于动物的使用置于天道之下。

---

① (汉)班固撰:《汉书》,北京:中华书局,1962年版,第2780页。

第一节 "德及禽兽"
——动物之作为道德共同体的成员

对于林林总总的大千世界,我们该爱什么?这是人生在世的一个重要问题。用伦理学的术语来说,这是道德共同体的范围问题。爱家人,爱邻人,爱国人,爱人……人是我们的同类。孔子说,仁者"爱人"。可是,我们的爱仅仅止步于人吗?孔子、儒家思想都不是这样认为的。让我们看看儒家十分推崇的圣王商汤的态度吧。

> 汤出,见野张网四面,祝曰:"自天下四方皆入吾网。"汤曰:"嘻,尽之矣!"乃去其三面,祝曰:"欲左,左。欲右,右。不用命,乃入吾网。"诸侯闻之,曰:'汤德至矣,及禽兽。'①

这就是著名的商汤"网开三面"的故事。在这段记录中,商汤认为猎者的态度太过分了。他把网打开了三面,只留下一面,祈祷说,让鸟儿想往左的往左飞,想往右的往右飞,就让那些不服从命令的自投罗网吧!据说各地诸侯王听到这件事后,都认为商汤能够把自己的恩德施及禽兽,更何况人呢!他的恩德真是太博大了!于是就都归顺了他,商汤由此开创了商王朝。这个故事多次出现于贾谊的《新书》,又出现于《史记》等典籍中,表现了儒家文化的一贯态度。②当然,这则故事可能只是传说,未必是事实,但至少可以说明,在汉代,"德及禽兽"已经是一个深入人心的文化理念了。这表明,儒家文化的道德关怀的范围包括动物;爱护和保护动物是儒家文化十分自觉的传统。下面我们看一看儒家是怎样认识和保护动物的。

动物,无论是野生的还是家养的,儒家文化认为都应该珍惜和保护它们的生命。孟子到齐国去游说齐宣王施行仁政,给我们留下了一段和齐宣王的非常经典的对话:

---

① (汉)司马迁撰:《史记》,北京:中华书局,1959 年版,第 95 页。
② 这个故事也出现于《吕氏春秋》中,实乃中国文化的一贯态度,不限于儒家。

臣闻之胡龁曰,王坐于堂上,有牵牛而过堂下者,王见之,曰:"牛何之?"对曰:"将以衅钟。"王曰:"舍之!吾不忍其觳觫,若无罪而就死地。"对曰:"然则废衅钟与?"曰:"'何可废也?以羊易之!'不识有诸?"曰:"有之。"曰:"是心足以王矣。百姓皆以王为爱也,臣固知王之不忍也。"王曰:"然。诚有百姓者。齐国虽褊小,吾何爱一牛?即不忍其觳觫,若无罪而就死地,故以羊易之也。"曰:"王无异于百姓之以王为爱也。以小易大,彼恶知之?王若隐其无罪而就死地,则牛羊何择焉?"王笑曰:"是诚何心哉?我非爱其财。而易之以羊也,宜乎百姓之谓我爱也。"①

孟子指出:

无伤也,是乃仁术也,见牛未见羊也。君子之于禽兽也,见其生,不忍见其死;闻其声,不忍食其肉。是以君子远庖厨也。②

孟子的话说明了齐宣王对牛产生同情心的原因,也表现了儒家珍惜、爱护动物生命的情怀。他把这种情怀看做人的仁慈的德性、"恻隐之心"。孟子希望齐宣王将同情心进一步从对动物推广到百姓。

《汉书》记载过一件"鲁恭三异"的事情,表明了汉代人对于动物的道德态度。建初七年,各地蝗虫泛滥,唯独不入鲁恭治下的中牟县。河南府尹袁安听说了,很是怀疑,派肥亲前往中牟察看实情。肥亲和鲁恭在田野间巡查,走累了,到桑树下休息。这时恰好有一只野鸡走过,旁边有一名儿童。肥亲问儿童,为什么不去捉野鸡?儿童说,现在是野鸡育雏的时候。肥亲听了肃然起敬,对鲁恭说,到你治下的中牟,发现了三件奇异的事情。一是蝗虫不犯境,二是仁德化及鸟兽,三是连儿童都有仁心。

建初七年,郡国螟伤稼,犬牙缘界,不入中牟。河南尹袁安闻之,疑其不实,使仁恕掾肥亲往廉之。恭随行阡陌,俱坐桑下,有雉过,止其傍。傍有童儿,亲曰:"儿何不捕之?"儿言:"雉方

---

①② (宋)朱熹撰:《四书章句集注》,北京:中华书局,1983年版,第207—208页、第208页。衅钟,用动物的血涂新制作的钟的缝隙。

将雏。"亲瞿然而起,与恭诀曰:"所以来者,欲察君之政迹耳。今虫不犯境,此一异也;化及鸟兽,此二异也;竖子有仁心,此三异也。"①

儿童的话表明,儒家的仁德思想被推广到对待鸟兽,在当时已深入人心。蝗虫不入境也不一定是虚构。因为野鸡是蝗虫的天敌,既然中牟境内野鸡繁多,蝗虫可能就不敢入境了。古人在不自觉之中发挥了生物食物链的作用。

又据《后汉书·法雄传》记载,法雄任南郡地方长官时,当地虎患十分严重。他的前任曾经悬赏招募百姓捕虎,虎患反而愈演愈烈。他到任后反其道行之,发出了禁止捕虎的命令。他在公文中说:

凡虎狼之在山林,犹人之居城市。古者至化之世,猛兽不扰,皆由恩信宽泽,仁及飞走。太守虽不德,敢忘斯义。记到:其毁坏槛阱,不得妄捕山林。②

法雄的公告中"恩信宽泽,仁及飞走"的话表明,他是用儒家的仁义的态度对待飞禽鸟兽的。与此相近的还有《风俗通义》中《宋均令虎渡江》一篇。九江多虎,骚扰百姓。前任官员主张捕取,郡县境内陷阱遍布。太守宋均到任后,反其道而行之,要求毁坏捕虎的陷阱。他给属县发布公文说:

夫虎豹在山,鼋鼍在渊,物性之所讬。故江、淮之间有猛兽,犹江北之有鸡豚。今数为民害者,咎在贪残居职使然,而反逐捕,非政之本也。坏槛阱,勿复课录,退贪残,进忠良。③

这两段都有保留山野给虎豹等猛兽作栖息地的想法。在第二段引文中,宋均还认为,猛兽害人,原因在于官吏贪残,所以他反对虐待动物。

尊重动物生命,也表现为对于已死动物的哀悯和掩藏。据《礼

---

①② 《后汉书》,第874页、第1278页。
③ (汉)应劭撰:《风俗通义校注》,王利器校注,北京:中华书局,1981年版,第122页。

记》记载：

> 仲尼之畜狗死，使子贡埋之，曰："吾闻之也，敝帷不弃，为埋马也。敝盖不弃，为埋狗也。某也贫，无盖，于其封也，亦予之席，毋使其首陷焉。"①

《礼记·月令》要求"掩骼埋胔"，郑众注为"谓死气逆生也"。②高诱认为，这是"顺木德而尚仁恩"③。前者表现了重生的态度，后者则表现了对于已死动物的怜悯之情。

董仲舒在《春秋繁露》中，把善待动物的主张表述为哲学命题。他说：

> 恩及鳞虫，则鱼大为，鳝鲸不见，群龙下。……咎及鳞虫，则鱼不为，群龙深藏，鲸出见。④
>
> 恩及羽虫，则飞鸟大为，黄鹄出见，凤凰翔。……咎及羽虫，则飞鸟不为，冬应不来，枭鸱群鸣，凤凰高翔。⑤
>
> 恩及倮虫，则百姓亲附，城郭充实，贤圣皆迁，仙人降。……咎及倮虫，倮虫不为，百姓叛去，贤圣放亡。⑥
>
> 恩及于毛虫，则走兽大为，麒麟至。……焚林而猎，咎及毛虫，则走兽不为，白虎妄搏，麒麟远去。⑦
>
> 恩及介虫，则鼋鼍大为，灵龟出。……咎及介虫，则龟深藏，鼋鼍响。⑧

"为"是"成"，"大为"即长成的意思。"焚林而猎"则"白虎妄搏"和宋均的认识一致，都是认为人扰乱了自然，破坏或占领了猛兽的栖息地，从而不能和自然各居其位，相安无事，导致了"白虎妄搏"的后果。《礼记·礼运》疏引《孝经援神契》说：

---

① （清）朱彬撰：《礼记训纂》，饶钦农点校，北京：中华书局，1996年版，第156页。
② 《礼记正义》，《十三经注疏》，1357页。
③ （汉）高诱注：《吕氏春秋》，《诸子集成》，第6册，北京：中华书局，1954年版，第3页。
④⑤⑥⑦⑧ 《春秋繁露义证》，第372—373页、第373—374页、第374—375页、第375—376页、第380—381页。

> 德至鸟兽,则凤皇来,鸾鸟舞,麒麟臻,白虎动,狐九尾,雉白首。德至山陵,则景云出。德至深泉,则黄龙见,醴泉涌,河出龙图,洛出龟书。①

这也是要求善待动物的哲学命题。这里谈到的"倮虫",实际上是人类。《大戴礼记》说,"倮之虫三百六十,而圣人为之长"②。董仲舒把人和动物并列,不是把人降低到动物,而是把动物提升到与人一样的道德共同体内。

应该说,爱护动物是儒家文化以至于整个中国文化的传统。前述几则故事都表现了儒家珍视动物生命的态度,与商汤的态度和周代的礼制是一致的。这种态度从夏商继承过来,一直持续到当代中国民间社会。从今天中国社会仍然流传的民谚中还能看到这种态度,比如"劝君莫打三春鸟,儿在巢中盼母归",就是叫人善待动物的。在中原一带,夭杀胎鸟被斥责为"坏性命";不能"坏性命"是一个极其严格的道德要求。在儒家文化中,这种珍视生命的态度一直延伸到植物、大地山川。

第二节 动物的使用价值
——对动物的日常使用中的生态因素

中国古代主要是一个农业社会,上古时期可能还兼有一些牧业。动物在中国古代有很大的用处,为人们提供动力、食物、衣料、肥料,服务于运输、乘用、军事等目的,这些都是动物的使用价值或工具性价值。动物还有一种重要的使用价值,即用来祭祀,起沟通天人或人神的作用。

一、动物作为动力、商品、礼品等

动物作为动力主要是用来耕地,运送人员、物资。历史上商人进

---

① 《礼记正义》疏引,《十三经注疏》,第 1427 页。
② 《大戴礼记解诂》,第 259—260 页。

行跨国贸易,常常是用牛、马来运送物资。韩愈曾经为千里马被用来拉盐车而为它鸣不平。春秋时期郑国商人弦高路遇秦国的入侵军队时,灵机一动,把自己的运输队和要贩卖的牛都说成是郑国国君要他慰劳秦军的,使国家避免了一次战患。牛马还被用来拉马车。古代贵族以马车作为交通工具,马车也是身份的象征。周王朝"天子驾六",是用六匹马拉一辆车。国君是四匹马,叫做"驷"。一般的士大夫也是有车的。据《论语》记载,颜渊死的时候,他的父亲颜路请求孔子把车子毁了给颜渊作棺材的外椁。孔子拒绝了,说自己也是一名大夫,不能徒步行走。他说:"才不才,亦各言其子也。鲤也死,有棺而无椁;吾不徒行以为之椁,以吾从大夫之后,不可徒行也。"①汉王朝统一之初,由于国家遭受了长期的战乱,马匹十分缺乏,"自天子不能钧驷,而将相或乘牛车"②。钧驷是清一色的四匹马。

　　动物的皮毛是商品,也是衣物。秦穆公时,他的重臣百里奚原来是个养牛的奴隶,是他用五张黑色公羊皮从楚国换来的,被称为"五羖大夫"。可见在春秋时期,动物的皮毛还可以用作商品的一般等价物。皮制衣服在古代称为"裘",是一种贵重的衣物,大夫以上方可以穿着。在《论语》中,孔子让弟子们谈各自的志向,穷人出身的子路就说,"愿意和朋友分享自己的车马、轻裘,用坏了也不后悔"。孔子的弟子子华出使到齐国,冉子希望给子华的母亲多一些补助,孔子不同意。他的原则是"周急不继富",③就是说,君子帮助人,救人之急而不给已富的人锦上添花。子华出使到齐国,乘的是肥马,穿的是轻裘,还是比较阔气的。从他们的对话可以看出,车马轻裘不是一般人的待遇。《论语》详细记载了孔子的各种裘类服装和与之搭配的衣服:

　　　　缁衣羔裘,素衣麑裘,黄衣狐裘。亵裘长。短右袂。……狐

---

① 《四书章句集注》,第85页。
② 《史记》,第1417页。
③ 《四书章句集注》,第118—119页。

貉之厚以居。①

照朱子的解释,小黑羊皮,外套无袖缁衣;黄色鹿皮,外套无袖素衣;狐裘,外套无袖黄衣。亵裘为家居时所穿,右袖短,便于做事;此外还有厚狐裘,家居接待客人时穿。

《礼记》记载了从天子到士的各类人等的皮裘种类。天子是狐白之裘,外套锦衣。天子的护卫左为狼裘,右为虎裘。士大夫穿狐青裘,饰以豹纹,外套苍黄色的绞衣。

> 君衣狐白裘,锦衣以裼之。君之右虎裘,厥左狼裘。士不衣狐白。君子狐青裘豹褎,玄绡衣以裼之;麛裘青豻褎,绞衣以裼之;羔裘豹饰,缁衣以裼之;狐裘,黄衣以裼之。锦衣狐裘,诸侯之服也。犬羊之裘不裼。不文饰也,不裼。②

祭祀和誓师田猎时,天子穿羔羊皮制作的大裘,诸侯穿羔皮与狐白相杂的有黼文皮裘。③按照郑众的解释,天子祭天时穿的大裘没有华彩,为的是表示质朴。"大裘,黑羔裘,服以祀天,示质。"④按照礼制,儿童不穿裘类。"童子不衣裘、裳。"⑤这利于节约,符合生态原则。从礼制上看,裘类是成年人身份的象征,儿童还没有身份,不需要这样的衣服。再者,从生理学上看,儿童活力强,身体热,也不需要皮裘。

照《周礼》的记载,天子还有掌皮的官员"司裘"。"司裘掌为大裘,以共王祀天之服。中秋献良裘,王乃行羽物。季秋,献功裘,以待颁赐。"⑥这里的"为"是制作。动物从中秋时节开始长出细密的毛以御寒过冬,良裘即由此类兽皮制成,是天子的衣物。"行羽物"是"以羽物飞鸟赐群吏"。"功裘"是加工稍微粗糙的裘类,是卿大夫的衣

---

① 《四书章句集注》,第119页。
② (汉)郑玄注,(唐)孔颖达疏:《礼记正义》,《十三经注疏》,第1479—1480页。
③ 《礼记正义》,《十三经注疏》,第1479页。
④ 《周礼注疏》,《十三经注疏》,第683页。
⑤ 《礼记正义》,《十三经注疏》,第1234页。
⑥ 《周礼注疏》,《十三经注疏》,第683页。

物。此外还有"掌皮"一职，负责征收皮类进献。"掌皮掌秋敛皮，冬敛革，春献之。"①

《白虎通》对于衣着动物毛皮有一个解释，认为裘类衣物具有保暖和辅助女工的作用。至于为什么用羔羊皮，《白虎通》则采用了道德性的解释：

> 裘，所以佐女功助温也。古者缁衣羔裘，黄衣狐裘，禽兽众多，独以羔裘何？取轻暖。因狐死首丘，明君子不忘本也。羔者取跪乳逊顺也。故天子狐白，诸侯狐黄，大夫狐苍，士羔裘，亦因别尊卑也。②

其实，更主要的原因可能是因为羔羊皮来源方便，质地柔软，易于处理，且保暖性好的缘故。

古代多战争，马是重要的战争工具，一是用于骑兵，一是用于战车。"乘"是战车单位，四马一车为一乘。千乘之国、万乘之国都是以战车作为国家兵力强盛的标志。根据《孙子兵法》的说明，春秋时期已经有万乘之国了。老子说，"天下有道，却走牛马以粪。天下无道，戎马生于郊"③。这是说，如果天下有道，马匹就只用来产肥料肥田。而在天下无道的时候，连怀孕的母马都要服役，小马也出生在郊外。汉初马匹缺少，就是因为长年战争的缘故。

二、动物作为食品

古代和现在一样，动物也被用作食物，以补充植物蛋白的不足。受饲养技术的限制，肉类不是一般百姓能吃得起的，所以春秋时期有一个专门的词汇，叫做"肉食者"。《左传》中有一篇叫做《曹刿论战》，记载曹刿要参与鲁国和齐国之间的战争。他的乡邻对他说，这事有"肉食者"们在考虑，你掺和什么？他说，肉食者目光短浅，不能

---

① 《周礼注疏》，《十三经注疏》，第684页。
② （清）陈立撰：《白虎通疏证》，吴则虞点校，北京：中华书局，1994年版，第433—434页。
③ 陈鼓应：《老子今注今译》，北京：商务印书馆，2006年版，第245页。

深谋远虑。后来事实证明,曹刿确实有过人之处。孔子当时的学费标准"束修",是"十束干肉"。孔子在鲁国做司寇的时候,能够做到"食不厌精,脍不厌细"。鱼肉颜色不对不食,有臭恶之味不食,烹调不善不食,非饭时不食,切割不正不食,没有好的调味料不食,市场上买来的熟干肉不食等等。① 到后来被围困于陈蔡时,连饭都吃不上,更不要说吃肉了。在古代,只有一定级别的贵族和官吏才能成为"肉食者",所以,孟子仁政的目标之一,就是让年长的老百姓也能够经常吃得上肉。他说,不违背农时,粮食就吃不完;不用细密的网子打鱼,鱼鳖就吃不完;按照时限砍伐山林,树木就用不完。这样,老百姓养生送死就没有遗憾了,这就是王政的发端:

> 不违农时,谷不可胜食也;数罟不入洿池,鱼鳖不可胜食也;斧斤以时入山林,材木不可胜用也。谷与鱼鳖不可胜食,材木不可胜用,是使民养生丧死无憾也。养生丧死无憾,王道之始也。②

孟子进一步指出,在宅子里种桑树,五十以上的人就可以穿帛了;按时饲养鸡豚狗彘,七十以上的老人就可以吃上肉了。不干扰百姓生产,数口之家就可以有粮食吃了。然后再让百姓受到教育,这就是仁政:

> 五亩之宅,树之以桑,五十者可以衣帛矣;鸡豚狗彘之畜,无失其时,七十者可以食肉矣;百亩之田,勿夺其时,数口之家可以无饥矣;谨庠序之教,申之以孝悌之养,颁白者不负戴于道路矣。七十者衣帛食肉,黎民不饥不寒,然而不王者,未之有也。③

与孟子相同,荀子的"王制"思想也强调"以时"、"不失时",让百姓有余用。孟子的"以时"和荀子的"不失时"等,都包含让百姓得到稳定的肉食供应的思想,客观上是维持牲畜种群的合理、稳定和持续的供应量。照《礼记》的记载,君主无特殊的事情不能杀牛,大夫

---

①②③ 《四书章句集注》,第119—120页、第203页、第204页。

无特殊的事情不能杀羊,士无特殊的事情不能杀猪。君子要远离庖厨,不践踏有血气之类的生物:

> 君无故不杀牛,大夫无故不杀羊,士无故不杀犬豕。君子远庖厨,凡有血气之类,弗身践也。年不顺成,君衣布,搢本,关梁不租,山泽列而不赋,土功不兴,大夫不得造车马。①

总之,除了祭祀外,不得随意杀牛羊等牲畜。所谓特殊的事情"故",指征伐、出行、丧凶之类。古人的意思是要求珍惜动物的生命。

第三节　人工养育动物

在儒家文化中,除了保护野生动物之外,还有人工养育动物,维持一定的种群平衡的思想和措施,如促进动物繁殖发育、限时捕捞等。严格地从生态哲学的观点来看,这可能是一种把动物作为资源合理使用的思想,还不一定就是从动物的内在价值或生态价值出发来保护动物的思想。但是,古人所面临的生物在数量和物种上的减少远不及今天严重,如果不苛求古人的话,他们的思想和做法仍然是值得肯定的。

在中国历史上,政府有各类专门机构和专职官员负责动物的饲养和保护。《周礼》记载有"圉师",是负责养马的;有"掌畜",是掌管饲养和繁殖禽鸟的:"掌养鸟而阜藩教扰之。"②古代也有类似于自然保护区的园囿。孟子在齐国游说齐宣王时,齐宣王曾经问他,文王的园囿方圆七十里,有没有这回事。孟子说照古书的记载是有的。齐宣王感到惊讶,说自己的园囿才仅有方圆四十里,百姓就已经觉得很大了。孟子回答说,文王的园囿,要打柴的人谁都可以去,里面野鸡、兔子跑来跑去。你那个园囿,百姓谁都不能进去,杀一只麋鹿跟

---

① 《礼记训纂》,第 447 页。
② 《周礼注疏》,《十三经注疏》,第 846 页。

杀一个人一样治罪。你这是在国都中布下了一个陷阱,老百姓怎能不觉得大?孟子跟梁惠王一起游览梁惠王的园囿,梁惠王站在池沼岸边,看着来来往往的鸿雁麋鹿,得意地问孟子,贤者是不是也有这样的快乐?孟子说,贤者与民同乐,所以能够得到这些快乐;不贤者即使有园囿池沼,也不一定能够享受得到。《诗经》上说文王要修建一个台,百姓们就像孩子为父亲工作那样愉快地来了。文王的台,百姓叫做"灵台";文王的园囿,百姓叫做"灵囿";文王的池,百姓叫做"灵沼"。那里母鹿肥硕,白鸟皎洁,鱼儿跳跃:"麀鹿攸伏,麀鹿濯濯,白鸟鹤鹤。王在灵沼,于牣鱼跃"①,百姓都希望文王的池沼园囿更大些呢!孟子和梁惠王的对话透漏出一个信息,就是古代帝王都有专门养育动物鱼类的园囿池沼。

  孟子从儒家的仁政观念出发,主张要"泽梁无禁"。他认为,一个仁政的政权应当把水域开放给百姓,不要禁止百姓打鱼。过去文王治理岐山的时候,就是"泽梁无禁"的。《春秋》记载,鲁庄公二十八年筑"微"城,鲁成公十八年"筑鹿囿"。《穀梁传》认为,山林薮泽的利益应该与民共享,用虞官管理起来独享其利是不正确的。"山林薮泽之利,所以与民共也。虞之,非正也。"②孟子的泽梁无禁不是放任,而是和"以时"结合在一起的有序开放。他的仁政思想要求保持水生物的稳定性和多样性。

  在今天看来,似乎齐宣王、梁惠王的保护措施更严厉,更近于自然保护。但当时的主要问题还不是自然的破坏,而是如何让百姓享受到自然之利,施行仁政。儒家的想法是让老百姓和统治者共享自然之利。当然,如果放任百姓渔猎砍伐的话,也会造成严重的问题。孟子看到了这一点,所以,他所说的仁政措施中就有如前所述的"数罟不入洿池,鱼鳖不可胜食也"、"鸡豚狗彘之畜,无失其时,七十者

---

① (汉)郑玄笺,(唐)孔颖达疏:《毛诗正义》,《十三经注疏》,北京:中华书局,1980年版,第524页。
② 《春秋穀梁传》,《十三经注疏》,第2424页。

可以食肉矣"一类的措施。①

荀子在谈到什么是圣王的制度时也说,鼋、鼍、鱼、鳖、鳅、鳣孕育的时候,不要打鱼,不要在鱼池里投药毒鱼,不要让它们夭折,不要妨碍它们的生长,湖泊沼泽,要按时禁渔,这样鱼鳖就会很多,百姓用不完:

> 鼋鼍鱼鳖鳅鳣孕别之时,罔罟毒药不入泽,不夭其生,不绝其长也;春耕、夏耘、秋收、冬藏四者不失时,故五谷不绝,而百姓有余食也;污池、渊沼、川泽谨其时禁,故鱼鳖优多,而百姓有余用也。②

说到君王的政治事务,荀子认为主要是善于管理群众。如果能够管理得当,那么万物都能达到应该的状态,六畜都能顺利生长,百姓都能按照自己的本性生活。所以,按时饲养则六畜生育,按时杀生则草木繁茂:

> 君者,善群也。群道当则万物皆得其宜,六畜皆得其长,群生皆得其命。故养长时则六畜育,杀生时则草木殖,政令时则百姓一,贤良服。③

古代进行水产资源管理的官吏有"水虞"、"渔师"等。《礼记·月令》对于收获渔产有一定的规定,季夏时节才能让渔师收取蛟、鼍、龟、鼋;孟冬之时命令渔师、水虞收取水泉池泽的贡赋;仲冬之时命令渔师开始打鱼。冬渔在古代可能还是一项十分重要的礼仪活动,天子要亲自前往,品尝,然后献祭寝庙。这种郑重的态度包含了对于自然的慎重和敬畏。

对于牛、马等大型人工饲养牲畜的繁殖,《礼记·月令》也有具

---

① 《四书章句集注》,第203—204页。
② (清)王先谦撰:《荀子集解》,沈啸寰、王星贤点校,北京:中华书局,1988年版,第165页。
③ 《荀子集解》,第165页。

体的规定:季春时节,"乃合累牛腾马,游牝于牡,牺牲驹犊,举书其数"①。这就是说,季春时节,一定要把牝牡合放在一起,让它们交配;对于交配过的牛、马,以及将要用作牺牲的牛、马,一定要登记数目。仲夏时节,牛、马怀孕后,一定要挑出来单独放牧,免得妨碍它们孕育。这叫做"游牝别群","絷腾驹班马政。"②仲冬是收敛守藏的季节,《礼记·月令》又规定,如果有谁家的马、牛等畜牲还在野外放佚,官府就要没收它。"农有不收藏积聚者,马牛畜兽有放佚者,取之不诘。"③

第四节 关于狩猎及其限制

如前所述,在古代,动物也是衣食商品等重要使用价值的来源。古人获得野生动物的方式主要是狩猎;狩猎或田猎也是古人的一种生活方式。《周礼》的记载有"射鸟氏"、"罗氏",都是负责打猎的官职。如罗氏据郑玄的解释是"能以罗罔捕鸟者"④,《礼记·郊特牲》说:"大罗氏,天子之掌鸟兽者。"⑤

《周易》有"田无禽"、"田获三品"、"即鹿无虞"一类的爻辞;《老子》中有"驰骋田猎令人心发狂"文句,都说明了田猎活动在古代的普遍性。据笔者总结,田猎对于古人来说有四点意义。第一是猎物可用来祭祀、"充君之庖"即招待宾客和供国君诸侯食用等。祭祀使用猎物有不同方式。一种是把动物肉制成干肉,盛放在叫做"豆"的礼器中,这叫"乾豆"。据《礼记》记载:"天子诸侯无事,则岁三田,一为乾豆,二为宾客,三为充君之庖。"⑥还有一种是用狩猎获得的禽兽祭祀四方之神。在古代,春夏秋冬四季都有祭祀。春天主生长,这时祭社,即土神;夏天阴气始生,祭祀宗庙;⑦秋天万物长成,祭祀社以及四方之神。《礼记·月令》关于季秋的规定说,天子田猎归来,命

---

①②③ 《礼记训纂》,第 238 页、第 248 页、第 280 页。
④ 《周礼正义》,《十三经注疏》,第 846 页。
⑤⑥⑦ 《礼记训纂》,第 399 页、第 179 页、第 269 页。

令用猎获的禽兽祭祀四方,祭祀宗庙:"'天子既田,命主祠祭禽四方'是也。又以禽祭宗庙。"①"以所获禽祀四方之神也。"②冬天万物众多,祭宗庙以及对于万物生长有功的神祇。春夏秋冬的祭祀都是对于天地万物的报答。③ 第二是为田除害。狩猎为什么又叫做"田猎"? 就是因为在田中打猎,不让野生动物为害庄稼。《礼记·月令》关于孟夏之月的规定就有"驱兽毋害五谷"一项。④第三是军事演习、熟悉军事,即以围剿野兽来模拟围剿敌人。《礼记》记载,季秋的时候,天子教田猎,"以习五戎,班马政"。⑤第四是娱乐。《老子》中所说的"驰骋田猎"显然属于娱乐性而非礼节性的田猎。直到北宋王朝的时候,娱乐性田猎还很普遍。程颢早年喜欢田猎,晚年看到田猎场面,仍不免怦然心动,跃跃欲试。作为理学家,他为自己心性易于扰动而真诚地反省。

　　古人对于狩猎的时节、次数、具体方式等,有一定的礼制规定。这些规定有政治和生态两方面的意义。前者是担心君主沉溺于田猎,导致亡国;后者是要求珍惜动物生命,保护动物不被过度猎杀,稳定动物种群的数量。关于狩猎的政治性约束,据《尚书》记载:

　　　　文王不敢盘于游田,以庶邦惟正之供。……周公曰:"呜呼! 继自今嗣王,则其无淫于观、于逸、于游、于田,以万民惟正之供。"⑥

这是说文王为不敢沉溺于游乐、田猎,而为万国树立榜样。周公告诫周族后人,不得"观游逸豫田猎者,用万民当惟正身以供待之故"⑦。这是要求周族官吏为百姓树立正确的榜样。

　　田猎的礼制规定具有较为明确的生态意义,直接约束过度的田猎活动。《礼记》上说:"田不以礼曰暴天物。"⑧古代关于田猎的礼制规定,一是时间限制,即"时限";一是数量限制,要求"不合围"、

---

① ② 《礼记正义》,《十三经注疏》,第 1380 页。
③ ④ ⑤ 《礼记训纂》,第 269 页、第 242 页、第 268—269 页。
⑥ ⑦ 《尚书正义》,《十三经注疏》,第 222 页。
⑧ 《礼记训纂》,第 179 页。

"不掩群",即不能一网打尽。这些规定的生态意义是珍惜动物生命,保护动物不被过度猎杀,稳定动物种群的数量。

"时限"的规定要求顺从动植物生长的规律,限制狩猎进行的次数,规定狩猎进行的时间。按照《周礼》的记载,天子、诸侯一年有四次田猎活动,分别叫做春"蒐"、夏"苗"、秋"狝"、冬"狩"。《穀梁传》的解释与此略有不同,春天叫做"田",秋天叫做"蒐"。而照《礼记》的记载,则天子、诸侯一年有三次田猎活动。无论四次还是三次,次数总是有限的、固定的,这就保障了动物有更多的繁殖和生长时间。狩猎还有进行时间的规定。一般来说,春天仲春之前鸟兽孕育期间禁止田猎,为的是保证鸟兽的繁殖。据《礼记》的说明,"獭祭鱼"、"豺祭兽"之后,才能狩猎。獭喜吃鱼,常把捉到的鱼排列到岸上,类似祭祀,这叫做"獭祭鱼"。獭祭鱼一般是惊蛰以后,阴历一月中旬,阳历三月初。"豺祭兽"与獭祭鱼类似,时间则在阴历的十月。也就是说,晚秋或初冬以后,虞人才能入泽梁捕捞鱼类水产。又据《礼记》的记载,"鸠化为鹰"之后才能张网捕鸟,"鸠化为鹰"指鸠去鹰来,大致为农历八月,实际上也就是鸟类完成孕育,幼鸟能够飞翔后才可以设网捕鸟。《礼记》又规定,春天昆虫出蛰以后,才可以焚烧田草肥田。① 这是为了避免蛰伏的动物被烧死。照郑玄的解释,这叫做"取物必顺时候"②。据《国语》记载,鲁宣公违反时禁,夏天在泗渊大肆捕鱼。里革把他的网子割断扔了,批评他说,在古代,要等到冬天大寒降后和春天蛰虫出土以后,水虞才开始整治网罟,打鱼、猎取禽兽,献祭寝庙,为的是帮助天地宣泄阴阳之气。在鸟兽孕育、水生物始生初长的时候,兽虞禁止网罗,为的是帮助它们生长。在鸟兽孕育、水生物初成的时候,兽虞禁止下网、辘水,禁止设置陷阱,为的是充实宗庙庖厨,积累材用。上山不砍树芽,下泽不夭活物,打鱼禁打鱼苗,捕兽放过麋麑,鸟儿要让它孵卵,虫儿要让它的卵能生长,这些都是为了让万物繁荣生长。方今正是鱼儿孕育时节,你不叫鱼生长,反而下网捕捞,真是贪得无厌!

---

①② 《礼记训纂》,第180页。

古者大寒降,土蛰发,水虞于是乎讲眾罶,取名鱼,登川禽,而尝之寝庙,行诸国,助宣气也。鸟兽孕,水虫成,兽虞于是乎禁置罗,猎(zé)鱼鳖以为夏槁,助生阜也。鸟兽成,水虫孕,水虞于是乎禁置罜䍡,设穽鄂,以实庙庖,畜功用也。且夫山不槎蘖,泽不伐夭,鱼禁鲲鲕,兽长麑麇,鸟翼鷇卵,虫舍蚳蝝,蕃庶物也,古之训也。今鱼方别孕,不教鱼长,又行网罟,贪无艺也。①

里革断罟的故事说明,古人对于自然资源的管理是十分严格的,就连国君也不能违反。又据《礼记·祭义》记载:

　　曾子曰:"树木以时伐焉,禽兽以时杀焉。"夫子曰:"断一树,杀一兽,不以其时,非孝也。"②

在此,儒家把宰杀"以时"上升到了对于天地之孝的道德范畴的高度。对于孔子的这句话,布拉克雷评论指出:把对于树木和动物的尊重等于孝的"实际效果是肯定了其他事物的价值,承认了它们之间的规范性的和自然性的联结。树木和动物在一定的扩大的但也是有意义的方式上,是和亲属一样值得道德关怀的"③。

　　其次,狩猎还有数量的节制,不得滥取。《礼记·曲礼》上说:"国君春田不围泽,大夫不掩群,士不取麛卵。"④《礼记·王制》也规定,"天子不合围,诸侯不掩群。"⑤二者大体相近。麛是幼鹿,此处指泛指幼兽;卵是鸟卵。合围、掩群都是把兽类一网打尽。天子、国君的狩猎队伍庞大,可以对大群的野兽实施包围;诸侯的猎队也能够做到这一点;士大夫虽然没有庞大的狩猎队伍,但仍可以猎取幼兽鸟卵之类。礼制禁止这些做法。为什么呢?因为春天是万物生长的季节,幼兽要长大成兽,卵要孵成鸟,所以不能猎取。此即是《礼记》上

---

① (清)徐元诰撰:《国语集解》,王树民、沈长云点校,北京:中华书局,2002年版,第167—170页。
② 《礼记注疏》,《十三经注疏》,第1598页。
③ 唐纳德·N.布拉克雷:《倾听动物——儒家的动物福利观点》(英文),《中国哲学杂志》(英文),总第30卷,2003年6月,第141页。
④⑤ 《礼记训纂》,第58页、第179页。

所说的"生乳之时,重伤其类"①,即把伤害和自己同样有生命的东西看成十分严重的事情,不轻易去做。在田猎的名称中,"苗"、"狩"、"蒐"都是择猎没有怀孕的野兽。《春秋》把四时的田猎活动都叫做"蒐",即是为了强调择兽而猎。春天狩猎之所以叫做"蒐",贾公彦解释说,"蒐,搜也,春时鸟兽孚乳,搜择取不孕任者,故以蒐为名。"②不合围、不掩群也是要限制数量,不能多杀伤,多猎取。照古人所说,"夫兽三为群"③。可见古人对于猎取动物的数量的限制是极其严格的。前文所说的汤网开三面,正是不合围的意思。《论语》记载孔子"钓而不纲,弋不射宿"④,即只钓鱼,而不用大网捕鱼;不射归巢的鸟。这与商汤的态度和周代的礼制是一致的。

关于田猎,还有"三驱之礼"、"逆舍顺取"的规定。《易·比》有"王用三驱,失前禽"⑤的爻辞。对于"三驱之礼",前人的解释不尽相同。一种说法是射杀迎面跑来的野兽,放走背己逃跑的野兽。郑玄指出,国君春天田猎为蒐,进行之前有誓师仪式,誓言有"无干车,无自后射"⑥的话语。其中,"无干车"是不得干扰他人的车辆。"无自后射"解释之一是"象战陈不逐奔走",即不追逃亡者;又一解释为不在后面射他人已经射击的野兽。"三驱之礼"的另一种解释则恰好相反,为"逆舍顺取"。郑玄说:

> 王者习兵於蒐狩,驱禽而射之三,则已法军礼也。失前禽者,谓禽在前来者,不逆而射之,旁去又不射,唯背走者,顺而射之,不中则已。是其所以失之。用兵之法亦如之。降者不杀,奔者不御,皆为敌不敌,已加以仁恩养威之道。⑦

不过,无论哪种说法,都表明礼制反对一网打尽。"三驱之礼"

---

① 《礼记训纂》,第58页。
② 《周礼注疏》,《十三经注疏》,第836页。
③ 《国语集解》,第10页。
④ (宋)朱熹:《四书章句集注》,北京:中华书局,1986年版,第99页。
⑤ 高亨:《周易古经今注》,北京:中华书局,1984年版,第185页。
⑥ 《周礼注疏》,《十三经注疏》,第836页。
⑦ 《春秋左传正义》,《十三经注疏》,第1747页。

表达了对于动物的仁慈、仁爱之心。礼制还规定,在打猎中如果天子射杀了野兽,就要把自己的旗帜"大绥"降下来;诸侯射杀了野兽,也要把自己的小绥降下来。"天子杀则下大绥,诸侯杀则下小绥,大夫杀则止佐车。"①这种仪式表达了对动物生命的尊重。

　　古代的仁政王道都是放宽对山泽的禁令,允许百姓砍柴打猎;垄断山泽之利被认为是暴君恶政。按照礼制的规定,天子、诸侯田猎之后,允许百姓打猎。这就会产生一个问题,百姓人数众多,放任打猎捕鱼,不免会鸟兽穷尽、竭泽而渔。古代政权认识到了这一点,设置有"山虞"、"泽虞"等"虞"官进行管理,防止过度渔猎。前文关于渔猎的时间限制,也适用于普通百姓。虞官对于百姓渔猎,还负有指导的责任。《礼记》说,山林薮泽,可以获得蔬菜、进行田猎的,要有"野虞"进行教导。②如前所述,《礼记》指出,如果不按照礼制的规定去田猎,那就叫"暴殄天物","若田猎不以其礼,杀伤过多,是暴害天之所生之物。"③这种态度实际上是珍视生命,用仁爱、仁慈的态度对待动物。

第五节　祭祀、动物作为祭品与对动物的祭祀

　　近代西方文化对于自然的祛魅在带来科学繁荣和物质丰富的同时,也造成了对于自然的破坏和人性的缺失。美国学者大卫·格里芬、法国学者塞尔日·莫斯科维奇都主张对于自然"复魅"(reenchantment)。照塞尔日·莫斯科维奇的观点,复魅的意义在于从"动物人"向"人性人"过渡,④"统一人类与自然之间维持的关系"⑤,"从而扎根于一种新的生活形式"⑥。儒家文化是自然祛魅之前的文化,对于自然,它还保留着神性或神意的看法。这种神性或神意,正是所

---

①②　《礼记训纂》,第179页、第280页。
③　《礼记正义》,《十三经注疏》,第1333页。
④　[法]塞尔日·莫斯科维奇著:《还自然之魅——对生态运动的思考》,庄晨燕、邱寅晨译、于硕校,北京:生活·读书·新知三联书店,2005年版,第135页。
⑤⑥　《还自然之魅——对生态运动的思考》,第137页、第139页。

谓的自然之"魅"。在儒家,自然之魅不是一种类似上帝那样的人格神,而是自然的"知其然而不知其所以然"的神妙作用。这些作用,超出了单纯的机械的因果联系。唐纳德·沃斯特在《自然的经济体系》中指出,在描述自然时使用"有机性"和"整体性"的学者的意图有两点:"第一,赋予一切动物抵制化学和物理分析的意愿和行动的自由;第二,把整个自然当作一个单一的和不可分割的整体来研究,它是由一种相当神秘的有机力量聚集在一起的。"① 这种神秘的力量,可以说就是自然之魅。儒家是用山川之神、大地之神的形式来表达的。儒家文化运用祭祀表达对于自然的敬畏与报答之情。

一、通论祭祀

祭祀在古代具有重要的意义。《左传·成公十三年》上说,"国之大事,在祀与戎"②,把祭祀与战争作为国家的大事。这无疑道出了古代政治的秘密。的确,祭祀和战争都是关乎统治者生死存亡的大事。对于一个政权来说,祭祀是它的合法性获得的途径、巩固的措施和宣示的手段。政权通过各类祭祀活动建立与各种神灵、大地山川的隐秘的、神意的关联,由此获得对土地、人民的合法支配权。按照古代的传说,尧舜禹都是以禅让的方式实现政权交替的。孟子的弟子万章就这个问题问孟子,尧把天下给了舜,有这回事吗?孟子作了否定的回答,指出天子不能把天下给予他人,只有天才能给人以天下。那么,天又是如何把天下授给舜的呢?是不是也像人那样苦口婆心地谆谆教诲呢?万章问。孟子说,不,天不言语,而用行为和事情来表示自己的意愿。"尧荐舜于天而天受之,暴之于民而民受之"。万章问,什么是"天受之"、"民受之"?孟子回答说:"让他主持祭祀,百神能够歆享,这就是天接受他;让他主持政事,而事情得到治理,百姓感到太平,这就是百姓接受他。政权是天给予他的,百姓给予他的,所以说,天子不能把天下给予他人。"

---

① 《自然的经济体系——生态思想史》,第 37 页。
② 《春秋左传正义》,《十三经注疏》,第 1911 页。

>　　使之主祭,而百神享之,是天受之;使之主事,而事治,百姓安之,是民受之也。天与之,人与之,故曰,天子不能以天下与人。①

这里,孟子强调主祭而百神受之,正是与百姓接受相并列的合法性的一个来源。

（一）祭名　据《礼记》记载,在古代一年四时都有祭祀,"天子诸侯宗庙之祭,春曰礿,夏曰禘,秋曰尝,冬曰烝"②。此外还有大祭,是祭天、祭五岳,如《诗经》上所说的"怀柔百神,及河乔岳"③;又有对四方之神的祭祀,如《诗经·甫田》所说的"与我牺羊,以社以方"④。这里的四方,说的即是四方之神也。这里的祭祀是对丰收的报答。《月令》上也提到皇天上帝、名山大川、四方之神、宗庙社稷之灵等祭祀对象。以上所说的是常祭,还有非常的祭祀。如果气候出现乖戾,成为灾害,就要祭四时之气的神,这叫"祭时"。

（二）祭品　祭品一般为太牢、少牢、特牲。太牢是牛、羊、猪三牲各一具,少牢是羊、猪各一具,特牲是单独一个牺牲,或者是牛,或者是猪。天子祭祀社稷用太牢,郊祭用特牲;诸侯祭祀自己的社稷用少牢。"郊特牲而社稷大牢"⑤。据《周礼》的记载,古代天子有"羊人"一职,负责羊牲以及祭祀割牲事宜。照《礼记》所说,祭祀时天子用牺牛,诸侯用肥牛,大夫用索牛,士用羊、豕;还有鸡、兔、犬、橐鱼、鲜鱼等。祭品也不全用动物。水草之菹、草木之实、水、酒,都可以作祭品。⑥水叫"清涤",酒叫"清酌"。普通百姓祭祀他们的祖先,春天使用韭菜配以鸡蛋,夏天是麦子配以鱼,秋天是黍配以豚,冬天是稻配以雁。"春荐韭,夏荐麦,秋荐黍,冬荐稻。韭以卵,麦以鱼,黍以豚,稻以雁。"⑦这些也都包含植物。

---

① 《四书章句集注》,第307页。
② 《礼记训纂》,第185页。
③④ 《毛诗正义》,《十三经注疏》,第589页、第474页。
⑤ 《礼记训纂》,第381页。
⑥⑦ 《礼记训纂》,第188页。

(三) 祭祀的对象　哪些对象值得进行祭祀,儒家文化有一定的说明。《礼记》说:

> 夫圣王之制祭祀也,法施于民则祀之,以死勤事则祀之,以劳定国则祀之,能御大菑则祀之,能捍大患则祀之。是故厉山氏之有天下也,其子曰农,能殖百谷。夏之衰也,周弃继之,故祀以为稷。共工氏之霸九州也,其子曰后土,能平九州,故祀以为社。帝喾能序星辰以著众,尧能赏均刑法以义终,舜勤众事而野死,鲧鄣鸿水而殛死,禹能修鲧之功,黄帝正名百物以明民共财,颛顼能修之,契为司徒而民成,冥勤其官而水死,汤以宽治民而除其虐,文王以文治,武王以武功去民之菑,此皆有功烈于民者也;及夫日、月、星辰,民所瞻仰也,山林、川谷、丘陵,民所取财用也。非此族也,不在祀典。①

从以上说明可知,儒家的祭祀对象可分为两类,一是人,一是自然。人是那些为百姓建立功业的人,如尧是"法施于民"的人,舜是"以死勤事"的人,禹是"能御大灾"的人,农、弃、后土大体属于"以劳定国"的人,汤、文、武都是除暴安良,为民"捍大患"的人。在自然现象中,日、月、星辰是百姓所瞻仰的,山林、川谷是供给百姓材用的,这些也都是祭祀的对象。《国语》有与此基本相近的说法。关于自然现象,《国语》更为详细地说:"及天之三辰,民所以瞻仰也;及地之五行,所以生殖也;及九州名山川泽,所以出财用也。非是不在祀典。"②

(四) 祭祀者与祭祀对象的对应　儒家对于祭祀者和祭祀对象的对应、祭祀的地点、频率、使用的器物都有规定。祭祀者和祭祀对象的对应原则是这样的:天子统领天下,故祭祀代表天下的对象。诸侯为一方之主,故祭祀代表地方的对象。天子祭祀天地、名山大川,"四方群神,日月星辰,风伯雨师,五岳四渎,及余山川,凡三十六所"。③因为天地是自然中最大的事物,名山大川是自然中最为显著

---

① 《礼记训纂》,第 698—700 页。
② 《国语·鲁语》,第 160—161 页。
③ 《礼记训纂》,第 186 页。

的现象,都具有代表天下的意义。名山即五岳,大川即四渎。此外还有"四方群神,日月星辰,风伯雨师"等,这些也都在天子祭祀的范围之内。

> 天子祭天地,祭四方,祭山川,祭五祀,岁遍。诸侯方祀,祭山川,祭五祀,岁遍。大夫祭五祀,岁遍。士祭其先。①

又:

> 天子祭天地,诸侯祭社稷,大夫祭五祀。天子祭天下名山大川,五岳视三公,四渎视诸侯,诸侯祭名山大川之在其地者。②

如果名山大川在诸侯的封地境内,诸侯也可以祭祀。如黄河在晋国境内,晋国可以祭祀;泰山在鲁国境内,鲁国可以祭祀。这叫"在其地则祭之,亡其地则不祭"。③不过,这只是特例。原则上诸侯只祭祀本地的山川神祇,大夫只祭五祀。所谓"五祀",照《白虎通》的解释是,春祭户、夏祭灶、六月祭中霤、秋祭门、冬祭井。其中的道理是,户是人所出入之处,如同春天万物触户而出。灶为火之主,是人自养的工具。夏季火主宰,长养万物。门是闭藏自守的工具,秋季万物成熟,收敛自守。井是水的生藏之地。冬生水,万物伏藏。④冬为太阴,盛寒为水,从五行上看对应井。中霤象征中央土。⑤

天子祭天的礼仪行于南郊。在祭祀时,天子行臣礼。孔颖达说,这样做的意图是为了使"严上之礼达于下":

> 天子至尊,而犹祭于郊,以行臣礼而事天也,是欲使严上之礼达于下。⑥

孔颖达又指出,天子在宗庙以子礼事尸(代表祖先受祭的人,一般为儿童),是为了使仁义之礼达于百姓;自祭山川,是为了使傧敬鬼神的教化达于百姓:"王自祭山川,是欲使傧敬鬼神之教达于下也。"⑦

---

①②③ 《礼记训纂》,第70页、第185—186页、第70页。
④⑤ 《白虎通疏证》,第79—80页、第81页。
⑥⑦ 《礼记正义》,《十三经注疏》,第1425页。

祭祀的地点、时间是这样的：天子春天在国都东郊设坛拜日，夏天在南郊设坛拜日，秋天在西郊设坛礼山川，冬天在国都北郊设坛礼月、四渎。月属于太阴之精，为地神。① 照五行说的解释，四渎、山陵也都是地神。山陵为微阴，配西方；四渎为极阴，和月一道，同配北方，祭于北郊。② 祭祀的频率是"岁遍"，即一年祭祀一遍。这是与五行、四时、阴阳相配合的。③ 不过，五行数五，四时数四，并不一致，古人为了协调二者，又在夏季六月份划出一段归属于土，形成春—东—木—阳、夏—南—火—阳、中夏—中—土、秋—西—金—阴、冬—北—水—阴的格局。这是普遍原则，无论是天子巡守还是诸侯觐见天子，都要遵循。

（五）祭祀的"报本"与忠信原则　儒家文化认为，万物源自天地，人源自父母。天子把天地作为父母，祭祀天地和祭祀祖先一样，都是报答天地、祖先的生养之恩，表达对于父母的孝和敬，这叫"报本反始"。

> 万物本乎天，人本乎祖，此所以配上帝也。郊之祭也，大报本反始也。④

"报本返始"表达的是对天地万物、从而也是对于天道的敬畏和感激之情。这也是把人置于天道之下，使人的价值在天道中得以确定，亦即《易传》所谓"乾道变化，各正性命"；并使人道服从于天道的一种表现。

祭祀之礼的根本原则是"忠信"，义理是礼的文饰。礼必须与天时相符合，与地产相适应，顺从于鬼神，一致于人心。非当地物产，不能晋献于鬼神，否则就是"不知礼"；即使晋献鬼神也不会歆享的。《礼记》说：

> 先王之立礼也，有本有文。忠信，礼之本也。义理，礼之文

---

① ② 《仪礼注疏》卷二十七，《十三经注疏》，第1093页。
③ 《白虎通疏证》，第79—80页。
④ 《礼记训纂》，第397页。

也。无本不立,无文不行。礼也者,合于天时,设于地财,顺于鬼神,合于人心,理万物者也。是故天时有生也,地理有宜也,人官有能也,物曲有利也。故天不生,地不养,君子不以为礼,鬼神弗飨也。①

同时,祭祀的意图是向神表达忠信,不是"收买"神灵。《礼记》上说,祭祀的牛,色尚赤,用犊,就是为了表达诚意。"牲用骍,尚赤也。用犊,贵诚也。"②如果没有忠信之心,仅仅靠祭品的丰盛,是不会得到鬼神的佑助的。《周易·既济》卦九五爻辞说:"东邻杀牛,不如西邻之禴祭,实受其福。"③牛是祭品中最为盛大的;禴祭是春祭,祭品是饭菜,至为菲薄。诚如孔颖达的解释所说,"祭祀之盛,莫盛修德"④。如果能够修德,即使祭品微薄,鬼神也是能够歆飨的。所以,《尚书》中又说,"黍稷非馨,明德惟馨"⑤。据考证,这里的东邻和西邻,是殷商和岐周。这句爻辞也说明了西周兴起而取代殷商的道德合法性。当然,如果有诚有信,那么即使不用牛羊,沼沚之毛、浮萍、白蒿、水藻之类的青菜,也都是可以晋献于鬼神的。《左传·隐公三年》说:

> 信不由中,质无益也。明恕而行,要之以礼,虽无有质,谁能间之?苟有明信,涧谿沼沚之毛,蘋蘩蕰藻之菜,筐筥锜釜之器,潢汙行潦之水,可荐于鬼神,可羞于王公。⑥

因此,儒家礼制认为,祭品不以种类新奇、产地偏远为好,而应就本地所产而奉献。非本地物产,君子不作为祭品,鬼神也不会享用。如果山区以鱼鳖为礼,沼泽地区以鹿、猪为礼,那肯定是不合礼的。同时,礼的薄厚也要根据年成的丰歉而定,无论如何,不能让百姓感到有负担。

---

① 《礼记训纂》,第358页。
② 《礼记正义》,《十三经注疏》,第1430—1431页。
③④ 《周易正义》,《十三经注疏》,第72页。
⑤ 《尚书正义》,《十三经注疏》,第237页。
⑥ 《春秋左传正义》,《十三经注疏》,第1723页。

居山以鱼鳖为礼,居泽以鹿豕为礼,君子谓之不知礼。故必举其定国之数,以为礼之大经。礼之大伦,以地广狭。礼之薄厚,与年之上下。是故年虽大杀,众不匡惧,则上之制礼也节矣。①

二、动物作为祭品

动物在中国古代是供奉天地祖先的祭品之一。古代有"告朔"礼,基本内容是天子在冬末颁布来年日历,说明来年十二个月的朔日各是哪一天。诸侯接受此历,藏于宗庙。每月朔日杀羊以祭,请求按照天子的历法行事。这个仪式实质上表示的是诸侯对于天子的遵从。据《论语》的记载,子贡想取消"告朔"礼用的"饩羊"。孔子回答说:"赐也,尔爱其羊,我爱其礼。"②这是用动物祭祀的一个例子。据《礼记》记载,古代天子、诸侯都有饲养牲畜的官吏,每月初一、十五,君主都要斋戒沐浴,戴上皮帽,巡视牺牲,朝拜,然后才能取用。选择牲牛时,君主把牛召到朝堂,亲自察看牛的毛色,进行占卜,如果吉,就把它专门养起来,等到祭祀时使用。古人认为,祭祀使用的动物一定要符合规格,上帝才会享用。古人认为,对于祭品的虔敬表达了对于天地、父母等祭祀对象的孝心。③《论语》中孔子表扬仲弓,说"犁牛之子骍且角,虽欲勿用,山川其舍诸?"④这是说仲弓就像一头没有一点杂色的红牛,又有好看的角。即使不想把它用来祭祀,但是山川哪里会舍得下它?孔子语表明,祭祀用的牲畜有一定的规制。

三、对于动物的祭祀

动物在儒家文化中也是祭祀的对象。据《礼记·祭法》的说法,祭祀的对象除了天地、父母、尧舜文武等前代令哲、日月山川之外,还

---

① 《礼记训纂》,第358页。
② 《四书章句集注》,第66页。
③ 《礼记正义》,《十三经注疏》,第1597页。
④ 《四书章句集注》,第85页。

有就是有功于农事的动物,比如虎、猫、昆虫等。《礼记》上说,天子重视"蜡八"。蜡八是八种神,分别是先啬、司啬、农、邮表畷、猫虎、坊、水庸、昆虫。为什么虎猫、昆虫也在祭祀之列?《礼记》解释说,古代的君子对于使用过的事物一定要报答它,做到仁至义尽。祭猫,是因为它食田鼠;祭虎,是因为它食田豕。此处也可以看出古人自觉地发挥了食物链的作用。祭昆虫则是希望昆虫不作,不祸害庄稼:

> 天子大蜡(zhà)八,伊耆氏始为蜡。蜡也者,索也。岁十二月,合聚万物而索飨之也。蜡之祭也,主先啬而祭司啬也。……飨农及邮表畷、禽兽,仁之至,义之尽也。古之君子,使之必报之。迎猫,为其食田鼠也。迎虎,为其食田豕也。迎而祭之也。祭坊与水庸,事也。曰:"土反其宅,水归其壑,昆虫毋作,草木归其泽。"皮弁素服而祭。素服,以送终也。葛带、榛杖,丧杀也。蜡之祭,仁之至,义之尽也。①

四、祭祀的生态意义

儒家的祭祀之礼中包含着重要的生态意义。首先,祭祀是对自然之魅的自觉肯定,促使人们对于自然保持一种敬畏的情感。其次,祭祀实质上把人和天地万物联系在一起,使人从属于自然,从属于天道,是一种宗教掩盖之下的生态循环观念,是天人合一的一种表现。再次,祭祀是人们表达对于生养一切的天地的感激之情的方式,是一种回报,"报本反始"。这种感激是一种生态性情感。对于告朔用饩羊一事,布拉克雷说:"使用动物的礼仪实践可以被理解为与自然的力量和权力保持适当的和谐关系的方式,以及维持和推进事物的有序的生生活动的方式。既然动物是自然的一部分,所以,它们也被认为是人向自然的权力表达敬意的郑重仪式的一部分。一个动物(如羊)在礼仪活动中的价值超过它对自身的价值和它对于某个人如子贡的价值;礼仪本身也是自然事务的一部分。如果祭祀有助于

---

① 《礼记训纂》,第397—398页。

维持'天地'之道,那么,礼仪的要求并没有超出自然对于被造物的要求。子贡应该认识到,支持他的判断的选择和感觉是错误的。献祭,就其自身来说,是用自然自己的资源向自然致敬。剥夺一个特定的当下价值是巩固那些构成整个过程的重要部分的诸多价值的途径。"①

当然,对于大型家畜用作祭祀的牺牲,古人的态度是十分慎重的,他们意在珍惜动物的生命,不滥杀动物。《礼记·月令》记载,仲春祭祀不用牺牲,而用圭璧、皮币。② 这是因为春季是动物交配孕育的季节,不能让祭祀影响动物的生育。《礼记》上明确地说,天子用来作牺牲的牲畜如果怀孕就不能用来祭祀上帝了,也不能食用了。"天子牲孕弗食也,祭帝弗用也。"③这里也包含着对于处于孕育之中的生命的尊重。

第六节 动物作为自然的神性标志的生态意义

动物在古人的观察中有一种物候学的意义。古人通过观察动物的出伏入蛰、南迁北徙来了解气候的变化和节气的改换。《礼记·月令》有关于这方面的典型记载,如孟春之月"蛰虫始振",孟夏之月"蝼蝈鸣,蚯蚓出",季秋之月"鸿雁来宾"等。动物的活动是生态的一部分,气候变化的一个方面。古人根据动物活动的规律测知气候的变化,安排农事活动,把生活置于生态过程中,形成生态性的存在。

在古人的眼中,一些动物还具有神异之处,如麟、凤、龟、龙就被称为"四灵",不作一般动物看待。孔颖达说:"谓之'灵'者,谓神灵。以此四兽皆有神灵,异于他物,故谓之灵。"④《大戴礼记》说:"有羽之虫三百六十,而凤皇为之长;有毛之虫三百六十,而麒麟为之长;有

---

① 唐纳德·N.布拉克雷:《倾听动物——儒家的动物福利观点》(英文),《中国哲学杂志》(英文),总第30卷,2003年6月,第139—140页。
② 《十三经注疏》,第1362页。
③ 《礼记训纂》,第381页。
④ 《礼记正义》,《十三经注疏》,第1425页。

甲之虫三百六十,而神龟为之长;有麟之虫三百六十,而蛟龙为之长;倮之虫三百六十,而圣人为之长。"①这里的"长",可以理解为同类的代表或统帅。从古人把四灵与圣人并列可见,古人是把这些动物与人类同等看待的。

龟因为长寿,被认为具有"先知"的神异功能。众所周知,在商朝的时候,人们用龟来占卜,叫做"龟卜";周朝改为"蓍草"。现在我们看到的甲骨文,大部分是刻在龟壳上的。商周时期举行"大飨"的祭礼,摆放祭品时把龟放在前列,就是因为认为它有先知的能力。"龟为前列,先知也。"②龙则被认为是一种能兴云致雨的神灵。此处我们着重谈谈麟与凤,二者都与孔子有一定的关系。

麟是麒麟,可能和龙一样是一种虚构的动物,也可能是一种灭绝的异兽。关于它的形象,说法不一。京房说它如身子像麕,尾巴像牛,蹄子像马,毛有五采,腹下黄,高丈二;《广雅》说它有狼的头,肉质的角,"含仁怀义,音中钟吕,行中规矩,游必择地,详而后处,不履生虫,不折生草,不群居,不侣行,不入槛阱,不入罗网,文章斌斌,故呼为大角之兽也"③。根据《说文》的解释,麟是仁兽,是圣王将兴的瑞应。

孔子与麟的联系,起于《春秋》。《春秋》是鲁国的国史,孔子对它进行过编辑整理工作,因此历史上普遍认为,《春秋》包含着孔子的微言大义。《春秋》结束于"西狩获麟"。经文很简单,说"十有四年,春,西狩获麟"④。《春秋》绝笔于此,后人觉得寓意深刻。汉人认为,麟为仁兽,是圣王的嘉瑞。可当时并没有明王,所以,孔子伤周道之不兴,叹嘉瑞之无应;又感慨自己生不逢时,道无所施,言无所用,与麟相类,遂绝笔于此。《公羊传》进一步说,孔子听到西狩获麟之后,悲伤地说:"'孰为来哉?孰为来哉?'反袂拭面,涕沾袍,曰:'吾

---

① 《大戴礼记解诂》,第259—260页。
② 《礼记训纂》,第377—378页。
③ 徐复主编:《广雅诂林》,南京:江苏古籍出版社,1992年版,第1007页。
④ (汉)何休注,(唐)徐彦疏:《春秋公羊传》,《十三经注疏》,第2353页。

道穷矣!'"①《公羊传》认为,得麟而死,也是上天显示给夫子的他将要去世的征兆。

凤凰和麒麟一样,可能是虚构的飞禽,也更可能是灭绝的珍禽。据说凤凰的形象是前像麟,后似鹿,颈如蛇,尾类鱼,有龙一样的花纹,龟一样的背,燕子的颔,鸡子的嘴,五色俱备,生于东方君子之国,飞翔至四海之外,过昆仑,饮砥柱,濯羽于弱水,宿眠于丹穴。它出现时天下太平:

> 麟前鹿后,蛇颈鱼尾,龙文龟背,燕含鸡喙,五色备举。出于东方君子之国,翔四海之外,过昆仑,饮砥柱,濯羽弱水,莫宿丹穴。见则天下大安宁。②

据说舜的时候,演奏《箫韶》的音乐,演奏了九章,便有凤凰到来;文王时曾有凤凰鸣于岐山。"有凤来仪"被认为是圣王出世的瑞应。

照《论语》的记载,孔子把自己比作凤,他的同时代人也这样看他。孔子曾经感叹"凤鸟不至,河不出图,吾已矣夫"③!郑玄、孔颖达都认为,圣人受命就会有凤凰出现;凤凰不出现,所以孔子感叹自己的理想不能实现了。孔子周游列国到楚国,有个叫做接舆的隐者,唱着这样的歌从孔子身边走过,希望孔子觉醒:"凤兮!凤兮!何德之衰?往者不可谏,来者犹可追。已而,已而!今之从政者殆而!"④接舆把孔子比作凤凰,说有圣王在世,凤凰才会出现。既然现在的当政者都是无德而身处危殆之中,你又何必周游列国,希求人家接受呢?他希望孔子也跟他一样归隐了去。

在儒家文化中,除了"四灵"以外具有神意的动物还有玄鸟、神雀等。"玄鸟"可能是原始部族图腾崇拜的孑遗。《诗经》中殷族人

---

① 《春秋公羊传》,《十三经注疏》,第 2353 页。
② (魏)何晏注,(宋)邢昺疏:《论语注疏》,《十三经注疏》,第 2490 页。
③ 《论语注疏》,《十三经注疏》,第 2490 页。
④ 《四书章句集注》,第 184 页。此句各家解释各异,今取其一。

歌颂自己的祖先,有"天命玄鸟,降而生商"①的诗句,说明殷商的图腾是玄鸟。玄鸟是燕子,这种鸟在今天的殷商故地河南民间仍然被认为是神灵的鸟类。

还有一些动物,儒家认为它们有部分的亲情和仁义的德性。荀子说,大的鸟兽如果在一个地方失去同伴,再路过这个地方时,一定会徘徊踟蹰,号鸣而去。小的燕雀在同样情况下也是唧唧喳喳,然后才离开。这些都是它们的感知:

> 凡生天地之间者,有血气之属必有知,有知之属莫不爱其类。今夫大鸟兽则失亡其群匹,越月逾时,则必反铅;过故乡,则必徘徊焉,鸣号焉,蹢躅焉,踟蹰焉,然后能去之也。小者是燕爵,犹有啁噍之顷焉,然后能去之。②

《礼记》说"獭祭鱼",就是认为獭也具有一定程度的仁慈之心。流传甚广的儒学蒙书《名贤集》中有"马有垂缰之义,狗有湿草之恩"的句子;《增广贤文》有"狗不嫌家贫,儿不嫌母丑"、"羊有跪乳之恩,鸦有反哺之义"的句子,说的都是动物的灵异之处。南宋理学家朱熹认为,人和动物都是由太极(理)和气构成的,蜂蚁有君臣之义,虎狼有父子之亲。这是动物对于仁、义的一点明晰。动物的局限性是不能由此推出去,把这点仁义扩充推广到万事万物。

儒家文化关于神灵动物的认识具有生态意义。无论獭是不是真的"祭鱼",儒家的这种认识决定了中国人对于动物的慈爱态度。儒家认为,神异动物是一个社会政治和谐,民风淳厚,环境优美的美好价值的象征和体现。所以,一个社会应该设法使神异动物出现。儒家的理想社会是"大同"。《礼记·礼运》提出,在这种社会中,上天会降下甘露,大地会涌出甘泉,山上会生器物和车辆,河里会冒出龙马、河图。凤凰和麒麟在郊野游走,龟和龙在宫廷的池沼里休憩。鸟的卵、兽的胎,都可以去探看:

---

① 《毛诗正义》,《十三经注疏》,第 622 页。
② 《礼记训纂》,第 843—844 页。

第二章 "恩至禽兽"——道德共同体中的动物

> 天降膏露,地出醴泉,山出器车,河出马图,凤皇麒麟皆在郊棷,龟龙在宫沼,其余鸟兽之卵胎,皆可俯而窥也。①

显然,这是一个尊重动物生命,与动物和平共处的社会。鸟兽也可以预示一个王朝的兴起。《国语》说,夏代要兴起的时候,祝融鸟飞降于嵩山。商代要兴起的时候,梼杌停留于丕山。周代要兴起的时候,鸑鷟鸣叫于岐山。这些记录都是把鸟类当作有预感的神鸟:

> 昔夏之兴也,融降于崇山;其亡也,回禄信于聆隧。商之兴也,梼杌次于丕山;其亡也,夷羊在牧。周之兴也,鸑鷟鸣于岐山;其衰也,杜伯射王于鄗。是皆明神之志者也。②

儒家文化认为,为了让神灵动物出现,一个社会必须做到两点,首先是自然环境好,其次是社会环境好。其实,照古人的看法,良好的社会环境——"天下太平"里面,本来就包含自然环境因素。古人认为,政治清明也会促使气候风调雨顺,阴阳按照它们的顺序运行,风雨及时降临,寒暑依次交替。只有在天下太平以后,凤凰和麒麟才能降临,龟龙才能到来。

> 是故昔先王尚有德,尊有道,任有能,举贤而置之,聚众而誓之。是故因天事天,因地事地,因名山升中于天,因吉土以飨帝于郊。升中于天,而凤凰降,龟龙假。飨帝于郊,而风雨节,寒暑时。是故圣人南面而立,而天下大治。③

郑玄称此为"功成而太平,阴阳气和,而致象物"。④据说,齐桓公曾经想到泰山封禅,管仲劝阻他说,圣王都是在功成道洽,瑞符出现后才去封禅的。现今你治下的齐国,凤凰未至,麒麟逃遁,你怎能去封禅呢?"昔圣王功成道洽符出,乃封泰山。今皆不至,凤皇不臻,麒麟逃遁,未可以封。"⑤

---

① 《礼记训纂》,第356页。
② 《国语集解》,第29—30页。
③④ 《礼记正义》,《十三经注疏》,第1440页。
⑤ 《礼记正义》疏引,《十三经注疏》,第1440页。

必须指出的是,儒家认为,社会环境良好中包含人对于动物的态度。人必须用道德的态度对待鸟兽,它们才会来到人间。《孝经援神契》云:"德至鸟兽,则凤皇来,鸾鸟舞,麒麟臻,白虎动,狐九尾,雉白首。"①不仅如此,人还必须畜养这些动物,使它们能够过一种安然祥和的生活。如前所述,古人认为四灵是动物的统帅或代表。在一个社会中,如果龙得到畜养,鱼、鲔见到人就不会在水中惊走;如果凤得到畜养,鸟类见到人就不会惊恐飞去;如果麟得到畜养,兽类见到人就不会惊恐逃窜;如果龟得到畜养,甲壳类动物就都可以和人们游玩。龟有预卜的才能,借助于它可以了解这个社会的人情世故。

> 故龙以为畜,故鱼鲔不淰。凤以为畜,故鸟不獝。麟以为畜,故兽不狘。龟以为畜,故人情不失。②

在古人看来,龟龙麟凤都是感受到人们的仁义态度才到来的。③如前所述,汉代大儒董仲舒在《春秋繁露》中提出了善待动物的主张。他要求恩及鳞虫、羽虫、毛虫、介虫。在《春秋繁露·仁义法》中,他又明确指出,实实在在地爱民,以至于鸟兽昆虫莫不爱,才能称为"仁":"质于爱民,以下至于鸟兽昆虫莫不爱。不爱,奚足谓仁?仁者,爱人之名也。"④

不过,古人又把动物分为善恶两类,如,把虎狼蜂虿认作性恶凶残的动物,把麟龙龟凤被认作性善的动物。古人也往往从人的伦理出发,对于鸟兽有所贬斥,认为它们没有伦理,不知道雌雄的分别。"夫唯禽兽无礼,故父子聚麀"⑤,并以鸟兽欠缺伦理为喻来批评人的伦理缺失。郑玄引《王霸记》说:"悖人伦,外内无以异于禽兽,不可亲百姓,则诛灭去之也。"⑥在《论语》中,孔子说"鸟兽不可同居"。从生态学上看,对于动物的善恶划分以及伦理批评都是不必要的。

---

① 《论语注疏》疏引,《十三经注疏》,第 2490 页。
② 《礼记训纂》,第 350 页。
③ 《礼记正义》,《十三经注疏》,第 1425 页。
④ 《春秋繁露义证》,第 251 页。
⑤⑥ 《礼记正义》,《十三经注疏》,第 1231 页、第 853 页。

从自然的角度来看,各类动物的价值是一样的。生态哲学要求对于猛兽有更为客观的认识和更为包容的态度。唐纳德·沃斯特回顾了美国对待郊狼的态度的变迁指出,"为野兽正名的史实因此也是美国自然保护转向生态学观点的史实:一种不仅仅以科学为基础,而且也以依存和宽容的道德哲学为基础的态度。"① 儒家哲学也需要改变对于猛兽的认识。

第七节 动物保护的政令与法律

在儒家文化中,爱护动物生命不仅是一种道德情感和态度,同时也是明确的政令法规和切实的政治活动。《礼记》、湖北睡虎地秦简以及历代的有关政令中,都有关于动物保护的政令与法律。

一、《礼记》

《礼记》是儒家的重要经典,后世列为十三经之一。其中的《月令》篇规定了当政者每月应该做的事情,其中就有动物保护的政令。

1. 孟春之月

《礼记·月令》上说,初春时节,东风吹拂,南雁北归,大地解冻,万物复苏,蛰伏一冬的鸟兽昆虫都出来活动了,鱼儿也游出来了,动物开始孕育,万物重又生长。在这个时节关于动物的禁令是:

> 牺牲毋用牝。毋覆巢,毋杀孩虫,胎夭飞鸟,毋麛毋卵。②

这条政令中的"牺牲毋用牝",照郑玄解释是为了防止"伤萌幼之类"。其余为不得掀鸟巢,不得杀幼虫、夭折还不能飞翔的飞鸟胎虫,不得猎幼鹿、不得取鸟卵。这些都是动物保护的明确要求。

2. 仲春之月

---

① 《自然的经济体系——生态思想史》,第308页。
② 《礼记正义》,《十三经注疏》,第1357页。

> 毋竭川泽,毋漉陂池,毋焚山林。①
> 是月也,祀不用牺牲,用圭璧,更皮币。②

照郑玄解释,此条是为了"顺阳养物也"。因为春天是万物生长的季节,竭川泽、漉陂池、焚山林不仅会伤害动物,也使它们失去了生长之地。所谓祭祀不用动物,是为了使其孕育和生长。

3. 季春之月

> 田猎罝罘、罗罔、毕翳、餧兽之药,毋出九门。③

在古人看来,此时鸟兽正处于孳乳哺育期间,这是"天时"。此时设置网罗、敷撒毒药乃是违背天时,破坏生长的行为,应当禁止。

对于畜兽的孕育,古人也给予了充分的考虑。季春之月的月令之一是"合累牛腾马,游牝于牡"④,仲夏月令要求"游牝别群,则絷腾驹"⑤,这些都是促使动物孕育的措施。

与《月令》相同的规定在《吕氏春秋·孟春纪》中也出现过。自古以来,人们多认为《礼记·月令》系抄自《吕氏春秋》,郑玄即主张此说。他说:"《月令》本《吕氏春秋》十二月纪之首章也。以礼家好事抄合之,后人因题之,名曰'礼记'。"⑥与此相反,蔡邕则认为,"《周书》七十一篇,而《月令》第五十三,秦相吕不韦著书,取《月令》为纪号"⑦。我们倾向于认为,《吕氏春秋》的"十二纪"并非空穴来风。从根源上说,《月令》中的思想可能早已存在并流行,《吕氏春秋》系集当时学者所著,是在吸收当时思想的基础上形成的,具有集成的性质。然而,不管是《吕氏春秋》抄的《礼记》,还是《礼记》抄的《吕氏春秋》,都表明诸如此类的动物保护思想在当时是非常普遍的。

---

①② 《礼记正义》,《十三经注疏》,第 1362 页。
③④⑤ 《礼记正义》,《十三经注疏》,第 1363 页、第 1364 页、第 1370 页。
⑥ (汉)高诱注:《吕氏春秋》,《诸子集成》,第 6 册,第 340 页。
⑦ 《诸子集成》,第 6 册,第 340 页。

二、《秦律十八种》

目前发现的最早的动物保护法律是睡虎地出土的秦简律书《秦律十八种》,其中的《田律》有关于动物保护的条文。如"不夏月,毋敢……麛(卵)鷇,毋□□□□□毒鱼鳖,置□罔(网),到七月而纵之。"①

此条内容与《礼记》相同,因其系法律,故有"到七月而纵之",即七月解禁的规定。

三、汉代相关政令

西汉时期汉宣帝曾下令说:"前年夏,神爵集雍,今春,五色鸟以万数飞过属县,翱翔而舞,集未下。其令三辅毋得以春夏摘巢探卵,弹射飞鸟。具为令。"②近年考古学界在甘肃省敦煌悬泉置汉代遗址发掘出土的泥墙墨书《使者和中所督察诏书四时月令五十条》中,也有不少保护动物的法令。

1. 孟春月令七条

- ·毋摘剿。　　　　·谓剿空实皆不得摘也。空剿尽夏实者四时常禁。
- ·毋杀□虫。　　　·谓幼少之虫、不为人害者也,尽九[月]。
- ·母杀胎。　　　　·谓禽兽、六畜怀任有胎者也。尽十二月常禁。
- ·毋夭飞鸟。　　　·谓夭飞鸟不得使长大也。尽十二月常禁。
- ·毋麑。　　　　　·谓四足:…及畜幼少未安奔也,尽九月。
- ·毋卵。　　　　　·谓飞鸟及鸡□卵之属也。尽九月。
- ·瘞骼貍。　　　　·谓鸟兽之□也,其有肉者为。尽夏。

2. 中春月令二条

---

① 睡虎地秦墓竹简整理小组:《睡虎地秦墓竹简》,北京:文物出版社,1978年版,第27页。
② 《汉书》,第258页。

- 毋□水泽、□陂池、□□。　　　　・四方乃得以取鱼。尽十一月常禁。
- 毋焚山林。　　　　　　　　　　・谓烧山林田猎，伤害禽兽口虫草木……[正]月尽……

3. 季春月令一条
- 毋弹射飞鸟。及张罗，属它巧以捕取之。谓□鸟也……

4. 孟夏月令二条
- 驱兽[毋]害五谷。　　　　・谓□……
- 毋大田猎。　　　　　　　・尽八月……①

这个诏书是"大皇大后"发出的②，日期为"元始五年五月甲子朔丁丑"，即公元 5 年。上述材料表明，保护动物的理念已经成为法律了。

---

① 中国文物研究所、甘肃省文物考古研究所：《敦煌悬泉月令诏条》，北京：中华书局，2001 年版，第 4—8 页。
② "大"通"太"。太皇太后为汉元帝之后，成帝之母，王莽之姑。

第三章 "泽及草木"
——道德共同体中的植物

植物在儒家文化中同样是人的道德关怀的对象,关爱植物是历代政治生活的一部分。儒家的道德共同体包含植物,这通常被表述为"仁及草木"、"德及草木"等。和对待动物一样,儒家对待植物的态度也是尊重其生命,让植物完成自己的生命。为了生存,儒家也利用草木,开辟土地,发展农业。但是,儒家还要求保护荒野;他们提出了保护林木的措施,要求植树造林。历代政权把儒家的措施变成了政令,设有专门管理林木的机构。

第一节 "泽及草木"
——植物作为道德共同体的成员

一、植物作为道德共同体的成员

> 敦彼行苇,
> 牛羊勿践履。
> 方苞方体,
> 维叶泥泥。①

这是《诗经·大雅》的一章。《毛诗》认为这一章表现了周族先王"仁及草木"的忠厚仁德。周族对于草木尚且如此珍爱,更何况人

---

① 《诗经·大雅·行苇》,《十三经注疏》,第534页。

呢？所以它得到了民心，终于一统天下。在《尚书》中，文王教告子弟："惟土物爱，厥心臧。"孔安国解释说："文王化我民，教道子孙，惟土地所生之物皆爱惜之，则其心善。"①清代孙星衍解释说："土物者，土地所生之物，谓黍稷"；这句话的意思是"汝当爱惜土地所生之物，以善其心。"②《酒诰》的主题是康叔告诫周族子弟，珍惜粮食，勿沉迷于饮酒。因为酒是粮食酿造的缘故。

在先秦，人的价值得以发现。孔子说仁者"爱人"。这表明，人归属于儒家仁爱的范围。孟子提出："君子之于物也，爱之而弗仁。于民也，仁之而弗亲。亲亲而仁民，仁民而爱物。"③这就是说，对于禽兽草木之类的自然之物，应该爱惜它们，但不用仁的态度对待它们；对于百姓，应该用仁的态度来对待他们，但不是把他们当作自己的亲人。君子亲自己的亲人，仁爱百姓，爱惜万物。这表现了在爱有差等原则下儒家对于自然界、百姓、亲人的不同程度或不同等级的爱。孟子所谓不用仁的态度对待万物，不是说不爱动植物，而是说虽爱但仍不得不把它们作为使用价值，用作食物或祭品。在施恩的顺序上，儒家把人放在首位。就此而言，孟子的态度似乎仍有一定程度的人类中心主义倾向，但这种人类中心主义不同于近代以来西方的人类中心主义，它有内在的限制，不滥用或虐待动物。《诗经》提到的植物有143种，动物有109种；孔子在《论语》中教子伯鱼"多识于鸟兽草木之名"，④这些都表现了儒家文化对于自然的亲近和热爱。汉代郑玄说："仁，爱人以及物。"⑤唐代贾公彦指出："云'仁，爱人以及物'者，仁者内善于心，外及于物，谓若《行苇》诗美成王云'敦彼行苇，牛羊勿践履'，是爱人及于苇，苇即物也。"⑥董仲舒指出："泛爱群

---

① 《尚书正义》，《十三经注疏》，第205页。
② （清）孙星衍撰：《尚书今古文疏证》下，陈抗、盛冬铃点校，北京：中华书局，1986年版，第376页。
③④ 《四书章句集注》，第363页、第178页。
⑤ 《周礼注疏》，《十三经注疏》，北京：中华书局，1980年版，第707页。
⑥ 《周礼注疏》，《十三经注疏》，第707页。

生,不以喜怒赏罚,所以为仁也。"①这里的"群生",当然包括植物。

促使草木繁茂在古代是一项政治要求。《尚书·洪范》提出,一个社会有六种不好的现象,第一种是"凶短折"。照今文经学的看法,此说涉及对于物的戕害。人夭折叫做"凶",禽兽死亡叫做"短",草木死亡叫做"折"。《汉书·五行志》说:"常风伤物,故其极凶短折也。伤人曰凶,禽兽曰短,草木曰折。一曰,凶,夭也;兄丧弟曰短,父丧子曰折。"②孙星衍说:"今文以为,君行失中,则有人物夭折之咎。故以禽兽草木及兄丧弟、父丧子为说,言其咎延于民物也。"③这表明,使草木正常生长是一项政治要求。武王伐纣后,抨击商纣王"暴殄天物"。按照传统的解释,"暴殄天物"是"除人外,普谓天下百物、鸟兽草木皆暴绝之。"④这同样表明,不能虐待草木是一项政治要求。

汉代鉴于秦朝仁义不施,遽尔灭亡,特别重视把仁爱的德行施加于直到草木的自然世界。汉代文化的综合性特点在此表现得十分明显。如贾谊就曾经把孟子对于动物的态度、《春秋》等典籍中关于狩猎不合围、不掩群以及《礼记》中草木不零落则不得砍伐等内容综合起来,强调这些都是仁德的表现。他说:

> 礼,圣王之于禽兽也,见其生,不忍见其死,闻其声,不尝其肉,隐弗忍也。故远庖厨,仁之至也。不合围,不掩群,不射宿,不涸泽。豺不祭兽,不田猎;獭不祭鱼,不设网罟;鹰隼不鸷,眭而不逮,不出颖罗;草木不零落,斧斤不入山林;昆虫不蛰,不以火田;不麛,不卵,不刳胎,不殀夭,鱼肉不入庙门;鸟兽不成毫毛,不登庖厨。取之有时,用之有节,则物蕃多。汤曰:"昔蛛蝥作罟,不高顺,不用命者,宁丁我网。"其惮害物也如是。诗曰:"王在灵囿,麀鹿攸伏,麀鹿濯濯,白鸟皜皜。王在灵沼,于牣鱼跃。"言德至也。圣主所在,鱼鳖禽兽犹得其所,况于人民乎!

---

① 《春秋繁露义证》,第 165 页。
② 《汉书》,第 1441 页。
③ 《尚书今古文注疏》下,第 321 页。
④ 《尚书正义》,《十三经注疏》,第 184 页。

> 故仁人行其礼,则天下安,而万理得矣。逮至德渥泽洽,调和大畅,则天清澈,地富熅,物时熟,民心不挟诈贼,气脉淳化,攫啮搏击之兽鲜,毒蠚猛蚓之虫密,毒山不蕃,草木少薄矣,铄乎大仁之化也。①

晁错在上景帝的奏章中提出,要使天上的飞鸟、地下的水虫、草木之类,都能得到仁德的恩泽,这样才能阴阳协调,四时合节,日月光明,风雨及时。他说:

> 德上及飞鸟,下至水虫草木诸产,皆被其泽。然后阴阳调,四时节,日月光,风雨时。②

董仲舒说:

> 恩及草木,则树木华美,而朱草生。③
> 咎及于木,则茂木枯槁。④

贾谊、晁错、董仲舒的见解说明,在汉代,德及草木的生态观念已经非常普遍,植物属于儒家道德哲学关注的范围,这和前文商汤网开三面中的"德及禽兽"是一致的。汉代的著作中出现了大量上古圣王节用水火材物的记载,如《史记》中司马迁说颛顼养材以任地,⑤帝高辛取地之财而节用之。⑥《大戴礼记》中有孔子说黄帝节用水火材物,生而民得其利百年的话语。这些都表明,在儒家文化中,爱的对象是包括植物的。如果借用当代生态哲学的话,那就是说,在中国哲学中,道德共同体的范围不仅包括动物,也包括植物。道德共同体的典型表述,是北宋张载在《西铭》中提出的"民吾同胞,物吾与也"的"民胞物与"的思想。⑦《宋史》说,夏商周三代兴盛的时候,天子以

---

① (汉)贾谊:《贾谊集》,上海:上海人民出版社,1975年版,第103—104页。
② 《汉书》,第2293页。
③④ 《春秋繁露义证》,第372页。
⑤ (汉)司马迁:《史记》,第11页。司马贞《索隐》:"言能养材物以任地。《大戴礼》作'养财'。"
⑥ (汉)司马迁:《史记》,第13页。
⑦ (宋)张载:《张载集》,章锡琛点校,北京:中华书局,1978年版,第62页。

儒家仁义礼智的内圣外王之道进行教化,大臣和各级官吏以这样的道为自己的职业。在乡间的学校"庠"和"序"里,老师和弟子以这样的道为学习的内容;广大百姓在日常生活中无意识间遵照着去生活的,也是这样的道。所以,上天所覆,大地所载,没有一名百姓、一件事物不是受这样的道的恩泽而实现自己的本性的:

> 三代盛时,天子以是道为政教,大臣百官有司以是道为职业,党、庠、术、序师弟子以是道为讲习,四方百姓日用是道而不知。是故盈覆载之间,无一民一物不被是道之泽,以遂其性。①

这里所说的"一民一物"包括天地所生的各种植物。就一个共同体来说,只有当其中的每一物都能完成或者实现其本性时,它才是完善的。在儒家文化中,道德共同体的完善意识是十分明确的。在儒家的儿童教育的蒙书《千字文》中,有"鸣凤在竹,白驹食场。化被草木,赖及万方"的句子,明确地教育儿童把道德共同体从人推及到动物、植物。王符在《潜夫论》中对前引《诗经·行苇》解释到,公刘的厚德,泽及草木,连羊牛六畜都能受他的厚德的感染,不忍践踏生草,何况受到教化的百姓?君子修明自己的和乐平易的道德,上至飞鸟,下及渊鱼,无不感受到道德的关怀而欢欣悦豫。他说:

> 公刘厚德,恩及草木,羊牛六畜,且犹感德,仁不忍践履生草,则又况于民萌而有不化者乎?君子修其乐易之德,上及飞鸟,下及渊鱼,无不欢忻悦豫,则又况于士庶而有不仁者乎?②

儒家对于植物的爱,是一种珍重、爱惜的态度。它珍重植物生命,尊重其生命的完整性,要求等到林木完成其生长周期或者完成一个生命周期以后才去砍伐它。当然,儒家也把植物作为食物、器具来使用。这就是说,植物在儒家文化中也表现为一种使用价值。但珍惜植物生命的价值观使儒家认为,在把植物作为使用价值时,不能滥

---

① (元)脱脱等撰:《宋史》,北京:中华书局,1977年版,第12709页。
② (汉)王符撰,(清)汪继培笺:《潜夫论笺校》,彭铎校正,北京:中华书局,1985年版,第373页。

用或浪费植物,否则就是暴殄天物。表明这种态度的范畴有两个,一是"以时",一是"节用"。"以时"是遵照一定的时间或季节的限制来使用植物。如前所述,孟子说:"斧斤以时入山林,材木不可胜用也。""节用"是保持量的限度,不滥伐植物、浪费林木等。孟子对于滥伐导致山林毁灭的事情有深刻的印象。他曾经指出这样一个事实:牛山是齐国首都郊区的一座山,林木茂美。但因为它在近郊,总是被人们砍了又伐,树木萌蘖的幼芽又被牛羊啃吃了,遂变成了濯濯童山:

> 牛山之木尝美矣,以其郊于大国也,斧斤伐之,可以为美乎?是其日夜之所息,雨露之所润,非无萌蘖之生焉,牛羊又从而牧之,是以若彼濯濯也。人见其濯濯也,以为未尝有材焉,此岂山之性也哉?①

荀子在《王制》篇中强调:

> 圣王之制也:草木荣华滋硕之时,则斧斤不入山林,不夭其生,不绝其长也。春耕、夏耘、秋收、冬藏,四者不失时,故五谷不绝,而百姓有余食也。斩伐养长不失其时,故山林不童,而百姓有余材。②

荀子还说过,"严格执行放火烧田和焚烧树林造田的制度,养育山林薮泽的草木、鱼鳖、百物,按照时限禁止和开放,使国家材用充裕,这些都是虞师的职责。和顺乡里,安定田宅,指导百姓饲养六畜,种植树木,风劝教化,使百姓心向孝悌,按时修身养性,乐天顺命,安土重迁,这些都是乡师的职责":

> 修火宪,养山林薮泽草木、鱼鳖、百索,以时禁发,使国家足用,而财物不屈,虞师之事也。顺州里,定廛宅,养六畜,间树艺,劝教化,趋孝弟,以时顺修,使百姓顺命,安乐处乡,乡师之事也。论百工,审时事,辨功苦,尚完利,便备用,使雕琢文采不敢专造

---

① 《四书章句集注》,第330页。
② 《荀子集解》,第165页。

于家,工师之事也。①

孟子和荀子所说的时限,都是生命周期或生长周期。在他们看来,一方面,应该让植物至少完成一个生长周期;另一方面,也要有数量的限制,不能过度砍伐。这些思想在孟子那里是仁政,在荀子那里是"王制"、"圣王之制",即圣王的政治。

尤其需要提出的是,如前所述,据《礼记》的记载,孔子还把砍伐"以时"的思想上升到了孝的高度。据《礼记·祭义》记载:"曾子曰:'树木以时伐焉,禽兽以时杀焉。'夫子曰:'断一树,杀一兽,不以其时,非孝也。'"②在《论语》中,仁是孔子的核心概念;《论语》又说"孝弟也者,其为仁之本与!"③可见,孝是仁的一个根本方面,这是因为仁中包含着爱和恕,也包含着礼的制约。《孝经》说,"夫孝,德之本也"④,"教民亲爱,莫善于孝"⑤。根据上述说法,我们大致可以推出以下越来越核心的概念结构:仁——孝——对于动植物的爱。可见,生态之爱是儒家思想的核心之一。如果说树木也是孝的对象,显然它就是道德共同体的一部分。如前所述,美国学者唐纳德·布拉克雷对此已提出较为深入的分析。

如前所述,珍爱自然的另一个角度是"节用"。《论语》中孔子说"节用,爱人,使民以时"⑥。荀子说,促进国家富裕的方法在于"节用,使百姓富裕,然后把节余的财物积攒起来"。至于方法或途径,照荀子说,节用的方法是用礼,富民的方法是用政。"节用以礼,裕民以政。"荀子认为,百姓如果富裕,就会致力于治理田地,产出就会成百倍地增加。再加上按照礼制消费,剩余财产就会像山一样多;统治者也会因此得到仁义的名声和多如丘山的财富。他说:

> 足国之道:节用裕民,而善臧其余。节用以礼,裕民以政。彼

---

① 《荀子集解》,第168—169页。
② 《礼记注疏》,《十三经注疏》,第1598页。
③ 《四书章句集注》,第49页。
④⑤ 《孝经注疏》,《十三经注疏》,第2545页、第2556页。
⑥ 《四书章句集注》,第49页。

裕民,故多余。裕民则民富,民富则田肥以易,田肥以易则出实百倍。上以法取焉,而下以礼节用之,余若丘山,不时焚烧,无所臧之。夫君子奚患乎无余? 故知节用裕民,则必有仁圣贤良之名,而且有富厚丘山之积矣。此无他故焉,生于节用裕民也。不知节用裕民则民贫,民贫则田瘠以秽,田瘠以秽则出实不半;上虽好取侵夺,犹将寡获也。而或以无礼节用之,则必有贪利纠谯(jiǎo,通"挢",收取)之名,而且有空虚穷乏之实矣。此无他故焉,不知节用裕民也。康诰曰:"弘覆乎天,若德裕乃身。"此之谓也。①

在不同的场合,荀子还分别谈到过"务本节用"、"强本节用"等。"本"是农业。《孝经》谈到庶人的孝时说:"用天之道,分地之利。谨身节用,以养父母。此庶人之孝也。"②所谓利用天道,即顺应天时,也就是遵循自然的春生、夏长、秋收、冬藏的规律。所谓分享地利,是按照土地的特点,因地制宜地发挥它的作用。谨身即按照礼义约束自己,远离耻辱;节用即节省财物。这样就能够免去饥寒,公赋、私养都不欠缺。这是庶人的孝。

二、"有事于山林"——对森林的生态作用的认识和森林保护

在春秋战国之前,农业的发展还没有形成对于自然的破坏。据史念海先生研究,西周末年黄土高原仍保有大面积的森林和草原③。但是,进入春秋战国时期,随着农业技术的提高,人口的增加,城市有了较大发展。城市聚居了大量的人口,他们的饮食、取暖、婚丧嫁娶都需要木材,于是城市周边的环境开始恶化。当时一些具有思考能力的人观察到了山林和气候、人的生存之间的关系,对于林木和草地等自然资源的过度开发提出了反思,并自觉地采取了较为系统的生态措施。

春秋时期人们已经注意到山林具有保持水土、提高降雨量和维

---

① 《荀子集解》,第177—179页。
② 《孝经注疏》,《十三经注疏》,第2549页。
③ 史念海、曹尔琴、朱士光:《黄土高原森林与草原的变迁》,西安:陕西人民出版社,1985年版,第57—66页。

持气候平衡的作用。山川出云、山林能兴云致雨是这一认识的表达。据《左传》记载,昭公十六年九月,郑国大旱,子产让郑国大夫屠击、祝款、竖柎对山做点事情,屠击等人砍伐了山上的树木。子产知道后说:"有事于山,蓺山林也。而斩其木,其罪大矣。"①这就是说,对山做点事情是要植树造林。屠击等人不这样做,反而斩伐树木,罪过太大了,所以子产后来褫夺了他们的官职和封邑。从子产的话中可以看出,他已经正确地认识到了森林对于维护气候平衡的作用。汉代董仲舒在《春秋繁露·求雨》篇中说,春旱求雨的仪式是在水日那天县邑在社稷祈祷山川,百姓祭祀内门,"毋伐名木,毋斩山林"。②后两条显然是对子产的认识的继承。

如前所述,孟子认识到,齐国国都郊外的牛山是因为滥伐和过度放牧而最终成为濯濯童山的,所以,他要求养山,涵养山林。他说:"苟得其养,无物不长;苟失其养,无物不消。"③孟子还十分前瞻性地提出了反对开辟草莱成为田地的主张。面对战国时期列国"争地以战,杀人盈野;争城以战,杀人盈城"的局面,他提出:"善战者服上刑,连诸侯者次之,辟草莱、任土地者次之。"④即善于进行战争的人应该受最严厉的刑罚,在诸侯之间纵横捭阖的人应该受二等的刑罚,那些开辟草莱,扩大土地面积的人应该受三等的刑罚。从孟子论述的文脉来看,他认为战国时期各国缺乏的不是土地,而是仁政德治,所以,不务仁政而征伐拓地,罪莫大焉。他不是直接从生态的角度反对开辟草莱的,但他的说法从政治的角度维护了自然。

基于对于生态的初步认识,中国古人对于山林草木等自然资源持有两种态度,一是珍惜、珍视;二是尽量认识它们的特点,为它们的生长提供合适的条件。

对于一个国家来说,什么是值得宝贵的?什么东西获得后能够让人们感到安易和乐?据《国语·楚语》记载,楚国大夫王孙圉出使

---

① 《春秋左传注疏》,《十三经注疏》,第2080页。
② 《春秋繁露义证》,第426—427页。
③④ 《四书章句集注》,第331页、第283页。

到晋国,赵简子询问他楚国的珍宝白珩的事情。王孙圉说,那不是楚国的国宝。对于一个国家来说,有六样事物可称为珍宝。一是能够制定各种规则,帮助治理国家的圣人;二是保佑国家丰收、免受灾害的玉;三是能够确定褒扬和贬斥的神龟;四是能够镇灭火灾的珠宝;五是能够用来抵御外敌侵略的金属;六是能够为国家百姓提供财用的"山林薮泽"::

> 圉闻国之宝六而已。明王圣人能制议百物,以辅相国家,则宝之;玉足以庇荫嘉谷,使无水旱之灾,则宝之;龟足以宪臧否,则宝之;珠足以御火灾,则宝之;金足以御兵乱,则宝之;山林薮泽足以备财用,则宝之。①

王孙圉所说的第六项珍宝很值得注意,他的说法表明了当时人们对于自然的态度。的确,有了能够提供财用的山林薮泽,无论是统治者还是百姓,生活得到保障,就可以安易快乐了。据《国语·周语》记载,周景王要铸大钱,单穆公进谏阻止他,认为这样做会给百姓增加负担。他说:

> 《诗》亦有之曰:"瞻彼旱麓,榛楛济济。恺悌君子,干禄恺悌。"夫旱麓之榛楛殖,故君子得以易乐干禄焉。若夫山林匮竭,林麓散亡,薮泽肆既,民力凋尽,田畴荒芜,资用乏匮,君子将险哀之不暇,而何易乐之有焉?②

这就是说,因为旱山山麓长满了树木,所以君子才能安易快乐地寻求福禄。如果山林匮竭,薮泽肆尽,田畴荒芜,民力凋敝,材用枯竭,君子连悲哀还顾不上呢,哪里还能够和乐安易呢!从单穆公的话可以看出,古人是自觉地把山林等自然资源的丰富作为社会政治生活的基础的。

鉴于山林草木对于自然和国家人民生活的重要性,古人自觉地为它们的生长提供良好的条件。《易经·泰》说,"天地交,泰",就是

---

①② 《国语集解》,第 527 页、第 107 页。

说,天地交通,即阴阳二气相交才是泰。"天地交而万物通",象传说"后以财成天地之道,辅相天地之宜,以左右民"①。荀子也指出,万物都是在阴阳二气和合的状态下得以生长的。《礼记》上说:"土敝则草木不长,水烦则鱼鳖不大,气衰则生物不遂,世乱则礼慝而乐淫。"②这就是说,土壤贫瘠草木就难以生长,水常搅动鱼鳖就难以生长,二气衰弱生物就难以生长。反之,《逸周书·大聚》指出,"川渊深而鱼鳖归之,山林茂而禽兽归之,刑政平而百姓归之"③;川渊枯竭,鱼鳖就会离去;山林险峻,鸟兽就会飞走;国家政治失衡,百姓就会离弃。所以,创造适合山林草木鱼鳖禽兽生长的自然环境,在古人那里是一项自觉的活动,他们认为这是政通人和的必要条件。

三、植树

植树造林是古人的一项政治要求,它的本质是自觉地增加财物供应,维持一定的生态平衡。《周礼》规定,百姓必须在自己的宅院里种桑树,不种则罚出"里布"。"凡宅不毛者,有里布。"④里布据说是用作货币的布,长二尺,宽二寸。汉代继承了这一制度。据唐代贾公彦所说,汉代规定,不种桑麻的人家不得衣帛,不植树的人家若有死人则棺材不得有外椁。这些都是对于种树的硬性规定。周代规定了人们从事的十二职事,第一是稼穑,即农业;第二是树艺,即培育园圃草木;第三是作材,即生长山泽的林木;第四是阜蕃,即繁殖家畜鸟兽;第五是饬材,即百工加工木材;第七是化材,即妇女纺绩丝枲;第九是生材,按照郑玄的解释,即生养竹木。⑤这十二项种职事中,二、三、五、七、九这五项是与种植树木有关的。关于百姓的职责,统治者的要求是贡九谷,圃的职责是种树,贡草木,包括葵、韭、果蓏之类。可以说,耕耘树艺一直是百姓的日常职责。《中庸》记载,鲁哀公问

---

① 《周易正义》,《十三经注疏》,第28页。
② 《礼记训纂》,第579页。
③ (明)程荣辑:《汉魏丛书》,长春:吉林大学出版社,1992年版,第579页。
④⑤ 《周礼注疏》,《十三经注疏》,第702页、第707页。

政于孔子。孔子回答说:

> 文武之政,布在方策。其人存,则其政举;其人亡,则其政息。人道敏政,地道敏树。夫政也者,蒲卢也。①

在此,孔子把人感化于政治之速,与树木生长于土地之速相提并论,可见当时人们对于树木生长的认识和对于植树的重视。在中国文化中,先王之制中包含植树的要求;不按照规定植树,是亡国的征兆。周定王曾经派单襄公出使到宋、楚,单襄公途经陈国,即今天河南淮阳一带,发现陈国境内水泽没有加固堤防,河道没有修建桥梁,粮食堆积在外没有收入库房,道路两旁没有树木。回到周朝王廷后,他对周王说,陈国就要灭亡了。先王之教要求九月雨毕治道,十月河枯建梁,粮食入库。这是先王不用财货而德施天下的措施。《周制》要求,两旁要植树,标出道路,有专人守路;国都郊外要有放牧的地方,薮泽要有圃草,苑囿要有林木和水池,这些都是为了防御灾害。到陈国,看不出道路在哪里,田里净是野草,百姓疲于逸乐;陈国废弃了先王之制,一定会灭亡的:

> 周制有之曰:"列树以表道,立鄙食以守路。国有郊牧,疆有寓望,薮有圃草,囿有林池,所以御灾也。其余无非谷土。民无悬耜,野无奥草。不夺民时,不蔑民功,有优无匮,有逸无罢。国有班事,县有序民。"今陈国道路不可知,田在草间,功成而不收,民罢于逸乐,是弃先王之法制也。②

历代统治者也很重视植树。秦始皇焚书,但留下了医药、卜筮和种树的书籍。汉文帝纪十二年(前168)下诏"岁劝民种树"③。汉景帝三年(前154)也下诏"令郡国务劝农桑,益种树"④。《汉书·晁错传》提出"种树畜长"⑤。睡虎地秦简《日书》中有关于植树的内容。唐代官制中有虞部,职责是主管京城街道绿化、掌管山林川泽政令、管

---

① 《四书章句集注》,第28页。
② 《国语集解》,第66页。
③④⑤ 《汉书》,第124页、第152页、第2288页。

理苑囿,这三项职责中都有植树的任务。儒家文化重视植树,这种传统一直延续到今天。"十年树木,百年树人"的成语把植树和培养人才相提并论,虽然这个成语的落脚点是"树人",但"树木"能够和"树人"并论,正表明了对于植树的重视。

不过,由于历代生活用木,尤其是统治者修建宫殿以及厚葬大量浪费木材,造成了森林的极大破坏。到汉代,植被破坏已经达到了相当严重的地步。如前所述,黄土高原曾经是茂密的森林,到战国以后,逐渐荒芜。《盐铁论·散不足》曾严厉地批评当时宫室奢侈,说这是林木的蠹虫。东汉末年,统治者为了修建洛阳宫殿,把太原、河东一带的大型林木砍伐殆尽,致使长安附近已无林木可用。《潜夫论》的《浮侈》等篇批判京师的贵戚们使用江南的檽、梓、梗、柟等贵重木材,破坏了江南的林木。王符说:

> 子曰:"古之葬者,厚衣之以薪,葬之中野,不封不树,丧期无时;后世圣人易之以棺椁",桐木为棺,葛采为缄,下不及泉,上不泄臭。后世以楸梓槐柏杶樗,各取方土所出,胶漆所致,钉细要,削除铲靡,不见际会,其坚足恃,其用足任,如此可矣。其后京师贵戚,必欲江南檽梓,豫章梗楠。边远下土,亦竟相仿效。夫檽梓豫章,所出殊远,又乃生于深山穷谷,经历山岑,立千步之高,百丈之溪,倾倚险阻,崎岖不便,求之连日然后见之,伐斫连月然后讫,会众然后能动担,牛列然后能致水,油溃入海,连淮逆河,行数千里,然后到雒。工匠雕治,积累日月,计一棺之成,功将千万。夫既其终用,重且万斤,非大众不能举,非大车不能挽。东至乐浪,西至敦煌,万里之中,相竞用之。此之费功伤农,可为痛心!①

据《周礼·方相氏》郑注云:"天子之椁,柏黄肠为里,而表以石焉。"②据《汉书·霍光传》记载,霍光死后,得赐"便房黄肠题凑各一

---

① 《潜夫论笺校正》,第134页。
② 《周礼正义》,《十三经注疏》,第851页。

具"①。当代考古发现了史书记载的汉代"黄肠题凑"的葬式,是在厚重的棺椁之外,再将约五十厘米长的去皮直柏木,木心朝内,摆放为椁外四面的墙。"以柏木黄心致累棺外,故曰黄肠。大头皆内向,故曰题凑"②。一具黄肠题凑要耗费大量的木材。又据顾炎武《日知录》记载,明末清初北京密云一代还有几人合抱的巨树,清朝在北京定都后,这些林木都被砍伐一空了。

第二节 神秘的植物

一、五行中的木

金、木、水、火、土五行既是实体,表示五种实物;也是事物的性质、功能;还是中国古代对于世界万物的一种分类体系。植物类在五行中属木。关于木的性质,箕子说"木曰曲直"。这里所说的木,是木材或树木。木能够在五行中有一个地位,表明了中国古人对于植物的重要性和它对人类生存的意义的认识。五行有不同的排列顺序,金木水火土是常见的一种。五行在它较早出现的文献中的顺序是水、火、木、金、土。由于五行是相生相克的,所以可从任何一行开始排列。作为一种分类系统,五行表示性质不同的世界万物之间的联系。五行的生克关系是这样的:金克木,木克土,土克水,水克火,火克金;金生水,水生木,木生火,火生土,土生金。木克土,而被金所克;木生于水,又能生火。这些看法反映了中国古代哲学对于世界的联系的认识。金克木、木生火都是十分经验性的,一目了然。水生木说明了植物生长与水的关系,木克土则说明植物初生时对覆压自己的土壤的克服。《易·屯》卦《象》辞在谈到草木初生时说道,"刚柔始交而难生"③,《解》卦《象》辞说"雷雨作,而百果草木皆甲坼"④。应该承认,每个生命的出生都要经历一个艰难险阻的过程。不过,土

---

①② 《汉书》,第2948页、第2949页。
③④ 《周易正义》,《十三经注疏》,第19页、第52页。

对于木的诞生事实上主要帮助。木生长所需要的温度、营养、水分，都是由土壤所提供的。可是，五行生克不说木生土，而说木克土，表明了古人对于植物生命诞生的艰辛的体认。这种体认是带来珍惜和尊重植物生命的态度的原因之一。

二、移情与瑞应

在儒家文化中，爱护植物还有一个移情的神秘维度。所谓移情，就是把自己和自然界的植物相类比。比如在《论语》中，孔子说"岁寒，然后知松柏之后凋"①，就是把松柏和人的刚直的德性相类比。《诗经》有赋、比、兴三种修辞方式，照刘勰、朱子所说，"比者，以彼物比此物也"②，"兴者，先言他物，以引起所咏之辞也"③。用今天的话来说，比是象征或者比喻，即借助于事物间的类似性，用此物指代彼物，或用具体可感觉的事物帮助传达或理解不可感觉的抽象事物或道理；兴是用一物引起所要说的另一物。比、兴的手法在《诗经》中屡见不鲜，如"参差荇菜，左右流之。窈窕淑女，寤寐求之"；"南有樛木，葛藟萦之。乐只君子，福履成之"；"桃之夭夭，灼灼其华。之子于归，宜其室家"等等。屈原在他的作品中，总是乐于把自己比作各种香草。如果没有一个良好的自然环境，是不可能比兴的。反过来说，至少为了使人们的情感有一个合适的抒发条件，儒家文化也一定要爱护自然、珍惜自然的。

前文说到四灵动物在人间政治清明、德及禽兽的时候会出现。其实，在儒家文化中，不仅有神异的动物，也有灵芝瑞草之类的神异植物，它们同样只在社会政治清明的时候出现。《孝经援神契》中说，把道德的态度推及到土地，土地就会生出嘉禾、蓂荚、秬鬯之类珍异的草木；推及宇宙天空，天空就会出现景星；推及草木，草木中就会生出朱草、连理木：

---

① 《四书章句集注》，第 115 页。
② （宋）朱熹：《诗经集传》，《四书五经》中，北京：中国书店，1985 年版，第 3 页。
③ 《诗经集传》，《四书五经》中，第 1 页。

德及于天,斗极明,日月光,甘露降。德及于地,嘉禾生,蓂荚起,秬鬯出。德至八极,则景星见。德至草木,则朱草生,木连理。①

嘉禾、蓂荚、秬鬯、朱草、连理木都是儒家所认为的神异草木,是人间政治的瑞应。东汉时,王充以"疾虚妄"的态度,对这类瑞应进行了许多批判。不过,客观地说,珍禽异兽、奇花异木在自然环境和社会环境美好时才会出现,是符合生态学原理的。王充不经意间流露出了当时人们对于瑞应的见解,即瑞应之物是应"和气"而生的,生于常类中而有异于常类之性,所以才叫瑞应:"瑞物皆起和气而生,生于常类之中,而有诡异之性,则为瑞矣。"②"和气"其实就是良好的生态环境。瑞应说具有生态意义。首先,嘉禾异木、珍禽异兽只有在生态环境良好的地方才会出现;其次,在儒家文化的氛围下,历代统治者都追求"瑞应",这促使他们用生态的态度对待自然。当然,夸大瑞应,甚至为了迎合政治而人为地制造瑞应,那是另外一回事。

三、社稷之木

与瑞应植物相近,也具有神意的树木是社木。社是社稷,社木即社稷中种植的树木。每个政权都有自己的社稷。天子有太社、王社,诸侯有国社、侯社。社稷是一个王朝与天意沟通或者取得自己的神意合法性的地方,是政权的象征。一个王朝推翻另一个王朝,一定要毁坏它的社稷。王朝为什么要立社稷?照《白虎通》说,是要为天下"求福报功"。土地、粮食是人们赖以存活的根本。可是,土地广博,不可遍敬;五谷众多,无法全祭,所以以社代表土地,以稷代表粮食。社为五土的总神,稷为五谷的总神。

人非土不立,非谷不食,土地广博,不可遍敬也。五谷众多,

---

① 《礼记正义》疏引,《十三经注疏》,第1427页。
② 黄晖:《论衡校释》,北京:中华书局,1990年版,第730页。

不可一一而祭也。故封土立社,示有土尊。稷、五谷之长,故封稷而祭之也。①

社和宗庙的最大不同是它有墙无屋,种有树木。照《礼记·郊特牲》的说法,社的规制之所以如此,是因为它必须与天地之气相通。"社无屋何?故《郊特牲》曰:'天子大社,必受霜露风雨,以达天地之气。'"②这实际上也是与天意相沟通。社稷必种树,这在古人是有明确记载的。古人认为,木生于土,在土所生的万物之中,树木最为高大美好,所以社稷必须种树木。"社皆有垣无屋,树其中以木。有木者土,主生万物。万物莫善于木,故树木也。"③

社稷一般种什么树?《论语·八佾》中宰我说:"夏后氏以松,殷人以柏,周人以栗,曰:使民战栗。"④《白虎通》认为,夏代用松,为了使民"自辣动";商代用柏,为了使民"自迫促";周代用栗,为了使民"自战栗":"夏后氏以松,松者,所以自辣动。殷人以柏,柏者,所以自迫促。周人以栗,栗者,所以自战栗。"⑤《周礼》则平实地认为,社木是根据当地适宜的种类而种植的。"设其社稷之壝(wěi,围绕祭坛或行宫的低墙)而树之田主,各以其野之所宜木,遂以名其社与其野。"⑥《尚书》逸篇说,大社种松,东社种柏,南社种梓,西社种栗,北社种槐。《白虎通》又认为,社稷种树也是为了让老百姓远远就知道那里是社,以便他们表达对社的尊敬;其次是为了表功:

> 社稷所以有树何?尊而识之,使民望见即敬之,又所以表功也。故《周官》曰:"司徒班社而树之,各以土地所宜。"⑦

但如前所述,社有沟通天人的意义,所以,参天的社树实际上是

---

① ② 《白虎通疏证》,第82页、第89页。
③ (汉)刘向撰:《五经通义》,[北齐]魏收撰:《魏书·魏芳传》引,北京:中华书局,1974年版,第1226页。
④ 《四书章句集注》,第67页。
⑤ 《白虎通疏证》,第576页。
⑥ 《周礼注疏》,《十三经注疏》,第702页。
⑦ 《白虎通疏证》,第89页。

一种象征,代表着一个政权与天地之气的沟通,也即与天意的沟通。这表明了古人对于树木连通天地的生态意义和连通人神的神秘与神圣意义的双重认识。如果一个王朝灭亡了,取代它的王朝一定会在原来王朝的社稷里盖上屋子,隔绝它与天地之气的沟通。因为社稷是人与天意沟通的地方,所以天子、诸侯都祭祀社稷。天子祭祀社稷用大牢,诸侯祭祀社稷用少牢。① 祭祀社稷的意图在于"报本",即报答天地。树木是天人通气的标志,它的这种意义促使人们重视和保护它。

四、树木之精怪②

在自然祛魅以前,关于树木,有很多鬼神的传说,诸如树上住有神仙,树木变成了鬼神之类。在《国语》中,孔子说,木石的怪物叫做夔、魍魉,水中的怪物叫龙、罔象,土中的怪物叫蕡蜽。可见,春秋时期就有"木石之怪"的说法。古人认为,社木上住有鬼。据《史记·陈涉世家》记载,陈胜起义前为了宣传,暗中叫吴广晚上到驻扎地附近的"丛祠"里,打着篝火,学狐狸叫"大楚兴,陈胜王"。这里的"丛"是树丛,是鬼所居住的地方;"丛祠"是祭祀鬼神的地方。《淮南子·说林》中说,要欺侮别人家的鬼,就在路过他们的社时使劲摇社木的树枝,因为"社鬼"居住在社树上。应劭《风俗通义·怪神》记载有"世间多有伐木血出以为怪者"一条,说桂阳太守江夏张辽叔高家居买田,田中有一大树,粗数十围,冠数亩大,影响庄稼生长。叔高去砍它,结果树干流出血来,从树枝上出来几个"白头公",高四尺左右,扑向叔高。叔高迎上去,一共杀了四个。周围的人都吓坏了,叔高却神态自若。他仔细观察了这些东西,发现它们既不是人,也不是兽,随后就把树砍了。应劭评论说:"木石之怪夔魍魉。物恶能害人

---

① 《礼记训纂》,第188页。
② 此节思路系受王子今《秦汉时期生态环境研究》(北京大学出版社,2007年版)之启发而组织,特此说明,并以鸣谢。

乎?"①作为受"子不语怪力乱神"传统影响的学者,应劭不相信、也不畏惧所谓"木怪",但这反衬了这一类迷信在当时是十分普遍的。王充《论衡·订鬼》中说,如果人在山林中得病,见到的鬼是"山林之精"。在当代民间信仰中,鬼、仙、神构成一个自下而上的等级体系。鬼的地位最低下,活动范围是地表及地下。仙的地位居中,活动范围是地上、树上、山上等半空中。神的地位最高,活动范围是树和山以上的区域,也就是半空以上范围。民间认为,树是仙的家,高大茂密的树上往往住有仙,不能随便砍。鬼是最低级的神灵,鬼再进一步可能会成"精"或"妖"。仙比鬼高一级。鬼常常是人死以后所变,来源比较单一。仙的来源就比较复杂,往往是动物或植物经过几千年的修炼变成的。蒲松龄的《聊斋志异》中记载了不少的狐仙。鬼和仙不一定都是善良之辈,它们也会危害人,不能砍树也是因为害怕它会报复人的缘故。当然,鬼也不一定就强过人。民间有种说法,叫做"鬼怕恶人"。相比之下,神是心地善良、会保佑人的。在中国文化中,各种神仙传说往往与道教有关。这些树木精怪的迷信,都在一定程度上促生和巩固了人们的保护树木的意识,因而具有生态意义。

还有一些与树木有关的灾异或异常现象。《左传·僖公十六年》有"十二月,李梅实"②、《左传·成公十六年》有"正月,雨,木冰"③一条;木结冰和李梅结实都是气候失常的结果。《汉书·五行志》记载了不少异常的自然现象。按照儒家的观念,天地运行有正常的秩序,失序就会带来自然和社会的异常。正月是冬天,应下雪却下了雨,这已不正常;雨又凝结为冰,在树木外裹了一层,就显得更加异常了。刘向认为木为少阳,是贵臣卿大夫之象。木结冰是阴气胁木,预示有贵臣将要受害;还有一种说法认为木冰是木披甲,甲是战争之象,所以这一年发生了晋楚鄢陵之战。在古人的心目中,树木是自然和社会的一个标尺。其背后的隐秘联系可能是这样的,树木比一般的植物生长期长,形体高大,可以作为连通地与天、人与自然的

---

① (东汉)应劭撰:《风俗通义》,王利器校注,北京:中华书局,1981年版,第434页。
②③ 《春秋左传正义》,《十三经注疏》,第1832页、第1916页。

一个线索或标尺;天地之气通过树木表现出来。《五经通义》说"万物莫善于木",理由可能就在于此。古人通过树木来认识自然,认识人和自然的关系是不是发生了异常。这样我们就不难理解古人有通过"望气"来观察一个地方的人物的习惯了。据《后汉书·光武帝纪》记载,有个会望气的人叫苏伯阿,作为王莽的使者来到南阳,远远望见刘秀的出生地春陵郭,赞叹说:"气佳哉!郁郁葱葱然。"① 显然,郁郁葱葱不只是说这里的树木茂盛,还表明这里天地之气的运行通畅,天人关系协调。这些神秘方面的外在表现是树木郁郁葱葱;树木郁郁葱葱是神意的一个外在的标尺。在儒家思想中,天地之气不仅凝聚为物,也凝聚为人。得天地通畅和谐之气的人,是那些钟灵毓秀、人杰地灵的伟大人物。自然——树木——人物就这样被联系在一起了。

五、祭祀山林

山林在儒家文化中是祭祀的对象。《诗经》上说"怀柔百神,及河乔岳",这里的"百神"就有山林之神。《周礼》规定,"大宗伯"的职责是掌管天神、人鬼、地祇的礼仪,帮助天子建立和卫护邦国。大宗伯主持的祭祀活动中就有祭祀山林一项,方法是埋貍,"以貍沉祭山林、川泽"。② 这是依照山川含藏事物的本性进行的,"顺其性之含藏"。山林没有水,所以采取埋貍的方式;河流有水,所以采取沉貍的方式。又据《周礼》记载,畿内的山林有专人负责进行四时祭祀,祭祀时要整治道路,设立神坛。"若祭山林,则为主,而修除且跸。"所谓"为主",是"主辨护之",即主持并监视其事。③ 所谓"修除",是"治道路、场坛"④。

为什么要祭祀山林?《礼记》举出了两个理由,一是山林能够

---

① 《后汉书》,第 86 页。
② (汉)郑玄注,(唐)贾公彦疏:《周礼注疏》,《十三经注疏》,第 757—758 页。
③ (清)孙诒让:《周礼正义》,王文锦、陈玉霞校点,北京:中华书局,1987 年版,第 1198 页。
④ 《周礼注疏》,《十三经注疏》,第 747 页。

"兴云致雨",一是能够"供给百姓财用"。古人认为山林是"神"。这里所说的"神",不必是有形象的人格神,而是自然的"知其然而不知其所以然"的神奇、神妙、神秘的功用或作用。照《礼记》说:"山林、川谷、丘陵能出云,为风雨,见怪物,皆曰神。有天下者祭百神。诸侯在其地则祭之,亡其地则不祭。"①孔颖达说:"风雨云露并益于人,故皆曰神,而得祭也。"②这就是所谓的"怀柔百神"。祭祀的场所是"四坎坛",即东西南北四方各一坎一坛,祭祀四方的山林、川谷、丘陵中"有益于人民"的神。③照郑玄所说,"怪物"是"云气之非常见者",孔颖达说是"庆云"。④王充在《论衡·祭意》也提到"山林川谷丘陵之神"。如前所述,《礼记》、《国语》等典籍在讲到祭祀的范围时说,日月星辰是民所瞻仰的,山林、川谷、丘陵是民取得财用的地方。非此类的,都不在祭祀的范围之内。

  的确,山林有兴云致雨,循环水分,调节气候,维持生态平衡的作用。古人观察到了这种现象,但限于科学水平,没有把它单纯地归结为一种自然现象,而是归结为"神"。他们用祭祀来表达对于森林的这种神秘作用的敬畏之情。这种敬畏,其实也是对生态的敬畏之情和对自然的感激之情。山林供给百姓材用,则是它的使用价值和意义。近代西方文化把上帝置于自然之上,把爱和感激的情感都给予了上帝,对于自然只剩下征服和占有。从这种意义上说,基督教的上帝观念不及中国的自然神论思想或泛神论思想有利于生态。《诗经》中有一首《甘棠》的诗,记载召公在甘棠树之下决狱断案,从公侯到百姓各得其所,无有纷争。召公去世后,百姓怀念他,不愿砍伐那棵甘棠树。诗云:

    蔽芾甘棠,勿剪勿伐,召伯所茇。
    蔽芾甘棠,勿剪勿败,召伯所憩。
    蔽芾甘棠,勿剪勿拜,召伯所说。⑤

---

① 《礼记训纂》,第 692 页。
②③④ 《礼记正义》,《十三经注疏》,第 1588 页。
⑤ 杨任之:《诗经今注今译》,天津:天津古籍出版社,1986 年版,第 21 页。

后汉王符赞叹"召公甘棠,人不忍伐"①。《礼记》有一条古人祭祀山林的说明,说齐国人在祭祀泰山之前,先要祭祀"配林"②。因为配林是泰山的从祀者,所以先祭它,然后再祭泰山,这其中包含着由小到大的含义。汉代以后,祭祀山林已经非常普遍。《汉书·郊祀志下》说到祭祀的对象是"天地神祇之物",按照颜师古的说法,这当中就有"山林之祇"③。每当新皇帝即位,他的祭祀对象总是包含山林。如《后汉书》记载光武帝刘秀即位,就曾广泛地祭祀了天地、六宗和群神。"燔燎告天,禋于六宗,望于群神。"④这里的神和《礼记》的说法一致,都是"山林川谷能兴致云雨者"。

第三节 草木与生活
——植物的使用价值

一、"刳木为舟"——林木的开发和使用

在上古时期,中华文明诞生和发展地区的自然环境并不好,不少典籍的记载都表明了这一点。孟子说:

> 当尧之时,天下犹未平,洪水横流,泛滥于天下。草木畅茂,禽兽繁殖,五谷不登,禽兽偪人。兽蹄鸟迹之道,交于中国。尧独忧之,举舜而敷治焉。舜使益掌火,益烈山泽而焚之,禽兽逃匿。禹疏九河,瀹济漯,而注诸海;决汝汉,排淮泗,而注之江,然后中国可得而食也。⑤

孟子这段话记载了中国古人最初处理草木的方法。那时人类还

---

① 《潜夫论笺校正》,第110页。
② 《礼记训纂》,第373页。
③ (汉)班固撰:《汉书》,北京:中华书局,1962年版,1267页。
④ 《后汉书》,第22页。
⑤ 《四书章句集注》,第259页。

很弱小,面对自然首先要解决的是生存问题。益放火烧山赶走了野兽,焚烧草木又肥沃了土地,形成了农田,在自然界中开辟出一片生存空间。征服自然,开拓生存空间是上古时期人与自然的关系的基调。人作为一个物种为了生存,学会了使用林木等自然资源。照古籍的记载,有巢氏"构木为巢",一个不知名的圣人"刳木为舟",奚仲发明了车辆,也有传说是"黄帝作车";人们也学会了伐薪烧炭等,这些都是对于林木的利用。据《周礼·冬官》的记载,专门的木工有轮、舆、弓、庐、匠、车、梓七种。据英国著名中国科学史专家李约瑟的研究,中国人发明了轮子。箕子在给武王陈述五行时曾经指出"木曰曲直";荀子在《劝学》篇中说:"木直中绳,煣以为轮,其曲中规。"①荀子是用这个例子来说明人可以通过学习改变自己,不过,他的说法无意中记录了当时人们用木制造轮子的工艺。据《周礼》记载,轮人制造轮子、毂、辐、牙,斩伐木材必须遵守时间的限制。有一条限制是,"仲冬斩阳木,仲夏斩阴木"②。即仲冬斩伐生长在山阳面的木材,仲夏斩伐生长在山阴面的木材。

二、伐木、焚草为田

在人类历史上,农田大都是通过伐木或者焚草开辟出来的,中国也不例外。《周礼》给我们透漏了一些这方面的信息。据《周礼》记载,古代有专门管理林木的官员"柞氏",他的职责是"掌攻草木及林麓"③,即主管治理草木及林麓,他的属员有下士八人,徒役者二十人;还有专职负责除草的官员"薙氏",属员有下士二人,徒二十人。"柞氏"的工作是消除一块土地上的树木,办法是夏至的时候,把山南面即阳面的树木的皮剥去,然后放火烧它;冬至的时候,把山北面即阴面的树木剥去皮,用水泡它,使它不再生长。夏至剥阳木是因为夏至时一阴复生,阳木得阴就会生长;反之,冬至砍阴木则是因为冬至一阳复生,阴木得阳就会生长。到来年春秋时节,火烧过的树木再用水泡,水

---

① 《荀子集解》,第 1 页。
②③ 《周礼注疏》,《十三经注疏》,第 747 页、第 888 页。

泡过后再用火烧,后年即可耕种。"柞氏"也兼有除草的任务,主要是除树木以下生长的草;"薙氏"则是专职除草。除草以后用火烧掉,然后用水冲泡。照《周礼》解释,柞氏和薙氏的工作是开辟田地,来年种植粮食。除木、除草之所以用火烧,用水泡,实际效果一方面使土地平整干净,另一方面更为重要的是给土地施肥,使土地变得肥沃。《周礼》说"若欲其化也,则春秋变其水火"[①]。照郑玄的解释,"变其水火"是"所火则水之,所水则火之,则其土和美。至后春以火烧之。如此,则地和美也"[②]。又据《礼记·月令》记载:"大雨时行,烧薙行水,利以杀草,如以热汤。可以粪田畴,可以美土彊。"[③]这是说,夏至时,除草,风干,火烧,然后大雨淋浇,这样土地就会变得很肥沃。孟子提到过"辟草莱"以开辟土地的做法,大致与此相同。《周礼》还记载,秋天有叫做"尝"的祭祀,是尝新谷。新谷丰收,当然有除草的功劳。在这个祭祀上,肆师还要占卜来年的除草活动能否顺利等。《诗经·载芟》有"载芟载柞,其耕泽泽"一句,是说又除草,又砍木,土壤松软,表现的正是除草斩木开田辟地的情形。牧地也有焚草施肥的做法。《周礼》记载有"牧师"一职,即牧马的官吏。他的职责中有"孟春焚牧"一项,就是在初春时节放火焚烧旧草,以便生出新草。[④] 牧师还有帮助焚草莱田猎"赞焚莱"的职责。[⑤] 焚草莱由山虞、泽虞负责,二月焚草莱除旧生新之时,牧师帮助进行这项工作。焚草田猎也会得到新的土地。据《左传》记载,鲁桓公七年春二月"焚咸丘",[⑥] 即用火烧草木的方法狩猎。按照礼制,春天的狩猎活动是搜狩,对于禽兽有所拣择而猎。火田的方法是一举打尽,不符合礼制,所以《春秋》特意记载下来了。但实际上,焚咸丘的目的也可能是为了得到土地。放火烧荒是古人获得土地的一种方法。此外还有通过水利开辟田地和改良土壤的做法。这主要是春秋战国时期水利

---

①② 《周礼注疏》,《十三经注疏》,第 888 页。
③ 《礼记训纂》,第 253 页。
④⑤ 《周礼注疏》,《十三经注疏》,第 861 页。
⑥ 《春秋左传正义》,《十三经注疏》,第 1754 页。

技术发展的结果。据司马迁《史记》记载，秦国蜀守李冰父子修建了都江堰，穿二江于成都，既能行舟，又能灌溉，百姓得到了很大的利益。都江堰工程至今还发挥着作用，成为人类水利工程的奇迹。魏国西门豹引漳河水灌溉邺，魏国的河内（今河南省北部、河北省南部地区）一带从此大富。十分有趣的是秦国修建郑国渠的事情。韩国为了分散秦国的国力，避免它侵略自己，派水利专家郑国到秦国游说，修建一条从中山西开凿泾水直达瓠口长达三百余里的水渠，灌溉沿途田地。事情被发觉后秦国要杀郑国。郑国说，自己原来的确是来做奸细的，可是渠修好后秦国还是真的会得利的。秦国认为他说的也对，就让他主持修渠。水渠修成之后，在灌溉的同时渠水夹带的淤泥也改良了土壤，过去的舃卤之地四万余顷变成了肥沃的良田，收成据说最高可以达到亩产250斤。从此关中成为沃野，再无灾荒之年，为秦国最终统一中国奠定了坚实的物质基础。

关于草，古人还发现了它与生活相关的很多用途。最值得提出的是用草作药品，"神农氏尝百草"的传说早已家喻户晓。关于治病的药草，此处不作详述。我们主要看看古人是怎样利用草攻治环境中有害于生存的毒虫或动物的。这是用生态的办法对待生态危害。这样的草有"嘉草"、"莽草"等名目。据《周礼》的记载，掌管防治毒虫的官吏叫做"庶氏"，庶氏点燃"嘉草"熏毒虫，然后人们再驱赶它们。"嘉草"是什么，唐代就已经不清楚了。《周礼》还记载了一种掌管驱除"蠹物"的官吏"翦氏"，他的办法是用"莽草"熏。蠹物即啮食衣物、鱼肉之类的蛀虫。莽草熏蠹虫，能够杀死它。"莽草"是什么，也已不详。

在祭祀中，古人用草制作"刍狗"，作香料。如春秋时期，齐国联合各国攻打楚国，理由之一就是"尔供苞茅不入"，即楚国没有及时供给周王祭祀用的"苞茅"。祭祀中有一个活动叫做"裸"，就是把酒倒向香草中。用作香草的是郁，即郁金香草。负责这项工作的人叫做"郁人"，他的属员有下士二人，府二人，史一人，徒八人。裸用的酒是由"鬯人"掌管的，他的属员与"郁人"的属员相同。祭祀宗庙或招待宾客时，鬯人把用秬（黑黍）酿成的酒交给郁人，郁人把酒和香草一起煮,使酒有香味,这叫做"郁鬯"。草也很早被发现可以用作染料。《周礼》就有"掌染草"的官吏,属员与"郁人"同。古人发现可用作染料的植物有蓝草、蒨草、橡斗之类。掌染草官员的职责是春秋时节收敛染草之物。

三、"播种百谷"——关于农业与农作物

在人类文明史上,中国是最早发明农业并且农业技术长期处于发达水平的国家之一。《诗经·国风·豳风》云"昼尔于茅,宵尔索绹,亟其乘屋,其始播百谷"[①],就说到了耕种的事情。1931年,考古工作者在传说的后稷的发源地山西万荣县荆村遗址发现了距今六七千年前新石器时代的高粱标本。1972年冬天,河北磁县群众在开渠修坝时意外地发现了一座距今7300~10000年的伏羲、神农时代的原始村落——"磁山文化遗址"。考古工作者从这个遗址中出土了大量的粟。这个发现把中国种粟的历史向前推进了两千年,证明中国是粟的发源地。1989年,考古工作者在浙江河姆渡发现了七千年以前的河姆渡文化遗址,出土了一批稻谷,把中国种植水稻的时间向前推进了两千多年。磁县文化遗址和河姆渡文化遗址都属于新石器时代。1989年考古工作者还在传说中的伏羲活动地区河南淮阳县发现了距今4600年前的龙山文化时期的粮仓。

司马迁在《史记》中曾经记述了神农、黄帝、后稷发明农业的历史。关于神农氏,《史记》的记述很少。根据《五帝本纪》推测,神农氏可能是一个率先发展农业的氏族。这个氏族有一个被后人称作"神农"的人,他首先发明了农业,然后这个氏族凭借先进的农业技术成为一个统治部落。到轩辕氏黄帝时候,这个氏族已经衰落。黄帝消灭了这个氏族的最后一个领导者炎帝,成为中原地区的统治者。神农氏的创立人为什么被称为"神农"氏?《白虎通义》解释道:古时候,人们靠吃禽兽的肉为生。到神农的时候,随着人口的增加,禽兽的肉不够吃了。于是神农"因天之时,分地之利,制耒耜,教民农作。

---

① 杨任之:《诗经今注今译》,第209页。

神而化之,使民宜之",所以,他被称为"神农"。① 所谓"因天时"、"分地利",就是遵循天道四季运行的规律,发挥土地的作用。从《白虎通义》的解释可以推断,农业出现的原因是因为人口和野兽之间供求关系的平衡点被打破,野兽供应量不够。在此我们还可以加上另一个原因,即野兽供应不稳定,比如在冬天,多数动物都冬眠,这时要获得野兽就比较困难。农业的出现改善了人们的生存状态,所以神农成为天下的统治者。

黄帝取代神农,在某种意义上也是靠先进的农业技术获得成功的。司马迁对黄帝的农业功绩的记载比对神农的记载较为详细。《史记·五帝本纪》说黄帝"修治五行之气,种植五谷",又说他"播种百谷草木,醇厚的德行感化到了鸟兽虫蛾,旁及日月星辰水波,土石金玉。他劳心劳力,勤用耳目,节用水火材物,有土德的瑞应,所以被称为'黄帝'":

> 播百谷草木,旁罗日月星辰水波,土石金玉,劳勤心力耳目,节用水火材物。有土德之瑞,故号黄帝。②

五谷照郑玄的解释是黍(谷子的一种)、稷(谷子或高粱)、菽(豆类)、麦、稻。《史记》说黄帝种植百谷草木,说明在黄帝时代农业有了新的发展,谷物的种类增加了。黄帝大致属于龙山文化时期,这一时期中国的农业较为先进,已经被考古工作者在各地的发现所证实。据说宰我曾经问孔子,听说黄帝有三百岁,请问黄帝是一个什么样的人物?怎么会活到三百岁?孔子说,黄帝劳心劳力,勤用耳目,节用水火材物。在他活着的时候,百姓能够得到他的好处长达百年,他死后百姓敬畏他的神灵长达百年,他不在世而百姓仍然采用他的教化长达百年,所以说黄帝三百岁。

> 宰我问于孔子曰:"予闻荣伊曰黄帝三百年。请问黄帝者人耶?何以至三百年?"孔子曰:"劳勤心力耳目,节用水火材

---

① 《白虎通疏证》,第51页。
② 《史记》,第6页。

物,生而民得其利百年,死而民畏其神百年,亡而民用其教百年,故曰三百年也。"①

周朝的祖先"后稷",也被认为是农业的继承和发展者。这种认识当然表明了农业在古代社会中的重要性。据《五帝本纪》记载,周代的祖先"后稷",又叫做"弃"。他儿时就喜欢做种植麻、菽的游戏,成人后喜欢农耕。他善于观察土地,把适合耕种的土地用来发展农业。百姓都按照他发明的办法从事生产。尧帝知道后,任命他为"农师",天下人民都得到了益处。舜时遭遇了大洪水,百姓发生饥荒,舜派弃到民间指导各种作物种植。的确,周族可能是一个擅长农业的民族。周族的祖先公刘、古公亶父都十分精通农业。在中原的时候,周族就是"有积有仓"的部落。为了躲避战乱,公刘带领周族迁往西部豳地。《诗经》说:"笃公刘,匪居匪康,乃场乃疆,乃积乃仓。乃裹糇粮,于橐于囊,思辑用光。弓矢斯张,干戈戚扬,爰方启行。"②公刘用日影测量山冈的高低,观察土地的向阳背阴的方位,考察河流的走向,辨别湿地与平原,按照田地征收田税。在公刘之后,周祖又出现了一位贤人"古公亶父"。他为了躲避战患,带领周族来到岐山,开辟新的疆域,进行农业生产。据《诗经》的记载,岐山一代,"周原膴膴",肥厚的黄土和丰沛的水源使周族的农业有了较大的发展。③考古工作者的研究表明,殷商时代中国还是农牧兼举的。周族作为殷商后期的一个部落,发达的农业为最终战胜殷族奠定了物质基础;后来秦国也是依靠其雄厚的物质基础统一天下的。

据现存的记载,殷周时代中国的农作物有五谷、九谷、百谷、桑麻等不同说法。九谷包括黍、稷、秫、稻、麻、大小豆、大小麦。五谷如前所述,是黍、稷、菽、麦、稻;也有一种说法是麻、黍、稷、麦、豆,有麻无稻。其实周代是种植稻子的。《周礼》中就有"稻人"的官吏,他的属员有上士二人(士位列大夫之下,是贵族中等级较低的),中士四人,

---

① 张守节《史记正义》引《大戴礼记》,《史记》,第9页。
②③ 杨任之:《诗经今译今注》,第473页、第400页。

下士八人,府(财物和文书管理)二人,史(文书纪录)四人,胥(小吏)十人,徒(随从赋役的百姓)百人,数目相当庞大。稻人的职责是掌管庄稼下地,在水泽之地种植谷物。"以水泽之地种谷也。谓之稼者,有似嫁女相生。"①还有一种说法认为,泽草生长的地方,可以种植芒种。所谓芒种,即稻子和麦子。郑众说:"泽草之所生,其地可种芒种。芒种,稻麦也。"②有水及咸卤之地不长草,则不适合种植稻麦。③ 从这里的说法可以看出,周代不仅种植稻子,而且对于稻子生长的土壤条件还有一定的认识。周代的农作物种植技术有很多进步。周人已经知道了辨别土质。《礼记》记载周代有"土训"的官吏,他的职责照郑玄所说就是辨别土地的肥瘠。④《礼记》还记载有"土宜之法"的记载,即辨别12种适宜不同作物的土地,引导百姓种植,使进人口增加,鸟兽繁殖,草木茂盛。⑤

春秋战国时期,列国尤其是秦国十分重视耕战,农业得到了巨大的发展,表现为以下四个方面。首先是开辟了大量的新土地。甚至以礼乐传统著称的鲁国,在公元前594年也实行了"税亩"的制度,⑥即用征税的方式承认个人对自己开垦的土地具有所有权。后来商鞅在秦国实行变法,废井田,开阡陌,促进了土地的开辟。其次,铁器得到普及,牛耕普遍使用,提高了生产效率。再次是水利事业得到发展。如前所述,都江堰、郑国渠等水利工程都发挥了巨大的作用。第四是发明了休耕法、粪田法、粪种法等新技术。尤其值得注意的是,还采用了符合生态原则的利用食物链来防止病虫害的方法。

休耕在古代叫做"爰田"或"辕田"。据《左传》记载,晋惠公作爰田;⑦《汉书·地理志》记载秦孝公用商鞅,始治辕田。⑧ 按照颜师古的解释,辕田是为了休耕而实行的一种土地分配制度。三年一休耕迁居,本来是自古沿袭的制度。商鞅相秦,恢复了这项制度,具体

---

①② 《周礼注疏》,《十三经注疏》,第746页。
③④⑤ 《周礼注疏》,《十三经注疏》,第747页、第699页、第703页。
⑥ 《春秋左传正义》,《十三经注疏》,第2286页。
⑦ 《新刊四书五经·春秋三传》上,北京:中国书店,1994年版,第204页。
⑧ 《汉书》,第1641页。

做法是把土地分为三等,上等田地不休耕,中等田地耕一年休一年,下田耕一年休两年。关于休耕法,详见"恩及于土"章。关于除草,还有一种方法是夏天大雨时节用水浸泡田地中的草,使之死亡,秋天水干涸时割掉,来年种植农作物。如前所述,薙氏的职责是负责除草。春天除草按照杜预所说,是在草刚萌芽时耕地,把草覆盖在土中。郑玄说是锄草。夏天用镰刀之类迫近地面割草,秋天除草方法和夏天近似,冬天草在冻土中,用耜铲除。前文所说的焚草莱是古人粪田的方法。粪种的方法是用煮熟的牛骨汁浸泡种子,不同的土壤使用不同颜色的牛,如性刚强的红色土壤使用红色的骍牛脂之类。照《周礼》的记载,草人的职责之一是"掌粪种之法"。关于利用动物食物链,前述鲁恭三异就是不自觉地发挥了野鸡吃蝗虫的作用,从而阻止了蝗虫的入侵。

农业社会对于粮食生产是十分重视的。《周礼》记载有"旅师"一职,专门负责征收井田中八家的农业实物税"锄粟"。对于有田而不耕的农夫,罚他出"屋粟",份额相当于三个劳动力的"锄粟"。对于没有职业游手好闲的人,罚他出"闲粟",份额相当于一个劳动力的征粟:

> 旅师掌聚野之锄粟、屋粟、闲粟,野谓远郊之外也。锄粟,民相助作,一井之中,所出九夫之税粟也。屋粟,民有田不耕,所罚三夫之税粟。闲粟,闲民无职事者所出一夫之征粟。①

第四节 林木保护的机构与措施

一、山虞、泽虞、林衡、大司徒——林木管理保护机构

由于认识到自然与人之间的密切关系,历代政府都十分重视林木管理,设置各类官职来从事这项工作。最早的当然是《尚书·舜

---

① 《周礼注疏》,《十三经注疏》,第745页。

典》的"虞"官。据《尚书》记载,舜帝问:"'畴若予上下草木鸟兽?'佥曰:'益哉!'"①意思是,谁能顺从草木鸟兽的特点,帮助他管理草木鸟兽,大家说伯益可以,舜于是任命伯益作"虞"。这里值得注意的是,舜要求"顺从草木鸟兽的特点"来进行管理。孔颖达认为,所谓顺从其特点,是按照对草木鸟兽来说适宜的方法进行管理,"取之有时,用之有节"②。虞掌握法令的执行,百姓砍伐木材,受虞官的管理。所谓法令,是对入山伐木的日期的限制。虞的官职得到了后代的继承,《周礼》叫做"山虞"或"泽虞"。照郑玄的解释,"虞"有测度的意思,虞官要"度知山之大小及所生者"③,即测知山的大小及其物产。《周礼》指出,山虞掌管山林的政令,按照每一物的范围和区域来守护它们,设立禁令。"山虞,掌山林之政令,物为之厉而为之守禁。"关于这些禁令,《周礼》说:

> 仲冬斩阳木,仲夏斩阴木。凡服耜,斩季材,以时入之。令万民时斩材,有期日。凡邦工入山林而抡材不禁。凡窃木者,有刑罚。④

虞官要求按照时限砍伐材木,对于盗伐林木的人,实施刑罚。不过,国家的木工为国家事务进山砍伐不在此限。在祭祀山林时,虞官代表山林之神受祭。⑤山虞的属员大山中士四人、下士八人、府二人、史四人、胥八人、徒八十人、中山下士六人、史二人、胥六人、徒六十人、小山下士二人、史一人、徒二十人。⑥据《风俗通义·五岳》的记载,汉代的时候,还有山虞把守博县西北三十里的岱宗庙。

与山虞相近的还有"林衡",是掌管平地与山麓的林木。按照《周礼》的体制,掌管山泽的官吏为虞,掌管川林的为衡,二者不相

---

① (清)孙星衍撰:《尚书今古文疏证》,陈抗、盛冬铃点校,北京:中华书局,1986年版,第67页。
② 《尚书今古文疏证》,第67页。
③ 《周礼注疏》,《十三经注疏》,第700页。
④⑤ 《周礼注疏》,《十三经注疏》,第747页。
⑥ 《周礼注疏》,《十三经注疏》,第699—700页。

兼。虞、衡官职的设置说明山泽中兼有川林材木。"林衡"则是专职管理平地和山麓的森林的官吏,竹木生于平地叫做林,衡掌知林麓的大小及其物产。"衡,平也,平林麓之大小及所生者"①。林衡的职责是"以时计林麓而赏罚之"②,即巡守林麓禁令的执行情况,对执行好、林木茂盛,未发生盗伐事件的地方的百姓实行奖赏。至于砍伐木材,则仍由山虞掌管。"若斩木材,则受法于山虞,而掌其政令。"③林衡的属员也分为大、中、小三类,大林麓有下士十二人、史四人、胥十有二人、徒百二十人,中林麓同于中等山虞官的属员,小林麓同于小山虞官的属员。还有一种与保护山林有关的官职是"山师"。他的职责是熟知各地山林之名,辨别那里的物产与有害之物,颁布于国家,让人们能够进贡当地的珍异之物。按照《礼记·王制》所说,名山大泽不封给臣下或王族,所以,天子设立山师掌管远方山林,使那里的人们进贡。名山大泽不封,最高统治者独享其利,这样做虽然未必合乎仁政,却在一定意义上保护了名山大川的自然环境。

在《周礼》中,大司徒也包有对林木实行生态保护的职责。照《周礼》所说,大司徒掌管全国的地图、人民的数量,辨知各地的地域范围和山林、川泽、丘陵、坟衍、湿地的著名物产,指导各地因其所宜之木而建立社稷,对百姓进行道德教化;辨别各地土壤的物产,帮助百姓选择住宅,以繁衍人口,繁殖鸟兽,培育草木,发挥土地的作用;辨别十二种土壤的不同特点,教导百姓因地制宜地耕种和植树。④《周礼》中还有一种职位叫做"司险",他的职责是熟知和掌管全国各地的地图,熟知各地的山林川泽的险阻,了解各地的道路情况;要求各地在沟、川、河谷、大道小路两旁植树,委派专人把守管理。道路两旁植树就很有生态意义。当然,古人这样做可能主要还是为了把这些地方作为险阻,以便国家发生动乱或遭到入侵时坚守。

> 司险掌九州之图,以周知其山林、川泽之阻,而达其道路。

---

① 《周礼注疏》,《十三经注疏》,第 700 页。
②③ 《周礼注疏》,《十三经注疏》,第 747 页。
④ 《周礼注疏》,《十三经注疏》,第 703 页。

设国之五沟、五涂,而树之林以为阻固,皆有守禁,而达其道路。国有故,则藩塞阻路而止行者,以其属守之,唯有节者达之。①

除以上外,还有一些职位也包含一部分保护草木森林的职责。如前文说到的"草人",主要职责是除草,但也包含相土之宜而指导播种的职责;又有一种职位叫做"委人",掌管征收远郊以外山野的贡赋,收敛薪刍以及疏材、木材、蓄聚之物等。这里的疏材指能结果实的草木,蓄聚之物指瓜、瓠、葵、芋等可在冬季储存之物。还有"场人"一职,负责掌管国家的场圃,管理种植果蓏、珍异之物,按时收敛存储,供祭祀、宾客享用。还有"司稼"一职,掌管巡视管理各地的庄稼,确定各地适宜生长的庄稼种类,规定来年各地的贡赋,平均各地的粮食供应,赈济灾区。②前文说到的太宰的几项职责中,有一项是"以九职任万民",即让百姓从事九种职业。九职中的种植九谷、培育瓜果草木、养育山泽林木等,都具有生态意义。

关于《周礼》的真实性,宋代以后多有怀疑。我们认为,无论《周礼》是否真实地反映了周代的情况,但它作为儒家的重要经典,对中国历史发生了重要影响是无可置疑的,所以,其中的生态思想仍值得我们重视。

二、草木保护的政令

基于对天道运行和对林木的生态作用的认识,③儒家文化对砍伐树木,态度是十分慎重的。它的基本出发点是尊重树木的生命和内在价值,让树木完成一个生长周期或完成自己的生命周期,然后才去砍伐它。也就是说,不单纯出于人的需求,要用木材时就去砍伐,而是纵然要用,也要等到天要杀它的时候。《礼记·王制》规定:"五谷不时,果实未孰,不粥于市。木不中伐,不粥于市。"④这是说,五谷没有长成,果实没有成熟,木材没有长到可以砍伐的程度,都不能在市场上出售。这就是要求五谷、树木完成自己的生命周期。《逸周

---

①② 《周礼注疏》,《十三经注疏》,第844页、第750页。
③ 关于儒家文化对于天道的认识,详后。
④ 《礼记训纂》,第201页。

书·大聚》篇指出,春天三月的时候,不能砍伐树木,为的是让草木生长,让天不错乱自己的时节,物不丧失它们的本性,这样做才是"正德":

> 春三月,山林不登斧,以成草木之长;三月川泽不入网罟,以成鱼鳖之长。且以并农力执,成男女之功。夫然则有生而不失其宜,万物不失其性,人不失七事,天不失其时,以成万财。既成,放此为人。此谓正德。①

树木的生命周期是很难确定的,所以古人砍伐树木更多的是按照它们的生长周期来进行的。儒家的自然观是春生、夏长、秋收、冬藏,认为树木到秋冬时停止生长。所以,儒家要求砍伐树木一定要遵循天地的杀气,"伐木必因杀气"②,在秋冬进行。《礼记·月令》上说,"草木零落,然后入山林"。③ 这已是深秋十月了。《毛诗传》更是明确地说,"草木不折,不操斧斤,不入山林"④,就是说,不到草木自己摧折的时候,不能进山砍伐树木。

对于自然周期的认识构成了儒家文化中和传统政治中著名的"以时禁发"的时禁思想与政策,"时"是禁止和开放砍伐林木的时间规定。如前所述,孟子的仁政思想中有"斧斤以时入山林"的内容,《荀子·王制》也有"山林泽梁,以时禁发而不税"的思想。前文提到的"柞氏",就是一个负责掌管砍伐林木的官职。他规定每年允许砍伐山林的起止日期。开始的日期一般是秋、冬,持续的时间不能太久,否则可能会把材木伐尽。这里有两个例外,一是国家使用材木不受限制,但仍有仲冬斩阳木、仲夏斩阴木的规定;二是"柞氏"管理的是专门区域,在此之外的四野之木可以不受限制,但仍不得在三四月间砍伐桑柘,这是为了养蚕。惩罚偷盗林木者,也是"柞氏"的一项职责。《礼记》记载,"为宫室,不斩于丘木",是说士人君子即使贫

---

① 黄怀信:《逸周书校补注释》(修订本),西安:三秦出版社,2006年版,第190页。
② 《礼记正义》,《十三经注疏》,第1380页。
③ 《礼记训纂》,第180页。
④ (汉)郑玄笺,(唐)孔颖达疏:《毛诗正义》,《十三经注疏》,第417页。

穷,也不能为了建造房子而砍伐"丘木"。丘木,郑玄解释说是田垄上的树木①,照我的看法应可能是墓地的树木。

树木保护的最为全面和系统的政令是在《礼记·月令》中。正如《月令》的名称所表明的那样,它对每个月应进行的树木保护活动都做了十分详尽的规定,并说明了违反禁令可能招致的后果。

1. 孟春之月

   祀山林川泽,禁止伐木。②

   孟春行夏令,则雨水不时,草木蚤落。③

2. 仲春之月

   毋焚山林。④

3. 季春之月

   命野虞无伐桑柘。⑤

   季春行冬令,则寒气时发,草木皆肃,国有大恐;行夏令,则民多疾疫,时雨不降,山林不收。⑥

4. 孟夏之月

   毋伐大树。⑦

   孟夏行秋令,则苦雨数来,五谷不滋;行冬令,则草木蚤枯。⑧

5. 仲夏之月

   令民毋艾蓝以染,毋烧灰;⑨

   仲夏行冬令,则雹冻伤谷;行春令,则五谷晚熟;行秋令,则草木零落,果实早成,民殃于疫。⑩

---

① 《礼记训纂》,第 56 页。
②③ 《礼记正义》,《十三经注疏》,第 1357 页。
④⑤⑥⑦⑧ 《礼记正义》,《十三经注疏》,第 1362 页、第 1363 页、第 1364 页、第 1365 页、第 1366 页。
⑨⑩ 《礼记正义》,《十三经注疏》,第 1370 页。

6. 季夏之月

　　命泽人纳材苇。①

　　是月也,树木方盛,乃命虞人入山行木,毋有斩伐。②

　　季夏行春令,则谷实鲜落,国多风欬;行秋令,则丘隰水潦,禾稼不熟。③

7. 仲秋之月

　　仲秋行春令,则秋雨不降。草木生荣,国乃有恐。行夏令,则其国乃旱,蛰虫不藏,五谷复生。行冬令,则风灾数起。收雷先行。草木蚤死。④

8. 季秋之月

　　草木黄落,乃伐薪为炭。⑤

9. 孟冬之月

　　乃命水虞、渔师收水泉池泽之赋。⑥

10. 仲冬之月

　　山林薮泽,有能取蔬食田猎禽兽者,野虞教道之;日短至,则伐木,取竹箭。⑦

11. 季冬之月

　　乃命四监收秩薪柴,以共郊庙及百祀之薪燎。⑧

　　命宰,历卿大夫至于庶民,土田之数,而赋牺牲,以共山林名川之祀。⑨

　　与此相同或相近的内容还出现在《吕氏春秋》、《管子》、《逸周

---

① 《礼记正义》,《十三经注疏》,第 1371 页。
② 行:察也,禁民不得斩伐。《礼记训纂》,第 252 页。
③④⑤⑥⑦ 《礼记正义》,《十三经注疏》,第 1371 页、第 1374 页、第 1380 页、第 1382 页、第 1383 页。
⑧⑨ 《礼记正义》,《十三经注疏》,第 1384 页。

书》中。无论这些内容的最初来源如何,近似内容的反复出现说明林木保护的生态意识在中国文化中已经十分普遍。

三、林木保护的法律

受儒家文化的影响,除了政令外,各个朝代还有一些保护林木的法律。我们挑出以下几种。

1.《秦律十八种·田律》

目前发现的最早的林木保护法律,是睡虎地出土的秦简律书《秦律十八种》,其中的《田律》中有关于林木保护的条文。

> 春二月,毋敢伐材木山林……不夏月,毋敢夜草为灰,取生荔……到七月而纵之。唯不幸死而伐绾(棺)享(椁)者,是不用时。①

《田律》与《逸周书·大聚》、《礼记·月令》、《吕氏春秋》的内容相近而更为严密细致,这说明其中的行为规范是在吸收《逸周书》、《礼记·月令》的基础上逐步完善的。

2.《使者和中所督察诏书四时月令五十条》

此为在甘肃敦煌悬泉置汉代遗址发现的泥墙墨书,其中生态保护的诏条如下:

(1) 孟春月令

> 禁止伐木。谓大小之木皆不得伐也,尽八月。草木零落,乃得伐其当伐者。②

(2) 季春月令

> 毋焚山林。谓烧山林田猎,伤害禽兽 □ 虫草木……正月

---

① 睡虎地秦墓竹简整理小组:《睡虎地秦墓竹简》,北京:文物出版社,1978 年版,第 27 页。
② 甘肃省文物考古研究所:《敦煌悬泉汉简释文选》,《文物》,2000 年第 5 期;胡平生、张德芳:《敦煌悬泉置汉简释粹》,上海:上海古籍出版社,2001 年版,第 192—199 页。

[尽]①

这篇泥墙墨书的日期为公元 5 年,是作为政府法令书写在墙壁上向公众颁布的。

3. 居延汉简

其中生态保护的条文如下。

(1)"制诏纳言其□官伐林木取竹箭。始建国天凤□年二月戊寅下。"

这条记录有缺字,详细内容已不得而知。不过,如前所述,《礼记·月令》有"十一月日短至,伐木取竹箭"的规定。汉简诏书的伐木取竹箭的规定应该与《礼记》相同。据汉郑玄的解释,竹箭在秋冬之时极为坚韧,宜伐取。

(2)关于生态保护禁令的执行情况,居延汉简还出土了"吏民毋得伐树木有无四时言"、"吏民毋犯四时禁有无四时言"的汉简。据研究,当时有责任吏员须对"吏民毋犯四时禁"、"吏民毋得伐树木"的执行情况进行严格检查、定时上报并具名存档的制度。无论士卒还是部吏,都不得违反。②

4. 据《晋书·刑法志》记载,曹魏政权曾经"改定刑制",陈群等依照汉律,制定魏《新律》十八篇。《新律序》回顾汉律内容说,《贼律》中有惩罚伐木之贼的规定。

环保性法律、法令的广泛存在说明,在当时的中国文化中,保护环境已经是一种自觉而普遍的行为。

---

① 《敦煌悬泉置汉简释粹》,第 192—199 页。
② 参见王子今:《秦汉时期生态环境研究》,第 384—392 页。

第四章 "恩及于土"
——道德共同体中的土地

把土地作为有生命的事物,要求用道德的态度对待它,使它能够实现生养万物的本性,是儒家文化的重要特色。在具体措施方面,儒家文化要求根据土地的特点进行种植,根据土地的质量确定贡赋;保留荒野,实行休耕。历代政权还设立专门机构实施对土地的管理。儒家还用文化的最高形式——祭祀来表达对于土地的敬畏,报答土地对人类的养育之恩。

第一节 土、地、壤、田的辨析与土地作为道德共同体的成员

一、土、地、壤、田的辨析

在世界文明史上,中国是最早开始农业生产的国家之一。农业生产离不开土地。儒家文化对于土地的认识十分深入细致,它把土地分为土、地、壤、田四个层次。土在儒家典籍中有以下含义:泛指大地、国土疆域、土地的表层(与"壤"对应)、田地、与山石相对立而可以移动的散土、土壤、各类植物生长之处等。《尚书》说"土爰稼穑"。土与农业直接相关,土的肥瘠决定收成的好坏。作为植物的生长地,许慎在《说文解字》中说:"土,地之吐生万物者也,'二'象地之上、地之中,'丨',物出形也。"①《尚书·禹贡》说明了各地土地的情况,郑

---

① (汉)许慎撰,(清)段玉裁注:《说文解字注》,上海:上海古籍出版社,1981年版,第682页。

玄在对其中的"土"进行解释时说,"能吐生万物者曰土"①。土还是五行中的一个元素,既指实体的土,也指归结为土类的那些物质、性质和运动等。在这个意义上,土具有超出物质实体的神秘的或神性的意义。

"地"在一般意义上就是土。作为"地",它重点表达的是土地的承载和生养功能。《白虎通义》说:"地者,易也。言养万物怀任,交易变化也。"②《释名》说:"地者,底也。其体底下,载万物也。"③《礼统》云:"地,施也,谛也。应变施化,审谛不误也。"④《说文解字》说地是"万物所陈列"之处。⑤ 这些说法讲的都是土地的生长功能。地还有其他意义,如指与天对应的大地、国土疆域、未加人工培育尚不可耕种的原始土地等。关于地的形成,《说文解字》解释说,元气初分的时候,轻清的阳气上升成为天,重浊的阴气下降即成为地。这反映了汉代元气论哲学的特点。

"壤"也是土,是土的"瓤",即构成土的东西,特别指经过人工培育适合耕种的土。古人把"壤"看做"柔土"⑥,即颗粒细小、质地柔和的土壤。其特点是土质疏松,适合于种植。段玉裁在《说文解字注》中指出,"以物自生言言土","以人所耕而树艺言言壤"。⑦郑玄也说,土就是"吐",从万物自生的角度说是土,从人工耕稼种植的角度说是壤。显然,与土和地相比,壤特别指经过人工培育适合耕种的土。康芒纳说:"土壤是一个广阔复杂的生态系统,是多种微生物、动物和植物之间取得错综复杂的平衡的结果,它是在一个长时间建立起来的物质基础上活动的。"⑧这可谓基于科学而对土壤提出的说明。

---

① 《尚书正义》,《十三经注疏》,第147页。
② 《白虎通疏证》,第421页。
③ (汉)刘熙撰,任继昉汇校:《释名汇校》,济南:齐鲁书社,2006年版,第40页。
④ 《十三经注疏·尔雅注疏》下引,第2614页。
⑤ 《说文解字注》,第682页。
⑥⑦ 《说文解字注》,第683页。
⑧ [美]巴里·康芒纳:《封闭的循环——自然、人和技术》,侯文蕙译,长春:吉林人民出版社,1997年版,第18页。

不从土地的构成、而从它的量的单位上说,"壤"就是田。田是经过人工培育可以耕种的整块土地,其中有阡陌沟渠。《说文》说"树谷曰田",田是个象形字,"口十,阡陌之制"。① 郑玄也说,"地当阴阳之中,能吐生万物者曰土。据人功作力竞得而田之,则谓之田。"孔颖达据此指出,"'田'、'土'异名,义当然也。"② 古人是通过灾杀土地之上的草木而获得可耕地的,一年的田叫"菑"。"菑"即灾害,指灾杀草木而获得的生田。二年的田叫做"新田",即是说,经过一年的耕种已经成为土质柔和的田地了。三年的田叫做"畲",表示经过几年耕种,性质已经十分和缓的土地。古人对于土地进行这样的区分,目的之一是为了公平地安排赋税。

在古人的认识中,土具有可移动性,地则不然。这种认识影响到今天,房地产叫做不动产。地也是不能改变的。山脉、河流都属于地上所有的事物。尤其是,地与天合称"天地",是"自然"本身,自然更是不可改变的。所以,五行用的是土而不是地。土因为具有可移动性,因而可以发挥更多的作用。《国语·郑语》说:"先王以土与金、木、水、火杂,以成万物。"③ 五行中土克水,发挥的就是土的可移动的特性。这是古人治水实践的总结。用土作元素比用地在认识上无疑更为深入。古希腊是一个航海经商的民族,希腊哲学家所提出的元素,最初只是"水",后来恩培多克勒才提出"土",但古希腊哲学对于土的认识,不及中国哲学深入。在《周易》八卦中,"坤"为地,坤作为地,含义较广,既包括土、壤、田,也指与"乾"对应指整个的大地。

至迟在战国时期,人们已经把"土地"连用,指全部国土,包括其中的田地、山林、河川等林林总总的一切。土地是一个国家的财富和力量的标志,甚至就是国家自身。如果把代表政权的"江山"一词进行还原就会发现,它指的其实是一个国家的土地或国土的所有权。同样,如果把代表一个国家的国土的"山河"或"河山"二词还原则会

---

① 《说文解字注》,第694页。
② 《尚书正义》,《十三经注疏》,第147页。
③ 《国语集解》,第470页。

发现,它指的其实就是国土,或者说一个国家的土地的总和。当然,近代以后随着海洋的开辟,国土或者说土地的内涵也包括海洋国土。

二、土地的生态作用及土地作为道德共同体成员

在儒家文化中,土地并不是一块没有任何活力,不与环境的其他因素发生联系的孤立的死物。相反,儒家文化认为,自然界是一个有机联系的整体,土地是其中的一个组成部分。它本身是由气构成的,又以气为媒介与环境的其他部分发生联系,是自然中气的循环的一个重要环节。气的循环,在当代科学中是能量的传导。美国生态哲学家利奥波德说:"土地并不仅仅是土壤,它是能量流过一个由土壤、植物,以及动物所组成的环路的源泉。食物链是一个使能量向上运动的活的通道,死亡和衰败则使它又回到土壤。这个环路不是封闭的,某些能量消散在衰败之中,某些能量靠从空中吸收而得到增补,某些则贮存在土壤、泥炭,以及年代久远的森林之中。这是一个持续不断的环路,就像一个慢慢增长的旋转着的生命储备处。其中总有一部分会由于向下坡的冲蚀而流失掉,但这是在正常情况下由岩石侵蚀而引起的小量和部分的损失。它们在海洋中沉积起来,在一定的地质时代的进程中,上升形成新的陆地和新的金字塔。"①利奥波德从科学的角度说明了土地与环境的其他成分的联系以及土地作为能量传导的环节和工具的意义。

儒家思想还认为,土地是自然的生命的一部分,也具有"生命"。英国科学家拉夫洛克曾提出"盖娅设想",认为地球是"一个活的生物,自行调控其环境,使其适合生命的生长"②。这实际上是儒家哲学固有的观点。在儒家文化看来,土地也是有生命力和自己的本性的。什么是土地之性? 一言以蔽之,就是生养万物。如何尽土地之性? 那就是使它能够充分发挥生养作用。荒原、森林是植物的生长

---

① 《沙乡年鉴》,第 205 页。
② [比]克里斯蒂安·德迪夫:《生机勃勃的尘埃》,王玉山译,上海:上海科技教育出版社,1999 年版,第 286 页。

地、昆虫鸟兽的栖息地,草原是各种畜类、兽类的生长地,沃野是粮食蔬菜和各种植物的生长地等。过度砍伐、荒漠化、污染等导致动植物无法生长甚至死亡,都是戕害土地之性,妨碍正常地它发挥生养万物的功能。

汉代董仲舒要求用道德的态度对待土地,他说:"恩及于土,则五谷成,而嘉禾兴。"①反之,虐待土地,五谷就不会有收成:"咎及于土,则五谷不成。"②这种伦理思想在当代有了回应。利奥波德提出了"健康的土地"、③"土地伦理"等概念。他要求"把社会觉悟从人延伸到土地",④扩大共同体的界限,使它能够"包括土壤、水、植物和动物,或者把它们概括起来:土地"。⑤他又要求在情感上热爱土地。他说:"土地伦理的进化是一个意识的,同时也是一个感情的发展的过程。……当伦理的边疆从个人推向社会时,它的意识上的内容也就增加了。"⑥"我不能想象,在没有对土地的热爱、尊敬和赞美,以及高度认识它的价值的情况下,能有一种对土地的伦理关系。"⑦他还指出:"土地伦理反映着一种生态学意识的存在,而这一点反过来又反映了一种对土地健康负有责任的确认。健康是土地自我更新的能力,资源保护则使我们为了了解和保护这种能力的努力。"⑧应该说,《月令》和董仲舒对待土地的办法,都是维持土地健康的做法。

---

①② 《春秋繁露义证》,第375页。
③④⑤ 《沙乡年鉴》,第193页、第199页、193页。
⑥ 《沙乡年鉴》,第214页。关于土地伦理,还有不同看法。唐纳德·沃斯特一方面肯定土地伦理"是一种人和所有其他物种之间的生态共同体的感情,它代替了那种沉闷的仅仅从经济上考虑的对待土地的态度"(《自然的经济体系》,第338页)。另一方面也批评利奥波德"从未完全摆脱对自然的经济学观点。从很多方面看,他的土地伦理仅仅是一种比较开明的长远考虑;一种稳定无限制的物质财富扩张的手段"(《自然的经济体系》,第340页)。克里克特甚至认为:"大地伦理学似乎从内容上看肯定是狭隘的,而从性质上看甚至是宗族主义的。"(哈格罗夫:《环境伦理学基础》,第165页)关于此类认识,此处不拟评论。
⑦⑧ 《沙乡年鉴》,第212页、第209页。

三、土地的财富标尺意义

战国时期孟子说,诸侯有三宝:"土地、人民、政事。"①又据《礼记》记载,"问国君之富,数地以对,山泽之所出"②。可见土地具有标志财富的意义。在周代,天子分封诸侯,叫做"授民授疆土"。孟子还说,天子巡守诸侯,如果发现一个地方土地得到开辟,田野得到治理,养老尊贤,俊杰在位,就应对这里的诸侯实行奖励,措施是赏给他土地。反之,就要对其进行谴责。诸侯两次不朝见天子,就要削去他的封地:

> 天子适诸侯曰巡狩,诸侯朝于天子曰述职。春省耕而补不足,秋省敛而助不给。入其疆,土地辟,田野治,养老尊贤,俊杰在位,则有庆,庆以地。入其疆,土地荒芜,遗老失贤,掊克在位,则有让。一不朝,则贬其爵;再不朝,则削其地;三不朝,则六师移之。③

据《国语》记载,晋文公重耳曾接纳周襄王避难,作为表彰与回报,周襄王要赐给他土地,他不要,想要周襄王恩准他实行只有周王才能实行的"隧"的葬礼仪式。这种葬礼仪式要开地通路。周襄王严君臣之防,拒绝了晋文公。晋文公最后还是领了赏给他的土地而还国。又据《国语》记载,还是这位晋文公,他在流亡国外的时候,曾向田间百姓乞食。百姓捧给他一块土。他十分愤怒,要鞭抽这位百姓。他的舅舅子犯说,这是好兆头,上天赐给你土地,就是要给你政权。再有十二年,我们一定会获得这块土地。这些都显示了土地的重要性。

孟子虽然把土地列为国宝,但作为儒家,他更加重视人民。他说:"民为贵,社稷次之,君为轻。"④社稷是土地、政权的代称。战国时期的情形总体上仍然是土地有余而百姓不足,他反对为了土地而

---

① 《四书章句集注》,第371页。
② 《礼记训纂》,第69页。
③④ 《四书章句集注》,第343—344页、第367页。

发动战争,指出:"争地以战,杀人盈野;争城以战,杀人盈城。此所谓率土地而食人肉,罪不容于死。故善战者服上刑"。① 他赞颂周族的祖先太王宁愿把土地留给狄人而率领百姓迁徙到岐山,也不愿意为了获得土地而让老百姓上战场打仗。和孔子一样,他主张怀远人而徕之。

在当代,土壤是"几乎所有的食物和很多工业原料的基本来源"②。在古代中国,以儒家为代表的传统文化重视的是它的生殖功能。粮食和桑麻这些人类生存的基本材料都是由土地产出的,所以儒家文化十分重视土地。除了祭祀土神和谷神的社稷外,儒家文化中还有天子籍田的制度。每年开春,天子要亲耕,为百姓作出示范,以敦促他们务农。

第二节 对土地的种类、性能的认识和生态性维护使用

作为最早的农业民族之一,中国古人对于土地的性质、种类、出产有十分系统和深入的认识;有符合生态原则的使用观念。他们的方法有"土宜之法"、"土会之法"等。前者是判断什么样的土地适合种植什么样的植物,以便促进那里的动植物生长繁殖,人口增加,促使人和自然达到和谐共存;后者是确定贡税的办法。此外还有兴修农田水利设施、肥田、休耕等方法。这些在《尚书》、《周礼》中都有记载。

按照《尚书》研究专家顾颉刚、刘起釪的观点,《禹贡》是中国古代第一部系统的地理著作,大致作于春秋之前。它托名古代治水圣人大禹,对大致四千年前龙山文化时期中国各地的自然地理和人文地理的特点、土地的状况进行了较为详细的辨析。辨析的项目一是土地的颜色,一是土地的特性。颜色有黑、白、赤、棕、青、黄,特性有坟、壤、埴、涂泥几种。坟是土壤有隆起,起伏不平,类似于丘陵而稍

---

① 《四书章句集注》,第 383 页。
② 《封闭的循环——自然、人和技术》,第 18 页。

低;壤是土壤柔和,土性和缓;埴是黏土;涂泥类似于现在的水田。

《禹贡》把中国分为冀、兖、青、徐、杨、荆、豫、梁、雍九州。它首先叙述的是冀州,范围包括今河北省和山西省的大部分地区和河南省的西北部地区。这个范围是儒家的圣王尧活动的区域和定都的地方。《禹贡》说冀州的土地的颜色是白色,性质是壤地,即土质疏松;这里的农田属于中等,田赋是上上等。所谓白壤,指土地中含有一定的盐分,是一种盐渍土地。① 兖州相当于今天山东省西北部、河北东南部以及河南内黄、延津以东地区。这里的土地是黑色的,土质肥沃,草木繁茂条畅,是含有黑色植物腐殖肥料的灰棕壤。② 这里的田地属于中下,田赋属于下下等,贡物是漆和丝。青州在泰山和海滨之间,相当于今天山东北部和辽宁的一部分。这里的土壤色白而有起伏,是灰壤或浅色的草甸土。③ 这一带农业水平较高,田地属于上等中的下等,赋税属于中等中的上等,贡物是盐、海产品和绨、丝、枲等。徐州包括现在的江苏、安徽北部、山东南部。这里的土地是"赤埴坟",即颜色是红色黏性土质,土壤学称为"棕壤";地势有起伏,草木多为丛生。这里的田地属于上等的中等,田赋属于中等的中等,贡物为五色土。五色土是修建社稷,祭祀土神和谷神用的。扬州包括今天的浙江、江西、福建全境,及江苏、安徽、河南南部、湖北东部、广东北部。这个地区的土地是"涂泥",即泥浆地,适合于种植水稻。这里的田地属于下等之下等,赋税为下等之上等。荆州包括今天湖南全境、湖北东南部、四川南部、贵州东部、广西北部等地区。这一地区的土地的特点是"涂泥",与扬州相同。田地属于下等的中等,赋税为上等的下等,贡物较其他地区丰富,有珍禽的羽,牦牛的尾、象牙、动物皮革、金属、祭祀用的青茅、占卜用的大龟等。豫州相当于现在河南省中北部以南、山东西部、湖北北部。这里的土地是壤地,即无块的柔土;地势低下的地区是"坟垆",即黑色的硬肥土。这里的田地属于中上等,赋税上中水平,贡赋的物品有漆、枲、绨、纻。梁州包

---

①② 顾颉刚、刘起釪:《尚书校释译论》,北京:中华书局,2005年版,第559页。
③ 《尚书校释译论》,第578页。

括今天四川省大部、湖北西部、陕西、甘肃南部地区。这里的土地为"青黎",是成都平原沿江流域的青泥田或紫泥田,田地属于上等的下等,赋税属于下中。贡品有铁、银等金属和熊、罴、狐狸等动物毛皮。雍州为今天黄河以西地区,包括陕西北部、新疆、青海、西藏东部和内蒙古、甘肃中北部地区。这一地区的土地是黄色的壤地,即黄土高原一代,土质属于淡栗钙土,所以被称为"黄壤"。这里的田地属于上上等,赋税属于中下水平;贡物有各种玉石等。①

周代也十分重视辨土,其目的与《禹贡》相同。从《诗经》中可知,周族的祖先后稷就懂得相地,确定各类土地适宜栽种的作物,所以后来成为稷神。《诗·大雅·公刘》篇称赞周族祖先"既景乃冈,相其阴阳,观其流泉。其军三单,度其隰原,彻田为粮。度其夕阳,豳居允荒"②。这是说,公刘登上山冈,测定日影,察看土地的阴阳面,河水的流向,把土地开辟为粮田。《诗·大雅·绵》篇也记载了周人后来开辟周原的事情。《周礼·司徒》把辨土称为"土宜之法"和"土会之法"。《周礼·司徒》记载的"土宜之法"是辨别十二个地方的不同物产,帮助和教导人民定居、繁衍、从事农业和种植树木,促使鸟兽繁殖,草木繁荣,从而充分地发挥土地的作用:

> 辨十有二土之名物,以相民宅而知其利害,以阜人民,以蕃鸟兽,以毓草木,以任土事。辨十有二壤之物而知其种,以教稼穑树艺。③

"土会之法"是把地貌、地质分为山林、川泽、丘陵、坟衍、原隰五类,辨别各种地质的物产和那里的人民的特点:

> 以土会之法辨五地之物生:一曰山林,其动物宜毛物,其植物宜皁物,其民毛而方。二曰川泽,其动物宜鳞物,其植物宜膏物,其民黑而津。三曰丘陵,其动物宜羽物,其植物宜核物,其民

---

① 以上各州情况的说明,参见《尚书校释译论》,第 2 册。
② 《毛诗正义》,《十三经注疏》,第 543 页。
③ 《周礼注疏》,《十三经注疏》,第 703 页。

专而长。四曰坟衍,其动物宜介物,其植物宜荚物,其民晳而瘠。五曰原隰,其动物宜裸物,其植物宜丛物,其民丰肉而庳。①

照土会之法所说,山林适合毛皮类动物,"皂"类植物,即柞、栗一类树木。那里的百姓多体毛而样子周正。川泽适合鳞类动物如鱼,膏类植物如杨柳。那里的百姓"黑而津",即皮肤黑而润泽。丘陵适合羽毛类动物如雉鸡之属,有核类植物如李、梅。那里的百姓"专而长",即圆而身高。坟衍适合甲壳类动物,荚类植物,那里的百姓"晳而瘠",即白而瘦。原隰即湿地,动物适合裸物,植物适合丛物,那里的百姓"丰肉而庳",即胖而矮。

辨土也是一项十分普及的技术。《礼记·月令》中有孟春之月君王命令开始进行农事,要好好察识丘陵、坂险、原隰各种土地,辨别土地适宜播种的五谷以教导百姓。"善相丘陵、阪险、原隰、土地所宜,五谷所殖,以教道民。"《左传》中有"书土田"的纪录,内容是"度山林,鸠薮泽,辨京陵,表淳卤,数疆潦,规堰猪,町原防,牧隰皋,井衍沃"②。《荀子》中说:"相高下,视硗肥,序五种,君子不如农人。"③

关于水利设施,据《周礼》的记载,田间有遂、径、沟、畛、洫、涂、浍等排水设施。遂是宽深各二尺的水渠,沟是遂的两倍,洫又是沟的两倍。浍是宽深各一丈六的排水渠。这里的单位都是周代的,比今天要小一些。水渠的方向是遂纵、沟横、洫纵、浍横,形成一个体系。浍通向河流。照《周礼》的记载,遂人是专职负责水利设施的。除了农田水利设施外,还有大型的引河灌溉设施,前文已经说到。

肥田,又叫"土化之法",内容是改良土壤,确定适宜种植的植物。《周礼》记载有"草人"的职务,是负责这项工作的。土化的具体方法是焚烧草木,然后用水冲,把灰浸入土地;也有用动物脂肪"粪种"的方法。具体做法是针对于不同土质,使用不同动物的脂肪汁

---

① 《周礼注疏》,《十三经注疏》,第702页。
② 《春秋左传正义》,《十三经注疏》,第1985—1986页。
③ (清)王先谦:《荀子集解》,沈啸寰、王星贤点校,北京:中华书局,1988年版,第122页。

浸泡种子,如"驿刚"之地,即坚硬的红土地,使用牛骨煮成的汁浸泡种子以改善土壤状况。其他如"赤缇"地质用羊骨汁,"坟壤"用麋骨汁,"竭泽"(干涸的泽地)用鹿骨汁,"咸潟"之地用貆骨汁,"勃壤"(粉状的土壤)用狐狸骨汁,"埴垆"(黏土壤)用猪骨汁,"强"(坚硬的土地)用大麻子水汁浸泡种子,轻脆的土地使用狗骨汁等。① 用草木灰肥田是科学的,用动物油脂肥田现在看来不一定有科学性。

休耕是中国古代保持土壤肥力的一项重要措施。据《周礼》记载,官府授田给百姓,"不易之地家百亩,一易之地家二百亩,再易之地家三百亩"②。"不易之地"不需要休耕,"一易之地"休耕一年耕种一年,"再易之地"休耕两年才可以耕种一年。③ 休耕也叫做爰田、辕田等。据说商鞅在秦国变法,就实行了爰田制;又据《左传》记载,晋国也实行了爰田制。《汉书·食货志》也有古代实行休耕的纪录:

> 民受田:上田夫百亩,中田夫二百亩,下田夫三百亩。岁耕种者为不易上田;休一岁者为一易中田;休二岁者为再易下田,三岁更耕之,自爰其处。④

又据汉代何休所说,古代实行三年一换土易居的制度,即把土地分为上中下三等,每隔三年重新分配一次土地,以保证每个农户都能够平等地耕作肥硗不同的土地。《公羊传》说:

> 司空谨别田之高下善恶,分为三品:上田一岁一垦,中田二岁一垦,下田三岁一垦。肥饶不得独乐,硗埆不得独苦,故三年一换主易居,财均力平,兵车素定,是谓均民力,彊国家。⑤

何休在这里所说的上田一年一耕作,中田两年一耕作,下田三年一耕作,与古代的休耕制度恰好吻合。休耕和换田易居的制度得到了1972在山东银雀山出土的《田法》的证实。《田法》记载,百姓三年更改田地一次,十年内土地更改一遍,百姓十年中把上中下三种土地

---

①②③　《周礼注疏》,《十三经注疏》,第746页、第705页、第727页。
④　《汉书》,第1119—1120页。
⑤　(汉)何休注,(唐)徐彦疏:《春秋公羊传注疏》,《十三经注疏》,第2287页。

各耕种一遍。应该说,休耕、换田易居的方法是十分科学的。

《周礼》中还有保留荒野的措施。《周礼》记载有一种叫做"县师"的官员,职责是掌握国家的城市、郊区、乡村的地域和人口、牲畜、车辆、田地、草莱的数量,以此为依据考察政府官员。这里的田地是开发的可耕地,草莱据郑玄的解释是"休不耕者","莱,休不耕者。郊内谓之易,郊外谓之莱"①。这是说,郊区内的草莱叫做"易",郊区外的叫做"莱"。可耕地已经有休耕制度,这里的"休不耕"显然不是可耕地的休耕,而是对未开垦的土地休而不耕,即不把草地开辟为农田。贾公彦即认为草莱是荒而不耕的草地。②上一节谈到孟子反对开辟草莱为土地的话,也可以佐证草莱是保留的荒野。据《周礼》记载,官府授田给百姓,也包括草地。一个农夫可得授上等田地百亩、草地五十亩,中等田地百亩、草地百亩,下等田地二百亩、草地二百亩。《周礼》说:

> 辨其野之土,上地、中地、下地,以颁田里。上地,夫一廛,田百亩,莱五十亩,余夫亦如之;中地,夫一廛,田百亩,莱百亩,余夫亦如之;下地,夫一廛,田百亩,莱二百亩,馀夫亦如是。③

古人保留草莱可能是为了用做牧地,即便如此,保留荒野对于维持生态平衡仍然是有积极意义的。诚如利奥波德所说:"资源保护是人和土地之间和谐一致的一种表现。"④

第三节 土地管理的机构及政令

一、土地的生态性管理的机构及政令

儒家对于土地的生态性管理是十分重视的,《周礼》记载了大司徒、小司徒等许多土地管理官职,这些官职的职责有不少都具有生态

---

①②③ 《周礼注疏》,《十三经注疏》,第705页、第727页、第740页。
④ 《沙乡年鉴》,第197页。

意义。大司徒的职责是掌管国家的地图和各地人口的数量,辅助君王安邦定国。大司徒应该广泛熟悉国家的幅员,区别山林、川泽、丘陵、坟衍、原隰等不同的地理情况,辨别国家的城市和乡野的数量,确立各地的区划,为各地建立社稷。如前所述,大司徒还要辨别各种地质条件下的物产,确定税赋。这属于"土会之法"。大司徒把全国的土地分为十二种,辨别每一种土地所适宜的作物等,指导百姓耕种,这叫"土宜之法"。大司徒还有设立各类土地官员管理土地的职责。这些官员除了前文所说的"遂人"、"土均"之外,还有"土训"、"均人"等。土训的属员有中士二人、下士四人、史二人、徒八人。他们的主要职责是掌握国内山川形势地图、各地物产,通报君王,使各地以自己的特产进贡。"均人"的职能和"土均"大致相同,都是平均土地之征。均人的属员有中士二人、下士四人、府二人、史四人、胥四人、徒四十人等。

小司徒也是大司徒的下属,其职责主要是平均分配土地。小司徒熟知百姓和土地的数量,把土地分为上中下三等,上等土地分给七口以上的人家,中等土地分给六口的人家,下等土地分给五口的人家。关于土地的使用方法,《周礼》特别提到了井田制,即把一平方里的土地分为井字形的九块,由九个农夫耕种。沟、洫都是井田上的水利设施。"九夫为井,四井为邑,四邑为丘,四丘为甸,四甸为县,四县为都"①。小司徒负责公平地征收税赋。小司徒的职责和土均、均人有所重合,这可能是由于《周礼》记载的是周代不同时期官制的缘故。

《周礼》强调任地力,即发挥土地的作用,这是重视农业的表现。重视农桑是中国社会的传统。在古代礼制中,天子有藉田,每年立春的第一天,或天子选择正月的一日,率领诸侯公卿到藉田上举行"亲耕"仪式,以表达对于农业的重视。皇后也要率后宫嫔妃养蚕,以表达对于纺绩织纴的重视。《礼记》上说:

---

① 《周礼正义》,《十三经注疏》,第711页。

> 四郊多垒,此卿大夫之辱也。地广大,荒而不治,此亦士之辱也。①

这是说,如果一个国家首都的郊区都是堡垒等军事工事,那就是卿大夫的耻辱。如果大片的土地没有得到治理,那就是士的耻辱。这是因为如果卿大夫有威德,四邻就不敢侵犯,也就不必修建工事了;士作为地方官吏,有劝农耕稼的职责。士如尽责,则田地就不会荒芜。《礼记·月令》规定了不能妨碍农事的政令,如仲春之月不能举行"大事"以妨碍农事。所谓大事即发动战争之类。

《月令》要求遵循天地之气的运动从事活动,不能妨碍地气的运动。如关于孟春之月,《月令》上说,这一月天地之气亦即阴阳之气的运行是"天气下降,地气上腾,天地和同,草木萌动"。②君王发布农事政令,田官居住在国都东郊,迎接春气的到来;修饬田野疆界,整理田间水利设施,分别丘陵、湿地等不同土质,指导百姓种植。关于孟冬之月,《月令》上说这一月是"天气上腾,地气下降,天地不通,闭塞而成冬"。③这个月的活动主要是聚积、收敛,修缮城郭,完善边境守备等。《月令》强调,仲冬之月"土事毋作"。因为这个月阳气凝聚、潜藏于土地之中,如果大兴土木盖房,就把阳气泄露出来了,会造成蛰虫死,民疾疫死丧的后果:

> 慎毋发盖,毋发室屋,及起大众,以固而闭。地气沮泄,是谓发天地之房,诸蛰则死,民必疾疫。又随以丧,命之曰畅月。④

《月令》的规定是要保持气的正常循环,用今天的科学语言说,就是保持能量的正常传导。

二、"相地而衰征"——贡赋的生态意义

"相地而衰征"是根据土地的肥瘠程度确定税赋的高低。这个说法出自《国语·齐语》,是齐桓公咨询治国的大政方针时管仲提出来的。这项措施具有政治和生态双重意义。政治意义在于维持一个

---

①②③④ 《礼记训纂》,第 42 页、第 223 页、第 274 页、第 278—279 页。

政权的稳定,生态意义则在于不竭尽地力,维持土地的生态平衡。齐桓公和管仲都是春秋时期的人物,他们的对话不仅反映了春秋时期的状况,也是对历史的总结。前述《禹贡》把九州的土地分为九等,赋税也分为九等,已经包含了根据土地的等级征收税赋的思想。不过,在《禹贡》中,土地的等级和税赋并不完全对应。据有关学者研究,税赋的确定除了考虑土地的质量外,也考虑到了农业开发水平的差异。税赋高的地区一般也是农业比较发达的地区,如青州。这样做是合乎道理的。

周代十分重视平均赋税,设有专门负责分配土地的官职"遂人"和平均地赋的官职"土均"或"均人"。遂人把土地分为上、中、下三等授予百姓,按照各类土地所适宜的作物教民耕种,如高田种黍、稷,低田种稻麦。如前所述,古代有换田易居的制度和十年重新分配一次土地的措施,以保证农民可以平等地耕种肥硗各异的土地。据《周礼》记载,周代还有"土均"的官职。均即是均平。土均的工作是辨别山林、川泽五种土地的物产,把土地分为九种分别征收赋税,平均天下的税赋。土均的属员有上士二人,中士四人,下士八人,府二人,史四人,胥四人,徒四十人,数量相当庞大。

儒家出于德治仁政的政治理念,反对横征暴敛。孔子曾经批评鲁国"苛政猛于虎"。据《论语》的记载,孔子的弟子冉求要为季康子增加赋税,孔子提出了严厉的批评,说冉求不再是自己的弟子了,其他弟子可以"鸣鼓而攻之"。① 孟子和孔子一样反对过度赋敛。他认为,什一税(即10%的税负)符合先王之道,高于这个标准就剥夺过度了,不是仁政;低于这个标准会缺乏开展各种礼仪活动的费用,是蛮貉之道,也是不可取的。"欲轻之于尧舜之道者,大貉小貉也;欲重之于尧舜之道者,大桀小桀也。"② 儒家对于赋敛的约束在一定意义上也有助于维持生态平衡。

---

①② 《四书章句集注》,第126页、第346页。

第四节 "报本反始",立社祭土
——对土地的祭祀及其生态意义

儒家文化尊重、敬重、敬畏土地。在儒家文化中,土是重要的祭祀对象。儒家通过文化的最高活动——祭祀——来表达对于土的敬畏。中国自古以来就设有社稷坛来专门祭祀土,这在世界文化中是十分特别的。如前所述,在不同的语境中,土分别指土地,包括荒地和已开垦的可耕地,有时又特别指熟地。对于一个政权来说,土可以转而代表土地、大地(包括河流山川)、一个政权所管辖的幅员,进而代表一个政权本身。在五行中,土的作用是稼穑,即耕种。土地的粮食产出决定了人们的生存。五行从五种具体物质上升到世界的联系模式,其中土的方位为中央;时间为中夏,即一年的中间;性质为中和,居于最重要的位置。在《月令》中,土神为后土;帝为黄帝,黄帝是中华民族的人文初祖;律为黄钟,数为五,色为黄。这些都显示了土对于儒家文化的重要意义。土似乎有时和社是两个不同的祭祀对象,古人在祭祀社稷之外又祭祀地。《礼记》中有祭祀"地之五行"的记载,因为它们具有"生殖"的作用。

祭祀土地的历史开始于祭祀"后土"。据说后土是共工的儿子,能够治平水土,所以祀为社。根据儒家对于祭祀对象的分类,他属于"以死勤事"或"能御大灾"的类别。如前所述,据《周礼》的记载,大司徒的职责之一是确立都鄙的数目,划分二者的边界,设立社稷,种植适宜于当地的树种作为社稷所祭祀的后土和田正的象征和依托,所适宜的树种一般是松、柏、栗等。种什么树,就叫什么社。《论语》记载,社稷之木夏代用松,殷商用柏,周代用栗。《礼记》上说,社稷山川方面的事情以及对于鬼神的祭祀,属于"体"。郑玄、孔颖达认为,社稷山川是天地的别体,鬼神是人的别体,所以,祭祀社稷也是祭祀天地。

关于社和祭社的意义,《礼记》说,立社是为了神化土地,显示大地的神性。天显现各种天象,地载育万物。人们从天那里得到法则,

从地那里得到财物,所以要尊敬天,亲近地。土地是人的根本,人应当报答土地。这叫做"报本反始":

> 社,所以神地之道也。地载万物,天垂象,取财于地,取法于天,是以尊天而亲地也,故教民美报焉。家主中霤而国主社,示本也。唯为社事,单出里;唯为社田,国人毕作;唯社,丘乘共粢盛,所以报本反始也。①

照《礼记》所说,国以社为主导,卿大夫的家以中霤为主导,都是为了表示土地是人的根本。土属阴。所以,祭祀的方式是君主立于北墙之下面向南,这是为了应答阴;祭祀的时间为每一旬的第一天。"社祭土而主阴气也,君南乡于北墉下,答阴之义也。日用甲,用日之始也。"②天子祭社使用籍田收获的谷物,百姓乡里祭社则各家出一人田猎以献祭品。总之,立社是为了教导百姓报答天地,即"报本反始"。报本即报答天地的养育之恩,"反始"即报答社稷所配祭的那些人与神。③

如前所述,儒家文化不把土看成死寂的惰性之物,而看成天地万物统一有机体的一部分,是活的,有通气的功能。所以,天子的大社一定是露天的,为的是与天地之气相沟通。只有亡国君主的社才会被新兴王权封上屋顶,阻断它与天地之气的交通,取消它的合法性。

儒家文化中还有与"天神"对应的"地祇"的说法,是各类地神的通称。照许慎《说文解字》的解释,地祇是使万物生出的神。后土、中霤都是地祇。此外,儒家文化还有"土怪"的说法。据《国语》记载,鲁国贵胄季桓子打井时得到一个土缶,让使者问孔子,说自己打井时得到了一只土狗,那是什么东西?孔子说,应是土羊,土中的怪物夔蝄。

---

① ② ③ 《礼记训纂》,第 392 页、第 391 页、第 391—392 页。

第五章 "国主山川"
——山川作为道德共同体的成员

儒家文化认为,山川是一个国家的依赖。如果一个国家的主要河流枯竭了,这个国家就要灭亡了。这叫做"国主山川"、"川竭国亡"。这种认识足以警醒人们善待山川,维持山川的健康生命,这是儒家文化对于山川的生态态度。儒家文化还认识到山川的生态作用是导气,它要求保持气在山川之间的通畅运行,反对阻断气的流通,反对壅川、开山。儒家把山川的导气功能称为"神",要求祭祀山川,用道德的态度对待山水;历代政权也都设有山川管理部门,维护山林川泽的生态平衡。

第一节 山脉作为道德共同体的成员

在儒家文化的认识中,山与土属于一类,乃积土石而成。从五行来看,石属于土。《国语》说:"夫山,土之聚也。"① 荀子在他的《劝学篇》中也指出:"积土成山,风雨兴焉。"②《国语·周语》记载邵公谏周厉王时曾经说:"民之有口,犹土之有山川也。"③ 这里说的土是大地,土之有山川显然是把山川从属于大地,这反映了古人对于二者的联系的认识。

关于山脉对于人类存在的意义,《国语·晋语》提出"国主山川",是说山川是国家的主导、依靠和根本。据说晋国梁山崩溃,堵

---

① 《国语集解》,第92—93页。
② 《荀子集解》,第7页。
③ 《国语集解》,第12页。

塞了黄河。国君召伯宗商议对策。伯宗在途中遇见一位异人华阳子,告诉他国主山川,山有朽壤遇雨而崩,在这种情况下,君主应当穿上缟素的孝服,驻扎到郊外,发布告诉上帝的简文,哭泣三日,灾害才能过去:

> 梁山崩,……伯宗问曰:"乃将若何?"对曰:"山有朽壤而崩,将若何?夫国主山川,故川涸山崩,君为之降服、出次、乘缦、不举,策于上帝,国三日哭,以礼焉。虽伯宗亦如是而已,其若之何?"①

据《穀梁传》的记载,祭祀结束后,河水终于复流。由于时代的限制,华阳子的对策实在不能叫做办法,但其中包含的关于山脉对于人类存在的意义的认识和对于山脉的敬畏的态度,却是值得肯定的。

作为一个综合的自然存在,山脉的构成是土石、溪流、动物、植物以及矿物。鉴于山脉的重要性,古代对于山脉有系统的保护措施,从事这项工作的官职是"山虞"。山虞度知山脉的大小及物产,主要是林木、矿产、禽兽等;也掌管山林的政令,按照物产的种类分别进行管理,实行守禁。据《周礼》的记载,山虞的属员大山有中士四人、下士八人、府二人、史四人、胥八人、徒八十人。中山有下士六人、史二人、胥六人、徒六十人。小山有下士二人、史一人、徒二十人。山虞也有管理林木不被肆意砍伐的职责。照《周礼》所说,管理林木的还有"林衡"一职,管理的是平地和山麓的林木;山虞管理的则是山林。关于山脉所包含的林木、水源、动物的生态性管理,前文都已叙述到,此处专门谈谈古人对于矿产资源的管理。

在世界各大文明中,中华文明是较早使用金属的。殷商、西周时期青铜器的大量出土证明了这一点。铜、铁、锡等都是金属,在五行中属于"金"。金并不是一个直接存在的元素,而是提炼的产物。殷周之际箕子陈五行提到金,这说明中国很早就掌握了青铜的提炼和铸造的技术。山脉是矿产资源集中的地方,《周礼》记载有"卝人",

---

① 《国语集解》,第384页。

是专门管理矿产资源的官吏,他掌管金玉锡石产地,厉禁以守之。卝人的属员有中士二人、下士四人、府二人、史二人、胥四人、徒四十人。卝人厉守资源地具有垄断的性质。卝人取矿产供给冬官制作各种器物,供君王使用,一般百姓不得染指。这在客观上维护了山林的生态平衡。

古代由于技术的限制,也由于认识不到山林的生态平衡作用,在开采矿产资源时往往伴随严重的生态破坏。在五行理论中,山属于地,地属于土,是五行中的一行。五行是相互联系相互制约的。古人认为,地中所含的阴气和天上的阳气相互作用,形成气候平衡。山脉具有出云致雨的作用。一旦过分地开山毁林,造成植被和山体的破坏,就会导致一定程度的气候灾难。据《汉书·贡禹传》记载,御史大夫贡禹批评汉家王朝为铸钱而攻山取铜铁,凿地数百丈,把地中储藏的阴气之精都消散了。他指出,地中没有敛藏阴阳之气,不能含气出云,又加上斩伐林木没有时禁,一定会导致水旱之灾。他说:

> 今汉家铸钱,及诸铁官皆置吏卒徒,攻山取铜铁,……凿地数百丈,销阴气之精,地臧空虚,不能含气出云,斩伐林木亡有时禁,水旱之灾未必不由此也。①

贡禹对于自然现象的联系性的认识是正确的,虽然他的解释不一定完全符合现代科学道理。

董仲舒要求道德地对待山脉与矿产,他说:"恩及于金石,则凉风出。……咎及于金,则铸化凝滞,冻坚不成。"②与此相似,《援神契》说:"德至山陵,则景云出。"③所谓凉风出、景云出,都是善待自然产生的良好的气候效果,而"冻坚不成"则是气候乖张的表现。

---

① 《汉书》,第3075页。
② 《春秋繁露义证》,第376页。
③ 《礼记正义》疏引,《十三经注疏》,第1427页。

第二节　水与河流作为道德共同体的成员

一、儒家文化对水与河流的认识

在《尚书·洪范》中，水序于五行之首，比《尚书·大禹谟》的"金、木、水、火、土、谷"的顺序靠前了；据《汉书》记载，汉代李寻提出"五行以水为本"①。这些都表明了古人对水的重视。箕子提出"水曰润下"，表达了中国文化对于水的性质的认识，是源自治水实践的民族智慧。

《周易》的八卦是儒家文化的认识系统，也是对世界的分类体系。八卦所象征的物象可分为基本象和引申象两类。基本象即《乾》天、《坤》地、《震》雷、《巽》风、《坎》水、《离》火、《艮》山、《兑》泽，引申象则是在基本象之外，通过类比进一步引申出若干同类物象，如乾又象征君、丈夫、马等。八卦的基本象是唯一的，引申象却可以无穷。在八经卦中，《坎》为水、《兑》为泽，泽也是水。李道平云泽为"坎水半见"。②《国语·周语下》曰"泽，水之钟也"③；《玉篇》曰"钟，聚也"④；《风俗通·山泽篇》曰"水草交厝，名之为泽。泽者，言其润泽万物，及阜民用"⑤。可见，《兑》卦也可以理解为水的一种形式。这意味着八卦含有两个与水相关的卦。这种现象可能是中华民族上古时期地理环境的反映。夏商周时期的中国，水源丰富，有河流、山溪、湖泊、水潦、云雨等，这些水对中华民族的生存形成了挑战。中国是个治水的民族，治水的实践及经验反映到八卦中，形成了两种水并存的思想。

在《周易》中，水还有静止与运动、一般和具体不同类别。这显示了古人对于水的认识的深入。八经卦中《坎》卦所表示的水通常

---

① 《汉书》，第 3189 页。
② （清）李道平撰：《〈周易〉集解纂疏》，北京：中华书局，1993 年版，第 223 页。
③ 《国语集解》，第 93 页。
④ 《国语集解》引，第 93 页。
⑤ （汉）应劭撰、王利器校注：《风俗通义校注》，北京：中华书局，1981 年版，第 477 页。

为一般的、抽象的水；《兑》卦所表示的泽水则更多地为具体的水。《坎》水由于多为川水、一般的水，所以在六十四卦中又常常为流动的水，而《兑》表示的泽水则为固定的、静止的水。在中国传统哲学中，通与不通对于人、事的意义有根本的差异。流动就是通，就具有生命力；静止则不通，为固定的"壅"，不具有生命力。符合生态原则的状态是通的状态。通意味着生，壅则意味着死。关于此，《左传》记载了一个非常典型的事例。鲁宣公十二年，晋、楚二国发生战争。晋国将领荀首占得《师》（☷）变为《临》（☷）的结果，认为这预示着出征不利。他说，《师》为众，《临》为弱，《师》变为《临》是众散为弱。《师》卦的内卦为《坎》，是川，流动的河水。《临》卦的内卦是《兑》，为泽，是不流动的水。《师》变为《临》是川壅为泽。

> 《周易》有之，在《师》之《临》，曰，师出以律，否臧，凶。执事顺成为臧，逆为否。众散为弱，川壅为泽。有律以如已也，故曰律。否臧，且律竭也。盈而以竭，夭且不整，所以凶也。不行之谓《临》，有帅而不从，《临》孰甚焉。此之谓也。果遇，必败。魆子尸之，虽免而归，必有大咎。①

晋国大将先縠不听荀首的劝诫，强行渡河攻击楚军，果然大败。"川壅为泽"使我们想到大禹治水的"通"与乃父鲧的"湮"的不同，以及中医的脉络相通之说。

关于《坎》、《兑》的区别，孔颖达也有一个说明。《易传·系辞》有"鼓之以雷霆，润之以风雨"的句子，涉及《震》、《离》（雷霆）、《巽》（风）、《坎》（雨）四卦。孔颖达解释说，这一句话之所以只谈到震、巽、坎、离，而没有谈到八经卦的《兑》，是因为《兑》不是能够"鼓动运行"的东西：

> 直云震巽坎离，不云乾坤艮兑者，乾坤上下备言，艮兑非鼓

---

① 《新刊四书五经·春秋三传》上，北京：中国书店，1994年版，第348页。标点有改动。

动运行之物,故不言之。①

孔颖达的意思是说,坎为雨,雨自天降,普润万物,而泽则处于稳定而不流动的状态,不能自动润物,所以在万物形成过程中的作用远逊于风雨。那么,泽水变为流动的水以后,又会怎样呢?在六十四卦的《兑》卦中,静止之水变成了流动之水,卦义随之产生差异。《兑》卦为"兑下兑上"。象曰:"兑,丽泽,君子以朋友讲习。"两《兑》卦相重,故为"丽泽"。高亨说,两泽相连,其水交流,象征朋友讲习交流知识。交流与讲习为可悦之事,所以此卦为悦。②

二、"水曰润下":水的生态意义

"水曰润下"的"润"是对水的渗透、浸润土壤的性质的说明。正是由于这个性质,水才能被用来浇灌农作物。这是水不同于火、木、金、土其他四行的显著特点。土壤具有吸收水分的功能,吸收的方向不单是从上到下,也可以把低处的水吸收到高处,所以,土壤或者地壳中的水并不是沿平面分布的,而是在不同的地区处于不同的高度。"山长水长"是说山有多高,水就会有多高。③ 山区打井不必把山打穿后继续打到和平原地区地下水位相同的地方才见到水,甚至根本不用打井,山泉就会自然奔涌而出。汉人对于"水曰润下"的看法更为辩证,指出水有时还会"不润下"。据《汉书·五行志》引伏生《尚书大传》说,"简宗庙,不祷祠,废祭祀,逆天时,则水不润下"④,是说水失其性,反而成为灾害。《汉书》解释说,水是终藏万物的东西。王者必须按时祭祀天地、鬼神、山川,顺事阴气,调和神人,尊奉天时,使十二月各得其气,阴阳调和,这样水才能按照它的性质存在和发挥作用。如果不敬鬼神,政令逆时,水就会失去它的性质,会出现暴雨、

---

① (晋)王弼注,(唐)孔颖达疏:《宋本〈周易〉注疏》下,北京:中国书店,1984 年版,第 648 页。
② 高亨:《〈周易〉大传今注》,济南:齐鲁书社,1979 年版,第 350 页。
③ "山长水长"系作者儿时闻于家母之语。
④ 《汉书》,第 1342 页。

洪水等,会伤害庄稼百姓,这就是水不润下:

> 水,北方,终臧万物者也。其于人道,命终而形臧,精神放越,圣人为之宗庙以收魂气,春秋祭祀,以终孝道。王者即位,必郊祀天地,祷祈神祇,望秩山川,怀柔百神,记不宗事。慎其斋戒。致其严敬,鬼神歆飨,多获福助。此圣王所以顺事阴气,和神人也。至发号施令,亦奉天时。十二月咸得其气,则阴阳调而终始成。如此则水得其性矣。若乃不敬鬼神,政令逆时,则水失其性。雾水暴出,百川逆溢,坏乡邑,溺人民,及淫雨伤稼穑,是为水不润下。京房《易传》曰:"颛事有知,诛罚绝理,厥灾水,其水也,雨杀人以陨霜,大风天黄。饥而不损兹谓泰,厥灾水,水流杀人。辟遏有德兹谓狂,厥灾水,水流杀人,已水则地生虫。归狱不解,兹谓追非,厥水寒,杀人。追诛不解,兹谓不理,厥水五谷不收。大败不解,兹谓皆阴。解,舍也,王者于大败,诛首恶,赦其众,不则皆函阴气,厥水流入国邑,陨霜杀叔草。"[①]

顺从阴阳、调和阴阳、尊奉天时,是具有生态意义的天人合一思想。

三、"川,气之导也"与"河竭国亡"的生态意义

现代科学认为,河流具有重要的生态作用。首先,河流是自然界水循环的重要环节;水循环是生态圈的重要组成部分。其次,河流自身也构成一个生态系统。河水、湖泊、湿地中生存着种类繁多的植物、动物,有不少是珍稀物种,如中国长江的白鳍豚、娃娃鱼等,它们共同构成一个河流生态系统。水在自然界并不是静止的,而是不停地运动着的。对于生物、生态圈来说,最具有意义的是自然界的水分循环。降雨、河水流动都是水循环的一部分。人类生存所需要的水,根本上是靠水循环带来的。我们常说,没有水就没有生命,其实,即使有水,如果水都处于静止状态而不循环,同样是没有生命的。中国

---

① 《汉书》,第1342页。

哲学的"通气"理论包括了水汽的蒸发和循环。①

"川,气之导也"出自《国语》,表现了古人对于河流的生态作用的认识。周灵王二十二年,王城西部的谷水泛滥,南入洛水,淹及王宫西南。周灵王要"壅川",即修筑堤防,堵住谷水,让它北流。太子晋提出了反对,他的观点是,不能开山、毁山,不能加高渊薮(没有或很少水的塘泽);不能给河流设置坝防。因为山是土的聚积、薮是物的归宿,泽是水的集中,河流是天地用来导气的地方。

> 灵王二十二年,谷、洛斗,将毁王宫。王欲壅之,太子晋谏曰:"不可。晋闻古之长民者,不堕山,不崇薮,不防川,不窦泽。夫山,土之聚也。薮,物之归也。川,气之导也。泽,水之钟也。夫天地成而聚于高,归物于下。疏为川谷,以导其气;陂塘污庳,以钟其美。是故聚不阤(zhì)崩,而物有所归,气不沈滞,而亦不散越。是以民生有财用,而死有所葬。然则无夭、昏、札、瘥之忧,而无饥、寒、乏、匮之患,故上下能相固,以待不虞。古之圣王,唯此之慎。"②

这里"气之导"的"气",既是一个物质概念,也是一个哲学概念。它指称物质,如现代意义的大气、水蒸气、风、呼吸等;也遍指一切气而不限于某一方面。这是哲学概念的特点。天地之气的交通是中国哲学的根本观念,交通而和,万物阜生。川,河流,作为一种自然现象,发挥着导气促和的作用。这意味着河流是促进万物生长的一个不可缺少的环节。所以,在太子晋看来,对于川谷,只能是疏导以通其气。所谓"导气",用科学语言来说是气的循环。导气的背后的哲学思维在儒家哲学中是《周易》的"复"。"复"是回复、循环。《易·复》卦的卦象是,震下坤上,雷在地中,一阳来复。其《彖》辞说"复,其见天地之心",认为"复"表现了"天地之心",即天地的最高原则。

---

① 关于大气中水分的蒸发与循环,可参见《简明不列颠百科全书》,第7卷,北京:中国大百科全书出版社,1990年版,第380页。
② 《国语集解》,第92—93页。

关于循环,罗尔斯顿曾经指出:"生态学教导我们,应该大大扩展我们对于'循环'一词的理解。人类生命是浮于以光合作用和食物链为基础的生物生命之上面而向前流动的,而生物生命又依赖于水文、气象和地质循环。"①利奥波德说:"水,和土壤一样,是能量环线中的一部分。工业,在其污染了水,或者把水解截留在土坝中,就有可能排斥必须用来保存循环中的能量的动植物。"②罗氏、利氏所说的水文、气象、地质、能量的循环,都可以包含在中国古代的气的循环之内。

"川,气之导也"把河流与自然的其他部分视为一个统一的整体,具有整体性和统一性的观念;同时,这个命题又以阴阳观念为基础,说明了河流与自然的其他部分的联系、河流在自然中的作用;强调了河流对于人类的重要意义。这些认识都是现代科学所不具有的。近代以来的科学理论是把河流作为斗争和索取的对象,重视的是河流的工具性价值。以"川,气之导也"为代表的儒家文化重视的则是河流的内在价值和神意价值。

"川竭国亡"也出自《国语·周语》。周幽王二年,西周的泾、渭、洛三川地区发生了地震。伯阳父断定,周朝就要灭亡了。他说:

> 夫天地之气,不失其序,若过其序,民乱之也。阳伏而不能出,阴迫而不能烝,于是有地震。今三川实震,是阳失其所而镇阴也。阳失而在阴,川源必塞,源塞,国必亡。夫水,土演而民用也。土无所演,民乏财用,不亡何待?昔伊、洛竭而夏亡,河竭而商亡。今周德若二代之季矣,其川源又塞,塞必竭。夫国必依山川,山崩川竭,亡之征也。川竭山必崩。若国亡不过十年,数之纪也。夫天之所弃,不过其纪。③

这就是说,天地之气的运行不能失去它们固有的秩序,阳气潜伏

---

① 《哲学走向荒野》,第104页。
② 《沙乡年鉴》,第206页。
③ 《国语集解》,第26—27页。

不能散发,阴气被抑制而不能蒸发,就会发生地震。现在三川地区发生地震,就是由于阳气被阴气抑制而产生的。地震会导致川塞,水不能润土,百姓缺乏材用,这样国家就会灭亡。山川是国家的依赖和主导、主宰。在过去,伊、洛竭夏朝灭亡,黄河竭商朝灭亡。现在西周三川都因堵塞而枯竭了,恐怕西周也要灭亡了。果然,当年即"三川竭,岐山崩",11年之后,西周灭亡,平王东迁。① 伯阳父提出了这样一个逻辑思路:天地之气失序——地震——川塞(河竭)——国亡。川塞、河竭造成财用匮乏,所以国家必然灭亡。川竭在传统文化中是一个值得时刻警惕的事情,不少典籍都提到这个问题。甚至古代的儿童蒙书《幼学琼林》也提到:"夏桀无道而伊洛竭。"② 川竭国亡成为一种必然的认识之后,儒家文化经常以它为前提以反对不合时宜的政策。不仅如此,儒家文化还进一步要求用生态的、道德的态度对待山川大地。董仲舒明确要求"恩及于水",认为只有这样才会出现醴泉;相反,虐待水,就会出现大雾、大水,水反而成为灾害。他说:

> 恩及于水,则醴泉出;……如人君简宗庙,不祷祀,废祭祀,执法不顺,逆天时,则民病流肿,水张,痿痹,孔窍不通。咎及于水,雾气冥冥,必有大水,水为民害。③

《孝经援神契》也说:

> 德至深泉,则黄龙见,醴泉涌,河出龙图,洛出龟书。④

在当今,由于现代文明对于河流的广泛而又严重的依赖,"川竭国亡"显得越发深刻而有道理,值得认真思考和对待。

---

① 《国语集解》,第26—27页。
② (明)程登吉:《幼学琼林》,乌鲁木齐:新疆儿童出版社,1996年版,第9页。
③ 《春秋繁露义证》,第380—381页。
④ 《礼记正义》疏引,《十三经注疏》,第1427页。

第三节 与水相处的智慧和对于河流与水的保护

一、大禹治水

中华文明以治水而闻名。大致在4000年前,中华文明处于龙山文化时期,大禹治水就发生在这一时期。关于大禹治水,《尚书》、《论语》、《孟子》、《尸子》、《史记》、《吕氏春秋》、《淮南子》等典籍都有记载。《尚书·尧典》说,尧时中国发生了洪水,尧咨询四岳有谁能够平治水土。四岳推荐了鲧。但是,鲧错误地采用了堵的办法,九年没有成功。后来,帝尧诛四凶,禅位于舜,舜任命大禹"平治水土"。

> 帝曰:"咨!四岳,汤汤洪水方割,荡荡怀山襄陵,浩浩滔天,下民其咨,有能俾乂?"佥曰:"吁!鲧哉。"帝曰:"吁!咈哉,方命圮族。"岳曰:"异哉,试可乃已。"帝曰,"往,钦哉!"九载,绩用弗成。①

在《论语》中,孔子评价大禹时说:"禹,吾无间然矣,菲饮食而致孝乎鬼神,恶衣服而致美乎黻冕,卑宫室而尽力乎沟洫。禹,吾无间然矣。"②禹治水在外八年,三过家门而不入。由于历代踵事增华,各种记载难免存在夸大、抵牾之处,但因此而怀疑大禹的存在,怀疑治水的真实性,也是不可取的。新近出土的遂公盨,底部有鼎文98字,与《尚书序》、《禹贡》、《尚书·益稷》一致,是大禹治水传说最早的文物例证。

> 天命禹敷土,随山浚川,迺差地设征,降民监德,迺自作配乡(享)民,成父母。生我王作臣,厥沬(贵)唯德,民好明德,寡(顾)在天下。用厥邵(绍)好,益干(?)懿德,康王不懋。孝友,讦明经齐,好祀无贻(废)。心好德,婚媾亦唯协。天厘用考,神

---

① (唐)孔颖达:《尚书正义》,《十三经注疏》,北京:中华书局,1980年版,总第122页。
② 《四书章句集注》,第108页。

复用祓禄,永御于宁。遂公曰:民唯克用兹德,亡诲(侮)。①

大禹治水的指导原则是疏、导。"高高下下,疏川导滞"。② 具体地说,是顺应地势,高处加高,低处挖低,高处居住,低处行洪,使人、水各得其所;加固沼泽湖泊的堤防,使洪水不漫溢;疏浚河道,使水流通畅、快速通向大海。

大禹治水充分利用了"水曰润下"的性质,发挥了地势的便利。这是"因"的智慧。疏导是因水之性,"随山浚川"的"随山"是因地之形。"因"作为中华民族的根源性智慧,即来自大禹治水。"因"也是中华民族与河流交往、对话的方式,中华民族的存在方式。大禹对于水有深刻的认识,《尚书·大禹谟》记载禹的话,有正德、利用、厚生为"三事",三事的原则为和。水、火、金、木、土、谷为"六府","六府"的原则是要"惟修",即治理。③

二、环境友好型的水资源利用

河流为人类提供了灌溉之便,人类很早就学会了利用河水灌溉。如前所述,河姆渡文化时期,人们已经开始种植水稻。《史记》还记载了许多水利工程,如秦国的郑国渠、西门豹的引漳河渠、李冰父子主持修建的都江堰等。都江堰在世界水利工程史上尤其值得大书特书,它的特点是无坝引水、自流灌溉。都江堰由"鱼嘴"、"飞沙堰"、"宝瓶口"组成。首先,它顺应岷江的水势,由"鱼嘴"将岷江分成内外江,四六分水。平时内江分60%的水灌溉,遇到超过5000m^3/秒的洪水时,则外江分60%的水排洪。其次,江堰堤内筑有"飞沙堰",当内江遭遇百年一遇的洪水时,向外江分洪75%以上,确保成都平原的安全。飞沙堰还有阻挡泥沙进入灌区的作用。一旦水势过猛,飞沙堰会自动溃决,以利于泄洪。"宝瓶口"是凿玉垒山而成的引水

---

① 李学勤:《遂公盨与大禹治水传说》,《中国古代文明十讲》,上海:复旦大学出版社,2003年版,第260—261、262页。
② 《国语集解》,第95页。
③ 《十三经注疏》,第135页。

口,长80米,宽20米,高40米。据测量,无论岷江发生多大的洪水,宝瓶口所引的水量始终不超过700m³/秒。

都江堰达到了航运、防洪、灌溉、城市用水多项目的,是一个多元水利工程。和现代水利工程根本不同的是,它没有破坏自然,而是巧妙地利用了自然,是一个与自然和谐一体的水利工程,所以经受住了历史的考验,"民到今而受其赐"。都江堰修成后,川西平原变成了不知饥馑的"天府之国"。现代许多水利工程由于是从主客对立、征服自然的思维出发的,没有考虑自然本身的要求,所以在发挥一定益处的同时,也带来不少弊端,如大坝对于航运的阻碍;甚至还带来了不少危害,如造成生态危机。而都江堰则全无此害,堪称奇迹。

三、舟梁、沟洫、河渠、井与运河

无论是顺流而下还是溯流而上,河川都是畅通无阻的通道,但要横穿,它就变成天堑了,所以古人往往建立舟梁,以利于交通。照古人所说,建立舟梁是先王之教,"川无舟梁,是废弃先王之教"[①]。梁又叫"渠梁",是一种简易的桥。它的建造方法是先从河流或湖泊两侧开始向中间修坝,坝并不合拢,留有过水的通道,道上建桥梁。这样做一方面可能是因为古人受技术的限制,无法修建大型的跨越水面的桥梁;另一方面,更重要的是他们反对用一条死的堤坝把水拦截住。他们认为这是"防川"、"壅川",会导致河竭国亡的后果。古人认为,川无舟梁同样是会亡国的。如前所述,周定王的使者单襄公聘于楚,路过陈国时,发现陈国泽未加固,川无舟梁,指出雨毕而整修道路,水涸而建造桥梁是先王之教,陈国却什么都没有做,"是废先王之教也",所以陈国一定会灭亡。《孟子》中也有一条应当适时建造舟梁的纪录。据说,子产治理郑国,让百姓乘自己的乘舆渡洧河。孟子认为,这不过是"惠而不知为政",就是说,只是小恩小惠,不是为政的根本原则。他说,每年十一月修成徒杠,十二月修成舆梁,这样百姓就不会为渡河发愁了。一个为政者怎么可能做到让每个人都乘

---

① 《国语集解》,第61页。

自己的乘舆渡河呢？帮得过来吗？

> 岁十一月徒杠成，十二月舆梁成，民未病涉也。君子平其政，行辟人可也。焉得人人而济之？故为政者，每人而悦之，日亦不足矣。①

与舟梁类似的水利工程是沟洫和河渠，二者都是灌溉和防洪设施。孔子说禹尽力于沟洫，大禹治水的主要任务是排水，沟洫就是用于排水的发明。从《周礼》及其他史书的记载可知，当时的地形大多数还是低洼湿地或沼泽之类，须有沟洫排水，再把沟洫以外的地方垫高成为畎亩，土地的改造才算成功。河渠则主要是引水灌溉、改良土壤。郑国渠、白渠都是如此。水可以把土壤中的盐卤冲走，水携带的泥沙淤积下来，就成为良田。郑国渠建成以后，关中平原成为沃野；西门豹引漳河水后，魏国河内地区的千年舄卤之地变成了良田。沟洫河渠的发明，促进了中国农业文明的发达。

与此相类似的还有井与运河。在水井还没有出现以前，上古时期的人们只能饮用河水或者湖泊沼泽之水。这些水，量当然是无穷的，不构成对人的制约；可实，质却常常存在严重的问题。河水往往裹带泥沙，沼泽湖泊水不流动，常有污染；而且，无论河水还是湖泊之水，都还可能孳生有对人体健康有害的浮游生物。照我们的推测，古人可能是首先发现了可见的泉水质地甘甜、清洌，利于健康，然后才开始寻找看不见的泉源，从而开始打井的。《说文解字》"井"字有二义，其一为井田制，其二是水井。②《白虎通义》说，"井者，水之生藏在地中"。③ 这是十分恰当的定义。中国是很早就发明了掘井技术的国家。传说水井的发明人是伯益。根据考古发掘，在距今约六七千年的河姆渡文化遗址中，就已经有了水井。井口为方形，井壁每边有几十根排桩，由1个用榫卯套接而成的方木框置于井底支撑四壁。这是我国考古发掘出来的最早的水井。1976—1977年，考古工作者

---

① 《四书章句集注》，第289—290页。
② 《说文解字注》，第216页。
③ 《白虎通疏证》，第80页。

在河南安阳汤阴白营遗址发掘出一口新石器时代龙山文化时期的水井,深约 12 米,内有 14 层井字形木架加固井壁。① 2005 年 5 月,考古工作者在对山东一处龙山文化遗址的考古发掘中,发现了一眼木构架水井,距底部约一米处仍保存有"井"字形木框架的朽痕,初步判断木框架四边各由 1～2 根圆木交叉搭建而成。这些井的结构都是井壁由木头支撑。王充在《论衡》中记载了一条帝尧时代的民谣《击壤歌》:"日出而作,日入而息,凿井而饮,耕田而食,帝何等力。"②民歌明确表明,尧时已经有水井了。正是由于水井对人类生存的巨大意义,《周易》出现了《井》卦,卦象是"坎上巽下",坎为水,巽为木,这正是上古时期井的结构。

  如果说,自然具有神意,如果说没有水井的自然包含着一种对于人的限制,那么,这种限制也是有神意基础的。水井的出现,改善了人们的生存条件,打破了自然的限制,也冲决了神意的限制。如果说,自然也是神的居所,那么,神的居所应当是那种未经人工改造的自然。从这两层意义上说,水井戳破了神的自然,冲垮了神对人的约束。于是,神被惊扰了,人类下一个行动会是什么?我们在下界还能得到安宁吗?从此,他们退出了和人共处的自然。《淮南子》说:"伯益作井,而龙登玄云,神栖昆仑。"③可以说,人类的历史就是一个人情与神意即自然的魅力之间交往、对话、消长、争执、改造、诠释的历史,是人情不断突破神意的过程。水井是人的自由的表现。我们一方面赞颂人摆脱自然束缚的自由,赞叹人类文明的进步;另一方面,我们也要思索自然的权利,在人情和神意即自然之魅之间划出一条界线。当然,这主要是针对近代以后而言的,古代的水井还没有近代意义的自然破坏的效果,更多地表现了人的自由。经过近代祛魅以后,自然在科学的认识中沦为等待人们改造与征服的赤裸裸的物质、

---

① 中国社会科学院考古研究所:《新中国的考古发现和研究》,北京:文物出版社,1984 年版,第 84 页。
② (东汉)王充:《论衡》,《诸子集成》,第 7 册,北京:中华书局,1954 年版,第 53 页。
③ (西汉)刘安:《淮南子》:《诸子集成》,第 7 册,第 117 页。

纯粹的客体,由此遭到了前所未有的破坏。

运河是社会的产物。单独一个家庭或一个人决不至于达到需要或开凿一条运河的地步,只有一个政权、一个社会才会需要运河。因此,运河的出现不仅是人类技术进步的表现,尤其也是社会文明进步的表现。以闻名于世的京杭大运河来说,它的前身是2500年前开凿的邗沟。春秋时期,地处东南的吴国欲称霸中原,它首先碰到的是地理限制。它必须越过长江水系进入黄河水系后,才能与中原诸国抗衡,获得霸主地位。公元前486年(周敬王三十四年),吴国开挖邗沟,从邗城(扬州)西南引长江水,在蜀岗下掘深沟,通向东北射阳湖,再折向北到末口通向淮河,由此通了长江和淮河两大水系。公元前482年,吴国又进一步打通了泗水、沂水、济水,与晋定公在黄池(今河南豫北封丘县)相会。泗水发源于山东泗水县东蒙山,途中汇合洙水经沛县至徐州;济水发源于河南济源县王屋山,向东南流经卫、曹、齐、鲁等国,在今山东鱼台与泗水汇合。吴国所开挖的水道从菏泽至鱼台与泗水、济水联通,沟通了江淮河济四渎。这样,吴国就可以从东南出发,沿河北上,直抵中原了。这条水道所沟通的一直是中国历史上文化、经济繁荣的地区,所以成为一条重要的人工交通枢纽,在历史上始终发挥着物资运送、人员交流和文化传播的作用。楚灭吴后,这条水道得到了保存和整理。隋朝把这条运河向西拉到洛阳,向北伸至涿郡(今北京),向南连通扬州和杭州之间的运河,使这条运河成为联通杭州、洛阳、北京的大动脉,隋都洛阳由此成为全国的交通枢纽。如果说,水井克服了饮用水质对于人的制约,运河则克服了河流的地域性对于人的制约,二者都扩大了人的地理活动的范围,增加了对自然的理解和利用的深度。井、运河、沟洫、河渠、水井、运河,都不是自然的产物,而是人类文明的成果,文化的结晶,都体现并提高了人的主体性和自由,是人与自然你来我往的抗争与适应、对立与和谐、共存的交往史的一部分。如果说文明、文化是人的创造物,那么,井和沟洫河渠正是文明、文化的见证。

四、水与河流管理的机构与法令

中国古人很早就设立了管理河流水域的官职。据《周礼》记载,管理湖泽的官吏叫做"泽虞",管理河流的叫"川衡"。① 大河的川衡达148人,中河74人,小河23人;②大泽、大薮的泽虞106人,中泽、中薮的人数同于中川之衡,小泽、小薮的人数同于小川之衡。泽虞的官职比川衡大。川衡为下士,泽虞为中士。川衡的职责"平知川之远近宽狭及物之所出",③泽虞的职责是"度知泽之大小及物之所出"。④川是河流,泽是湖泊、沼泽,也包括水塘等。泽的重要性似乎不及河流,为什么泽虞的位阶反而比川衡大呢?唐代贾公彦认为这是由于泽之所产众多的缘故。⑤泽虞是经常行使自己的职责的。据《礼记·月令》的记载,孟冬之月,泽虞、渔师的职责是收取各类水产供天子、国家之用,防止官吏侵夺百姓,让百姓怨恨天子。⑥ 川衡有掌握川泽禁令的职能,泽虞也有掌握"泽之禁令",处罚犯禁者的职能。⑦ 在《周礼》中,与水相关的职位还有"司险"、"川师"、"雍氏"、"萍氏"等。大司徒的职守包括图画国之山川、渊薮、物产。司险是掌握山川的地形地貌的官职,它的职责是掌握国家的地图,周知山林、川泽的险阻,了解道路的情况。⑧川师的职责是掌握和川的名称、基本情况、物产,以便为国家贡献珍异之物。⑨ 雍氏的职责是掌管沟、浍、池的禁令,其中包含对于水害的防备,如春天疏通沟浍,秋天堵塞等。⑩萍氏的职责是"掌国之水禁",其中颇为有趣的是"禁川游者"一项。⑪

在《管子》中,防止水害是和工程联系在一起的,管理水域的官职是司空。《管子》说决通水潦、沟渎,修建障防,安定水藏,做到即

---

① 《周礼注疏》,《十三经注疏》,第647页。
②③④⑤ 《周礼注疏》,《十三经注疏》,第700页。
⑥ 《礼记训纂》,第277页。
⑦⑧ 《周礼注疏》,《十三经注疏》,第647页、第747页。
⑨⑩ 《周礼注疏》:《十三经注疏》,第865页。
⑪ 《周礼注疏》:《十三经注疏》,第885页。

使发水也无害于五谷,即使年岁凶旱也仍能收获,这是司空的职责。① 《荀子》的记载与此相同。② 历代关于水的官职还有很多,如庄子曾经向"监河侯"借过粮。"河"是黄河,可见当时黄河就有了管理的官吏。

《月令》等典籍记载了一些关于水域管理的政策和法令,反映了当时人们的水域保护意识。《礼记·月令》上说,仲春之月,不得竭川泽、漉陂池。《吕氏春秋·仲春纪》有与此完全相同的记载。睡虎地秦简《秦律十八种·田律》中也有"春天二月,不准……堵塞水道"的条文。③ 这说明,在秦代,水源保护已经成为了法律。这种对水资源进行管理、保护的思想在汉代得到了继承。《汉书·百官公卿表上》记载有"奉常"一职,属员有"均官、都水两长丞"。颜师古引如淳语解释说,按照法律,都水的职责是管理渠堤水门。《三辅黄图》上说,三辅皆有都水也。又据《百官公卿表上》的记载,治粟内史、少府、水衡都尉、内史、主爵中尉属下都有"都水"之职。《汉书·刘向传》记载,刘向就曾经担任过中郎,领护三辅都水的官职。据颜师古注引苏林的话说,三辅地区多溉灌渠,全由三辅都水主管,所以这个官职叫做"都水"。又据《汉书·儿宽传》记载,左内史儿宽在管理水利设施时,曾经制定过渠水分配措施"水令",合理分配水源,扩大灌溉面积:"开六辅渠,定水令以广溉田。"④ 这可能是中国历史上首个灌溉用水的管理制度。

第四节　祭祀山川

儒家文化认识到,不光川,山也是导气的一个环节。荀子说"聚土成山,风雨兴焉",风、雨都是气的一种。土壤中的水分通过自然

---

① （清）黎翔凤撰:《管子校注》,梁运华整理,北京:中华书局,2004年版,第73页。
② 《荀子集解》,第168页。
③ 《睡虎地秦墓竹简》,第20—21页。
④ 《汉书》,第2630页。

的蒸腾作用,升到天空变成云,或随风飘散,或凝结为雨降到地面,这便是直观的"导气"过程。关于山的导气作用,《礼记》说"山川出云"①。《说文解字》直接把"云"解释为"山川气"②。如前所述,根据古代祭祀原则,山川凡是能够"出云"、形成风雨、出现怪物的,都叫做"神",都应当得到祭祀。当代美国生态哲学家利奥波德提出"像山那样思考"③,其目的也是让人们改变思维方式,认识到山脉与生存于斯的动植物和微生物之间的相互关联和相互依存。不过,利奥波德似乎没有认识到山的导气作用。导气被中国古人认为是山川的神灵作用,这种神灵作用通于人,能够产生卓越的人才,这就是通常所说的钟灵毓秀的含义。儒家文化通过祭祀山川来表达对于山川敬畏的情感。这种敬畏感引导人们用生态的、道德的态度对待山川大地。

一、祭祀山川的理由

儒家文化祭祀山川的首要原因是表达对于山川的"神意"的敬畏。《尚书·尧典》提出"禋于六宗,望于山川,遍于群神"④。"禋"是"洁祀",即不用肉类牺牲品。具体做法是先烧柴升烟,再把玉帛等牺牲品放上去,因烟气上达以致精诚。关于六宗,古文《尚书》解释为天宗三、地宗三。天宗三为日、月、星辰,地宗三为岱山、河、海。⑤ 日、月分别为阳、阴之宗,北辰为星宗,岱为山宗,河为水宗,海为泽宗。⑥ 可见,六宗的祭祀对象体系包含了一切山、水,泰山代表所有的山,黄河代表所有的河流或流动的水,海代表所有的湖泊或静止的水。《礼记》中也有关于天子祭山川的记载。清代学者苏舆指出,古人把祭祀上帝和祭祀祖先同样看待,认为祭祀可以把统治者或者圣人与上帝、山川联系起来。祭祀上帝让人明白天地万物是一体的,

---

① 《礼记训纂》,第755页。
② 《说文解字注》,第575。
③ 《沙乡年鉴》,第121页。
④ 《尚书今古文疏证》上,第41页。
⑤⑥ 《尚书今古文疏证》上,第29页引。

祭祀祖先让人知道自己的身体是从哪里来的。① 《礼记》有一个说法,认为行政是君主的藏身之所,君主行政必须以天为根本出发点,效法天的阴阳使万物各得其所,效法地的高低使尊卑各循其序,效法祖庙以施行仁义,效法山川以创立制度:

> 故政者,君之所以藏身也。是故夫政必本于天,殽以降命。命降于社之谓殽地,降于祖庙之谓仁义,降于山川之谓兴作,降于五祀之谓制度。此圣人所以藏身之固也。②

这里所说的土地山川不是现代意义的单纯物质的土地山川,也含有天命神意,是神意展示自身的场所。祭祀河流是沟通神、川、我(统治者)的措施;只有沟通了神意,政权才能获得合法性。不只是祭祀活动,祭祀的对象山川也是政治生活的一个重要部分。天地万物都如此,古人特别提出山川,是因为山川是天地万物中最为显著的现象。

据《礼记》记载,曾子问孔子,君主死时世子出生,这时礼该如何?孔子在讲了一套繁复的祭礼后说,"大宰命祝史,以名遍告于五祀山川"。曾子又问:如果君主已葬而世子出生,礼又该如何?孔子说,大宰、大宗随从大祝把世子出生这件事告于亡父之庙——祢。三月后,在祢中给世子起名,把他的名字广泛告知社稷、宗庙、山川。

> 大宰、大宗从大祝而告于祢。三月,乃名于祢,以名遍告及社稷、宗庙、山川。③

把世子出生和世子之名遍告山川的仪式表明,山川是日常政治活动的一个有机组成部分。把世子之名广泛告知遍告山川,是对山川的通报,也是祈求山川的接纳。

按照儒家礼仪的规定,天子巡守、诸侯觐见天子、诸侯相见等重大、神圣、庄严的政治活动,都是要告诉山川的。这样做的理由同样

---

① 《春秋繁露义证》,第269页。
② 《礼记纂注》,第342页。
③ 《礼记训纂》,第290页。

既是通报,也是以山川为见证,还是一种期盼。这里,山川是和社稷、宗庙、祖先的牌位相提并论的。《礼记》说:"天地之祭,宗庙之事,父子之道,君臣之义,伦也。社稷山川之事,鬼神之祭,体也。"①所谓"伦",是顺从。因为天地之祭,宗庙之事,父子之道,君臣之义都是以下事上,所以它的规定性是顺从。所谓"体",是同体。郑玄解释说:"天、地、人之别体也。"孔颖达认为,"神是天之别体,社稷山川是地之别体,鬼是人之别体……社稷山川虽形属于地,精灵上连于天也。此经鬼神之祭,则上宗庙之事而别属体者,宗庙至尊,事之须顺,故属顺也,体是人死所为,故后属体也,故云天地人之别体也"。②

由郑、孔的注、疏可见,在古人那里,天地、宗庙、父子、君臣、社稷、山川都是相通的,所以,天子一定要事奉、祭祀山川。如前所述,古代天子有籍田千亩,每年立春天子都要到籍田亲耕,以象征对农业的重视和提倡,劝民务农;但其意义又不止于此。《礼记》认为,这也是为了敬事山川:

> 天子为藉千亩,冕而朱纮,躬秉耒;诸侯为藉百亩,冕而青纮,躬秉耒,以事天地、山川、社稷、先古,以为醴酪齐盛,于是乎取之,敬之至也。③

为什么要敬山川?房玄龄认为,鬼神、山川都有一定的尊卑秩序,所以要礼敬它们;君王如果能够封禅泰山,敬祀山川,则能威令远闻,政令畅通,国泰民安。

能够为百姓提供财用,有功于民,是古人主张祭祀山川的第二个理由。《国语》把祭祀对象为三类,一是有功出材用者,如山林川泽;一是有德可以明信者,即前代令哲;一是民所瞻仰者,即日月星辰。《礼记·祭法》也说:"日月星辰,民所瞻仰也;山林、川谷、丘陵,民所取财用也;非此族也,不在祀典。"④《礼记》是儒家的权威经典,它的

---

① 《礼记训纂》,第358页。
② 《礼记正义》,《十三经注疏》,第1431页。
③ 《礼记训纂》,第711页。
④ 《礼记训纂》,第699—700页。标点有改动。

说法对后世影响很大。《公羊传·僖公三十一年》说:"山川有能润于百里者,天子秩而祭之。"①这类认识在不少典籍中都有,可以说是中国文化的一个普遍认识。《礼记·月令》说,为了为民祈福,祈祷丰收,有司要雩祭山川百源、百官卿士有益于民者。"雩"是一种求雨的祭祀。古人之所以祭祀"山川百源",是因为山川能够出云致雨;山川是众水之所出。求雨,就要祭祀作为水的源头的山川。② 这类祭祀要求在《礼记》中有很多。为民祈福是祭祀山川的第三个理由。祭祀"山川百源"、"以祈谷实"都是为民祈福的。

从典籍的记载来看,天子巡守的频率是五年一次,巡守除了视察各地政治、民风外,还兼有祭祀的目的。巡守的地点包括五岳四渎这些名山大川。在巡守过程中天子祭天的仪式是"柴",具体做法是焚烧木柴,告诉上天自己到了这个地方;③祭天之后"望祭"五岳四渎。天子在巡视过程中召见地方诸侯,视察地方政事,有不敬山川神祇的,就削去其封地。诸侯觐见天子,也要礼敬日月山川。其中日月山川与五行四时的对应规定与天子礼敬日月山川的规定一致。因为五行与四时的对应是普遍的原则:

> (天子)岁二月东巡守,至于岱宗,柴而望祀山川。觐诸侯,问百年者就见之。命大师陈诗,以观民风;命市纳贾,以观民之所好恶,志淫好辟;命典礼,考时月定日,同律、礼、乐、制度、衣服、正之。山川神祇,有不举者为不敬,不敬者君削以地。宗庙有不顺者为不孝,不孝者君绌以爵。变礼易乐者为不从,不从者君流。革制度衣服者为畔,畔者君讨。有功德于民者,加地进律。五月南巡守,至于南岳,如东巡守之礼。八月西巡守,至于西岳,如南巡守之礼。十有一月北巡守,至于北岳,如西巡守之礼。归假于祖祢,用特。④

祭祀山川使用的牺牲、器具遵从的原则是各从其类,以阴祀阴,

---

① 《春秋公羊传》,《十三经注疏》,第2263页。
②③ 《礼记训纂》,第247页、第174页。
④ 《礼记训纂》,第173页。标点有改动。

以阳祀阳。比如祭井是用鱼。据《尚书中候》的解释,这是因为鱼是水精。① 祭四渎的名称是"沉",祭祀之物是"玉"或"璧",具体做法是"沉玉"或者"投璧"于河流之中。据《左传·僖公二十四年》记载,晋文公重耳在出逃的路上曾经为了表示与舅父同富贵,投璧于水:"沉璧以质。"发誓说:"所不与舅氏同心者,有如河水。"②为什么盟誓一定要以日月山河为证?黑格尔说,在古希腊,人们也对着河流起誓,"水便是誓言","诸神都凭着斯底克斯河发誓。誓言是:把确认的事,把自己所确信的事当作对象说出来"。③ 照此解释,临河而誓是要为了使誓言成为对象,获得客观性。不过,从中国文化来看,这样做的意义还不止于此。首先,日月山川是自然中巨大、显著的现象,为人神所共见,这意味着对着它们起誓可以获得了一种客观的证明;其次,日、月、川都能够发出光明,这意味着它们能够昭见起誓者的心灵;再次,这三者都是永恒的自然现象,这意味着起誓的内容永远有效。④ 当然,第四个特点最为根本,即日月山川都具有神性,只有神才能鉴照、监督人的誓言。⑤《周礼》提到的祭祀山川所用的动物、器具还有狸、蜃、璋、脆冕。另外,水也是祭品,叫做"清涤",可用来和酒。⑥

二、水旱之祭

由于中国气候的特点,水旱是经常发生的事。大禹治水已不必说;商汤时期曾有九年之旱,商汤为了求雨,祷于桑林。在古代,久旱祷雨、久雨祈旸都是一项重要的政治活动。当政者必须在气候发生变故时作出虚、实两方面的举措,以示亲民。虚是举行祭祀活动求雨或止雨,实是进行具体的抗旱或者排涝活动,赈济灾民等。不过,虚、

---

① 《白虎通疏证》引,第 82 页。
② 《国语集解》,第 393 页。
③ [德]黑格尔:《哲学史讲演录》,第 1 卷,贺麟、王太庆译,北京:商务印书馆,1959 年版,第 158 页。
④⑤ 《仪礼注疏》,《十三经注疏》,第 1093 页。
⑥ 《礼记训纂》,第 71 页。

实只是现代意义上的区分。在古人看来,求雨的祭祀活动同样也是实在的,甚至更为重要。关于求雨的祭祀活动,荀子作出了十分理性的说明。他指出,雩而雨和不雩而雨没有什么区别,不过是一种文化、文饰活动而已。君子把这种祭祀当作文化活动,小人认为祭祀求得了神助。当做文化活动则吉,以为有神灵佑助则凶:

    雩而雨,何也?曰:无何也,犹不雩而雨也。日月食而救之,天旱而雩,卜筮然后决大事,非以为得求也,以文之也。故君子以为文,而百姓以为神。以为文则吉,以为神则凶也。①

荀子的见解在儒家思想和传统文化中处于主流地位。中国文化对于超乎人力的神灵、神异的东西的信仰并不十分坚定,主流文化很少主动去迎合这方面的倾向。这也是商周以来怀疑天的思潮和孔子所奠定的"不语怪、力、乱、神"的传统在发挥着作用。但是,也正是在儒家的重要经典如《礼记》中,在儒家的重要代表人物如董仲舒那里,有不少宣扬水旱之祭的文字。这也形成了一个传统。这两个传统都可以统合在儒家人本主义之下。在人与神的关系中,中心是无疑人;所谓各类祭祀,也都是为了保障人的利益的活动。

  如前所述,水旱之祭的名称为"雩"。据《说文》的解释,雩是一种在夏天举行的祭祀,即向赤帝献乐,以求降雨。《左传·桓公五年》说"龙见而雩"。这里的"龙见"指每年孟夏季节,苍龙星出现于东方,这一月祭祀各方帝神。这是一种常祭。大旱之祭则是一种非常之祭。《公羊传·桓公五年》说:"大雩者何?旱祭也。"何休注曰"祭言大雩,大旱可知也"。② "雩宗"是水旱之祭的坛。③ 前文述及的为民祈福的山川之祭祀,都有求雨或祈晴的意图。

  水旱之祭的原则或原理仍是阳尊阴卑,各从其类,以类相动。④ 具体做法是久雨则攻阴,久旱则求阳。洪涝时鸣鼓攻社,大旱则雩祭

---

① 《荀子集解》,第316页。
② 《春秋公羊传注疏》,《十三经注疏》,第2216页。
③ 《礼记训纂》,第247页。
④ 《春秋繁露义证》,第86—87页。

求雨。水旱都是天地所为,阴阳之事,为什么有的请、有的攻?照董仲舒的解释,洪涝是阴灭阳,大旱是阳灭阴,阳尊阴卑,所以,涝则鸣鼓攻社,旱则雩祭求雨。他说:

> 大旱者,阳灭阴也。阳灭阴者,尊厌卑也,固其义也。虽太甚,拜请之而已,无敢有加也。大水者,阴灭阳也,卑胜尊也,日食亦然,皆下犯上、以贱伤贵者,逆节也,故鸣鼓而攻之,朱丝而胁之,为其不义也。此亦春秋不畏强御也。①

如前所述,在西方文化中,一神的基督教的普及消灭了除上帝之外的各类山川大地的神灵。近代以后,启蒙运动又带来了对于自然的"祛魅"(disenchantment),自然成为没有神意的单纯自然,成为物体、客体、对象,这样一来,人和自然的关系就变为纯粹的斗争和征服的关系。中国不曾有过西方意义的启蒙运动,没有对于自然的祛魅。但五四以来的科学思潮、以及此后的无神论思潮、各种反对封建迷信的活动也形成了对自然的祛魅。在当代中国,得到广泛传播的哲学观念是改造和征服自然,而不是与自然的共处,更缺乏对自然的敬意。这是现代性的产物,与近五六十年来的战天斗地所带来了环境破坏有密切的联系。祭祀山川的活动促使人保持对于自然的敬畏,把人和自然通过神意神秘地结合在一起,在历史上起到了保护自然的作用。这种敬畏自然的心态,对于经受过现代化洗礼的人类来说具有重要的意义。

---

① 《春秋繁露义证》,第86页。

第六章 气、通、和、生、时、道:儒家生态哲学范畴论

儒家生态哲学有一个范畴体系,从自然过程来说,这个体系可用气、通、和、生、时、道六个范畴来表示。"气"是构成宇宙万物也包括人的最基本的元素或质料。"通"是气在不同事物之间的流通、循环,是物质、能量和信息的交换。"和"是阴阳二气的运行能够产生生命的状态和万物之间相互关系的应然状态。"生"是天地万物的生命、生长,是对宇宙万物的存在状态、机能和发展趋势的说明。"时"是宇宙和宇宙间万物产生、发展和变化的节奏、节律与阶段性。"道"是宇宙间万物的总体过程与运行的规律。在儒家哲学以至于整个中国哲学中,不存在孤立的自然界,也不存在孤立的人。世界离不开人,人离不开世界,二者是一体的。这是儒家文化的一个基本事实,也是一个应然的价值。人和世界的关系在儒家文化中叫做"天人之际"。董仲舒说"天人之际,合而为一"[①];张载说"儒者则因明致诚,因诚致明,故天人合一"[②]。天人合一表达了儒家文化的生态精神,也是一个价值;所以儒家文化在后来的发展中,特别强调人应自觉地做到或达到天人合一。天人合一和仁是儒家生态哲学的功夫论和境界论。

---

① 《春秋繁露义证》,第288页。
② 《张载集》,第65页。

第一节　气、阴阳、五行与世界的五行化

一、阴阳、五行、气

董仲舒说:"天地之气,合而为一,分为阴阳,判为四时,列为五行。"①他把一气分为阴阳、四时、五行,明确地说明了气、阴阳、五行三者的关系。不过,从现有材料来看,气的概念却似乎是在阴阳、五行之后才出现的;五行最初与气和阴阳也没有关系。气出现,进而与阴阳、五行相联系,这是认识的程序;而从逻辑的程序看,气是最为基础性的概念,从气到阴阳再到五行,构成儒家对自然的全面、深入和系统化的认识。

（一）阴阳　阴、阳起初是一对表示方位的概念,内涵非常具体:太阳照得到的地方为阳,照不到的地方为阴。《说文》解释云,阴:"暗也,水之南,山之北也";②阳:"高明也"。③山南、水北,日光照射得到,所以称为阳;山北、水南,日光照射不到,所以称为"阴"。这表明阴、阳最初是一对表示方位的概念。《诗经》中出现了不少阴、阳的概念。关于"阴",有以下几条。

1. 曀曀其阴,虺虺其雷,寤言不寐,愿言则怀。(《终风》)
2. 习习谷风,以阴以雨。黾勉同心,不宜有怒。(《谷风》)
3. 小戎俴收,五楘梁辀。游环胁驱,阴靷鋈续。(《小戎》)
4. 芃芃黍苗,阴雨膏之。(《下泉》)
5. 二之日凿冰冲冲,三之日纳于凌阴。(《七月》)
6. 迨天之未阴雨,彻彼桑土,绸缪牖户。(《鸱鸮》)
7. 终其永怀,又窘阴雨。(《正月》)
8. 既之阴女,反予来赫。(《桑柔》)
9. 笃公刘,既溥既长。既景乃冈,相其阴阳,观其流泉。(《公刘》)

---

① 《春秋繁露义证》,第362页。
②③ 《说文解字注》,第731页。

上述八处"阴"字,意义可以总结如下。第一,不见阳光、云遮日、阴天、阴雨。第1、2、4、6、7、9条是此意。第二,位置,太阳照不到的地方。第3条"阴靷"、第5条的"凌阴"是此意。"靷"是引车前进的带子,从车下伸出,所以叫做"阴靷"。"凌阴"是冰窖。上述两个意思还可以进一步引申为看不到、看不见等。第8条是引申义,即遮蔽或覆盖。

《诗经》中出现"阳"的句子如下:

1. 殷其雷,在南山之阳。(《殷其雷》。雷,同"雷")
2. 君子阳阳,左执簧,右招我由房,其乐只且!(《君子阳阳》)
3. 子之昌兮,遭我乎狃之阳兮。(《还》)
4. 采苓采苓,首阳之巅。(《采苓》)
5. 我送舅氏,曰至渭阳。(《渭阳》)
6. 七月流火,九月授衣。春日载阳,有鸣仓庚。(《七月》)
7. 载玄载黄,我朱孔阳,为公子裳。(《七月》)
8. 曰归曰归,岁亦阳止。(《采薇》)
9. 王事靡盬,继嗣我日。日月阳止,女心伤止,征夫遑止。(《杕杜》)
10. 湛湛露斯,匪阳不晞。(《湛露》)
11. 侵镐及方,至于泾阳。(《六月》)
12. 天监在下,有命既集。文王初载,天作之合。在洽之阳,在渭之涘。(《大雅·大明》)
13. 度其鲜原,居岐之阳,在渭之将。(《皇矣》)
14. 笃公刘,既溥既长。既景乃冈,相其阴阳,观其流泉。(《公刘》)
15. 彻田为粮,度其夕阳。(《公刘》)
16. 梧桐生矣,于彼朝阳。(《卷阿》)
17. 载见辟王,曰求厥章。龙旂阳阳,和铃央央。(《载见》)

18. 居岐之阳,实始剪商。(《閟宫》)①

这18条可以大略总结为四个意思。第一,位置,阳光照射到的地方。第1、3、5、11、12、13、14、15、16、18条,都是此义。第二,太阳或阳光。第6、7、8、9、10条是此义。第三,欢快的精神状态。第2条"君子阳阳"表示君子潇洒、快乐、得意的状态。第17条指龙旂飘扬,这里两条的"阳阳"都可以作"扬扬"理解。第四,地名,如"首阳"中的阳。总之,阳的主要意义为太阳照射到的地方和太阳、阳光。"相其阴阳"是较早出现的阴阳并用的例子。

此外,《易经·中孚》卦九二爻辞"鸣鹤在阴,其子和之",也表示位置。《尚书·禹贡》篇有"华阳"、"华阴"、"岷山之阳"等说法,都是表示位置。《尚书·洪范》篇的"天阴骘下民"的"阴"是覆盖或遮蔽义。《尚书·无逸》篇说殷高祖"乃或亮阴,三年不语",此处的"亮阴"乃是凶庐的阴暗处。总之,上述阴阳都比较具体,还不是抽象的哲学概念。

(二) 五行 "五行"最早出现于《尚书·夏书·甘誓》中:

王曰:"嗟!六事之人,予誓告汝:有扈氏威侮五行,怠弃三正,天用剿绝其命,今予惟恭行天之罚。"②

这里的"五行"的概念似乎很难归结为五种物质。因为物质是很难"威侮"的。如果我们按照思孟学派的"五行"概念,把"行"读作héng,把这里的"五行"理解为仁义礼智圣五种德性,语义便十分顺畅。所以,作为五种物质的"五行"概念仍以箕子所陈为最早。据《尚书·洪范》篇记载,周武王克殷之后,曾经走访殷商大臣箕子经国大计。现在,武王见箕子一事已为出土资料所证实。武王说:"呜呼!箕子。惟天阴骘下民,相协厥居,我不知其彝伦攸叙。"箕子回答说:

我闻在昔,鲧堙洪水,汩陈其五行。帝乃震怒,不畀"洪范"

---

① 文中《诗经》诸条皆引自杨任之《诗经今译今注》,为节省篇幅,不俱注。
② 《十二经注疏》上,总第155页。

九畴,彝伦攸斁。鲧则殛死,禹乃嗣兴,天乃锡禹"洪范"九畴,彝伦攸叙。……一、五行:一曰水,二曰火,三曰木,四曰金,五曰土。水曰润下,火曰炎上,木曰曲直,金曰从革,土爰稼穑。润下作咸,炎上作苦,曲直作酸,从革作辛,稼穑作甘。①

这里所说的"五行"即水、火、木、金、土五种具体物质,还不一定是抽象的哲学概念。

除了上述史料外,春秋战国时期提到"五行"的还有《左传》、《国语》等。《国语·鲁语上》说:"地之五行,所以生殖也。"②《左传·昭公二十五年》记载子大叔的话说:"则天之明,因地之性,生其六气,用其五行,气为五味,发为五色,章为五声。"③《左传·昭公三十二年》记载史墨语说:"天有三辰,地有五行。"④《左传》还出现过"天生五材,民并用之,废一不可"的说法;《周礼·考工记》也有"五材"的概念。前者据杜预的解释、后者据郑玄的解释,都是指"五行"。

从这些史料可以看出,地有五行、五行的作用在于生殖的观念在春秋战国时期是相当流行的。墨子、墨子后学、孙武、孟子等人也都提到了五行。他们的论述似乎还包含对于五行相生相胜的批评,这反过来说明五行相生相胜在当时可能已是普遍的信仰。因为只有流行了以后才会产生反对,只有正题才有反题。他们对于五行说的批评,表现了哲学家对于当时的流行文化的反思和警惕的态度。墨子《经下》篇说:"五行毋常胜,说在宜。"⑤《经说下》对此条的解释说:

> 金、水、土、木、火、离。然火铄金,火多也。金靡炭,金多也。金之府水,木离火。若识麋与鱼之数,惟所利。⑥

---

① 《十三经注疏》,总第187页。
② 《国语集解》,第161页。
③④ 《十三经注疏》,总第2107页、第2128页。
⑤ 谭戒甫:《墨辩发微》,北京:中华书局,1964年版,第291页。
⑥ 《墨辩发微》,第292页。

"宜",栾调甫认为应当作"多"。古文"宜"写作"宀"下一个"多"字。① 《墨经》此条是为了反对金克木、木克土、土克水、水克火、火克金之类的"常胜",所以提出没有"常胜",即没有一定如此的必然性。为什么呢?道理在于多少。火烁金,是因为火多金少,金克木(炭),也是因为金多炭少。谭诫甫也认为,此条反驳了五行相生的说法。木和火不是相生关系,而是附着。离,即"丽",附着。② 对于五行相胜,还有不少人提出了批评。《孙子兵法·虚实》篇中说"五行无常胜,四时无常位"③;《孟子·告子上》说:"仁之胜不仁也,犹水之胜火。今之为仁者,犹以一杯水救一车薪之火也;不熄,则谓之水不胜火,此又与于不仁之甚者也,亦终必亡而已矣。"④ 这些批评表明,五行相生相胜的观点在当时可能是相当流行的,只是未得到精英文化的接受。

值得注意的是子大叔把五行与五味、五色、五声联系起来的说法,似为对五行的一种扩展和延伸。与此相类似的还有一条:

> 子墨子北之齐,遇日者。日者曰:"帝以今日杀黑龙于北方,而先生之色黑,不可以北。"子墨子不听,遂北,至淄水,不遂而反焉。日者曰:"我谓先生不可以北。"子墨子曰:"南之人不得北,北之人不得南,其色有黑者有白者,何故皆不遂也?且帝以甲乙杀青龙于东方,以丙丁杀赤龙于南方,以庚辛杀白龙于西方,以壬癸杀黑龙于北方,若用子之言,则是禁天下之行者也。是围心而虚天下也,子之言不可用也。"⑤

把方位的东西南北、日期的甲乙丙丁、颜色的青白黑赤与龙等配合起来,可能是当时流行的迷信,作为一位具有独立思考意识的哲学家,

---

① 栾调甫:《梁任公五行说之商榷》,顾颉刚编著《古史辨》,第5册,海口:海南人民出版社,2005年版,第224页。
② 《墨辩发微》,第292页。
③ (春秋)孙武撰,中国人民解放军军事科学院战争理论部注释:《孙子兵法新注》,北京:中华书局,1977年版,第59页。
④ 《四书章句集注》,第336页。
⑤ 孙诒让:《墨子间诂》,《诸子集成》,第4册,第270—271页。围,同"违"。

墨子等人是不会相信的,所以,他提出了批评。

《国语·周语》史伯曾经提出"和实生物",说把不同的元素合在一起才能产生万物,所以先王把土与金、木、水、火相杂,形成百物。五行在儒家文化中进一步演化为事物的五种性质和分类,这样"五行"就成为哲学概念,事物的分类范畴。不仅如此,五行还是自然界事物的联系方式,五行生克是事物的联系模式。五四时期有一种看法,认为"五行说起于战国的后期","邹衍是创始五行说的人"。这些观点并不准确。仔细寻绎《史记》,得不出阴阳五行学说由邹衍创立的结论。司马迁提出邹衍有两个创造,一是五德终始说,把阴阳、五行生克和朝代的更替联系起来,一是大小九州说;并未表明五行阴阳之说或者这一学派由邹衍所创造。相反,五行阴阳之说在邹衍之前就应该已经存在并非常流行,否则他就不能直接用这种观点解释朝代的更替,而必须首先对阴阳五行说进行说明。

(三)气　气,《说文》解释为"云气也,象形,凡气之属皆从气"。① 段玉裁注曰:"气本云气,引申为凡气之称。象云起之貌"。气是构成人的材料。《老子》第十章说"抟气致柔,能婴儿乎?"所说的气便是材料。

把气和阴阳结合起来,较早见于医和的"六气"说和伯阳父关于地震的解释。春秋时期医和说:"天有六气……六气曰阴阳、风雨、晦明也。"② 这里,阴阳和气都不是普遍概念,阴阳也不是后来所说的气的两种性质。因为二者还处于和风雨、晦明的对立之中。《庄子·逍遥游》提到了"六气"。庄子在谈到有待无待时说"若夫乘天地之正,而御六气之辩,以游无穷者,彼且恶乎待哉!"这里所说的"六气",各家解释不同。有谓阴阳、风雨、晦明者,有谓天地四时者,有谓"平旦朝霞、正午正阳、日入飞泉、夜半沉瀣,外加天地二气"者。③ 辩,通变。《庄子》的六气也都是具体的气,不是普遍概念。

---

① 《说文解字注》,第 20 页上。
② 《左传》:《十三经注疏》,第 2025 页。
③ (清)郭庆藩:《庄子集释》,《诸子集成》,第 3 册,第 11 页。

能够做普遍理解的气,一是西周末年的伯阳父;一是老子。有一种说法认为,伯阳父即是老子,对此,我们暂持保留态度。伯阳父用来解释地震的"天地之气"只是一种气,不与晦明、阴阳并列,具有抽象概念的形态;他又把天地之气进一步分为阴阳两个方面或两种性质,认为地震是由于阴阳失去了秩序。这表明在他那里,阴阳是气的普遍性质,不是两种不同的气。这样,气和阴阳就都上升为抽象的普遍概念,包括人在内的万物和阴阳、气的关系便十分清楚了。气是质料,分为阴阳两种性质或方面,二者和合构成事物。庄子进一步提出了"通天下一气"的思想,把"气"上升为万物的本原。在庄子那里,气同样也是分为阴阳的,人、物都受气于阴阳。应当指出,在先秦,万物都是由气构成的,气分为阴阳两种性质,二气的运行有一定的秩序,这些思想是儒家、道家共同的主张,可谓中国文化的基本观念。

中国哲学中的气,还有与西方哲学的物质概念不同的特点。首先,气和运动是统一的。在西方哲学中,物质也是可以运动的,但是,物质和运动是各自独立的。物质要进入运动状态,需要外力的推动。而在中国哲学中,气的实体性和运动性是内在地统一的,二者不可分离。其次,气具有生命力,它能够产生生命。生命是由气的运动而产生的。《礼记·礼运》说:"故人者,其天地之德,阴阳之交,鬼神之会,五行之秀气也。"① 又说:"故人者,天地之心也,五行之端也,食味、别声、被色而生者也。"② 周敦颐《太极图说》继承了这些观点,朱子曾经提出过"气即种"的说法。这些都说明了气具有生命力。再次,在中国哲学中,气也是物质和精神的统一。气不仅是物质的,同时也是精神的。在孟子哲学中,"浩然之气"就是一种精神性的气;在稷下道家哲学中,精气还具有思维功能。陈荣捷主张把"气"译作"物质力量"(material force),指出它包含物质和能量,原本"指与血和呼吸相连的心理—生理力量"。③ 杜维明认为气是物质和思维的

---

①② 《礼记正义》,《十三经注疏》,第1423页、第1424页。
③ Chan Wing-tsit, *A source Book in Chinese Philosophy*, Princeton University Press, 1963, p. 784.

统一,西方哲学"思维与物质的二元论完全不适用于这种心理—生理结构"。① 在杜维明看来,气构成了中国哲学的"存有的连续的本体论"。② 玛丽·塔克认为,"生命既是道德的同时又是物理的,既是物质的同时又是精神的,气则是这种生命的根底的统一"。③

关于气的哲学与生态哲学的关系,玛丽·塔克提出,把物质和精神二分,把精神作为"先验实体",排除"物质",是西方哲学消除对于自然的敬畏的关键,也是文化和精神危机的原因,自然由此沦落为"资源",而不是应该得到尊重的生命的"来源"。④ 她提出了气可以对生态哲学做出贡献的七个具体方面,值得在此引述:

1. "它(气)显示了以自然为基础并相互关联的各种本土宗教的世界观在根底(substratum)上的连续性。这种世界观仍存在于后来的宗教传统中。换句话说,气反映了犹存于后来宗教传统的各种亲近自然的早期本土传统宗教世界观的一种综合,而后来的宗教传统则倾向于强调对于自然的超越。在儒学中,这种综合表现了内在和超越的明确交织。"

2. "它提供了理解各种生命形式的同一性和差异性的宇宙论基础。"

3. "它鼓励对于人心(mind-and-heart)与自然关系的理解,从而提供了一个对于各种生命形式的回报(恕)和与它们的关系的基础。

---

① Tu Wei ming, "The Continuiy of Being," *The Interrelation of Heaven, Earth, and Humans.* eds. Tucker, Mary and John Berthrong, (Cambridge, Mass.: Harvard University Press, 1998.) p. 107. [美]杜维明:《存有的连续性》(英文),《儒学与生态》(英文),玛丽·艾维琳·塔克、约翰·白诗朗主编,哈佛大学出版社,1998年版,第107页。

② [美]杜维明:《存有的连续性》(英文),《儒学与生态》(英文),第108页。

③ Mary Evelyn Tucker, "The Philosoohy of Ch'I as an Ecological Cosmology, Confucianism and Ecology," *The Interrelation of Heaven, Earth, and Humans.* eds. Tucker, Mary and John Berthrong, (Cambridge, Mass.: Harvard University Press, 1998.) p. 191. [美]玛丽·艾维琳·塔克:《作为生态宇宙论的气的哲学》(英文),《儒学与生态》(英文),玛丽·艾维琳·塔克、约翰·白诗朗主编,哈佛大学出版社,1998年版,第191页。

④ [美]玛丽·艾维琳·塔克:《作为生态宇宙论的气的哲学》(英文),《儒学与生态》(英文),第189页。

的确,它为综合的环境伦理建立了重要的基础。"

4. "它提示了一种说明宇宙中的变化和转化的方式,这种说明方式承认宇宙的生命力和动力以及人与这个过程的特殊关系。"

5. "它肯定了人类在宇宙的展开和转化过程中的作用。人在宇宙中的作用被认为是'参天地赞化育'。的确,人做到了与天地为三,从而成为天地的一个必要部分。准此,则气的哲学可以成为避免静和肯定在世界中的行动的基础。"

6. "由于一切生命都是由气构成的,并且气也提供了与其他人和其他共同体相同一的脉络,这在政治方面和社会的伦理方面的含义是十分重要的。通过这种同一,社会和政治参与、尤其是受过教育的士阶层的社会和政治参与,在儒学看来,对于创造一个仁慈的政府和人道的社会就是必要的。"

7. "气的哲学也具有被称为'实学'的经验论的含义,它可以帮助鼓励通过对于历史、农业、自然史、医学、天文学的研究来进行'格物'。"①

二、"一阴一阳之谓道"

《易·系辞》用阴阳的原理解释六十四卦,提出"一阴一阳之谓道,继之者善也,成之者性也"②。这是一个普遍命题,它把中国文化的阴阳观提高到了新的高度,在中国思想史上具有里程碑意义。"一阴一阳之谓道",既是《周易》的基本原理,也是天地万物的根本原理,同时又是观察和认识事物的思维方式。照朱伯崑的解释,"一阴一阳之谓道"首先是说任何事物都可以分为阴阳两个方面,阴必有阳,阳必有阴,二者具备才合乎道,继承此才能称为完善。其次,它是说,阴阳是相互对待的,二者的对待构成事物的基本状态。再次,它还表明,事物是变化的,阴阳变易是事物变化的法则,刚柔相推、消

---

① 以上七条,见[美]玛丽·艾维琳·塔克:《作为生态宇宙论的气的哲学》(英文),《儒学与生态》(英文),第189—190页。
② 《周易正义》,《十三经注疏》,第78页。

息盈虚、天地交通等原理是变化的内涵。刚柔相推是把对立面的相互推移作为事物变化的原因。消息盈虚则是对变易过程的论述;事物的发展过程包括盈虚、消长和兴衰。"天地交而万物通"是说在变化过程中,阴阳两个对立面相互吸引和排斥达到成功。照《易传》的解释,天地相交是天气下降,地气上升,二者交会,达到亨通。如《泰》卦(䷊)卦象是乾下坤上,天在地下,正是天气下降、地气上升的状态,所以它的《彖》辞说"小往大来,吉亨。则是天地交而万物通也"。① 《否》卦(䷋)卦象与《泰》卦恰好相反,所以它的《彖》辞是"天地不交而万物不通"。② 《易传》认为"易与天地准",是说《周易》的原则即是客观世界的原则,掌握了《周易》,也就掌握了世界。诚如朱伯崑所说,"一阴一阳之谓道"的命题提出以后,关于事物和阴阳的关系问题得到了根本的解决。

三、世界的"五行化"

"五行化"是把"五行"作为范畴,对自然和人文世界进行分类,根据五行的生克关系来说明和理解世界的联系。五行化是儒家文化以至于中国文化的一种思维方式。这类似康德所说的为世界立法。五行相生的顺序是,木生火、火生土、土生金、金生水,水生木;相克的顺序是金克木、木克土、土克水、水克火、火克金。五行生克的顺序有一定的经验基础。木生火、水生木都是显而易见的。物质燃烧后的灰烬会变成土,所以火生土。土生金是因为各类矿藏都在土中。如前所述,土包括山、石。金生水可能是因为金和水都在土层之下的缘故。金克木是金属能够截断木头,木克土是植物能够从泥土中生长出来,克服泥土对自己生长的阻碍,"破土而出"可谓木克土的真实写照。土克水是因为古代河流的堤防都是由土建成的,土约束了水的流向,防止了洪涝。土克水包含着中华民族治水的经验教训。水

---

① 《周易正义》,《十三经注疏》,第 28 页。
② 以上解释主要参考了朱伯崑先生的《易学哲学史》,第 1 卷,北京:华夏出版社,1995 年版,第 74—118 页。

克火、火克金都一目了然,不需解释。

五行化的具体内容包括季节、节气、时间、空间(方位)、星象、颜色、音律、对应的神灵、动物、气味、祭祀的对象、天子的居处、物候、农事、政事、政治禁忌等。在世界的五行化中,声、色、气、味、时、事都可以被五行如土气、金气、木气等所划分和代表。不过,土气等说法有时也指实际的土地。如《礼记》有初春"土气发"的说法,这里的土气就指实际的土地。据《国语》记载,虢文公在劝周宣王亲耕籍田时,屡次说到土气震发、土气动,都是指春天冻土解冻,变得松软,可以耕种而言的。五行化的生态意义在于它首先说明了世界的联系,这种联系具有生态意义;其次它把生态措施整合进了联系的框架中,使这种联系具有生态规范的意义。世界的五行化在《礼记·月令》中最为系统。我们看看《礼记·月令》对于春、夏的五行化。

《月令》中春的五行化

五行	木		
季节	春		
	孟春	仲春	季春
星象	日在营室,昏参中,旦尾中	日在奎,昏弧中,旦建星中	日在胃,昏七星,旦牵牛中
日	甲、乙		
帝	太皞		
神	句芒		
虫	鳞		
音	角		
律	太蔟	夹钟	姑洗

续 表

数	八		
味/臭	酸/膻		
祀	户		
祭	脾		
居处	青阳左个	青阳太庙	青阳右个
色	青		
食	麦、羊		
器	疏以达		
物候	东风解冻,蛰虫出,鱼上冰,獭祭鱼,鸿雁来。天气下降,地气上升,天地和同,草木萌芽。	始雨水,桃始花,仓庚鸣,鹰化为鸠。日夜分、雷电发生、蛰虫动、玄鸟来。	生气方盛,阳气发泄,草木出土。
政事	迎春、布德、施惠、亲耕、祭祀山林川泽。	安萌芽、养幼少、存诸孤、省囹圄、去桎梏、祭社、统一量具。	布德行惠、发仓、开府、振贫乏、通道路、导沟洫、修堤防。
时禁	禁伐木、覆巢、杀虫胎、夭飞鸟……,不得聚众、不置城郭,不可兴兵。	不得竭川泽、漉陂池、焚山林,祭祀不用牺牲,遵循阳气养物。	不得张设田猎的罝罘、罗网,不得洒毒药毒死禽兽,不得伐桑柘。
错政对于天、地的影响	孟春行夏令,则雨水不按时来,草木早槁,国有恐慌;行秋令,则民大疫,猋风暴雨数至,藜莠蓬蒿并兴;行冬令,则水潦为败,霜雪大降,无法播种。	仲春行秋令会有洪涝,寒气来,寇戎侵;行冬令,则阳气不胜,麦不熟,民多相掠;行夏令,则国大旱,暖气早来,虫螟为害。	季春行冬令则寒气时发,草木皆肃,国有大恐;行夏令则民多疾疫,时雨不降,山陵不收;行秋令则天多沉阴,淫雨降,兵革并起。

《月令》中夏的五行化

五行	火		
季节	夏		
	孟夏	仲夏	季夏
星象	日在毕,昏翼中,旦婺女中	日在东井,昏亢中,旦危中	日在柳,昏火中,旦奎中
日	丙、丁		
帝	炎帝		
神	祝融		
虫	羽		
音	徵		
律	仲吕	蕤宾	林钟
数	七		
味/臭	苦/焦		
性/事	礼/视		
祀	灶		
祭	肺		
居处	明堂左个	明堂太庙	明堂右个
色	赤/朱		
食	菽、鸡		
器	高以粗		
物候	天气下降、地气上升、草木繁动、继长增高。	日变长、阴阳争、死生分、鹿角解、蝉始鸣、半夏生、木堇开花。	温风至、蟋蟀出、树木盛、土润溽暑、大雨时行。

续表

政事	迎夏、赞杰俊、贤良、班爵禄、劝民耕作、断薄刑、决小罪、释轻犯。	斋戒、静勿躁、止声色、薄滋味、节嗜欲、定心气、静百官、省刑罚、安定阴之所成。	取鱼龟、养牺牲,祭祀名山大川、四方之神、社稷之灵,为民祈福。
时禁	不得有坏堕、起土功、发大众、伐大树、大田猎。	不可在南方用火、禁刈蓝,关市无索。	树木方盛,不得斩伐,不可兴土功、合诸侯、兴兵、举大事,以防止摇荡"养气",妨碍农事。
错政后果	孟夏行秋令,则常有苦雨,五谷不长;行冬令,则草木早枯,大水冲垮城郭;行春令,则蝗虫为灾,暴风来,秀草不实。	仲夏行冬令,则雹冻伤谷,道路不通,暴兵来至;行春令,则五谷晚熟,生蝗虫,生饥馑;行秋令,则草木零落,果实早成,有疫情。	季夏行春令,则谷物、果实未熟即落,国多风欬,人流浪;行秋令,则多水,禾稼不熟;行冬令,则寒气不时,鹰隼早鸷。

  秋、冬的五行化与春、夏的五行化类似,这两个季节也有具有生态意义的禁忌。孟秋要完善水利设施,防止涝灾。仲秋天子要"难"阳气,以便秋气到来。如前所述,天子须在一个时节行使这个时节的政令,否则就会出现各类生态或政治灾难。就仲秋来说,天已转凉,行春令就会导致时雨不降,草木复荣,国家产生恐慌;行夏令则会发生旱情,蛰虫不藏等。总之,政事必须适应季节的时令、气的运行,否则就会产生灾难。

  董仲舒对于五行化的思想进行了新的发展,他用气的概念把天、地、人、政治、历史统合为一个统一的、联系的整体。他认为,天地之间存在着阴阳之气,人在天地之间,就像鱼儿在水中一样。人是天地的精华之气生成的,天地之间"莫贵于人",所以只有人才能够偶合天地之数。这叫"人副天数",即人的身体、关节等与天象的数目一致。

    天地之符,阴阳之副,常设于身,身犹天也,数与之相参,故命与之相连也。天以终岁之数,成人之身,故小节三百六十六,副日数也;大节十二分,副月数也;内有五藏,副五行数也;外有四肢,副四时数也;乍视乍瞑,副昼夜也;乍刚乍柔,副冬夏也;乍哀乍乐,副阴阳也;心有计虑,副度数也;行有伦理,副天地也;此皆暗副著身,与人俱生,比而偶之弇合,于其可数也,副数,不可数者,副类,皆当同而副天一也。是故陈其有形,以著无形者,拘其可数,以著其不可数者,以此言道之亦宜以类相应,犹其形也,以数相中也。①

不仅如此,天也副人,天人互副:

> 人之形体,化天数而成;人之血气,化天志而仁;人之德行,化天理而义;人之好恶,化天之暖清;人之喜怒,化天之寒暑;人之受命,化天之四时;人生有喜怒哀乐之答,春秋冬夏之类也。喜,春之答也,怒,秋之答也,乐,夏之答也,哀,冬之答也,天之副在乎人,人之情性有由天者矣,故曰受,由天之号也。②

为了说明五行的生克关系,董仲舒把五行排列为木、火、土、金、水。他说:"天有五行:一曰木,二曰火,三曰土,四曰金,五曰水。木,五行之始也;水,五行之终也;土,五行之中也。此其天次之序也。"③董仲舒这样排序,是为了使五行"比相生而间相胜"④、即相邻的两个相生,相隔的两个相胜的关系一目了然。

世界的五行化不仅说明了世界的生态性联系,也说明了世界的整体性和内在性。所谓整体性,是说包括人在内的天地万物构成一个有机联系的统一整体,天人合一。在儒家文化中,人与世界同属一个整体,人是这个整体的一个构件,二者不是可以在时空上分离的主体与客体关系,而是同一整体的部分之间的关系,这是一个基本事实。五行化所提供的联系性的特点是内在性。也就是说,人和外部世界的关系是一种内在关系。内在关系的特点是关系项之间可以相互决定,某一项发生改变,其他项会相应发生改变。"天人感应"就是一种内在关系说。《中庸》说"至诚如神",孟子说"至诚动天",都

---

①②③④ 《春秋繁露义证》,第356—357页、第318—319页、第321页、第362页。

是内在关系。董仲舒继承了这种思想,并把它和阴阳五行学说结合起来,形成了天人感应的思想。他认为:"天地之阴气起,而人之阴气应之而起,人之阴气起,天地之阴气亦宜应之而起,其道一也。"①所以,君主喜怒哀乐不当,会带来气候方面的灾难。在天人感应的思想中,人影响自然的部分常常被认为是荒诞不经的,其实这一观点并不如想象的那般肤浅。如前所述,人和自然的关系是一种内在关系,倘若加上时间因素,这种关系就愈加明显了。就是说,在足够长的时间内,人的活动对于自然所产生的影响一定会表现出来。自然和人类的进化史已经表明了这一点。冯友兰曾经指出,董仲舒的天人感应论具有目的论和机械论两种性质。物理主义的同类相动是机械论的;天有喜怒哀乐,能赏罚人则是目的论的。董仲舒以目的论融合了机械论。② 这种看法是准确的。如果我们把目的论的神学色彩去掉,天人感应的合理内核就会显示出来:人和自然是一个相互影响的有机统一体,二者之间存在内在关系。当然,人与自然关系是一个永恒的话题。天人之际永远要"究"下去,人和自然的关系借用加达默尔的话来说是处于诠释循环之中,永无止境的。

第二节 气的"通"

一、"通气":"行"的意义

如前所述,在儒家文化中,气是实体性和运动性的统一。它不是固定不动的,而是在不同物质之间不停地循环和流动着的,这是世界能够存在并且产生生命的基础。儒家学者把五行的行解释为气的运动。照董仲舒《春秋繁露》的解释,"行"是"行走":"行者行也,其行不同,故谓之五行。"③《白虎通》说五行是为天行气的,所以被称为五

---

① 《春秋繁露义证》,第360页。
② 冯友兰:《中国哲学史新编》,第3册,北京:人民出版社,1985年版,第69页。
③ 《春秋繁露义证》,第362页。

"行":"言行者,欲言为天行气之义也。"①颜师古解释说,"谓之行者,言顺天行气"②。《释名》认为,五行作为五种气,在各个地方和方位流动和施行,称为"行":"五行者,五气也,于其方各施行也。"③《汉书·艺文志》说:"五行者,五常之形气也。"④可见,五行作为五种基本物质,其根本性质在于运动、流行,并与其他事物相交通、交换、影响、排斥、结合,由此形成世界的存在、变化和发展。行的这种意义也可以叫做气的循环与流通,即"通气"。前述"川,气之导也"表述的即是气的流通,也就是"行"。太子晋特别强调天地疏为川谷,以导其气,使气既不沉滞,也不散越,这样百姓才能不缺材用。《礼记·礼运》用阴阳之气、五行的概念把人和天地山川统一起来,以说明其间的气的流行。如前所述,《礼运》说天地秉阴阳二气,山川为气的运行的孔窍。气通过山川得以吐纳、散出和收藏。气本来有云气的意象,"山川出云"正是气通过大地的孔窍——山川散发出来的过程。气把五行散布于四时之中。阴气和,才能产生月,月才能与日相配。盈、缺都是气的屈伸往复。⑤《礼记》还把山川称为鬼神,以说明其助地通气的作用。《礼运》篇指出,圣人制定法则,以天地为本原或原则,以阴阳为开端,以四时为把柄,以日星为纲纪,以月的运行为量度;以鬼神为徒,以五行为质,以人情为田,以四灵为畜:

> 故圣人作则,必以天地为本,以阴阳为端,以四时为柄,以日星为纪,月以为量,鬼神以为徒,五行以为质,礼义以为器,人情以为田,四灵以为畜。⑥

郑玄认为,以鬼神为徒的"鬼神"即是山川,山川能够助地通气。⑦孔颖达进一步解释到,鬼神即是山川,是助地通气的,属于地的类,圣王

---

① 《白虎通疏证》,第166页。
② 《汉书》,第1317页。
③ 《白虎通疏证》引,第166页。
④ 《汉书》,第1769页。
⑤⑥ 《礼记训纂》,第346页。
⑦ 《礼记训纂》,第348页。

效法此设立群臣,助己施教。① 郑玄、孔颖达都是把鬼神作为山川,山川本来为天地之徒属,所以鬼神也是天地的徒属,能够帮助大地通气。中国民间宗教通常认为,鬼神是人死后变成的东西,儒家的理性主义观点是把鬼神说成是气的两种性能,张载说:"鬼神者,二气之良能也。"②鬼者归也,神者伸也,鬼神即气的屈伸往来。鬼神能动,山川不能动;不能动的山川之所以能够通气,是由于它们借助了类似鬼神的气的屈伸作用。《礼运》又提出祭祀山川是为了傧敬于鬼神,③同样是沿着把山川和鬼神连通的思路而来的。

据《礼记》记载,子贡问孔子君子为什么贵玉。孔子说,玉"气如白虹,天也。精神见于山川,地也"④,就是说,玉的气如白虹,像天;精神表现于山川,像地。对此,郑玄解释到:"精神,亦谓精气也。虹,天气也。山川,地所以通气也。"⑤孔颖达说,气如白虹是说玉的白气如同天的白气,所以玉像天。"白虹,谓天之白气。言玉之白气,似天白气,故云'天也'"。"精神见于山川"的精神,即玉的精气彻见于山川。同样,地也是"气含藏于内","彻见于外"的,所以,玉又像地:

> 精神,谓玉之精气,彻见于山川,谓玉在山川之中,精气彻见于外,地气含藏于内亦彻见于外,与地同,故云"地也"。⑥

宋代吕与叔说,玉的光气能达于天,这就是"气如白虹";光气韫于石中而光辉表现于外,这就是精神表现于山川。⑦ 吕与叔同样是以山川通气为基础进行解释的。这里值得注意的是,对于地含藏气,气表现于山川,山川具有通地气功能的认识,至迟在郑玄时代就已成为一种普遍知识。所以,宋代吕与叔能够用它来解释《礼记》。山川不仅与天地通气构成循环,也与人通气构成循环。人、山川、整个自然都

---

① 《礼记正义》,《十三经注疏》,第 1424 页。
② 《张载集》,第 9 页。
③④ 《礼记训纂》,第 351 页、第 911 页。
⑤⑥ 《礼记正义》,《十三经注疏》,第 1694 页。
⑦ 《礼记训纂》,第 911 页。

是一气贯通的。因此,在古人看来,人和山川自然之间存在一种正相关的感应。自然的灵气凝聚于人,能产生卓越的人才。所谓钟灵毓秀,就是这个意思。

二、"宣气"、"助气"

与"导气"、"通气"相同的还有"宣气"、"助气"等观念。"宣气"的说法来自于前述里革断罟的故事。里革在割断了鲁宣公的大网后批评他说,古代只有到了初冬大寒之气到来以及正月蛰虫出土的时候,掌管川泽禁令的水虞才允许国人捕大鱼,取龟鳖。这时阳气初起,捕鱼是为了帮助阳气宣泄。由此可见,川虞的职责还有助天行气的作用;捕鱼是这一作用的象征。《白虎通》把时令气候的正常运转称为"宣气"。《白虎通》说,太平的时候,有时雨,有时雾,有时旸,这些都是地气在宣泄:"太平之时,时雨时雾,不以恒旸而以时旸,天地之气宣也。"①《汉书·货殖列传》也提出了"宣气"的说法:

> 五谷六畜及至鱼鳖鸟兽萑蒲材干器械之资,所以养生送终之具,靡不皆育。草木未落,斧斤不入于山林;豺獭未祭,罝网不布于壄泽;鹰隼未击,矰弋不施于徯隧。既顺时而取物,然犹山不茬蘖,泽不伐夭,蝝鱼麛卵,咸有常禁。所以顺时宣气,蕃阜庶物,稸足功用,如此之备也。②

在中国文化中,通气、宣气是天地运行的规律和原则。"助通气"、反对阻气是人的职责。照《管子》所说,通阳气是事天,可以经纬日月,用之于民;通阴气是事地,可以经纬星辰。所以,使阴阳二气贯通是人的职责。上文里革所说所做,即可视为反对阻气的一种。《国语》中反对壅川,根本上也是反对阻气。前述太子晋在对灵王讲了一通不能壅川、防川的道理后,又举出前人如共工、鲧等壅川的后果,并从导气的角度对大禹治水进行了肯定。③他指出,大禹采取疏

---

① 《白虎通疏证》上,第275页。
② 《汉书》,第3679页。
③ 《国语集解》,第94—95页。

通的方法,高下各适其宜,"疏川导滞",决川通海,受到上天的褒奖,天赏给他天下,赐给他姓"姒",氏"夏"。太子晋特别提到,大禹治水做到了天没有被压伏的阴气,地没有散佚的阳气,水没有沉抑的气。太子晋这些说法都是"通气"的表述。《国语·周语》中伯阳父在论述西周三川地震时提出"夫水土演而民用之","演"是"润"。"水曰润下","润"就是通气。土得水润而通气,则百姓能得到财用;气不通,水土不能演,必然导致山崩川竭,财用匮乏,国家灭亡。

《易传·说卦》在解释八经卦时提出"山泽通气",也是水土演的意思。《管子》也有"助气"的思想。其中说到,在"五和时节",即一年的中间,这时的季节为中夏,五行为土,数为五,色为黄,声为宫,方位为中央,君主须服黄色,食甘味,听宫声,用五数,治和气,饮于黄后之井,人心中要收藏"温和儒缓之气",做到与自然一致,从而"以助土气也"。① 这表明,君王可以帮助土气的兴旺,促进它在自然和人事中发挥作用。除了助土气的提法外,其他如冬"行春政泄"、"行夏政雷"之类的禁戒,也是说没有顺春气或冬气,扰乱了气的正常运行,都是违气、阻气。行春政是提前把阳气发泄出去了,会引起干旱;行夏政是阳气覆压了阴气,会引发雷鸣。《管子》反对冬天"发山川之藏",也是非常值得注意的。开掘山川宝藏其实就是开发山川资源。《管子》之所以反对冬天这样做,是因为冬天乃闭藏的季节,采掘活动使得闭藏不密,地气外泄。②

通气也是支配人身体和人所应当遵循的原则,气在人体的运行必须畅通,否则就会发生疾病。《黄帝内经》具体说明了气与器官的相通,如:"天气通于肺,地气通于嗌(ài,咽喉),风气通于肝,雷气通于心,谷气通于脾,雨气通于肾。六经为川,肠胃为海,九窍为水注之气。"③《管子》强调"坦气修通"④,"坦气"即孟子所说的"平旦之气"。平旦之气必须得到涵养,才能畅通。无论这种气是精神的还

---

①② 《管子校注》,第135页、第855页。
③ 《黄帝内经》,第21页。
④ 《管子校注》,第135页。

是生理的,它的修和通都是符合"通气"原则的。董仲舒把通气的思想引申为反对"滞郁"。他提出:

> 阴阳之气,在上天,亦在人。在人者为好恶喜怒,在天者为暖清寒暑。出入上下、左右、前后,平行而不止,未尝有所稽留滞郁也。其在人者,亦宜行而无留,若四时之条条然也。①

三、社的"通气"意义

如前所述,社稷是政权的象征。社就其形式而言是土地,就其作为神的代表而言为社。社只有墙,没有屋。其所以如此,照《白虎通》引用《礼记·郊特牲》的解释,是为了能够经受到霜露风雨,以达天地之气。这也就是"通气"。屋子有顶,会隔断霜露风雨,阻断天地之气的循环,所以,社不能有屋。相反,亡国政权的社则是有屋顶的,为的是表示已经与天地隔绝了。由于社稷是政权的象征,所以,与天地隔绝表示这个政权已经失去了天命。在这里,不可见的、具有神秘特点的天命通过可见的、经验意义的气的运行与人相联系。这种联系的一个结果是引起对气的正常运行的重视,由此达到了尊重自然的循环的生态效果。

自然的循环也是会出差错的。在古人看来,日月之食、水涝旱魃都是自然的运行出了差错。古人对这类问题的解决方法之一是在社中进行调和阴阳的活动。如前所述,《左传》上说,日食、水涝,则击鼓用牲于社。照董仲舒的解释,日食是阴气侵犯了阳气。社是土神,土地为阴,社是众阴之主,所以,日食时,用朱丝缠绕社树,击鼓攻之。但还必须用牺牲,因为社毕竟是土神,不能不尊重它,仅仅攻责而不备牺牲。② 董仲舒认为,在社里攻阴求阳,是"正阴阳之序,直行其道",是"义之至也"。《周易》强调天地各处于它们恰当的位置上,山泽相互通气,八卦重为六十四卦,就是为了模拟天地雷风水火山泽无不交错通气,这样《易》才能与天地相等,成性命之理。

---

① 《春秋繁露义证》,第463页。
② 《白虎通疏证》,第272—275页。

第三节 气的运动的"和"

一、"和"与气的"通"

在《国语》中,史伯曾经说过"和实生物,同则不继"①。他所说的"和",是金木水火土几种元素的比例适当的配合。本节所要讲的"和"则更进一步,是气的运行的一种状态。"一阴一阳之谓道","和"是阴阳之气在往来、屈伸、相摩、相荡、相感、相应、吸引、排斥的过程中达到的和谐、协调的状态,是天地之气的不可见的适当配合,由此达成万物生生不息的生态结果。此即《易传》所讲的"生生之谓易"。

在儒家哲学中,阴阳之气在"和"的状态下运行是宇宙中生命产生和持续的根本条件。荀子指出,在宇宙的运行过程中,万物都是在构成它们的阴阳之气在和谐运行的时候产生的,都是在得到合适的滋养后而最终形成。这就是天的不可见的神功。

> 列星随旋,日月递照,四时代御,阴阳大化,风雨博施,万物各得其和以生,各得其养以成,不见其事,而见其功,夫是之谓神。②

"和"是儒家自然哲学的最高范畴。《泰》卦象辞是"天地交,泰"。这里的天地,也指是阴阳二气,二气相交,才能达到"泰"的结果。与此相反,在《否》卦中,阴阳二气不相交,它的《象》辞是"天地不交而万物不通",不通,即不是和,不利于万物的生长。《周易·乾》卦的象辞提出,"乾道变化,各正性命,保合太和,乃利贞"③。这就是说,在天道变化的过程中,各种事物都得到自己的性与命的规定性,达到"太和"的境界,这才是"利贞"。利贞是天地万物的性命的

---

① 《国语集解》,第470页。
② 《荀子集解》,第309—310页。
③ 《周易正义》,《十三经注疏》,第14页。

本来状态。日本学者桑子敏雄说:"一个生命系统通过把自己与外部环境的循环相联系而维持自己的同一性。"①这正是"乾道变化,各正性命"之意。张载指出,"太和就是道"。他说:

> 太和所谓道,中涵浮沉、升降、动静、相感之性,是生絪缊、相荡、胜负、屈伸之始。其来也几微易简,其究也广大坚固。起知于易者乾乎!效法于简者坤乎!散殊而可象为气,清通而不可象为神。不如野马、絪缊,不足谓之太和。语道者知此,谓之知道;学易者见此,谓之见易。不如是,虽周公才美,其智不足称也已。②

从张载的论述可知,太和作为道,包含气的运动"浮沉、升降、动静、相感"的性质,"絪缊、相荡、胜负、屈伸"的过程,由此形成统一的道。

关于气和万物的关系,张载提出万物都是由气构成的,万物消散以后,气返回太虚,以后又形成新的事物,这叫做"形聚为物,形溃反原"③。张载惯常用水和冰的比喻来说明:"气之聚散于太虚,犹冰凝释于水,知太虚即气,则无无。"④程颐则跟他不同,提出万物毁坏以后,构成它们的气就衰弊了,消散了。天地不用既弊之气、已坏之形来构成新的事物;天地间不断有新气产生。

> 凡物之散,其气遂尽,无复归本原之理。天地间如洪炉,虽生物销铄亦尽,况既散之气,岂有复在?天地造化,又焉用此既散之气?其造化者,自是生气。⑤

又说:

> 若谓既返之气复将为方伸之气,必资于此,则殊与天地之化

---

① Toshio Kuwako,"The Philosophy of Environment Correlation in Chu His,"*Confucianism and Ecology,The Interrelation of Heaven,Earth,and Humans.* eds. Tucker, Mary and John Berthrong,(Cambridge, Mass.:Harvard University Press, 1998.)pp.162-163.[日]桑子敏雄,《朱熹思想与环境哲学的联系》:《儒学与生态》(英文),玛丽·艾维琳·塔克、约翰·白诗朗主编,哈佛大学出版社,1998年版,第162—163页。
②③④ 《张载集》,第7页、第66页、第8页。
⑤ 《二程集》,第163页。

不相似。天地之化,自然生生不穷,更何复资于既毙之形,既返之气以为造化?近取诸身,其开阖往来见之鼻息,然不必须假吸复入以为呼,气则自然生,人气之生,生于真元。天之气,亦自然生生不穷。至如海水,因阳盛而涸,及阴盛而生,亦不是将已涸之气却生水。自然能生,往来屈伸只是理也。盛则便有衰,昼则便有夜,往则便有来。天地中如洪炉,何物不销铄了?[①]

现代物理学的熵理论与张载、程颐都有一些相似之处。热力学第二定律认为:"所有能量都倾向于耗散或变得毫无组织而无法利用,直到最终整个能量都达到最大的熵值:完全无序、完全平衡的终止。"[②]这意味着作为能量的气在其既弊已坏之后,即达到它的熵的最大值以后,就不能再用作生生的材料了。这与程颐是一致的。一个封闭的宇宙,如果达到最大熵值,就寂灭了,再也不能产生新气了。唐纳德·沃斯特说:"地球上的生态系统质是一条一去不复返的小河上的一个小站。能量都要流经它并最终消失到无边的空间海洋之中,却没有办法逆流而回。能量不像循环中的水,一旦通过大自然就无可挽回地消灭了。"[③]而就一个生态系统来说,"生态系统并不创造或消灭任何能量,而只是在能量耗尽前进行转化和再转化"[④]。这意味着张载所说的冰与水的转化也是有一定的道理的。

儒家自然哲学对于气的运动方式有很多说明。摩、荡、交、感、推移、运化是比较典型的几种。另外,《周易》的释卦体例有乘、承、比、应、得位、当位、不当位、一卦之内刚柔的升与降等,也都是阴阳的运动方式或者静态地说是二者的关系。《易传》说"刚柔相摩,八卦相荡",刚为阳爻,柔为阴爻,相摩是阴阳的摩擦、挤迫,相荡是二者的相互激起。孔颖达说:"'阴阳相摩'者,摩,谓切迫,阴阳二气相切迫也。'天地相荡'者,荡,动也,言天地之气相感动。"[⑤]《屯》卦象辞有"刚柔始交而难生"的话,是说阴阳刚开始交合,万物处于初生时的

[①] 《二程集》,第148页。
[②][③][④] 《自然的经济体系》,第355页。
[⑤] 《礼记正义》,《十三经注疏》,第1531页。

艰难状态。感是阴阳的相互感应。如《咸》卦,卦象是艮下兑上,取象为山上有泽,《兑》卦为少女,《艮》卦为少男,所以此卦有阴阳相感之义。彖辞说,此卦是柔上刚下,二气相互感应相互帮助。天地相互感通而万物得以化生;圣人感通天下人心而世界得到和平。通过观察事物的感通,可以理解天地万物的真实情况。"咸,感也。柔上而刚下,二气感应以相与","天地感而万物化生,圣人感人心而天下和平。观其所感,而天地万物之情可见矣。"① 相交是阳进入阴、阴进入阳,二者混合在一起。相互推移是阴推去阳或阳推去阴,如十一月一阳复生,推去一阴,表现为《复》卦的一阳五阴的卦象;五月一阴生而推去一阳,表现为《姤》卦的五阳一阴的卦象。

释卦体例的"乘"是一爻在另一爻之上,如人乘马;"承"则相反,一爻在另一爻之下承接上爻。通常来说,刚乘柔,阴承阳为吉,反之为凶。如《屯》卦初九为阳爻,六二为阴爻,六二在初九之上为"乘"。它的象传解释说,六二之所以处于困难的境地,是因为阴在阳上,柔乘刚的缘故。这里,"乘刚"既是卦的体例,也是对阴阳运行状态的说明。就自然的运行而言,阴是可以而且必须在适当的时机乘阳的。比如,秋、冬就是阴气主导,没有秋冬就不成四时。不过,在儒家看来,阳永远处于主导地位。这是由于生生是自然界的总趋势,而生长只有在阳气主宰时才能实现的缘故。

一卦之内有刚柔的升降,如《噬嗑》(䷔)卦的彖辞中有"柔得中而上行",指此卦的六二爻以阴得下卦中位,又上行到卦的第五爻,也是中位。所谓当位,就一别卦来说,是阳爻处于初、三、五阳位,阴爻处于二、四、上阴位。"中"是儒家的价值观和基本原则,中也是和。中庸、时中、中正在儒家哲学中都是先验的原则。通常来说,无论是阴还是阳,得中位则常常能带来吉利的结果。所以,《易传》特别强调"刚中",这也是释卦的一个体例,刚为阳,阳总应居于中。六十四卦中,九五一般都是尊位、吉利之位。

"和"也是中国文化的普遍原则,各家各派的共同思想,不限于

---

① 《周易正义》,《十三经注疏》,第46页。

儒家。《论语》中有"礼之用,和为贵,先王之道斯为美"①的说法。"和"也是老子哲学的重要概念。在他那里,"和"是阴阳二气的中和状态;尤其是他还提出"知和曰明",把"和"上升到了智慧的高度。②《庄子》也强调,阴阳运行的理想状态是和谐或者调和;"和"是"天地之美"、"万物之理"。他特别强调与天和、与人和、与阴阳和,把前二者分别叫做"天乐"、"人乐"。③ 庄子还用托古的方法描绘了上古时期阴阳和谐,亦即四时有节,万物不伤,群生不夭的状态。④《庄子》指出,阴阳不和会给人、物带来伤害。⑤ 如前所述,北宋哲学家张载在提出气的各种运动形式如往来、屈伸、动静、交感、聚散、攻取的同时,特别指出天地之气虽然以各种方式聚散攻取,但其中的理是不虚妄的;又说太和就是道。⑥ "理"为和提供了一个本体基础。在儒家哲学中,道的全过程是和谐,"人可以扰乱、甚至毁灭这种和谐。因此,至善就是维持这种和谐"⑦。

二、阴阳运行的失"和"与乖戾

儒家哲学对于阴阳运行的失衡与不和也提出了很多认识。在儒家的自然哲学中,阴阳不和的一种状态是阴阳不交、天地不通,比如冬天。《礼记·月令》说,冬天时,"天气上腾,地气下降,天地不通,闭塞而成冬"⑧。《易传》强调"生生",生生需要阴阳相交,冬天阴阳不交,所以不主生,而主闭塞、收藏。客观地说,在温带地区,四季分明,不可能没有冬,否则自然周期就不完善。从这种意义上说,春夏秋冬四季具有同样的价值。不过,儒家哲学认为,从宇宙发展的总过程来看,"生生"是宇宙发展的总体趋势,是宇宙的规定性和合目的

---

① 《四书章句集注》,第 51 页。
② 《老子今注今译》,第 274 页。
③ 陈鼓应:《庄子今注今译》,北京:商务印书馆,1983 年版,第 340 页。
④⑤ 《庄子今注今译》,第 404 页、第 286 页。
⑥ 《张载集》,第 7 页。
⑦ [日]桑子敏雄:《朱熹思想与环境哲学的联系》,《儒学与生态》(英文),第 163 页。
⑧ 《礼记正义》,《十三经注疏》,第 1381 页。

性,在价值观上更重要。这样,春、夏就得到了较多的肯定,而秋、冬则遭到了较多的否定,或被赋予一定的负面价值;阴阳不交即是负面价值的表现。

《周易》六十四卦都可以从阴阳的对立与推移来说明,其中有许多关于阴阳运动失和的描述。如《坤》卦六爻都是阴爻,上六的爻辞是"龙战于野,其血玄黄"。因为此卦无阳爻,上六自拟于阳、取象为龙,所以发生战斗,血流遍地。阴阳发生战斗,也就是阴阳运行的失衡。释卦体例中的不当位表现为阴爻居阳位或者阳爻居阴位,阴乘阳等,都是阴阳运行的失衡。《庄子》也提出了不少关于阴阳不和的说法,如"阴阳有沴"、"阴阳不和"、"阴阳错行"等,并对这种状态提出了批判。

第四节 乐与"和"

在现代人看来,音乐是一种人文活动,与自然并无直接的或太多的联系,与生态更是相去甚远。然而,儒家文化所说的"乐"是礼的一种,并不完全等同于现代意义的音乐。儒家文化认为,乐依赖于气的运行,乐的目的应该服从于并致力于气的运行的"和"以及天地的"和"。这样,儒家乐文化便天然地包含有生态的维度。

一、声、音、乐:儒家关于音乐的一般认识

儒家文化对于音乐有十分系统和深入的认识,它把声、音、乐区别开来看待。在儒家文化中,"声"是人发出的声音,声音表达感情。心感于物,情动于心,就会发出声音。"凡音之起,由人心生也。人心之动,物使之然也。感于物而动,故形于声。"①心如果感于死丧之事,就会发出悲戚的声音;如果感于福庆之事,就会产生欢乐的声音:

是故其哀心感者,其声啴以杀。其乐心感者,其声啴以缓。

---

① 《礼记正义》,《十三经注疏》,第 2527 页。

其喜心感者,其声发以散。其怒心感者,其声粗以厉。其敬心感者,其声直以廉。其爱心感者,其声和以柔。六者非性也,感于物而后动。①

"音"比"声"更进一步。把不同的声按照一定的程序组合起来,叫做"音"。《礼记·乐记》说:"声相应,故生变,变成方,谓之音。"②这就是说,音有一定的变化,或高或低,或清或浊,或长或短,或断或续,而且这种变化具有一定的节奏或程序。音调可以分为宫、商、角、徵、羽五音,声仅是其中的某一种音调,单独一种音调不能叫做音或者乐。可见,古代的"音"相当于现代意义的音乐。古语常有"乱世之音"、"治世之音",《论语》中有"郑卫之音"等,这些"音"都相当于现代的音乐。

在儒家文化中,"乐"是礼的一种。它是演奏音、同时按照音的节奏进行歌咏或舞蹈的一项综合活动。"比音而乐之,及干戚、羽旄,谓之乐。"③舞蹈时舞蹈者排列成一定的方阵,挥舞干戈、斧戚等兵器和羽、旄等装饰物。天子的八佾之舞,就属于乐的一种。

儒家文化认为,声是音的基础,音是乐的基础。普通的音乐可以叫做音而不可随意叫做"乐"。儒家文化对于作为"礼"的乐,有许多规定,这是它对于乐的认识的深入之处。首先,作为礼的乐,代表着一种制度,不是谁都能制作的。只有在天下太平、政通人和的时候,而且只有那些拥有文治武功、道德高尚的圣王或大臣,如文王、武王、周公,才有资格制礼作乐。孔子尚且说自己"述而不作"。《中庸》说:"非天子,不议礼,不制度,不考文。……虽有其位,苟无其德,不敢作礼乐焉;虽有其德,苟无其位,亦不敢作礼乐焉。"④其次,使用乐还必须和身份相应,不能越制,否则就是僭越。如,天子的歌舞方阵是"八佾",即纵横各八人,共六十四人。春秋时期鲁国大夫季氏也搞了一个八佾的歌舞方阵。孔子十分气愤,说"是可忍也,孰不可忍

---

①②③ 《礼记正义》,《十三经注疏》,第1527页。
④ 《四书章句集注》,第26页。

也"①。"乐"是一种为人所喜闻乐见和易于接受的教化形式。《礼记·乐记》、《荀子·乐论》都指出乐"可以善民心,其感人深,其移风易俗,故先王著其教焉。"②《孝经》引用孔子的话指出:"移风易俗,莫善于乐。"③"乐"还有一个意思——"快乐",乐(音乐)也是乐(快乐)。荀子说:"夫乐者,乐也,人情之所必不免也。"④"乐"是人心感于外物而生,表达了人的快乐的感情。孔子说,儒家的教化"兴于诗,立于礼,成于乐"⑤。他还说,对于一件事,"知之者不如好之者,好之者不如乐之者"⑥。乐之,就是以一事为乐。的确,音乐感人至深。当一种教化在使用音乐的形式进行的时候,也就是它最能深入人心的时候。

二、乐的规定中的生态意义

(一)"德音之谓乐" 乐是与王者的道德联系在一起的,普通的音不能叫做"乐"。这是孔子的门人子夏提出来的。据《礼记·乐记》记载,魏文侯曾经问子夏说,我听古代的雅乐,唯恐睡着了;而听现在的流行乐,就不知疲倦,这是为什么? 子夏说,你要问的是乐,而你喜欢的却是音,二者并不是一回事。魏文侯问,它们有什么不同? 子夏说古代的时候,天地和顺,四时得当,民有道德,五谷丰登,没有天灾人祸,没有妖孽肆虐。然后,圣人制定君臣父子的纲纪,正六律,和五声,演奏和歌唱《诗经》中的《颂》,这叫做"德音"。德音才叫"乐"。德正声和为乐,音则常常是心邪声乱;德为上,艺为下:

> 夫古者天地顺而四时当,民有德而五谷昌,疾疢不作而无妖祥,此之谓大当。然后圣人作为父子君臣,以为纪纲。纪纲既正,天下大定。天下大定,然后正六律,和五声,弦歌《诗·颂》,

---

① 《四书章句集注》,第56页。
② 《礼记正义》,《十三经注疏》,第1534页。
③ 《孝经注疏》,《十三经注疏》,第2556页。
④ 《荀子集解》下,第379页。
⑤⑥ 《四书章句集注》,第103—104页、第89页。

此之谓德音,德音之谓乐。《诗》云:"莫其德音,其德克明。克明克类,克长克君。王此大邦,克顺克俾。俾于文王,其德靡悔。既受帝祉,施于孙子。"此之谓也。①

子夏所说,明确地表达了音和乐的不同和乐、德对应的思想。乐也有重施的含义。礼重视来往,来而不往非礼也;相反,乐则只是彰显道德,观乐则快乐自然生于心,不需要回报,所以说,乐重施不重报:

> 乐也者,施也。礼也者,报也。乐,乐其所自生,而礼,反其所自始。乐章德,礼报情,反始也。②

不仅乐为德音,在儒家看来,歌同样也是为了抒发心性,把自己的道德表达出来。做到了这一点,就会达到天地感应,阴阳和顺,四季和谐,星辰运行不悖其理,万物生长发育的结果:"夫歌者,直己而陈德也,动己而天地应焉,四时和焉,星辰理焉,万物育焉。"③

(二)"乐者,通伦理者也"　这里的"伦"是类,照孔颖达所说,阴阳万物,可分为不同的类别,各有其理。理是分,即各类事物的职分、职责、作用与规定性等。如果乐得当,那么阴阳就会调和;反之则各种事物就会混乱,所以,乐是通伦理的。"乐得则阴阳和,乐失则群物乱,是乐能经通伦理也。阴阳万物,各有伦类分理者也。"④这表明,乐包含关于阴阳与自然界事物的"和"的生态规定。

正如子夏向魏文侯表明的那样,既然乐是与道德、政治联系在一起的,那么,乐就表现了各类事物的不同道理,就通万物之理。音由声生,体察声可以知道音;乐由音生,体察音可以知道乐;政由乐生,体察一个君主的乐,可以知道他的为政:

> 审声以知音,审音以知乐,审乐以知政,而治道备矣。是故

---
① 《礼记训纂》,第590页。
②③ 《礼记训纂》,第584页、604页。
④ 《礼记正义》,《十三经注疏》,第1528页。

不知声者,不可与言音。不知音者,不可与言乐。①

由于声是人心感善恶而起的,所以君主知乐就能知道善恶的道理,行善而不行恶,习是而不习非,发为善政而化民。政善乐和,人事无邪僻,这样,国家的治理也就达到完善了。这是把乐与政治也联系了起来。

儒家文化认为,仅仅知道声而不懂得音,是禽兽;仅仅知道音而不懂得乐,是普通百姓;唯有君子才能真正地懂得乐。"是故知声而不知音者,禽兽是也。知音而不知乐者,众庶是也。唯君子为能知乐。"②在儒家文化中,乐是礼的最高形态。如前所述,孔子就是把乐作为儒家教化的最终完成形式来看待的。在乐与礼的关系上,儒家认为,到了知乐的地步,就几乎完全知礼了。因为知乐就会知道为政的得失,就能正君、臣、民、事、物了。一个君主只有做到礼、乐各得其所,才能成为有德之君。"知乐,则几于礼矣。礼乐皆得,谓之有德。"③

(三)"乐近仁"　在儒家文化中,乐的作用是不同事物的和合、调和,在和的状态中达到其乐融融;礼的作用是区别尊卑,确定不同事物的限度和规定性。孔子说仁为"爱人",仁是一种爱的感情。《中庸》提出"义者,宜也",义是根据适宜性而进行的裁断,是一种职分的规定。《礼记·乐记》指出,天地高下不同,万物散殊各异,它们都是靠礼制而得以区别的;万物流行不息,生化不已,它们都是靠乐而得以兴起的。春、夏主生长,是仁;秋、冬主敛藏,是义。所以,仁近于乐,义近于礼:

> 天高地下,万物散殊,而礼制行矣。流而不息,合同而化,而乐兴焉。乐为同也。春作夏长仁也。秋敛冬藏,义也。仁近于乐,义近于礼。④

---

①② 《礼记正义》,《十三经注疏》,第 1528 页。
③ 《礼记训纂》,第 562 页。
④ 《礼记正义》,《十三经注疏》,第 1531 页。

总之,礼是为了别异,乐是为了合同。同则相亲,异则相敬。当然,乐如果过头了,就会产生流散而失去中正的弊端;礼如果过头了,就会产生离析的后果。"乐者为同,礼者为异,同则相亲,异则相敬。乐胜则流,礼胜则离。"①乐同于仁的认识表明,乐在儒家文化中具有促进生长的生态作用。

(四)乐为"天地之命"　儒家文化不只是把乐当作一项单纯的人文活动,还赋予它了一种本体基础。这就是乐为"天地之命"的思想。《礼记·乐记》提出:"乐者,天地之命,中和之纪,人情之所不能免也。"②所谓天地之命,意味着乐的根源在天地;乐是感天地之气而产生的,表现了天地对于人的教导和命令。郑玄认为,"乐法阳而生,礼法阴而成",③也是这个意思。所谓中和之纪,意味着乐是调和律、吕、情感、天地万物,使它们达到中和的纲领。所谓人情所不能免,是因为人是天地阴阳之气相感而生的,乐既然是天地之命的表现,符合中和的纲领,当然是人所不能没有的。人感于乐,会产生敬畏或快乐的感情:

> 人感天地而生,又感阴阳之气。乐既合天地之命,协中和之纪,感动于人,是人情不能自免退。言人感乐声,自然敬畏也。④

(五)乐的"节"与"和"　儒家认为,人的天性是安静的,受到外物的扰动,产生认识,就会形成欲望,会有喜欢、厌恶的情感。如果自身不能反躬自省,对于欲望不加以节制,再加上外物的引诱,欲望就会灭绝天理,这就是人被外物所化而没有感化外物。

> 人生而静,天之性也。感于物而动,性之欲也。物至知知,然后好恶形焉。好恶无节于内,知诱于外,不能反躬,天理灭矣。夫物之感人无穷,而人之好恶无节,则是物至而人化物也。人化物也者,灭天理而穷人欲者也。⑤

---

① 《礼记训纂》,第565页。
②③④ 《礼记正义》,《十三经注疏》,第1545页、第1531页、第1545页。
⑤ 《礼记训纂》,第564页。

所以,先王制礼作乐,并不是为了让人们极尽耳目口腹之欲的享受,而是为了教导百姓调接好恶的情感,使它们回归到正确的道路上来。"是故先王之制礼乐也,非以极口腹耳目之欲也,将以教民平好恶,而反人道之正也。"①礼的作用是节制民心,乐的作用是调和民声。"礼节民心,乐和民声。"②

三、"象天"、"敦和"——乐的促进生态和谐的作用

(一)乐以"象天"、"应天"　根据儒家的看法,乐器是比照或拟象天地而制作的。荀子说,鼓象天,钟似地,磬如水,竽笙箫和筦钥类星辰日月,鼗(táo,长柄摇鼓,俗称拨浪鼓)、柷(zhù,一种打击类乐器)、拊(一种打击类乐器)、鬲(gé,钟类乐器)、椌(qiāng)、楬(qià,又名敔,木制虎状止乐类乐器)若万物。舞蹈的进退屈伸等动作,如同谆谆告人。③《礼记·乐记》也说,人的歌声清明象天,钟鼓铿锵有力象地,乐曲终而复始象四时,舞蹈动作的周旋往来象风雨。五色成文而不乱,八风合律而不散,昼夜得其刻度的常数而有规律。所以,乐教通行于天下,则能促使人们耳目聪明,血气和平,移风易俗,天下太平。④

如前所述,乐通过气与自然发生联系。阴阳是气的两种状态或性质,又分别指地和天。礼法阴,乐法阳;"乐由天作,礼以地制"。⑤《礼记·乐记》还说,"礼乐偩(fù,依照)天地之情"⑥,即礼乐是依照天地运行的实际情况来制作的。这仍是礼法地、乐法天的意思。阴阳二气的运行是阴气由地上升,阳气由天下降,二气交合,化生万物。乐不仅法阳气,而且还因为它的作用是和同、促生,即调和气性,化育万物,所以它又是天地之气交合后产生的和气的象征;进而言之,乐能促进天地之和。乐和,天地遂和。⑦ 所以,圣人制礼作乐还有"配

---

①② 《礼记训纂》,第 563 页、第 565 页。
③ 《荀子集解》,第 383—384 页。
④ 《礼记训纂》,第 580—582 页。
⑤⑥ 《礼记正义》,《十三经注疏》,第 1530 页、第 1537 页。
⑦ 《礼记训纂》,第 572 页。

地"、"应天"的意图,即主动地回应、响应天地之动,事奉天地,使万物各得其宜。"圣人作乐以应天,制礼以配地。礼乐明备,天地官矣。"①这里的"官"是"事奉"。

《礼记·乐记》又指出,礼乐出于人的制作,人心能够与神明和会,通达神明的德性,了解它们的意图,因此行礼、奏乐能够招致上下四方的神明,从而能够成就万物。《礼记·乐记》又说,礼乐能够上至于天,下委于地,天地之间无所不到;能够行于阴阳,通于鬼神。因为礼效法阴阳的动静有常,乐效法阴阳的相互摩荡,所以礼乐能够行乎阴阳。阴阳和,四时顺,天地遵从和回应礼乐,这就是礼乐行乎阴阳之中。"及夫礼乐之极乎天而蟠乎地,行乎阴阳而通乎鬼神,穷高极远而测深厚。"②按照儒家的观点,天地都有一定的规定性,制礼逾越了规定就会致乱,作乐逾越了规定就会生暴,所以必须明白天地的道理,然后才能够制礼作乐。"过制则乱,过作则暴。明于天地,然后能兴礼乐也。"③

(二)"敦和":乐的目的的生态性意义 儒家认为,礼、乐与天地万物相类似,能够与神明的德性相通,迎送天地四方的神灵,促成各种事物的生成。这就是音乐促进天地万物之和的作用。

1."乐者,天地之和" 在儒家文化中,和是实然,也是应然;是事实,也是价值。《礼记·乐记》提出,"乐者,天地之和也。礼者,天地之序也"④;又说,"大乐与天地同和,大礼与天地同节"⑤。这说明在儒家文化看来,乐表现了天地的和谐,礼表现了天地的秩序。照郑玄所说,"同和"、"同节"都指顺应天地的气和数。天地的和谐是这样的:阴阳二气本以生生为目的,二者运行和谐,各种生物都能按照自己的本性生存,不失其性。这其实也就是《中庸》所说的"各尽其性"。《乐记》又说:

---

① 《礼记正义》,《十三经注疏》,第1531页。
② 《礼记训纂》,第573页。
③ 《礼记正义》,《十三经注疏》,第1530页。
④⑤ 《礼记训纂》,第569页、第567页。

> 地气上齐,天气下降,阴阳相摩,天地相荡,鼓之以雷霆,奋之以风雨,动之以四时,暖之以日月,而百化兴焉。如此,则乐者,天地之和也。①

在这里,"齐"读为"跻",意思为"升","化"是"物","兴"是"生"。天气上升,地气下降,阴阳二气相互摩擦、相互激起,万物受雷电的鼓动,风雨的滋润,日月的温暖,四时的调节,从而得以生生不息。

乐也是顺从天地之气的,乐有六律、六吕,可以调和天地的生养之气。所谓天地之数,照孔颖达的解释,是天上的日月星辰、地上的山川高下的不同。可见,乐之和,表现的是天地之和。

2. "乐以敦和" 在儒家文化中,乐不仅静态地表现天地之和,而且还动态地促进天地之和的实现,这就是"乐以敦和"②的思想。荀子、《礼记》都指出,乐具有"审一以定和"的作用,是天下之"大齐",是一种各得其宜的统一。《乐记》说:"乐者敦和,率神而从天。"③这是说,乐重视和促进和谐,效法先圣先贤,顺应天道。乐之所以能够"敦和",是通过调和阴阳,使阴阳顺畅地流行而做到的。《乐记》说,乐就像天那样使万物开始生长,礼则像地那样使万物完成生长。天是运行不息的,地是静止不动的。礼与乐一动一静,是天地万物的规定性。

> 乐著大始,而礼居成物。著不息者,天也。著不动者,地也。一动一静者,天地之间也。故圣人曰"礼乐"云。④

儒家文化认为,天地间万物,有的是感天地的阳气而生,从而能够运动的动物;有的是感天地的阴气而生,从而静止不动的植物、大地。由于乐具有敦和的作用,所以《礼记·乐记》认为,大人物举行乐的活动,天地也会因此而昭明。乐感发天地之气,天气下降,地气上腾,二气融合,相得益彰。天以气煦覆万物,地以形妪育万物。这

---

① ② 《礼记正义》,《十三经注疏》,第1531页。
③ 《礼记训纂》,第571页。
④ 《礼记正义》,《十三经注疏》,第1532页。

样,草木得以茂盛,蜷曲着出生的动物得到成长,有羽毛翅膀的鸟儿能够奋飞,各类走兽得到生养,蛰虫能够苏醒。鸟类能够孵卵,兽类能够生产;卵生的卵不破裂,胎生的胎不内坏,各种事物都能按照它们的本性得到发展,这就是乐的功用,也是乐之道:

> 是故大人举礼乐,则天地将为昭焉。天地䜣合,阴阳相得,煦妪覆育万物,然后草木茂,区萌达,羽翼奋,角生,蛰虫昭苏,羽者妪伏,毛者孕鬻,胎生者不殰,而卵生者不殈,则乐之道归焉耳。①

孔颖达认为,乐的根本在于人心。人心调和则乐遂纯善,律吕协调,二气和谐,万物各得其所。乐的差失会对天地万物造成不良影响。因为乐有确定万物的道理的作用,乐一旦出现了差失,就会出现阴阳不和,天地不能适时生养万物的后果。所以,儒家文化特别强调乐是天地的教命,它的和是不可改变的。《礼记·乐记》说,如果阴阳之气衰薄,生物就难以生长;如果世道混乱,礼就会被埋没,乐就会放淫。所以,那些悲哀而不庄重,欢乐而不安宁,慢易而违反规定,流湎而遗忘根本的音乐,以及那些柔缓而包藏奸声、狭促而滋生私欲、扰动条畅之气而灭平和之德的音乐,都是君子应该极力排斥的。

> 世乱则礼慝而乐淫。是故其声哀而不庄,乐而不安,慢易以犯节,流湎以忘本。广则容奸,狭则思欲。感条畅之气,而灭平和之德。是以君子贱之也。②

四、乐与政治对应中的生态意义

儒家把礼乐作为政治的工具,它的理想是用乐来调和怨愤,以礼而缓解纷争,达到"暴民不作,诸侯宾服,兵革不试,五刑不用,百姓无患,天子不怒"③,揖让而天下治的效果。儒家文化认为这样就可以说充分实现了乐的作用。"如此,则乐达矣。"④

---

①② 《礼记正义》,《十三经注疏》,第 1537 页、第 1535 页。
③④ 《礼记正义》,《十三经注疏》,第 1529 页。

为了发挥乐的教化与生态作用,儒家文化把宫、商、角、徵、羽五音分别与君、臣、民、事、物对应。这属于前述五行化思维的一种。声浊者尊,清者卑。浊,是深沉的重低音。宫属于土,土居中央,总揽四方,所以是君的形象。商音之浊,次于宫,是臣。角为民,其声清浊适中。徵为事,徵属火,徵声清,是事之象。羽为物,羽属水,声最清,是物之象。在这五种对应中,物指自然界万物,包括动物植物等,古人由此把自然界万物列入政治的范围,使得政治具有了生态的维度。儒家强调五者不能乱,敝败则不和。比如,与生态关联最为密切的羽音乱了,就会产生材用匮乏的危险。因为羽代表自然界万物,羽乱是由于昏君在上,赋税繁重,物散于下,百姓匮乏。[①] 儒家也把德音与固定的乐器相关联,认为鼗、鼓、椌、楬、埙、篪这六种乐器的声音为"德音"。在儒家的礼乐文化中,祭祀先王宗庙的乐是以这六种乐器为主,配合以钟、磬、竽、瑟之音,以及干、戚、旄、狄的舞蹈。

五、关于上古帝王之乐的生态性解释

据记载,上古时期帝王都有自己的乐。黄帝有《咸池》,颛顼有《六茎》,帝喾有《五英》,尧有《大章》,舜有《箫韶》,禹有《大夏》。这些乐无论其是否真的存在,也无论其主题原来是什么,后代儒家一律给予了生态性的解释,这实际上表明了儒家文化的生态维度。黄帝的乐《咸池》,《白虎通义》、郑玄、孔颖达都认为,"池"是"施","黄帝曰《咸池》者,言大施天下之道而行之,天之所生,地之所载,咸蒙德施也"。[②] 即黄帝之德广施天下,无不周遍,使得天之所生,地之所载,都蒙受黄帝道德的恩惠。这里的天下之物包括动物、植物,这表明了《咸池》所表现的黄帝的道德关怀不限于人。照《白虎通义》解释,茎表示万物,颛顼的《六茎》是和律历以调阴阳,亦即协助自然正常运行。帝喾的《五英》是调和五声以养万物,尧的《大章》是大明天

---

① 《礼记正义》,《十三经注疏》,第1528页。
② 《礼记正义》,《十三经注疏》,第1534页;《白虎通疏证》,第101页。

地人之道,舜的《箫韶》是继尧之道,禹的《大夏》是顺二圣之道而行之。①

对于天子、诸侯乐队的人数规制,儒家也给予了生态性说明。天子八佾,诸侯六佾,大夫四佾。儒家认为,三者的差别既表明了尊卑之义,也是天地阴阳的模仿。乐为阳,以阴数行。三者分别模仿八风、六律、四时。八风、六律是天之气,是帮助万物生成的。这些舞蹈数列和乐一样,也是顺应天地之气,改变百姓,最终使他们能够实现自己的性命。②

六、十二律吕的生态意义

中国古代乐器分为六律、六吕,律为阳,吕为阴。阳六律为黄钟、太蔟、姑洗、蕤宾、夷则、无射;阴六吕为大吕、夹钟、中吕、林钟、南吕、应钟。儒家认为,律和吕都是与气密切相关的。照《汉书·律历志》的解释,律的作用是"统气类物",即统理阴阳二气,分类把握万事万物。《释名》说"律"为述,是用来"述阳气"的。吕为阴。按照儒家的观念,阳肇始万物,阴终成万物,吕的作用是助阳宣气。③ 律是根据天地之气的运行而确定的。按照《汉书·律历志》记载的定律方法,黄帝派泠纶到大夏之西、昆仑之阴的解谷取来空窍厚而均的竹子,从两节之间断开然后吹它,定下黄钟的宫的音调,接着又制作了十二个管,听雌雄凤鸟的鸣叫各六种,与黄钟的律相匹配,使这十二种音调都能从黄钟之宫演变过来,律最初就是这么来源的。④这当然是个传说。但是,在确定了黄钟之后,按照一定的规律能够确定其他音调的认识是正确的。这种确定方法,《管子》的记载是"三分损益法"。明代朱载堉在世界上首次发明了十二平均律的方法确定音阶,彻底解决了十二律吕的定音问题。

儒家认为,律吕是模仿天地之气的运行而确定的。在太平盛世,天地相合而生风,天地之风正,十二律吕遂定。所以,黄钟大吕十二

---

①② 《白虎通疏证》上,第 101—102 页、第 105 页。
③④ 《汉书》,第 958—959 页、第 959 页。

律吕与月份和阴阳之气的运行是对应的。照《礼记·月令》的说明,十一月律对应"黄钟"。黄是中和之色,钟为动。十一月"阳气于黄泉之下勋蒸而萌",①即阳气开始起动于黄泉之下而养万物。十二月律为"大吕",吕为拒。阳气欲出,阴气不许而拒难之。正月律为"太蔟",太为大,蔟为凑,万物始生而凑出地面。二月为"夹钟",夹为孚甲,植物戴孚甲而从土壤中露头。三月为"姑洗",姑为故,洗为鲜。万物皆去旧出新,无不鲜明。四月为"仲吕",为阳气将要至极,难以复中。五月为"蕤宾"。蕤为下,宾为敬。阳气上极,阴气始出而宾敬之。六月为"林钟"。林为众,万物成熟,种类众多。七月为"夷则"。夷为伤,则为法;万物始被刑法而伤。八月为"南吕",南为任,阳气尚余,任生荠麦。九月为"无射",射为终。"言万物随阳而终,当复随阴而起,无有终已也"。十月为"应钟",应为感应,钟为动;万物感应于阳气而动于地下。

　　因为十二律吕归根结底是根据天地之气的平衡运行而定下的②,所以,司马迁在《史记·律书》中说,六律是万事万物的根本,王者制定的各种法则。一切制度、规则的根本,规矩、权衡、准绳,都是依据六律来确定的:"王者制事立法,物度轨则,一禀于六律,六律为万事根本焉。"③又由于律与天地之气是相通的,所以通过吹律可以知道天地运行的规律和世道的吉凶。"律者,所以通气,故知吉凶也。"④人君暴虐,天就会从北方产生寒气,这是杀气。据《史记·律书》说,周武王曾经吹律,推断从孟春到季冬,都有杀气,所以就采取了伐纣的军事行动:"武王伐纣,吹律听声,推孟春以至于季冬,杀气相并,而音尚宫。同声相从,物之自然,何足怪哉?"⑤

　　中国古代有音乐教育。据《周礼》记载,大司乐掌教音乐于成均,教授公族子弟。在古人的献祭活动中,乐是其中重要的部分。古

---

① 《白虎通疏证》上,第122页。
②③ 《史记·律书》,第1142页、第1239页。
④ 《史记·律书》索隐,第1240页。
⑤ 《史记》,第1240页。

人祭祀的对象有天神、地祇、四望、山川、先祖。每一种祭祀对象都有专门的乐舞,如祭地祇是奏大蔟,歌应钟,舞《咸池》;祭四望是"奏姑洗,歌南吕,舞《大濩》";祭山川是"奏蕤宾,歌函钟(即林钟),舞《大夏》"等。① 据《周礼》记载,乐舞要连续演奏六章礼仪方才结束。第一章奏毕,鸟类以及川泽的神祇会降临;第二章奏毕,昆虫以及山林神祇会降临;第三章奏毕,鳞类动物和丘陵的神祇会降临;第四章奏毕,毛类动物及坟衍的神祇会降临;第五章奏毕,甲壳类动物及土地之神会降临;第六章奏毕,灵异动物及天神会降临。② 诚如前所述,《礼记》说,大人举行礼乐活动,天地都会因此而昭明、和谐,阴阳相得,万物抚育,草木茂盛,动物繁殖。

儒家文化关于音乐的生态作用的说明,在今天看来未必都有科学根据。但是,这并不重要。重要的是儒家以此为依据确立了对待天地万物的生态性态度,这是值得今人充分肯定和学习的。

第五节 "天地之大德曰生"
——气的运行的"生"与"生生"

本节主要围绕《周易》及儒家学者对于易的解释展开对世界的"生生不息"的特性的描述,并与当代生态科学理论进行对比。

一、当代生态科学理论的发展

究竟该如何认识外部世界,是一个永恒的课题。古希腊有阿卡狄亚式的自然观。阿卡狄亚是古希腊的一个高原区,被后人认为是一个有着田园牧歌式的纯朴风尚的地方。以塞尔波恩的牧师、自然博物馆学者吉尔伯特·怀特为代表的生态思想家倡导对于自然的阿卡狄亚式态度,"这种田园主义观点倡导人们过一种简单和和谐的

---

①② 《周礼正义》,《十三经注疏》,第 788 页、第 788—789 页。

生活,目的在于使他们恢复到一种与其他有机体和平共存的状态"。① 近代以后,西方基督教观念和科学技术相结合,形成了机械论自然观。这种自然观所产生的是对于自然的"帝国"态度,认为自然界没有意义、没有价值、没有目的,以弗朗西斯·培根、牛顿、卡洛勒斯·林奈以及林奈学派等为著名代表。"他们的愿望是要通过理性的实践和艰苦的劳动建立人对自然的统治。"②

鉴于机械论自然观带来的严重生态问题,现当代学术界提出了不少替代机械论自然观的理论。怀特海等人提倡的有机论是其中的一种。怀特海认为,对自然的机械论描述是一种"存心的盲目"。1925 年,怀特海写道:还原论和物理科学的无可争辩的权威性已经过去,"人类的自然观念也将重新回到对其丰富而具体的多样性、其有自身所确定的自由、其特性的深度复杂性甚至神秘性、其内在意义和价值方面的认识上去。简而言之,这将是一个有机论的时代。因此,科学家们要重视过程、创造性、无限性,'一个整体的有机体统一性'"。③有机论的复活促使人们点燃"重建人与人和人与自然的共同体的希望"④。怀特海认为,有机论是恢复自然研究的道德价值,提倡人与自然相互依赖,和谐共存的基础。他说:"有机论,成为在科学探索中恢复道德价值的运动。尤其是通过强调自然界中的相关性特性,它教给人们一种相互依存的新伦理道德。"⑤唐纳德·沃斯特指出,"人类一旦接受了相互依存的这样简单的科学事实,他们就会懂得遵从像奥尔多·利奥波德的那种共同体公民关系中尊重生命的道德——人类与她的生物同类之间密切的遍及世界的亲密关系"⑥。

20 世纪六七十年代,有机论者推进了"生态道德——即人与自然之间的以科学为基础的相关性意识",这标志着"生态时代"的到来。⑦所谓相关性意识,是人类和环境的和谐共存。约瑟夫·伍德·

---

①②③④⑤ 《自然的经济体系——生态思想史》,第 19 页、第 20 页、第 370 页、第 304 页、第 373 页。
⑥⑦ 《自然的经济体系——生态思想史》,第 388 页。

克鲁奇指出:"我们不仅一定要作为人类共同体中的一员,而且也一定要作为整个共同体的一员;我们必须意识到,我们不仅与我们的邻居、我们的国人和我们的文明社会具有某种形式的同一性,而且我们也应对自然和人为的共同体一道给予某种尊敬。我们拥有的不仅仅是通常字面意义上所讲的'一个世界'。它也是'一个地球'。没有对这种事实的了解,拒绝承认文明世界各个部分之间政治上与经济上的相互依存关系,人们就无法成功地生活。一个虽非感伤的,但却是无情的事实是:我们除非与除我们之外的其他生物共同体分享这个地球,否则,就将不能长期生存下去。"① 唐纳德·沃斯特认为,这是"一种道德的觉醒:一种新型的生物关系与集体主义"②。

在有机论之后,生态科学又出现了盖然性理论。这种理论认为自然界的变化不是线性必然的,而是不确定的。在盖然性理论之后是混沌论。它用数学把秩序与混沌当作自然界表现自身的两个明显形式。照笔者的理解,混沌生态学是力图把混沌作为自然的一个样态来把握,把它作为包含无序和有序相交织的总的有序的一个内在环节。所以,混沌不是完全的无序或者不确定性,他们要找的是"不规则中的规则"③。

生态科学的最新理论是"错综论"。错综论认为,"我们绝不能把生态系统想象成镌刻在地球表面上的永久性实体,而只能看做是时常翻新、时常不同的、永远变动着的可变模型"④。这意味着生态是时时刻刻处于变易之中的。这种变易的过程是由平衡和不平衡相交织而最后归于平衡的过程:

> 在自然界中基本上倾向于平衡的思想受到挑战并被科学家们抛弃,不平衡成为实际存在的一种更真实的状态。然后,平衡又开始作为自然界内存在的需要解释的广泛可能性而重新出现。最新的理论发展又把科学带回到古老的认识,特别是长期

---

① 《自然的经济体系——生态思想史》,第390页,译文略有改动。
②③④ 《自然的经济体系——生态思想史》,第390页、第474页、第474—475页。

被忽视的观点:自然界中存在着种种无法解决的矛盾,而且不知怎么地它们又融合成一种统一的运动。正如经济学家布赖恩·阿瑟指出的那样,错综论的发现重新恢复了像中国道家学说这样古老哲学中的智慧:道家学说认为:"道生一、一生二、二生万物。"①

其实,更为准确地说,错综论接近易学自然观:世界是一个在阴阳两种矛盾力量的失衡与平衡交替而终归平衡的动态循环运动中形成的以生生不息为目的的进化过程。《自然的经济体系》一书的作者唐纳德·沃斯特认为,"不但变化是真实的,而且变化也是多样的";"我们不把某一特定种类的变化看做绝对标准,就如同不把特定的平衡状态看做标准一样。"②同时,环境保护也不是把自然界放进博物馆永远冻结,相反,它"是一种行为模式,是立足于这样一种观念的模式:应站在我们价值体系的高度上保持变化的多样性,而促进多种生命与多种变化和平共处是一件应做的合理的事情"③。

生态科学之所以会产生种种理论,当然有它是一门新兴科学的因素;但在笔者看来,更为重要的原因在于生态科学突破了以往科学的范式。它的突破有两点,一是生态科学包含时间因素;一是生态科学研究的对象不仅尺度更为广大,结构更为复杂,而且包含人。时间意味着变化,变化意味着不稳定。这是以往科学甚至哲学思想都要排斥的。生态科学、生态规律却都包含着时间。包括人与自然的相互关系在内的尺度更为广大、结构更为复杂的研究对象,用冯友兰的话说是"大全",在过去是形而上学思辨的对象。而形而上学不是科学,这是现代分析哲学早已得出的结论。可是,生态科学恰恰是运用科学的方法研究曾经专属于形而上学的内容,所谓生态系统的有机说、混沌说、错综说照过去的标准都属于形而上学,如今却是生态科学的结论。错综说之所以能够提出,就在于它不仅看到了"树木"——生态的具体要素,而且也看到了"森林"——生态的总体过

---

①②③ 《自然的经济体系——生态思想史》,第 475 页、第 497 页、第 498 页。

程。由此我们可以推测,过去认为是形而上学的东西,其实也可能是符合科学的东西,天人合一也可以是一种知识。

二、"天地之大德曰生":宇宙的"合目的"的"生生"过程

(一)"生生之谓易":自然界的内在规定性　气是儒家自然哲学的基础性范畴,通、和都是气的存在和运动状态,这种状态的结果是自然界出现了生命,并且生命世世代代生生不息地延续、发展和进化着。这也就是《易传》所说的"天地之德曰生","生生之谓易"。

儒家文化是重视、尊重和维护生命的文化,它对世界的认识是把它看成一个生命体。在儒家文化中,自然界就是生命,生命就是自然界,二者是一体的。《易传》认为,易是模拟天地而创作的,乾的健是效法天,坤的顺是效法地,所以《周易》能够囊括天地之道:"《易》与天地准,故能弥纶天地之道"①。《周易》就是书面上的世界。用冯友兰的话说,易是宇宙的代数学。《周易》所说的就是宇宙已经发生、正在发生和将会发生的过程。

在《周易》中,整个自然界被看做是一个生生不息的过程。对于这个过程,它有许多不同说法。最为著名的是从太极说起。在汉唐人的易学思想中,太极是天地未分、万物未生之前的元气,也叫"太初"或者"太一"。整个宇宙过程是太极元气生出两仪——天地或阴阳,两仪生出四象,四象生出八卦的过程。四象是金、木、水、火四种物质:

> 是故易有太极,是生两仪。两仪生四象,四象生八卦。八卦定吉凶。吉凶生大业。②

这四种物质与五行相比,缺土一行。照孔颖达的说法,土主导四个季节,四象又是大地上比较显著的四种物质,所以不必再把土单独区别出来。四象生出八卦——《震》木、《离》火、《兑》金、《坎》水,这四卦

---

① 孔颖达:《周易正义》,《十三经注疏》,第77页。
② 《周易正义》,《十三经注疏》,第82页。

分别主导春、夏、秋、冬四个季节；《巽》卦与《震》木相同，《乾》卦与《兑》金相同，再加上作为土的《坤》、《艮》即为八卦。八卦决定了天地间万事万物的吉凶。上述太极、两仪、四象、八卦的说法也是一种占筮的方法，这符合朱伯崑的说法，易的语言具有天地运行和占筮两重性。

周敦颐提出了一种新的宇宙生生的模式：太极——阴阳——五行——四时——人与万物。他说：

> 无极而太极。太极动而生阳，动极而静，静而生阴。静极复动。一动一静，互为其根；分阴分阳，两仪立焉。阳变阴合，而生水、火、木、金、土。五气顺布，四时行焉。五行，一阴阳也；阴阳，一太极也；太极，本无极也。五行之生也，各一其性。无极之真，二五之精，妙合而凝。"乾道成男，坤道成女"，二气交感，化生万物。万物生生，而变化无穷焉。①

周敦颐大意是说，无极就是太极，太极运动起来，产生阳气；运动到极点则归于静，产生阴气。静到极点后又回复为动。阴阳二气一动一静，交替不已，互为对方的根源。阴和阳分开后，产生天地。阳发起变化，而阴来配合它，这样就产生了金、木、水、火、土五行。五行之气有序地分布，产生四时的运行。五行来源于阴阳，阴阳来源于太极，太极本是无极。五行的产生，都有自己的规定性或同一性。无极的真髓、二气五行的精华奇妙地结合产生人。秉得阳气为主的为男，秉得阴气为主的为女。阴阳二气交感，化生万物。万物生生，变化无穷。阴阳来自太极，阳生阴，阴又生阳，阴阳互为对方的根源。关于他的太极，有两种见解。一种见解认为无极为无，太极为气，无极而太极类似于道家的无中生有；一种见解认为无极、太极都指理，太极运动而产生阳气是理生气。阴阳互为对方根源的思想也与二者从起源上被认为两个不同事物的观点不同。

---

① （清）黄宗羲著，全祖望补修：《宋元学案》，第 1 册，陈金生、梁运华点校，北京：中华书局，1986 年版，第 497—498 页。

《易传》认为,人应当效法自然。天地是自然中最大的物象,人应该在物象方面效法天地;四季在自然中最有变通性,人应该在变通方面效法四季;日月是自然中最为光明的事物,普照万物而无私;人应该在光明方面效法日月:

> 是故法象莫大乎天地,变通莫大乎四时,县象著明莫大乎日月,崇高莫大乎富贵。备物致用,立成器以为天下利,莫大乎圣人。①

关于自然界的生生过程,《周易》还有一个著名的说明。《系辞》说,天高地下,天阳地阴,这就是乾和坤。天阳动,地阴静,二者各有一定的常度。动而有常为刚,静而有常为柔。物以类聚,人以群分,这样就产生了吉和凶。在天上形成日月星辰的形象,在地上形成丘陵山川的形状,变化就从其中表现出来。所以,阴和阳相互摩擦,八卦相互震荡,雷电鼓动,风雨滋润,日月运行,寒暑交替,这样就产生了万物以及人类。

> 天尊地卑,乾坤定矣。卑高以陈,贵贱位矣。动静有常,刚柔断矣。方以类聚,物以群分,吉凶生矣。在天成象,在地成形,变化见矣。是故刚柔相摩,八卦相荡。鼓之以雷霆,润之以风雨。日月运行,一寒一暑。乾道成男,坤道成女。乾知大始,坤作成物。

这里关于万物产生的说法与自然科学的认识相比当然还十分粗略,但其基本精神是正确的。《颐》卦的《象》辞说"天地养万物",《坤·文言》也说"天地变化,草木蕃",讲的都是天地生养万物,草木茂盛的景象。这里的"天地",包括现在所说的天和地,是自然的总名。《易传》说"天地之大德曰生","生"的含义很丰富,包括给予生命、出生、生养、生长以及变化、更新、恒常、进化等内容。出生是各类生物的诞生,生养其得到滋养、养育,生长是使生物成长壮大,变化是

---

① 《周易正义》,《十三经注疏》,第82页。

生长中的改变与更新，使事物呈现出崭新的面貌；这符合进化的思想。恒常也是易的内在含义。《周易》认为，事物在变化之中有其稳定性和规律性，并非单纯的随机性。比如，四季运行、周而复始，虽然某一季节也可能出现反常现象，但长远地看，春生、夏长、秋收、冬藏的运行还是稳定的。这属于易的三义之一的"不易"的内涵之一。生长、恒常、进化等本质上属于生命的各种表现，所以，天地的德性就是生命性，也就是现代错综论所说的最终融合为一的统一性。"天地之大德曰生"重在说明自然界的生命的共时性表现，"生生之谓易"则进一步说明了自然界生命的代际更替、发展、演化的过程性，是生命的连续性和历时性。万物恒生是发展；代际更替是改易、变易。恰如谷子开花结果又长成谷子，这就是"日新"。日日皆有新气象。《易传》说"日新之谓盛德性"，生生不息的过程就是"易"。在《周易》中，生命性、生命的一代又一代的延续，构成了宇宙演化过程的合目的性和本质。

生态学家约翰·布鲁克纳认为，自然中有一种"有机动力"。他说："自然中的一种有机动力，这种动力不大容易容纳在相应的物种中和林奈的生态系统的永恒的物质圈子里。贯穿在自然中的活的能量创造着一个极不稳定的混合体。它是'一个有着稀奇构造的网络，是用柔软的，不牢固的，易碎的材料制成的，按照它的建造和意图把一切都结合成令人惊奇的一片。'"[1]罗尔斯顿认为，生态系统中存在着一种"创造性"。他说："进化的生态系统中存在着一种创造性，它以我们还没有充分理解的机制，形成一切生物物种与生命过程。"[2]又说："在漫长的进化过程中，个体追求优势的努力不断地产生系统整体的进步。荒野通过亿万年的时间，使生命日益向上。"[3]在笔者看来，布鲁克纳的"有机动力"、罗尔斯顿的"创造性"，都是生生之谓易的"生生"，也就是自然的合目的性。

《易传·序卦》把六十四卦的顺序说成是自然界万物生成的顺

---

[1] 《自然的经济体系——生态思想史》，第72页。
[2][3] 《哲学走向荒野》，第331页、第228页。

序。它说,乾、坤也是天地,有天地然后万物生出,万事万物充满了天地之间。乾、坤之后是《屯》卦,是万物初生而充盈于天地之间的状态。万物初生,一定是稚弱的,不能不滋养它们,所以《屯》卦后是《需》卦,"需"是饮食之道:

> 有天地,然后万物生焉。盈天地之间者唯万物,故受之以屯。屯者,盈也。屯者,物之始生也。物生必蒙,故受之以蒙。蒙者,蒙也。物之稚也。物稚不可不养也,故受之以需。需者,饮食之道也。①

六十四卦最后几卦是《小过》、《既济》、《未济》。《序卦》说,事物有过则能完成,所以《小过》卦后是《既济》卦。但事物不能总是处于完成状态,所以接下来是《未济》卦。

> ……故受之以《小过》。有过物者必济,故受之以《既济》。物不可穷也,故受之以《未济》。②

《未济》是六十四卦最后一卦,这表明,天地生生的过程永远要进行下去,没有完成的时候,这也是生生不息、生生之谓易的含义所在。

(二)继善成性 《易传·系辞》说"一阴一阳之谓道,继之者善也,成之者性也"③。依照朱子的解释,阴阳是气,它们所以然的根据是理。一阴一阳不是道,二气交替运行,循环不已的依据才是道或理。他说:"阴阳是气,不是道,所以为阴阳者,乃道也。若只言'阴阳之谓道',则阴阳是道。今曰'一阴一阳',则是所以循环者乃道也。"④

理和气是结合在一起的,没有气,理就失去了存在的处所;没有理,气就失去了运行的规则。继善成性是就阴阳的运行和万物的形成而言的。"继"是一阴一阳接续不已的流行,"善"是阴阳接续运行的必然依据,是理;"成性"是阴阳之理形成到事物,是事物表现出来

---

①②③ 《周易正义》,《十三经注疏》,第 95 页、第 96 页、第 78 页。
④ 《朱子语类》,第 1896 页。

的理。或者说,"继之者善"是天理流行之初,乾元开始形成万物而还没有形成的时候;"成之者性"是气的流行结成一物,事物在乾道运行的过程中得到自己的规定性的阶段。朱子说:"'继之者善',方是天理流行之初,人物所资以始。'成之者性',则此理各自有个安顿处,故为人为物,或昏或明,方是定。"①"继是接续绵绵不息之意;成,是凝成有主之意。"②

（三）元、亨、利、贞　元、亨、利、贞是说明《乾》卦吉凶的卦辞,其原义是大享、利占,即举行大规模的祭祀,得到了有利的占卜。《易》本是卜筮之书,《易传》把它变成了修德之书。按照《乾·文言》的解释,"元者善之长也,亨者嘉之会也,利者义之和也,贞者事之干也"③。这就是说,元是最高的善,亨是美好事物的汇集,利是义的和谐,贞是事物的完成。后代又对此进一步作了生态性的解释。据孔颖达《周易正义》引庄氏的解释,元是天的德性。天生养万物,是莫大的善。亨是天通畅万物,使美好的事物会聚到一起。利是天给予各种事物以利益,使它们各得其宜而相互和谐。贞是天以中正之气,成就万物,使万物完成自己的生命。他说:

> "元者善之长"者,谓天之体性,生养万物,善之大者,莫善施生,元为施生之宗,故言"元者善之长"也。"亨者嘉之会"者,嘉,美也。言天能通畅万物,使物嘉美之会聚,故云"嘉之会"也。"利者义之和"者,言天能利益庶物,使物各得其宜而和同也。"贞者事之干"者,言天能以中正之气,成就万物,使物皆得干济。④

孔颖达《正义》指出：从季节上看,"元"是万物的开始,属于春。"亨"是万物的通畅,属于夏。"利"为义的和谐,属于秋;秋天万物长成,各得其宜。冬主收藏;"贞"是事物的最终完成,属于冬。土则分主四季,四气之行,非土不载。⑤元亨利贞的这种生态性解释得到了

---

①② 《朱子语类》,第1897页。
③④⑤ 《周易正义》,《十三经注疏》,第15页。

后人的继承。程颐认为,元是万物的开始,亨是其生长的顺遂,利是结出果实,贞是最后的完成。朱子以谷为例说,"谷之生,萌芽是元,苗是亨,穟是利,成实是贞。谷之实又复能生,循环无穷"。①

(四)"复"其见天地"生物"之心 《复》卦《象》辞有"复,其见天地之心乎"一句。复是复生。《复》的卦象是,一阳爻在五阴爻之下;其内卦是震,为雷、为动,外卦是坤,为地、为静。这是一阳震动于地下而复生的卦象。儒家哲学认为,四季的循环是一阴一阳相互推移运动的结果。冬季阴气主导,但在阴气达到顶点的时候,阳气即复生了。《复》正是阳气复生的卦象。阳是主生的,所以儒家文化以至于整个中国传统文化都认为,天地之心是生养万物。《中庸》说:"天地之道,可一言而尽也:其为物不贰,则其生物不测。"②张载曾经提出"为天地立心",什么是天地之心?他指出:

> 《复》言"天地之心",《咸》、《恒》、《大壮》言"天地之情"。心,内也,其原在内时,则有形见,情则见于事也,故可得而名状。……大抵言"天地之心"者,天地之大德曰生,则以生物为本者,乃天地之心也。地雷见天地之心者,天地之心惟是生物,天地之大德曰生也。雷复于地中,却是生物。③

与张载相同,朱子说:"'天地以生物为心'。天包着地,别无所作为,只是生物而已。亘古亘今,生生不穷。人物则得此生物之心以为心,所以个个肖他。本不须说以生物为心,缘做个语句难做,著个以生物为心。"④这个生物之心,存在于人、物之中。朱子说,天地之所以运行不息,只是生物而已。等到植物成熟了,它的果实里面就寓存着天地的生生之理,所以种子能够再生。

> 天地所以运行不息者,做个甚事?只是生物而已。物生于

---

① 《朱子语类》,第1689页。
② 《四书章句集注》,第34页。
③ 《张载集》,第113页。
④ 《朱子语类》,第1280页。标点有改动。

春,长于夏,至秋万物咸遂,如收敛结实,是渐欲离其本之时也。及其成,则物之成实者各具生理,所谓"硕果不食"是已。夫具生理者,固各继其生,而物之归根复命,犹自若也。如说天地以生物为心,斯可见矣。①

朱子关于天地生物之心的认识,有三点特别值得注意。其一,天地生物之心没有片刻的歇息;阳气的运行,也没有须臾灭绝的时候。即使是秋冬天气肃杀、草木摇落的时候,此心也是存在的,此气也是运行着的。

天地生物之心,固未尝息,但无端倪可见。惟一阳动,则生意始发露出,乃始可见端绪也。言动之头绪于此处起,于此处方见得天地之心也。②

他指出,《复》卦的一阳复生,在时间上是冬至。但这并不是说,此前配《坤》卦十月的就只有阴气而没有阳气,《复》卦的一阳是突然完整地生出的。一个月三十日,把《复》卦的一阳分为三十份,那么,十月份从小雪以后阳气便每天生出一分,到十一月半,一阳便生成了。由此可见,天地的运行是没有止息的。至于说到天地之理,更是一刻也没有停止过流行。所以,朱子赞成程颐的动为天地之心的说法,不赞成王弼的静为天地之心的说法。

问:"程子言:'先儒皆以静为见天地之心,不知动之端乃天地之心。'动处如何见得?"

曰:"这处便见得阳气发生,其端已兆于此。春了又冬,冬了又春,都从这里发去。事物间亦可见,只是这里见得较亲切。"③

其二,天地之心只有在复的时候能见得亲切。因为万物未生时,只有一个天地之心昭然在那里,所以容易看得见。春夏万物繁茂的时候,反而不易体会它的存在。

---

①②③ 《朱子语类》,第 1791 页、第 1791—1792 页、第 1792 页。

问:"'复其见天地之心。'生理初未尝息,但到坤时藏伏在此,至复乃见其动之端否?"

曰:"不是如此。这个只是就阴阳动静,阖辟消长处而言。如一堆火,自其初发以至渐渐发过,消尽为灰。其消之未尽处,固天地之心也。然那消尽底,亦天地之心也。但那个不如那新生底鲜好,故指那接头再生者言之,则可以见天地之心亲切。如云'利贞者性情也'。一元之气,亨通发散,品物流形。天地之心尽发见在品物上,但丛杂难看;及到利贞时,万物悉已收敛,那时只有个天地之心,丹青著见,故云'利贞者性情也',正与'复其见天地之心'相似。康节云:'一阳初动处,万物未生时。'盖万物生时,此心非不见也。但天地之心悉已布散丛杂,无非此理呈露,倒多了难见。若会看者,能于此观之,则所见无非天地之心矣。惟是复时万物皆未生,只有一个天地之心昭然着著见在这里,所以易看也。"①

又说:

三阳之时,万物蕃新,只见物之盛大,天地之心却不可见。惟是一阳初复,万物未生,冷冷静静;而一阳既动,生物之心闯然而见,虽在积阴之中,自藏掩不得。此所以必于复见天地之心也。②

其三,《复》只是可见天地之心的一卦,并不是说天地之心只在此卦上。朱子说,圣人说复见天地之心,③是因为冬尽的时候,万物都已完成了自己的本性,又将要复生,是动的端倪,静中的动,所以此处可见天地之心。其实寻常表露于万物的,都是天地之心。

"复见天地心。"动之端,静中动,方见生物心。寻常吐露见于万物者,尽是天地心。只是冬尽时,物已成性,又动而将发生,

---

①② 《朱子语类》,第 1790 页。
③ 朱熹认为《易传》乃孔子所作。

此乃可见处。①

朱子进一步指出,六十四卦都是天地之心。他指出,"圣人赞易而曰:'复见天地之心。'今人多言惟是复卦可以见天地之心,非也。六十四卦无非天地之心,但于复卦忽见一阳来复,故即此而赞之尔"②。朱子的话表明了天地生物的普遍性。

(五)天地之心即"生意" 宋明时期儒家还用"生意"来表达天地的生物之心和自然界的盎然生机。程颢说:"万物之生意最可观,此元者善之长也,斯所谓仁。"③《二程遗书》中还有一条说"'元者善之长',万物皆有春意,便是'继之者善也'"④。二程还用谷种作比喻来帮助理解天地的生意。他们认为,谷子的生意、从而天地的生意就寓于谷粒之中。朱子继承了这些观点,他强调,元亨利贞的元是天地生物的开端,是"生意",亨是生意之长,利是生意之遂,贞是生意之成。"元者,乃天地生物之端。《乾》言:'大哉乾元!万物资始。至哉坤元!万物资生。'乃知元者,天地生物之端倪也。元者生意;在亨则生意之长,在利则生意之遂,在贞则生意之成。若言仁,便是这意思。"⑤二程、朱子都把生意内化为人心之仁。关于此,详后。

三、"生生"的内在机制

(一)阴、阳在生生过程中的不同作用 《周易》所描述的宇宙是一个由阴阳二气的运动所完成的生生过程。《易》以《乾》、《坤》二卦开始,二卦的基本含义是阳、阴二气,从取象上又可分别为天地、君臣、夫妇等。按照《说》卦对于八卦的解释,《乾》、《坤》为父母卦,《震》、《巽》为长男、长女,《坎》、《离》为中男、中女,《艮》、《兑》为少男、少女。从阴阳上说,《乾》、《坤》为纯阳、纯阴卦,其他卦都是阴阳二气相交的产物。这就是说,在八卦中,乾坤具有基础性地位。同

---

① ② 《朱子语类》,第 1791 页、第 1795 页。
③ (宋)程颢、程颐:《二程集》,王孝鱼点校,北京:中华书局,1981 年版,第 120 页。
④ 《二程集》,第 29 页。
⑤ 《朱子语类》,第 1691 页。

样,在六十四卦中,《乾》《坤》也具有基础性地位,一如阴阳在天地万物间的基础性地位。对于《乾》、《坤》的基础性地位,《易传》有不同的说法。其一说乾、坤是"易"的门径:"乾坤,其易之门邪?"这个"易"既是《周易》,也是自然界的变化过程。《易传》认为,天地的变化是从乾、坤开始的,阴阳相合而产生万物。万物或刚或柔,各有其体,由此体现天地的节数,表明天地变化的道理:

> 子曰:"乾坤,其易之门邪?"乾,阳物也。坤,阴物也。阴阳合德而刚柔有体,以体天地之撰,以通神明之德。①

《易传》又说,乾、坤是易的深奥的府库。乾、坤并列,易的过程也就确立于其中了;如果乾、坤毁坏了,那就看不到易的过程了。"乾坤其易之缊邪?乾坤成列,而易立乎其中矣。乾坤毁,则无以见易。易不可见,则乾坤或几乎息矣。"②这是说卦象,也是说自然。从自然来说,没有阴阳二气,也就没有万事万物的形成与变易。从卦象上说,天地阴阳的变化,都是由《乾》、《坤》二卦变易过来的,如果没有这两个卦,也就没有阴阳对于自然的描述,也就没有易了。天地万物没有变化,那么作为阴阳的乾、坤也就灭息了。③

关于乾坤的运动样态,《易传》提出了乾的运动是静而专、动而直,坤的运动是静而翕、动而辟的说法。"夫乾,其静也专,其动也直,是以大生焉。夫坤,其静也翕,其动也辟,是以广生焉。"④所谓静专动直,是说阳气的性质具有普遍性,无所偏颇,它在安静的时候是专一的,在运动的时候则使四季寒暑,无所差失,所以,它能够"大生",即壮大万物的生命。阴的性质是柔,主闭藏收敛。所以,它静止的时候是翕,即关闭、收敛;运动起来时是辟,即开辟,所以它能够"广生",即拓展万物的生命。⑤

---

① 此处解释采用了孔颖达《周易正义》的说法,《十三经注疏》,第89页。
②③④ 《周易正义》,《十三经注疏》,第82页、第14页、第78—79页。
⑤ 《周易正义》,《十三经注疏》,第78—79页。此处"专"采用的是孔颖达的解释。又:"大生"、"广生",周振甫解释为生"大"、生"广"。见周著《周易注译》,北京:中华书局,1991年版,第235页。

在宇宙变易的过程中,阴阳具有不同的作用。这可以表述为以下五个方面。

其一,阳生阴成。《易传》说:"乾知太始,坤作成物。"①"知"为主导。乾主导万物的始生,坤促使万物的终成。孔颖达说,万物初禀气为始,成形为生。②这表明了乾始坤成的道理。乾是阳气,坤是阴气。所以,"乾知太始,坤作成物"正是阳生阴成的道理。又,乾是天,天生万物;坤是地,地成万物。乾的特点是"易知",阳气自然流行,万物随之而生。坤的特点是"简能",顺从阳气,简省凝静,无所营为。天地运行的道理就是易简,任物自生。③

《乾》卦象辞说:"大哉乾元!万物资始,乃统天。"④《坤》卦象辞说:"至哉坤元!万物资生,乃顺承天,坤厚载物,德合无疆。"⑤元乃是根本性,乾元和坤元都是赞叹乾和坤作为万物的根本的作用。乾元的伟大在于肇始万物,坤元的伟大在于使万物最终获得生命。乾元属于天,天是可见的有形的事物,健是它的德性。天属阳气,阳气浩大,万物都取资于阳气而得到生命;天行云施雨,万物顺遂生长。乾的德性能够彰明天地万物之道,驾驭阳气,统御天体,使万物不失其时。在乾道变化的过程中,万物各自得到它们的性和命应有的规定性,也就是说得到它们的同一性而相互和谐。⑥万物取资于地,获得生命。坤的德性在于以其阴柔和顺,广远厚重,顺承于天,承载万物;坤内敛、宏大,在坤的原则下,各类事物皆得亨通,所以,坤德是无疆的。⑦"万物资始"和"万物资生"进一步说明了乾始坤成的道理。宋代周敦颐指出:"天以阳生万物,以阴成万物。生,仁;成,义也。故圣人在上,以仁育万物,以义正万民。"⑧

朱子进一步把天地和乾坤作了气与理的区分,指出有形的天地是形而下的事物,乾坤的刚健和柔顺是天地的性情,乾道、坤道乃是

---

①②③④⑤⑥⑦ 《周易正义》,《十三经注疏》,第76页、第18页、第89页、第18页、第82页、第14页、第18页。

⑧ (宋)朱熹:《通书注》,《朱子全书》,第13册,朱杰人等主编,上海:上海古籍出版社、合肥:安徽教育出版社,2002年版,第108页。

其中的道理。"大率天地是那有形了重浊底,乾坤是他性情。其实乾道、天德,互换一般,乾道又言得深些子。天地是形而下者。只是这个道理,天地是个皮壳。"①

阳使万物出生,阴使万物最终形成,只是说阴阳在天地生生的过程中的作用不同,而不是说阴阳是两个截然分开的阶段:一个是生,一个是成;生时只有阳,成时只有阴。照《周易》的观点,根本地说,阴和阳必须相遇、相交才能产生万物。这意味着即使在万物出生的一刹那,也是阴阳具备的,而不是独阳;同理,万物死亡的时候也不是独阴。因为一阴一阳之谓道,没有独阴或独阳的时候,自然界总是处于阴阳并存且相交之中,所以阳生阴成和天地交而万物生二者之间不存在矛盾。

其二,阳主阴助。这是说,在宇宙变化的过程中,阳处于主导地位,阴处于辅助地位。阳始阴成已经表明了阴阳在万物变化的过程中的不同功能。阳肇始,阴辅助;阳主动,阴顺承。如前所述,《坤》卦《象》辞已经明确地表明"至哉坤元!万物资生,乃顺承天"②。

其三,阳生阴杀。这是说,阳主导万物的生命过程,阴则使这一过程终止,使万物死亡。儒家自然哲学主张,春生夏长,秋收冬藏,前两个季节都是以阳气为主导的,后两个季节则是阴气为主导。收,是成熟,万物完成了自己的生命周期;同时也是死亡,在此,成熟就是死亡。万物是在阴气主宰下完成自己的生命周期的,所以说阳生阴杀。

其四,阴阳循环,递相为主。这是就一个具体周期而言的。比如四季的运行、一个植物的生命的完成等。春夏为阳气主导,秋冬为阴气主导。阴阳各有自己主导的某个过程或阶段,它们各自的主宰阶段不得取消,不得缩短,更不得相反,否则世界就会陷入紊乱。

其五,阳尊阴卑。在《周易》中,从而在世界的实际运动过程当中,阴和阳并不是两个对等的力量。不存在一个阶段,阴和阳处于二五一十的平均状态。就四季的运行来看,阴阳的运行没有对等的阶

---

① 《朱子语类》,第1701页。
② 《周易正义》,《十三经注疏》,第82页。

段。严格地说,只有春分、秋分子亥之交的那一刻,二者才对等;其余的时间都是不对等的。正因为阴阳不对等,所以才有分明的四季,多彩的自然。如果强求阴阳总是对等,那么世界就停滞了,就没有生命了,《周易》也就不"周"亦不"易"了。可见,"和"不是对等,而是在时间上各得其所,在份额上各得其宜,是一种比例配置和时间分布的和谐。这是就事实上说。就性质来说,阴和阳也不是对等的。如果说宇宙是一个生生不息的过程,那么,主导生的阳当然应该在整个宇宙中处于主导地位,否则宇宙就不是"生生"的过程了。这意味着在具体的阴阳对立之上,还有一种超然的阳在起着主导作用。在实际的层次,阴可以居于主导地位,而在这个超然的层次上永远是阳主导。这个阳,其实就是"生生",是从无数个具体的阴阳推移过程中体现出来的总体的生生趋势。这是从整体的角度、全面地把握所有具体的生生过程所得出的结论,也是前述布康德的"合目的性"、布鲁克纳的"有机动力"、罗尔斯顿的"创造性"。罗尔斯顿说:"在我们所生存的这个进化中的生态系统中,确实有着美丽、稳定与完整。这个世界有一种自然的、现实的朝向生命的趋势。尽管我们不能把这作为一条普遍规律。"①所谓"朝向生命的趋势",正是易学所说的生生之德。自然科学之所以看不到这一层,是因为它注重的是"树木",而不是"森林";是具体,而不是总体。它把对于总体的把握推给形而上学,并否定关于总体的知识性。而生态科学和生态哲学所要把握的恰恰是总体,宇宙的总过程。张载说:"大其心则能尽体天下之物,物有未体,则心为有外。"②这句话应该成为生态哲学的一个方法论基础。从总体上说,阳总是居于主导,只有这样,世界才能生生不息地开展下去。如果我们承认世界是处于生命的发生、发展和进化的过程中,而不是相反,那么,把阳作为价值,是颇有道理的。就这层意义而言,作为价值意义的阳,总是处于尊的地位,阴则总是处于卑的地位。这就是阳尊阴卑的根本意义。可以说,阳尊阴卑首先

---

① 《哲学走向荒野》,第 77 页。
② 《张载集》,第 27 页。

是一种自然观,然后才可以说是一种伦理观。过去有一种观点认为,中国哲学的本体论是伦理的本体化。现在看来,这种观点是不准确的。朱伯崑早就指出了这一点。①朱子说:

> 阴阳者,造化之本,所不能无,但有淑慝之分。盖阳淑而阴慝,阳好而阴不好也。犹有昼必有夜,有暑必有寒,有春夏必有秋冬。人有少必有老,其消长有常,人亦不能损益也。但圣人参天地,赞化育,于此必有道。故观"履霜坚冰至"之象,必有谨微之意,所以扶阳而抑阴也。②

(二)阴阳的相感与生生　生生的条件是阴阳二气的相互感通。关于此,《周易》有很多说法,如感、遇、通、睽、绸缊等。"感"出现于《咸》卦《彖》辞。《咸》的卦象是艮下兑上,艮为山、为阳,兑为泽、为阴,意义是柔上、刚下;阴阳二气的运行是阳升、阴降,所以此卦为阴阳二气已经相感。《咸》卦《彖》辞说:"天地感而万物化生,圣人感人心而天下和平。观其所感,而天地万物之情可见矣。"③其所以能够如此,照孔颖达所说,是因为天地万物都是以气相感的缘故。④《姤》卦的卦象为巽下乾上,《彖》辞说"天地相遇,品物咸章也",就是说,阴阳二气相交,万物得以生长。《归妹》的卦象为兑下震上,是雷出于泽;又,震为长男,兑为少女,此卦又是男女结合之象。所以它的《象》辞说归妹是天地之义。如果天地不交,万物就不能出生:"归妹,天地之大义也。天地不交,而万物不兴。归妹,人之终始也。"⑤归妹是阴阳既合,少长已交,表达了天地交合,万物蕃兴的道理。⑥《系辞》又有"天地绸缊,万物化醇,男女构精,万物化生"的说法,⑦是说阴阳二气相互交往附着,共相合会,万物感气之变化而精醇,生生化化不息。

---

① 关于朱伯崑先生的观点,详见《朱伯崑论著》,沈阳:沈阳出版社,1998年版,第54、63、125、258页。
② 《朱子语类》,第1735页。
③④⑤⑥ 《周易正义》,《十三经注疏》,第46页。
⑦ 《周易正义》,《十三经注疏》,第88页。

关于阴阳的运动，朱子提出了"定位"、"局定"、"流行"、"交易"、"变易"、"博易"等概念加以说明。这些概念总体上可归结为"对待"与"流行"或者说"交易"与"变易"两种形式或两个方面。

> "易"有两义：一是变易，便是流行底；一是交易，便是对待底。①

> 阴阳有个流行底，有个定位底。"一动一静，互为其根"，便是流行底，寒暑往来是也；"分阴分阳，两仪立焉"，便是定位底，天地上下四方是也。②

在朱子那里，对待包括定位、局定、交易等，是说阴阳各有其相对固定的位置，是在时空上间断、分离的对立，如天地、上下、左右、四方、春夏秋冬、《易传》所说的"分阴分阳，两仪立焉"等。但是，这种"对立"在朱子那里不是隔绝不通，相反，二者在对立中又有沟通，相互"交易"、"博易"。也就是说，对待中包含阴阳二气的交往，或者说"对待"的规定性中包含阴阳双方的相互补充。这些交往和补充形式朱子定义为"交易"、"博易"等。交易是阴与阳的相互交通，阴来交阳、阳来交阴。"交易是阳交于阴，阴交于阳，是卦图上底。如'天地定位，山泽通气'云云者是也。"③

关于对待格局中的"互相博易"，朱子说，在《先天图》中，东边的阴和西边的阳对应。东边本来都是阳，西边本来都是阴。东边的阴是从西边的阳变来，西边的阳是从东边的阴变来。阴阳两仪生四象，这就是博易的过程：

> 易是互相博易之义，观《先天图》便可见。东边一画阴，便对西边一画阳。盖东一边本皆是阳，西一边本皆是阴。东边阴画，皆是自西边来；西边阳画，都是自东边来。姤在西，是东边五画阳过；复在东，是西边五画阴过，互相博易而成。易之变虽多般，然此是第一变。④

---

①②③④ 《朱子语类》，第1602页、第1602—1603页、第1605页、第1614页。

伏羲先天八卦次序图

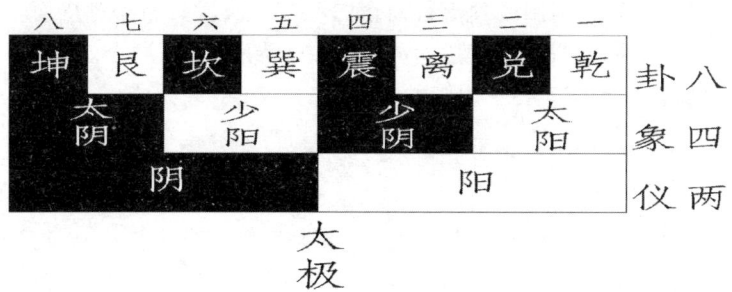

方位:左东右西。图据朱熹《周易本义》。

变易是阴阳互变,是阳变为阴或阴变为阳。"变易是阳变阴,阴变阳,老阳变为少阴,老阴变为少阳,此是占筮之法。如昼夜寒暑,屈伸往来者是也。"①在朱子看来,"博易"产生"变易":

  阴下交生阳,阳上交生阴。阴交阳,刚交柔,是博易之易。这多变,是变易之易。所谓"易"者,只此便是。那个是易之体,这是易之用。那是未有这卦底,这是有这卦了底。那个唤做体时,是这易从那里生;这个唤做用时,撰著取卦,便是用。②

变易的联系过程叫做"流行",是连续过程中的阴阳互变。如前所述,阴阳一动一静,互为其根,这就是流行;昼夜寒暑,屈伸往来也是流行。朱子又称此包含博易的变易过程为"错综"。朱子认为,程颐所说的易只涉及对待的流转,没有说到阴阳的错综交互。谈易,必须兼谈这两个方面。对待的是体,流行的是用:

  阴阳,有相对而言者,如东阳西阴,南阳北阴是也;有错综而言者,如昼夜寒暑,一个横,一个直是也。伊川言:"'易',变易也。"只说得相对底阴阳流转而已,不说错综底阴阳交互之理。言"易",须兼此二意。体在天地后,用起天地先。对待底是体,

---

①② 《朱子语类》,第 1605—1606 页、第 1615 页。

流行底是用,体静而用动。①

朱子指出,阴阳就其流行而言,只是一气;就其相互对待而言,则是二气。"阴阳,论推行底,只是一个;对峙底,则是两个。如日月水火之类是两个。"②关于阴阳的变易,朱子又说:

> 方其有阳,那里知道有阴? 有《乾》卦,那里知道有《坤》卦? 天地间只是一个气,自今年冬至到明年冬至,是他地气周匝。把来折做两截时,前面底便是阳,后面底便是阴。又折做四截也如此,便是四时。天地间只有六层阳气,到地面上时,地下便冷了。只是这六位阳,长到那第六位时,极了无去处,上面只是渐次消了。下面消了些个时,下面便生了些个,那便是阴。这只是个嘘吸。嘘是阳,吸是阴,唤做一气,固是如此。然看他日月男女牝牡处,方见得无一物无阴阳,如至微之物也有个背面。若说流行处,却只是一气。③

四、死亡——生生过程的内在否定性

在儒家哲学以至于整个中国哲学中,"生生"不仅是事实,也是一种价值,是宇宙的合目的性。但是,在自然界中,死亡同样也是一个显著的事实,儒家的生态观是不是一种没有正视死亡的肤浅的乐观主义呢? 显然不是这样的。儒家的生态思想中包含死亡观。儒家对于死亡问题的理解,归本于气的流行。一阴一阳之谓道,阳是生,阴是死,没有死,便没有一阴一阳之道。由此言之,死亡不仅是儒家生态观的一个内容,而且是一个具有必然性的组成部分。儒家哲学的"生生"是把自然的生命和死亡都包含在内的价值观,死亡是其中的一个否定性规定。儒家的生态观对于死亡的认识,表现为以下几个方面。

(一) 生命包含死亡 《易传》说:"原始反终,故知死生之说。

---

①②③ 《朱子语类》,第 1615 页、第 1602—1603 页、第 1603 页。

精气为物,游魂为变,是故知鬼神之情状。"①这是用气的流行来解释生死问题。张载说过,"鬼神者,二气之良能也",神为气之伸,鬼为气之归。朱子也以气的聚散来说明鬼神,指出气聚而为物是神,散而为变是鬼。精属阴,气属阳。人身属于阳气,但其中的体魄属于阴;死后属于阴间,成为气又属于阳。死是魂魄之气分散,魂气上升,魄气下降。这样,单只人身就包含了鬼神的道理,"生便带着个死底道理"。②所谓生死,不过是气的始和终。气的凝聚是一事物的开始,消散是一事物的终结;气聚为生,气散为死。这种生死观来自《庄子·知北游》。汉代的王充、北宋的张载都继承了这种生死观。张载说,有形的气聚而为物,事物的形体溃散后又返回为气,这就是游魂的变化。变不过是聚散存亡而已。"阴阳之气,散则万殊,人莫知其一也;合则混然,人不见其殊也。形聚为物,形溃反原,反原者,其游魂为变与!"③张载认为,在自然界中,人、物都是如此。就人而言,生不离身而一死则散的是魂,聚而成质的是魄。"气于人,生而不离、死而游散者谓魂;聚成形质,虽死而不散者谓魄。"④不存在所谓久生不死。因为太虚就是气,气不能不聚而为万物,万物又不能不消散为气,并回归到太虚中。气与事物的这种运动是具有必然性的。"气之为物,散入无形,适得吾体;聚为有象,不失吾常。太虚不能无气,气不能不聚而为万物,万物不能不散而为太虚。循是出入,是皆不得已而然也。"⑤

(二)死亡是生生过程的一个必然组成部分 如前所述,生生可以分为两个层次,作为价值观的生生不息的过程和具体的与死相连而又相转的过程。如春夏秋冬四季的运行,便是一个不会止息、没有间断的生死相连相转的过程。把所有的四季变换过程联系起来统一地看待,就是一个体现了宇宙的合目的性的作为价值观的生生不息的过程。

---

① 《周易正义》,《十三经注疏》,第76页。
② 《朱子语类》,第1891—1892页。
③④⑤ 《张载集》,第66页、第19页、第7页。

春夏秋冬、元亨利贞是连续着的,贞下起元没有间断处。就像朱子所说那样,冬、夏是阴阳运行的极处,春、秋则包含着过渡:"元是未通底,亨、利是收未成底,贞是已成底。譬如春夏秋冬,冬夏便是阴阳极处,其间春秋便是过接处。"①子时是今日,亥时则是昨日,中间没有空缺。"气无始无终,且从元处说起,元之前又是贞了。如子时是今日,子之前又是昨日之亥,无空阙时。"②

关于阴阳的过渡与死在生生过程中的位置,如前所述,朱子提出了十一月中或冬至为一阳复生的说明。他认为,四季的运行具有必然性。春夏生物,起初并不是要秋冬成之;同样,秋冬成物,也不是有个意图要成就春夏之所生。这都是理的必然所致:"春夏生物,初不道要秋冬成之;秋冬成物,又不道成就春夏之所生,皆是理之所必然者尔。"③在朱子那里,秋冬是春夏的具有内在必然性的展开,杀是生的具有必然性的阶段或方面。春夏秋冬、日月寒暑都是相互感应的。日不往则月不来,寒不往则暑不来。春气固然好,但只有春夏而无秋冬,万物就无法长成;反过来说,都是秋冬而无春夏,万物就不能出生。所以,屈伸往来之理,一定迭相为用才能产生利益。春秋冬夏,互为感应。春夏感,则秋冬必应;秋冬感,春夏则必应。进一步言之,"春为夏之感,夏则应春而又为秋之感;秋为冬之感,冬则应秋而又为春之感"。这样,自然的运行才能周而复始,不穷无息。朱子说:

> 如日月寒暑之往来,皆是自然感应如此。日不往则月不来,月不往则日不来,寒暑亦然。往来只是一般往来,但憧憧之往来者,患得患失,既要感这个,又要感那个,便自憧憧忙乱,用其私心而已。"屈伸相感,而利生焉"者,有昼必有夜,设使长长为昼而不夜,则何以息?夜而不昼,安得有此光明?春气固是和好,只有春夏而无秋冬,则物何以成?一向秋冬而无春夏,又何以生?屈伸往来之理,所以必待迭相为用,而后利所由生。春秋冬夏,只是一个感应,所应复为感,所感复为应也。春夏是一个大

---

① ② ③ 《朱子语类》,第 1689 页、第 1689—1698 页、第 1902 页。

感,秋冬则必应之,而秋冬又为春夏之感。以细言之,则春为夏之感,夏则应春而又为秋之感;秋为冬之感,冬则应秋而又为春之感,所以不穷也。尺蠖不屈,则不可以伸;龙蛇不蛰,则不可以藏身。今山林冬暖,而蛇出者往往多死,此即屈伸往来感应必然之理。①

(三)死亡的积极意义:完成并孕育生生　在儒家哲学看来,死对于生、秋冬对于春夏是有积极意义的。这可从两方面来理解:其一,死完成生;其二,死孕育生。比如,一粒谷种,变为谷苗,长成谷穗,最后又变为谷子。变为谷苗是谷种的死,但其实也是它的生。朱子说:"'元亨利贞',譬诸谷可见,谷之生,萌芽是元,苗是亨,穟是利,成实是贞。谷之实又复能生,循环无穷。"②又说:"梅蕊初生为元,开花为亨,结子为利,成熟为贞。物生为元,长为亨,成而未全为利,成熟为贞。"③就此二例,我们可以说,谷、梅以死的形式获得了生,死就是生。谷苗变为新的谷子也可以这样理解。谷子是谷苗的死,也是它的生。最后的谷子同样也是起初的谷种的死而复生。这里存在着生死同一的辩证法。这个辩证法同样适用于贞下起元的过程。春夏是生,秋冬是死。成熟和收敛是四季运行不可或缺的一个阶段,肃杀也是完成、帮助生;阴杀阳实际上是配合阳完成它自身,没有肃杀就没有四季周而复始的循环。所以,朱子说元是万物的开始,贞是万物的完成。

如前所述,在说到为什么复见天地之心的时候,朱子指出,冬尽时"物已成性",较容易见到天地生物之心。④所谓"物已成性"就是万物都完成了自己生命的完整性。他还说:"元亨是发用处,利贞是收敛归本体处。体却在下,用却在上。盖春便生,夏便长茂条达,秋便有个收敛撮聚意思,直到冬方成。"⑤又说:"伊川易传解四德,便只就物上说:'元者万物之始,亨者万物之长,利者万物之遂,贞者万物之成。'解得'遂'字最好。《通书》曰:'元亨诚之通,利贞诚之复。'

---

①②③④⑤　《朱子语类》,第 1815—1816 页、第 1689 页、第 1688 页、第 1791 页、第 1729 页。

通即发用,复即本体也。"① 由朱子的论述可知,肃杀不仅在时间上、经验上与生长连续,也帮助作为价值的生生的形成。生是以死的方式展开自己的,运行着的死就是生。这是肃杀的积极意义。这样看来,死亡只是生生过程的一个阶段,是生命的内在的否定性规定,如果谷种没有通过"死亡"而变身为谷苗,那么,生生的过程也就中断了,整个自然界也就死亡了。现代生态哲学也认识了这一点。关于自然中的死亡,罗尔斯顿说:"我会注意到,我能有这高级的生命,也依赖自然有杀害生命和使之腐朽,从而形成资源的再循环,使之沿食物链金字塔被利用的能力。自然首先和最重要的不是带来疾病和死亡,而是带来生命。在这里,我们触及了'自然'一词的拉丁文词根'natus'。当自然杀害生灵时,她只是把她所给的生命取走,而谋杀者却不是这样的。而且当她把生命取走的时候,是通过繁殖,通过重新安排有机和遗传物质而从这生命又产生了新的生命。"② 他又指出:"在荒野中,生命体会被降解,但在这永恒的毁灭中,自然又能极其有序地自我聚集成新的生命体。大地杀死自己的孩子,这似乎是一个极大的负价值,但她每年又生长出一轮新的生命,用以替代被杀者。大地这维护生命的发展力,既是最具野性,最惊人的奇迹,也是最有价值的奇迹。"③ 总之,在他看来,"生态系统对生命的阻力能刺激生命向前发展,在这一点上它不亚于生命的助力所起的作用"。④ 约翰·布鲁克纳也指出,自然中的残暴屠杀和"万物幸福"是协调的。自然是"一个'持续不断的生命网'——一个充实的、活生生的生命里的集合体,它全然不顾秩序和经济体系的理性观点"⑤。

关于死孕育生,朱子指出,天地只是以生物为心。如一棵树,春天开花,夏天生长,秋天结果,到冬天长成。不经过冬天,果实便长不成。这是因为果实需要在冬天积蓄足够的生气。果实无论大小,都蕴藏着生意,每个果实都有生理,这样果实来年才能生长,才能生生

---

① 《朱子语类》,第 1729 页。
②③④ 《哲学走向荒野》,第 75 页、第 227 页、第 92 页。
⑤ 《自然的经济体系——生态思想史》,第 71 页。

不息。人们常常认为冬天树木都没有生意了,其实它的生意是在底下收敛凝聚着的:

> 问"复见天地心"。曰:"天地之心,别无可做,'大德曰生',只是生物而已。谓如一树,春荣夏敷,至秋乃实,至冬乃成。虽曰成实,若未经冬,便种不成。直是受得气足,便是将欲相离之时,却将千实来种,便成千树,如'硕果不食'是也。方其自小而大,各有生意。到冬时,疑若树无生意矣,不知却自收敛在下,每实各具生理,更见生生不穷之意。这个道理直是自然,全不是安排得。"①

当代生态哲学家在肯定肃杀孕育生的同时,更进一步指出,死亡改善和提高生命,促进生命的进化。这是与朱子的不同之处。同时朱子所说的生死一般来说是限于同一物种的,当代生态哲学家所说则包括不同物种之间的生死。罗尔斯顿说:荒野的野性"不住地毁灭生命,却又不住地让被毁灭的生命重组。它将不适者清除,从而让生命不断进化"②。又说:"自然对任何以特定的个体都只给予短暂的生命,但是生命却是在时间长河中延展的一道波。价值是存在于个体中,但同时也储蓄在一条溪流里。即使物种也不时地生灭,一般是存活 500 万~5000 万年。有的物种灭绝后没留下什么后代,但自然长远的趋势,是将一些物种加以改造,使下一地质时代的物种更为繁富。"③

(四)死生的本质统一性与相互转化　在气的层次上看,生与死是气的凝聚和消散。这意味着二者本质上是同一的,用庄子的话说是"死生为徒";而且照庄子的说法,死生也是可以相互转化的。就是说,构成人、物的气在消散以后还可以作为材料再去构成其他事物,这是气的循环。儒家继承了生死本质上是气的聚散的观点。张载多次强调气聚而为物,散而为太虚的观点。朱子也持这种观点。

---

① 《朱子语类》,第 1729 页。
②③ 《哲学走向荒野》,第 425 页、第 229—230 页。

在解释"原始反终,故知死生之说"时,他说:"人之生死,亦只是阴阳二气屈伸往来耳。"①又说,始终死生是从气的循环的角度说的,精气鬼神是从气的聚散的角度说的,"其实不过阴阳两端而已"②。关于物质的结构,现代科学已经认识到分子、原子、粒子、夸克、层子,这些都是中国传统所不及的。但是,以气的贯通和循环为基础的中国哲学生命观的基本原理并不过时。它奠定了人与宇宙万物为一体的哲学基础。

儒家虽然在生死观上吸收了道家思想,但在死生问题上,儒家亦与道家有三点不同。首先,程颐反对一气可以循环地构成万物,认为构成一物的气在那一物消散之后,就衰弊了,不能再构成其他事物了。天地生生,不断有新气产生出来。关于此,前文已述及。其次,在气的运行与贯通的背后,朱子强调理。他的观点是,死亡的过程是气,而生死存亡之理是不会消亡的。他指出,天地阴阳之气,人与万物都可以得之,气聚为人,散为鬼。气虽然散了,但天地阴阳之理仍然生生不穷,没有什么消散。如祭祀能够感动祖先,就是因为"理常在这里"的缘故。他的观点的关键是一理贯通,而不是一气贯通。总之,"天地、阴阳、生死、昼夜、鬼神是一个道理":

> 问:"性即是理,不可以聚散言。聚而生,散而死者,气而已。所谓精神魂魄,有知有觉者,气也。故聚则有,散则无。若理则亘古今常存,不复有聚散消长也。"曰:"只是这个天地阴阳之气,人与万物皆得之。气聚则为人,散则为鬼。然其气虽已散,这个天地阴阳之理生生而不穷。祖考之精神魂魄虽已散,而子孙之精神魂魄自有些小相属。故祭祀之礼尽其诚敬,便可以致得祖考之魂魄。这个自是难说。看既散后,一似都无了。能尽其诚敬,便有感格,亦缘是理常只在这里也。"③

最后,儒家的阴阳价值观与道家不同。在庄子那里万物是平等的,在价值上是一致的,无分贵贱。儒家不同意这一点,它从生生的

---

①②③ 《朱子语类》,第1687页、第1890页、第46页。

宇宙过程出发,在价值上重生轻死,重阳轻阴。如前所述,朱子就明确地说过阴阳有淑、慝之分。阳淑阴慝,阳好阴不好。圣人参赞化育,扶阳而抑阴的话。①

儒家把死亡作为"生生"的一个内在规定,使我们能够更加全面地认识宇宙中的生命现象和宇宙的生生过程,更加客观冷静地对待宇宙的演化过程和其中的生命的丧失,获得一种理性的生态生命观。当代生态哲学中动物保护主义者反对肉食,主张保护一切动物、包括家禽的生命。从儒家的生命观来看,人为了生存,消耗其他动物的肉体,这其中可能有一定的必然性和合理性。既然自然的进化产生了人,既然人的存在也是进化所要求的,那么,人在一定程度上消耗自然可能也是不可避免的,可以接受的;当然,消耗要有限度。我们必须认识到,动物生命的延续也是生生过程的一部分。人类的消耗首先不能导致动植物种类的灭绝,其次不能给动物带来额外的痛苦;这或许也就是王阳明所说的"好恶一循于理"②。也就是说,人应该使自己的行为符合自然运行的规律,使自己成为宇宙的生生过程中的一个分子,而不是越出这个过程之上的异物。

第六节 时、时序与天道

道有过程的含义。所谓"天道",是天地万物运行的总体过程和规律。前几节论述的内容,其实都是儒家天道观的一部分,如"一阴一阳之谓道"和"通"是对天道的运行机制的说明;"和"是对阴阳二气的运行状态的描述;"生生"是对这一过程的总体性质的描述,是儒家文化的最高价值。本节着重从总体性和时间性两个方面进一步说明儒家的天道观。天道和时序都是儒家生态哲学的重要方面。

---

① 《朱子语类》,第 1735 页。
② 《王阳明全集》,第 29—30 页。

一、天道及其性质种种

（一）万物的演化与道体的流行　关于天地万物的演化过程，《周易》提出了太极生两仪，两仪生四象，四象生八卦的过程。如前所述，照孔颖达的解释，太极是天地未分之前混而为一的元气。元气既分则为天、地，这是两仪；四象是金、木、水、火四种物质，这比五行少了一个"土"。这是因为土在五行中是最为根本的元素，分主四季，所以不必单独说。四象生八卦，震卦属东、木，离卦属南、火，兑卦属西、金，坎卦属北、水，孔颖达说，四卦分主春夏秋冬四季。巽卦同震木、乾卦同、坤、艮属于土，这样合为八卦。

> 太极谓天地未分之前，元气混而为一，即是太初、太一也。故《老子》云："道生一。"即此太极是也。又谓混元既分，即有天地，故曰"太极生两仪"，即《老子》云："一生二"也。不言天地而言两仪者，指其物体，下与四象相对，故曰两仪，谓两体容仪也。"两仪生四象"者，谓金木水火，禀天地而有，故云："两仪生四象"，土则分王四季，又地中之别，故唯云四象也。"四象生八卦"者，若谓震木、离火、兑金、坎水，各主一时，又巽同震木，乾同兑金，加以坤、艮之土为八卦也。①

孔颖达的解释稍嫌烦琐。如前所述，周敦颐在《太极图说》中提出了"无极而太极"的生化过程。董仲舒曾经对于天道的变化过程作了一个类似于横截面分析的简洁说明。他说，"天地之气，合而为一，分为阴阳，判为四时，列为五行"②。儒家所说的天地变化过程基本上是一气、二气（阴阳）、五行、万物这样一个过程。程朱提出"道体"的概念来说明天道的总体过程。《论语》记载："子在川上曰，'逝者如斯夫。'"程子认为，孔子这是感叹道体流行不已。日往则月来，寒去则暑至，水流而不息，物生而无穷，天运不已，昼夜交替，这些都

---

① 《周易正义》，《十三经注疏》，第 82 页。
② 《春秋繁露义证》，第 362 页。

与道成为一个整体。这是天道生生不息,流行不已:

> "此道体也。天运而不已,日往则月来,寒往则暑来,水流而不息,物生而不穷,皆与道为体,运乎昼夜,未尝已也。是以君子法之,自强不息。及其至也,纯亦不已焉。"又曰:"自汉以来,儒者皆不识此义。此见圣人之心,纯亦不已也。纯亦不已,乃天德也。有天德,便可语王道,其要只在谨独。"①

朱子赞同程子的看法,认为,天地大化流行,往者过,来者续,没有一刻止息,这是"道体之本然":

> 天地之化,往者过,来者续,无一息之停,乃道体之本然也。然其可指而易见者,莫如川流。②

程子、朱子所说,可谓至当之论。

(二)"变易"、"不易"与"简易" 《周易》是描述天道的儒家典籍。"易"既指《周易》那本书,也指天地万物的变化过程。《周易》中的语言具有两重意义,一是描述天地万物的变化,一是说明筮法。"易"作为对天地万物的运行过程的描述就是天道。"易一名而含三义,所谓易也,变易也,不易也。"③郑玄也说:"易一名而含三义,易简一也,变易二也,不易三也。"④简易、变易、不易同时也是天道的规定性。

变易是宇宙过程的基本内容。诚如孔颖达所说:"夫易者,变化之总名,改换之殊称。……谓之为易,取变化之义。"⑤变易是阴阳二气运行的结果,宇宙无时无刻不处于变化之中。天地万物生生不息,四时代谢更续不已。《易纬乾凿度》说:

> 变易者,其气也。天地不变,不能通气。五行迭终,四时更废,君臣取象,变节相移,能消者息,必专者败,此其变易也。⑥

---

① ② 《四书章句集注》,第113页。
③ ④ ⑤ 《周易正义》,《十三经注疏》,第7页。
⑥ 《周易正义》引,《十三经注疏》,第7页。

郑玄采用《易传》的说法,具体说明了变易的内容。他说:

> 《易》之为书也不可远,为道也屡迁,变动不居,周流六虚,上下无常,刚柔相易,不可为典要,唯变所适。此言顺时变易,出入移动者也。①

变易中也有永恒不变的,这就是"不易"。郑玄仍以《系辞》"天尊地卑,乾坤定矣。卑高以陈,贵贱位矣。动静有常,刚柔断矣"来说明此点。《易纬乾凿度》说:"不易者,其位也。天在上,地在下。君南面,臣北面。父坐子伏,此其不易也。"②这是指变易过程中参与变易的因素的地位不易。其实,在我们看来,易的过程中的稳定性、恒常性也是变易中的不易。比如,春夏秋冬四季之间的交替是变易,但四季都有其稳定性,不会错乱,不会出现春季之后就是冬季。四季变化的稳定性就是易的不易。孔颖达引周子语指出,"不易者,常体之名。有常有体,无常无体"③。

所谓简易,有两方面内容,首先是指天道生生的变化过程仅需要阴阳二气两种元素,不必更多;万物都在气的运行过程中获得自己的规定性或同一性。其次,此阴阳二气和合生成天地万物,是一个自然的过程,不需要神灵,也不必圣人来干预。这些都是天地万物运行过程的简易。简易是天下万物的道理。"易简"来自《周易》本身。《系辞》说:"夫乾,确然示人易矣;夫坤,颓然示人简矣。易则易知,简则易从。"郑玄认为,"此言其易简之法则也"④。对于易的简易的性质,《易纬乾凿度》说:

> 易者,其德也,光明四通,简易立节,天以烂明,日月星辰,布

---

① 《周易正义》,《十三经注疏》,第7页。
②③ 《周易正义卷首》,《十三经注疏》,第7页。
④ 《周易正义卷首》,《十三经注疏》,第7页。"易者,以言其德也,通情无门,藏神无内也,光明四通,俶易立节,天地烂明,日月星辰布设,八卦错序,律历调列,五纬顺轨。……不烦不忧,淡泊不失,此其易也。"([日]安居香山、中村彰八辑:《纬书集成》上,石家庄:河北人民出版社,1996年版,第3页)

设张列,通精无门,藏神无内,不烦不忧,淡泊不失,此其易。①

根据郑玄的注释,"通精无门,藏神无内"是说"天下之性,莫不自得也"②。"光明四通,简易立节"是说易"寂然无为"③。这同于《系辞》所说的"易无思也,无为也,寂然不动,感而遂通天下之故"。"简易立节"《纬书集成》作"儌易立节","儌易",郑玄注释为"无为"。关于"不烦不忧,淡泊不失",郑玄解释说"未始有得,夫何失哉"?④孔颖达也明确指出:"'不烦不忧,淡泊不失。'此明是易简之义,无为之道,故易者易也。"⑤所谓"无为"、"自得",都说明自然不是一个有意志、有目的的过程。这与《易传》的"显诸仁,藏诸用,鼓万物而不与圣人同忧"意思相同。同时,"自得"、"无为"也表明自然是一个自我圆满的系统,不需要外来的神力的推动。总之,简易就是自得、无为、不需要外在的神灵作用。

(三)刚健、恒久与无私 《乾·文言》说"天行健,君子以自强不息";《坤·文言》说"地势坤,君子以厚德载物"。天行、地势都是对天道的说明。健是刚健。天道具有刚健不已、运行不息的特性。万物以及人类都以天道的刚健不息为必要条件而得以生存。天道的这种特性得到了人们的赞颂。据《礼记》记载,鲁哀公问孔子,君子为什么以天道为贵。孔子回答说,君子特别重视天道的运行不息,像日月那样相从不已;重视天道的不阻塞,使万物得以成长;也重视天道的春生夏长,无为而万物自成的特点。

公曰:"敢问君子何贵乎天道也?"

孔子对曰:"贵其不已,如日月东西相从而不已也,是天道也。不闭其久,是天道也。无为而物成,是天道也。已成而明,是天道也。"⑥

---

① 《周易正义卷首》,《十三经注疏》,第7页。
②④ [日]安居香山、中村彰八辑:《纬书集成》上,第3页。
③⑤ 《纬书集成》上,第4页、第3页。
⑥ 《礼记训纂》,第744页。

《恒》卦指出,"天地之道,恒久而不已也"。这说明了天道的永恒性。"恒"也有稳定的含义,永久而稳定是天道的特征。《恒》卦接着说:"日月得天而能久照,四时变化而能久成,圣人久于其道而天下化成。观其所恒,而天地万物之情可见矣。"①这是说,在恒久的天道之下,日、月得以永远地照耀大地,四季得以永远地交替变化。圣人借助于恒久的天道而化成天下,所以,恒而久是天地万物的实际情况。

天道自然无为,因而又有无私的特点。也就是说,天道对于万物没有任何偏向,一视同仁。在《礼记》中,孔子说,天地有三种无私的特点,即"天无私覆,地无私载,日月无私照"②。这表明,天道没有自己私有的事物,这是天道的公共而普遍的性质。《易传》更为自然化地说,"鼓万物而不与圣人同忧"。这就是说,天道发动、引起和化育万物,无心而有成,不像圣人那样,有忧虑天下之心。这正表明了天道自然运行的特点。《中庸》说"诚者,天之道也"。据孔颖达的解释,诚是信,就是说,天道诚信地把自己的特点通过四季表达出来。四季的运行表达了天道的稳定性和恒常性。后来理学家的解释一方面肯定天道的稳定性,又进一步把诚与人性联系起来,比如张载说人性和天道的统一是诚;"阴阳合一存乎道,性与天道合一存乎诚"③。"天所以长久不已之道,乃所谓诚。"④又主张人与天道的感通是诚。"感而通,诚也。"⑤朱熹亦是如此,他一方面肯定诚是真实无妄,天理的本然,即天道的稳定性;另一方面也肯定诚也是人的本性。

(四)消息盈虚与周而复始　天道恒久不已,但也有自己的节奏,而不是单调的重复。这种节奏《周易》称为"消息盈虚"和"复",即周而复始。息是阳气的生长,消是它的消退。消息盈虚是一阴一阳运行的此消彼长;复则专指阳气从阴气处于极端旺盛状态下的恢复,是天道运行的转折点。儒家自然哲学的关键是一阴一阳交替主

---

① 《周易正义》,《十三经注疏》,第46页。
② 《礼记训纂》,第753—754页。
③④⑤ 《张载集》,第20页、第21页、第28页。

宰自然,物极必反;在一种气的主宰达到顶点的时候,就会返回到另一种气的主宰中;春夏秋冬,循环往复。我们用"周而复始"来表示阴与阳在自然界中交替主宰的特点。儒家的自然哲学以《周易》的《复》卦为一个支点,用"十二辟卦"表示一年之中阴阳之气的产生、循环和变换的过程。十二辟卦是《复》䷗、《临》䷒、《泰》䷊、《大壮》䷡、《夬》䷪、《乾》䷀、《姤》䷫、《遁》䷠、《否》䷋、《观》䷓、《剥》䷖、《坤》䷁。《复》卦的初爻为阳爻,二至上六五爻为阴爻。卦象是一阳来复,《复》卦至《夬》阳气依次增强,直到四月《乾》卦纯阳主导自然界。《姤》卦为一阴来复,月份为五月,此后从《姤》卦到《坤》卦,阴气逐渐增强,直到十月《坤》卦纯阴主导自然界。《复》卦说,天地运行,七日来复。一种解释是说阳气灭绝不过七天,就开始复生。这是天地自然之理。根据孔颖达所引《易纬稽览图》的说法,就季节来说,《复》卦为冬至之日一阳来复,月份为十一月中;《姤》卦为夏至之日一阴产生。《剥》卦阳气尽为九月末,十月为《坤》卦纯阴主导。不过,照朱子的说法,阴阳之气没有彻底消失至于无的时候,二者都不是无中生有,而是一直存在着的。纯阴不是没有阳,而是阳气极微;纯阳也不是没有阴,而是阴气极微。《复》卦的一阳复始,不是突然产生,而是在《坤》卦时就已经孕育着的。儒家哲学认为,一阳来复中阳气产生的地点是黄泉。

孔颖达在解释《贲》卦的观察天文以察识天道时说,阴阳刚柔是相互交错的。四月份是纯阳主事,但其中也有阴,所以靡草会在这一月死去。十月份纯是阴主事,但其中也有阳,所以荠麦会在这个月生出。《复》卦只是阳气开始回复,并不是万物皆复。

> 曰:"观乎天文,以察时变"者,言圣人当观视天文,刚柔交错,相饰成文,以察四时变化。若四月纯阳用事,阴在其中,靡草死也。十月纯阴用事,阳在其中,荠麦生也。是观刚柔而察时变也。①

---

① 《周易正义》,《十三经注疏》,第37页。

《剥》卦说消息盈虚是天道运行的规律。"君子尚消息盈虚,天行也。"①《丰》卦《彖》辞也说"日中则昃,月盈则食,天地盈虚,与时消息"②,就是说,太阳到了中天以后就会西斜,月圆后就开始缺,天地盈虚交替,阴阳消息变换,这就是天道。

（五）"神妙不测" 关于天道运行的机制,在儒家文化中比"一阴一阳之谓道"更为深入的认识是"神"、"妙"、"神妙不测"等概念。天道的运行表现为四季更替、万物生生不息;进而言之,表现为阴阳的推移;复进而言之,表现为阴阳相互推移、相互作用的方式、机制或者模式的"神妙性",即没有形体、没有方所的神妙不测的作用。《易传》说,"阴阳不测之谓神",是说阴阳相互推移的不可测度性叫做"神"。在儒家自然哲学中,首先,"神"是一种自然性。这就是说,自然的运行是阴阳自身运转的结果,没有任何外在的主宰或神灵。这也是前述易的简易的特点。《观》卦的《彖》辞称天地的运行为"天之神道,而四时不忒"。"不忒"是没有差错,是天道的稳定性。"神道"的意思是天道的运行没有主宰,人知其然而不知其所以然,见其功而不见其形。诚如荀子所说的"不见其事,而见其功,夫是之谓神"③。孔子说,"天何言哉,四时行焉,百物生焉。天何言哉"④,说的正是天道运行的这一特点。

其次,"神"是一种没有方所,不落形体的作用:"神无方而易无体"⑤。方所、形体都是有形而可见的,"神"则是阴阳二气的相互作用。"无方"一是说看不见它的处所与动作,一是说神无时无刻不处于变化之中,不常在任何一个地方。"无体"一是说易的变化是自然而然的,不知其所由;一是说易随着变化而变化,不固定于任何一种形体。孔颖达说:

> 一者神则不见其处所云为,是无方也;二则周游运动,不常

---

① ② 《周易正义》,《十三经注疏》,第 38 页、第 67 页。
③ 《荀子集解》,第 309—310 页。
④ 《四书章句集注》,第 108 页。
⑤ 《周易正义》,《十三经注疏》,第 77 页。

在一处,亦是无方也。无体者,一是自然而变,而不知变之所由,是无形体也;二则随变而往,无定在一体,亦是无体也。①

最后,"神"表示阴阳变化的微妙极致、不可测度、难以把握的特性。《易传》说"阴阳不测之谓神",所谓不测,指不能进行有形的度量,所以,《易传》又说:"神也者,妙万物而为言者也。"②神比万物奇妙。孔颖达指出,万物都是有形体的,它的变化也是有象可寻的,神却在形体之外,不可以形诘,不可以象寻。

> 云"妙万物而为言"者,妙谓微妙也。万物之体,有变象可寻,神则微妙于万物而为言也,谓不可寻求也。③

张载说,"清通而不可象为神",表明"神"是清通的,不能用"象形"来把握。他又说:"太虚为清,清则无碍,无碍故神;反清为浊,浊则碍,碍则形。"④神的运动是顺畅的,没有什么可以阻碍它。周敦颐曾指出,天地之气妙合而凝,形成人、物。在张载看来,气的本性是虚而神的,"神"是阴阳之气固有的相互感应、相互作用的性能,是天地万物之本根。"气之性本虚而神,则神与性乃气所固有,此鬼神所以体物而不可遗也。"⑤

关于"神"的来源,张载归本于太虚之气:"神者,太虚妙应之目"⑥;进而言之,来源于阴阳二气的相互作用与统一。由于任何事物都是由阴阳二气构成的,所以产生了"神"的作用;又因为任何一物都可以分为阴阳两方面,所以其变化是神妙莫测的。他说:"一物两体,气也;一故神,(两在故不测)两故化,(推行于一)此天之所以参也。"⑦在张载看来,"神"不仅是变化的状态、性质的描述,还是自然界变化的动力。天下事物的变动都是"神"鼓动的结果,这叫"神化"。神化是天固有的性能,只有"神"能够发动天地万物的变化,统

---

① ② ③ 《周易正义》,《十三经注疏》,第77—78页、第94页、第78页。
④ 《张载集》,第7页。
⑤ ⑥ 《张载集》,第63页。
⑦ 《张载集》,第10页。

理天下的变动。

> 天下之动,神鼓之也,辞不鼓舞则不足以尽神。
> 神化者,天之良能,非人能;故大而位天德,然后能穷神知化。
> 惟神为能变化,以其一天下之动也。人能知变化之道,其必知神之为也。①

"神"在张载的解释中,还不免有形而下的气的色彩。朱子用"理"来代替神的作用,严格区别形而上和形而下、理和气,这在认识上又深入了一步。王夫之主张"道乃神所著之际,神乃道之妙也"②,可谓对二人的综合。

二、时与时序

儒家文化的"时"与现代"时间"概念不完全相同。现代时间观念通常指以牛顿时空观为基础的、线性地匀速流逝的抽象时间;儒家的时间的主要含义则不是抽象的时间,而是天道运行所表现出来的节奏、节律、顺序以及由这种节律所决定的应该采取的行动。儒家的时间可以称为"时序",是一种有质的规定性的、具体的、在一定意义上包含循环的时间。时在儒家文化中的意义十分广泛,可以表示时间的划分,如年、季节、月份、天、每天的十二时辰等,也可以表示某个时间的情景、场合,机会、机遇等。作为机会、机遇和情景的时在《周易》中俯拾即是。如"大过之时"、"险之时"、"豫之时"等。在这层意义上,《周易》六十四卦三百八十四爻,每一卦、每一爻都是一个"时"。这个时不是单纯的时间、也不是单纯的天道,还包括人道,具有综合的特点。时的生态意义在于它对于天道的划分是以自然自身运行的节律为基础的,它对于每个节律阶段人应采取的活动作出了符合生态原则的规定。

---

① 《张载集》,第 16、17、18 页。
② (明)王夫之:《船山全书》,第 12 册,船山全书编辑委员会编校,长沙:岳麓书社,1988年版,第 376 页。

(一)"时"即天道　在儒家的自然哲学中,天道是以四季的循环为原型而变化发展的过程;天道表现为时,或者说天道通过四季的更替来表现自身。《节》卦《象》辞说,"天地节而四时成",孔颖达解释说:"天地以气序为节,使寒暑往来,各以其序,则四时功成之也。"①这即是说,气的运行的顺序表现为天地运行的时节,此种顺序即是四季。《泰》卦《象》传说:"天地交,泰。后以财成天地之道,辅相天地之宜,以左右民。"②这是说,泰是天地相交,在这个时候,君王应该裁节成就天地之道。这里的天地之道,便是四时的更替,包括其中的春暖、夏热、秋凉、冬冷等应有的节律,君王应该帮助万物,使它们顺利地生长,达到它们理应达到的最好状态。如果四时失去了它应有的节律,就会在自然和政治方面出现混乱。孔颖达说:

> "天地之道"者,谓四时也,冬寒、夏暑、春生、秋杀之道。若气相交通,则物失其节。物失其节,则冬温、夏寒、秋生、春杀。君当财节成就,使寒暑得其常,生杀依其节,此天地自然之气,故云"天地之道"也。"天地之宜"者,谓天地所生之物各有其宜。……故人君辅助天地所宜之物,各安其性,得其宜。③

众所周知,中国是一个很早就进入农业文明的国家,准确地确定四季及其各个节气对于农业有重要的意义,所以在《尚书》中,尧帝命令羲、和按照日月星辰的运动,确定四时的气节、月的大小、日的甲乙,制定和颁布历法。这是对天道的较早的把握。

(二)"时序"及时间的量与质的意义　时序即天地日月运行的秩序,亦即天道的规律性和阶段性。如前所述,儒家自然哲学主张自然的运行有一定的秩序,这种秩序叫做天道之诚,进一步说是时序。时序又可以分为量和质两个方面。量是对连续运转的时间的抽象分割,质则是对于时序的特点或规定性的说明。就量的分割来说,据《尚书》记载,尧时已经把一年分为十二月,小月29天,大月30天,

---

① 《周易正义》,《十三经注疏》,第70页。
②③ 《周易正义》,《十三经注疏》,第28页。

共 354 天,一年少 12 天,三年置一闰月,基本还是一年 365 天。现存较早的历法是夏历,《大戴礼记》中的《夏小正》可能是其原形。据孔子在《论语》中说,他曾经到夏朝后代的封地杞国,得到了"夏时",这可能就是夏代的历法。夏历是太阴历,较为适合农业耕作,现在仍可以使用。后来人们又进一步确定了二十四节气。天干地支是中国古代的纪年、纪月、纪日的方法,是对于时间运行的顺序的记载,可作为抽象时间,但它更多地仍是有质的规定性的时间。在儒家文化中,四时的变化是恒久而不间断的。不过,连续之中也有突变。如《革》卦的卦象是下火上泽,《象》传说"泽中有火,革,君子以治历明时"。①《彖》辞说,"天地革而四时成",即天地变革而形成四时。革指的是每个季节之间的交替与变换。

五行与方位季节

	南 夏 火	
木 东、春	土 中央	金 西、秋
	水 北 冬	

质的时间有多层含义。其一,天地的运行不会出现差失。《观》卦的《彖》辞称天地的运行为"天之神道,而四时不忒"。《豫》卦的《彖》辞说,"天地以顺动,故日月不过,而四时不忒"②,即天地按照顺序运动,日月的运行没有过失,四季的运行没有差错。天道运行而无差失的特点,《中庸》称为天道之"诚"。《荀子》说,"天行有常,不为尧存,不为桀亡",也是对于天地运行的稳定性的说明。前述伯阳父论地震的时候也曾说,天地之气,不失其序,则是从气的运行的角度较为深入地说明天道运行的稳定性。其二,把时序规定为一个太和与生生的过程。前文已有论述。其三,把天干地支、五行、方位与

———————
①② 《周易正义》,《十三经注疏》,第 28 页、第 60 页。

季节、时间相配,如天干与五行配合,甲、乙为木,丙、丁为火,戊、己为土,庚、辛为金,壬、癸为水。由于金、木、水、火、土相互之间具有相生相克的性质,这样,按照天干记载的时间便自动获得了与之相应的五行的性质。在这种计时方法之下,任何时间都是有规定性的。这种计时方法规定了人们应该做的活动和许多禁忌,这些禁忌中包含有利于生态的措施。

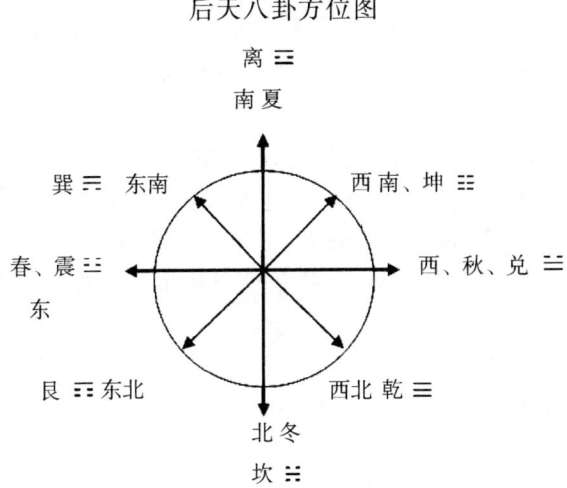

后天八卦方位图

(三)"时"作为生态行为规范体系 由于时在儒家自然哲学中包含有质的规定性,所以它不只是计时方法,更为重要的,它也是行为规范体系,预示和规定了人们应当采取的行为。这种规范体系具有系统的生态意义。《易传》说:

> 夫大人者,与天地合其德,与日月合其明,与四时合其序,与鬼神合其吉凶。①

这就是说,大人的德性合于天地,光明同乎日月,行为一致于四时的顺序。一言以蔽之,他们是按照时间的质的规定性进行活动的。在

---

① 《周易正义》,《十三经注疏》,第17页。

儒家文化看来,春生夏长秋收冬藏,春、夏属阳,阳主生长,所以春夏应该施行赏赐;秋冬属阴,阴主肃杀,所以秋冬应该行刑。因为大人的德性合乎天地,所以他能够做到先于天时行动,而天并不违背他;后于天时行动,仍能够符合于它。《易传》说:"先天而天弗违,后天而奉天时。天且弗违,而况于人乎?况于鬼神乎?"①《坤》卦六爻皆阴,取象为地,取义为柔顺。它的《象》辞主张"顺承天",即顺应天时而采取行动。《无妄》的卦象是震下乾上,"天下雷行,物与无妄"。据孔颖达说,此谓万物皆惊肃而无敢妄行:"天下雷行,震动万物,物皆惊肃,无敢虚妄。"②与此对应,先王的行为是"先王以茂对时育万物",即以盛德应对时令,养育万物。就整个《周易》来讲,易道的广大等同于天地,易理的变通等同于四时,它也整个地是一个行为规范体系。所以,在《周易》中,我们常常可以读到强调"与时偕行"、"不失时"的句子。前述《月令》的五行化,每一个月份都有关于政治活动的规定;较此更早的《夏小正》,也简略地记载了每月的天象、物候和政事,同样可视为一种以时为规范的行为体系,只是不及《月令》系统。《管子》中有"因于时"的观念,如春采生,秋采蔽,夏处阴,冬处阳的说法③,这些都是因于时。因时的观念在中国文化中具有普遍性。"时"是自然的一种存在形式,是天道的重要方面或者说就是天道本身,所以,"与时偕行"、"因时"是适应自然,与之交往、打交道的一种方式,是切入运行着的自然的方式。自然在这里不是一个"在手边"的东西,而是"上手"的东西。人和自然在相互交往中各自形成自身。《中庸》记载孔子"上律天时,下袭水土",就是遵循时节,因地制宜,按照自然之道进行活动。《左传》还记载了"助时"的说法,即春天土气发的时候,在社里举行祭祀,帮助土地顺畅地生长万物。

---

①② 《周易正义》,《十三经注疏》,第17页、第39页。
③ 《管子校注》,第317页。

三、儒家天道观的有机性特点

儒家的天道观是有机的,它首先具有整体性的特点。在儒家的自然哲学中,大地、山川、动物、植物,包括人等,构成一个整体。这个整体不是杂多的堆积,而是以"气"的运行为媒介联结为一体的;所有的存在统一于气,任何物体之间都通气。《周易》中说"山泽通气"。朱子解释到,泽气升到山上即为云、为雨,这是山通泽气;山泉流入泽中,这是泽通山气。

> 问:"'山泽通气',只为两卦相对,所以气通。"曰:"泽气升于山,为云,为雨,是山通泽之气;山之泉脉流于泽,为泉,为水,是泽通山之气。是两个之气相通。"[①]

湖泽、尤其是山脉这些我们看起来惰性的自然现象,在儒家哲学中都是活生生的。我们在前文已经谈到,《礼记》的"天降时雨,山川出云"表明,[②]山川既是气的凝聚,大化的一个站点;同时作为自然的一个环节,也是导气的工具。《礼记》说过山川是天地通气的"孔窍","天秉阳,垂日星,地秉阴,窍于山川,播五行于四时"[③]。《国语》说"川,气之导也",就是把河流作为导气的一个环节。

整体和部分之间的关系可以有三种类型,一是杂多的堆积,不相关联。毁坏或去掉其中的一部分,对于整体没有任何影响。二是机械的相关,部分合起来可以达到或完成一种功能,如果去掉了其中的某个部分,它会丧失部分或全部功能,但可以简单地修复。三是有机的相关,整体自身具有自为的生命,部分和整体之间构成生命相关性,去掉任何一个部分都会对整体的生命的圆满性产生妨碍。比照这三种关系来看,儒家的自然观显然不属于第一种关系,儒家认为天地万物都是通过一气而相互关联的。儒家的自然观也不属于第二种关系。因为在儒家的观念中,对自然的任何部分的毁坏都不是可以

[①] 《朱子语类》,第 1971 页。
[②][③] 《礼记训纂》,第 755 页、第 346 页。

轻易地修补的。前述太子晋说到"川竭国亡",汉代贡禹认为开山采铜会破坏阴气的凝聚。显然,在他们看来,这些对于自然的破坏,都不是轻易能够校正或恢复的。可见,儒家心目中的自然的关系,应当属于有机联系。在这种联系中,对于部分的破坏会影响到整体生命的圆满性和流畅性,一句话,会影响自然的健康生命。如果自然的各个部分都不通气,那么自然的循环也就终止了,自然也就随之死亡了。如果一个局部地区的通气被阻断或干扰了,那么这个地区的气候、物候都会出现问题,需要进行较大范围和较长时间的自我调整和适应。如果调整时间超过了自然的自我调整周期,那就意味着这个局部地区从生态学上说死亡了。自然过程是生生,即生命的诞生和完成;自然本身也是一个有生命的整体。不相干关系和机械关系属于外在关系,有机联系则属于内在关系。对自然的破坏在当时可能还看不到影响,可是,若因此就认为这种破坏对自然没有影响,并认为二者不是内在关系,那是不对的。影响之所以还没有表现出来,只是因为时间还不够长。在较长的时间跨度内,对于自然的任何破坏都会产生内在性关系的后果。

四、自然的规律性及自然规律向生态规律的转化

儒家所认识的自然无疑是有规律的。"天行有常"、"四时不忒"、"诚者,天之道也",表述的都是天道的规律性。不过,儒家所说的规律是一种生态性规律,与西方近代意义的自然规律相比有两个特点。首先,儒家所说的规律是一种稳定性,会出现例外,而不是一种绝对的必然性。换言之,天行有常,四时不忒是常态,但也可能出现非常态,比如,某一个季节会特别长,或某种自然现象会过分地出现,像尧有九年之涝,汤有七年之旱之类。由于中国的地理位置的因素,历史上水旱蝗虫灾害比其他民族和地区都更为频繁。但是,儒家文化并不因此就否定自然的稳定性。所以说,儒家所认识的自然的规律性近似于而不等于现代科学的规律,允许一定程度的紊乱,而且紊乱是一定会存在的。

其次,更为重要的是,近代科学规律具有超出人的控制的必然

性,儒家所认识的规律或稳定性则会因为人为的干预而发生错乱甚至毁灭。"现代科学的所探究的秩序是恒定的,人不能改变的。因此,这种理论无法套进人类的活动。因为无论人做什么,秩序都不会受到影响。"①儒家认为,不仅自然会影响人,人也可以严重地、甚至根本地影响自然。这种认识和例子广泛地表现于《尚书》、《月令》、《春秋繁露》以及后世史籍的《五行志》等史料中。这意味着"不仅人类的生命系统是由环境秩序所维持的,而且这种秩序本身也是人类活动的直接客体"②。"水曰润下"是箕子对于五行的说明,是一条自然规律。但是,据《汉书》记载,伏生在他的《尚书大传》还提到了水不润下的情况。他说:"简宗庙,不祷祠,废祭祀,逆天时,则水不润下。"③又,如前所述,《汉书·五行志》说,水位于北方,是万物的终藏之所。王者即位,必须祭祀山川,怀柔百神,斋戒致敬,恭顺地侍奉阴气,调和人神,按照天时发布政令,这样十二个月份都能得到各自合适的气,阴阳调和,水才能获得自己的本性而润下。反之如果不敬鬼神,政令失时,水就会失去自己的本性,不再润下,反而伤害人民。再如,《春秋繁露》以阴阳之气同类相动为依据,提出"阳阴之气,因可以类相益损"④,人与天相互影响,人的行为直接影响自然:

> 明于此者,欲致雨则动阴以起阴,欲止雨则动阳以起阳,故致雨非神也。而疑于神者,其理微妙也。非独阴阳之气可以类进退也,虽不祥祸福所从生,亦由是也。⑤

总之,"以类合之,天人一也"的观点,现代科学可能认为是荒谬的,⑥但是,如果把人作为自然的一个参数,把人类的活动作为自然规律发生作用的一个参数,并且把时间尺度放宽,那么自然规律也就

---

① ② [日]桑子敏雄:《朱熹思想与环境哲学的联系》,《儒学与生态》(英文),第161页。
③ (汉)伏生:《尚书大传》卷二《洪范五行传》,《四部丛刊》经部《尚书大传》(二),第 43—44 页。
④⑤ 《春秋繁露义证》,第360页。
⑥ 《春秋繁露义证》,第341页。

转变为生态规律。生态及其规律都会因为人的不当活动而遭到破坏,这无疑是一个正确而又深刻的认识,它促使我们按照自然的本性对待自然。

第七章　天人合一与仁：
儒家生态哲学的功夫论与境界论

前一章讲述的气、通、和、生、时、道，没有涉及人。自然在没有人的情况下也可以达到其自身的动态平衡和生生不息。可是，自然的进化产生了人，人又产生了高度的智慧，可以反过来控制甚至毁坏自然。于是，人和自然的关系便产生了二律背反。如果说人是自然的产物，那是不是意味着人所做的一切都是自然的，破坏自然也是自然的？但是，自然进化的目的是要自我毁灭吗？如果从心智来说人是超出自然的，不只是自然的一部分，那是否意味着人所做的一切都是不自然的，保护自然也是不自然的？但是，自然会拒绝对自己的保护吗？这是人类存在的二律背反。要解决这个二律背反，需要我们重新理解人和自然以及二者的关系。就是说，重究天人之际，再探群己权界。群在这里是人之外的整个自然界。儒家哲学的天人合一和仁的功夫论及境界论思想，把与自然和谐相处提升为道德修养和实践所应达到的境界，可为我们的"重究"和"再探"提供良好的借鉴。

第一节　"因"与"无为"：天人合一的前提

中华民族对待自然的基本态度是了解自然、遵循自然的规律，帮助自然实现其基本本性，与自然和谐共存、共生。这种态度可以概括为"因"——"无为"——"天人合一"。"因"是中华民族的根源性智慧，来源于与水交往的实践。因和无为是天人合一的思维方式产生的前提。

一、"因"的思维方式

综合《说文》以来字书，可以把"因"的含义概括为：1."就"，即根据固有的条件和基础实施一项工作或实现某一目的;①2. "循",按照原有的规则行事;3. 原因;4. 连词,于是;5. 姻;6. 介词,用、靠,表示手段。这几条义项中,体现中华民族智慧的是第一条。《管子》说:"因也者,舍己而以物为法者也。"②又说:"因也者,无益无损也。"③这两条可以作为反映"因"的本质的说明。因,就是不带先入之见,而以万物为法;同时,"因"是无损无益,即对于事物不增加什么,也不减少什么,如实地反映事物,不带任何主观色彩。准此,可以把"因"的智慧表概括为三个方面,首先是客观地认识交往对象或客体的特点、属性或本质,其次是自觉地认识和把握主体自身的能力,第三是在二者的基础上采取适当的对应措施。这里所说的主体没有近代以来战胜和控制自然的意识,也没有这样的能力,而是在顺应自然的基础上调整自然。"因"是顺应、适应自然或者说按照客体的特点而进行活动,而不是征服、破坏甚至消灭自然。

"因"既是一种思维方式,也是一种智慧;它是中华民族与水以及整个自然交往、对话的方式,也是中华民族的存在方式。大禹治水的根本方法就是"因"。具体地说,就是充分发挥水流就下的性质,就着地势,高处加高,低处挖低;高处居住,低处行洪,使人、水各得其所,洪水快速流向大海。诚如《吕氏春秋》所说,禹治水是"因水之力也"。④ 如前所述,据《尚书》、《史记》的记载,武王克殷后曾咨询殷朝遗臣箕子治理国家、统治百姓的大经大法。箕子耐人寻味地把火、水、木、金、土五行作为治国的第一要义,并总结出"水曰润下"的道理,这里面就包含着鲧禹治水的经验教训。《管子》说"道贵因"⑤,《慎子》说"天道因则大,化则细"⑥。这些说法把"因"上升为了普遍的智慧原则。

在中国文化中,"因"是一种不分学派的普遍智慧,得到了各家

---

① 《说文解字注》,第 278 页。
②③ 《管子校注》,第 83 页、第 771 页。
④ 《吕氏春秋》,《诸子集成》,第 6 册,北京:中华书局,1954 年版,第 174 页。
⑤ 《管子校注》,第 776 页。
⑥ 《慎子》,《诸子集成》,第 5 册,第 3 页。

的各种各样的运用。在《论语》、《左传》、《管子》、《庄子》中,都有"因民"的思想。孔子在《论语》中提出了"惠而不费,劳而不怨,欲而不贪,泰而不骄,威而不猛"的五种美政理想。什么是"惠而不费"?孔子说"因民之所利而利之"①,即按照老百姓感到有利的做法去行政,实质上是把百姓的利益作为政治的第一原则,这样百姓能得到实惠,而国家又不必花费什么。鉴于《管子》一书的汇集性质,我倾向于认为,"因"的范畴首先出于《论语》。《老子》没有"因"的概念。不过,其中有一条叫做"圣人无常心,以百姓心为心。善者,吾亦善之"②,较为接近于"因"。王弼在解释这两句话时,就采用了"因"的观念。前一句,王弼说"动常因也";后一句,王弼说"各因其用,则善不失也"③。《庄子》也说"卑而不可不因者,民也"④。"因民"是一种民本主义的思想,具有超越历史的意义。在《左传》中,有"因地之性"的提法,要求"生其六气,用其五行"⑤,即顺应和利用五行的性质,使人们的养生送死、婚丧嫁娶、君臣父子夫妇的关系、好恶喜怒哀乐的感情等都能符合一定的规范,从而与天地之性相协调。《管子》、《中庸》中有"因天地之材"的观念。天材是物产,地利是地形、地质的便利条件。《管子·乘马》篇在论述建立国都的原则时提出"因天材,就地利,故城郭不必中规矩,道路不必中准绳"⑥。与此相似,《中庸》有"因材"、《孟子》有"因陵"、"因川"、《管子》有"因水之性"、《礼记》有"为高必因丘陵,为下必因川泽"⑦、《文子》有"因高为山"、"因下为渊"等说法。⑧ 这些都属于因的智慧。

---

① 《四书章句集注》,第 194 页。
② 楼宇烈:《王弼集校释》上,北京:中华书局,1980 年版,第 129 页。此句帛书本为"圣人恒无心",见高明:《帛书老子校注》,北京:中华书局 1996 年版,第 58 页。鉴于在历史上发生影响的是"无常心",故此处仍采用通行本。
③ 《王弼集校释》上,第 128 页。
④ 王先谦:《庄子集解》,《诸子集成》,第 3 册,第 68 页。
⑤ 《春秋左传正义》,《十三经注疏》,第 2107 页。
⑥ 《管子校注》,第 776 页。
⑦ 《礼记训纂》,第 374 页。
⑧ 王利器:《文子疏义》,北京:中华书局,2000 年版,第 263 页。

更为抽象的说法是"因时"。"时"是时节、时间、机会等,因时就是顺应时令的变化,在机会到来时不失时机地抓住它。如前所述,《管子》中说,"春采生,秋采蓏,夏处阴,冬处阳。"这是"因于时"。①"时"是对自然运行的节奏或阶段的划分,是对自然的切入。"因时"是切入运行着的自然,与自然相交往、打交道的一种方式。

二、"无为"

"因"在逻辑上蕴涵着"无为";它的内涵的合理展开即是"无为"。这一点,《管子》、《吕氏春秋》都认识到了。《管子》说:"无为之道,因也。"②和"因"一样,"无为"也是中国文化的一个普遍观念。老子《道德经》的无为思想最为丰富,它的主要内涵是让事物按照自己的本性、秩序、过程展开,不加人为的干涉。老子认为,一旦加进人为的干涉,就可能影响事物自身的秩序,反而会招致失败。

儒家也十分重视"无为"的思想。《诗经》多次出现"无为"的概念。《论语》也出现了"无为",和老子的无为的内涵一致。孔子在评价舜的为政时说:"无为而治者,其舜也与!夫何为哉?恭己正南面而已矣。"③这表明,孔子和老子一样,也是赞成"无为"的政治原则的。对于此处的"无为",何晏解释为"任官得其人,故得无为而治"。朱子强调"圣人德盛而民化,不待其有所作为也",④这显然是从儒家思想出发的解释,但仍显示出和老子的"我无为而民自化"的内在的逻辑联系。在《论语》中,孔子还说:"巍巍乎,舜禹之有天下也,而不与焉。"⑤这里的"与",为参与、介入、干涉;"不与"是选贤任能,恭己无为。《论语》中孔子说:"予欲无言!"子贡说:"子如不言,则小子何述焉?"孔子说:"天何言哉!四时行焉,百物生焉。天何言哉?"⑥《老子》也强调"不言之教"⑦,《老子》的"不言"和孔子的"无言"内

---

① ② 《管子校注》,第218—219页、第771页。
③ ④ 《四书章句集注》,第162页。
⑤ ⑥ 《四书章句集注》,第107页、第180页。
⑦   陈鼓应:《老子今注今译》,第80页。

涵有相同之处。孔子的话表明,他同样是把无为作为最高价值的;"天何言哉"的自然主义色彩与老子同。孟子、荀子都明确地把水和无为联系起来。孟子说"禹之行水也,行其所无事也"①。无事,正是无为的内涵之一。荀子借孔子之口说:"夫水,遍与诸生而无为也,似德。"②

《淮南子》对于无为的说明更为细致。它提出:"所谓无为者,不先物为也;所谓无不为者,因物之所为。所谓无治者,不易自然也;所谓无不治者,因物之相然也。"③可见,"无为"不是不作为,而是不在事物还没有表现出某一特点时就采取措施。这叫顺物之性。④无治也不是不治理,而是不改变自然而然的本性。这只是意味着"为"有一定的条件,以现实性为基础的善为,而不是加入个人的主观意志随意妄为。所以,《淮南子》又指出:"用己而背自然,故谓之有为",是明确地以是否违背自然作为"有为"与否的分界线。符合"因"的原则的"因高为田,因下为池",便不属于有为,而违背自然的"以淮灌山"之类,则属于有为。《淮南子》的区分可谓把握了有为和无为的实质。

无为之所以是一种普遍原则,是因为它来自治水的经验教训。作为治水经验的积淀,水、因、无为无论是在逻辑上还是在实践中都是统一的。

第二节　天人合一论

司马迁撰《史记》,说要"究天人之际,通古今之变"。他所说的,实际上也是中国哲学、中国文化的目标。中国文化究天人之际的结果是得出了"天人合一"的普遍原则,它的生态内涵是服从自然,辅助自然,按照自然的规律办事,与自然和谐相处,协同发展。各家各

---

① 《四书章句集注》,第297页。
② 王先谦:《荀子集解》,第524页。
③④ 《淮南子》:《诸子集成》,第7册,第8页。

派都承认这个原则。从思维方式上说,"因"展开为"无为","无为"展开为"天人合一";天人合一可谓"因天"。天人合一和治水、因、无为形成一种根源性的连续,是治水智慧的升华。天人合一在中国文化中有物理或事实、本体、价值、功夫、知识多方面的含义。

一、物理意义

天人合一的物理意义或事实意义是说从泥土瓦石到一草一木,从飞禽走兽到常人圣贤,都是由气构成的,一气贯通;天地万物形成一个统一体。"一气贯通"的思想源自道家,庄子称为"通天下一气"。庄子特别提出,从气上说,人和万物之间能够互相转换。《大宗师》中有这样一段:

> 子来有病,喘喘然将死。其妻子环而泣之。子犁往问之,曰:"叱!避!无怛化!"倚其户与之语曰:"伟哉造化!又将奚以汝为?将奚以汝适?以汝为鼠肝乎?以汝为虫臂乎?"①

在这里,构成子来的气可以在子来死去再构成鼠肝、虫臂,就是以气为基础的万物嬗形的思想。这一思想后来由郑玄、孔颖达、周敦颐、张载等人继承,气是构成天地万物的基础材料的思想成为中国文化的共识。当然,构成人和其他生物的气不是普通的气,不是乖戾之气,而是"和气"。荀子指出,"万物各得其和以生。"②《礼记》说:"阴阳和而万物得。"③朱子也指出,天地生物,每一物都赋予了它一个"无妄"的本性:"天之生物也,一物与一无妄。"④又说:"一草一木,皆天地和平之气。"⑤

十分有趣的是,利奥波德在他的《沙乡年鉴》中也提出了"x"的循环的思想,跟庄子的万物嬗形的思想如出一辙。利奥波德说,有一个"x",被锁闭在一块岩石中。经过很长时间后,它被一棵橡树拔了

---

① 陈鼓应:《庄子今注今译》上,第189页。
② 《荀子集解》,第308—309页。
③ 《礼记训纂》,第384页。
④⑤ 《朱子语类》,第56页、第60页。

出来,长在树中,帮助那棵橡树开花结果。一只鹿吃了橡果,"x"成为鹿的一部分;这只鹿被一个印第安人猎到,"x"又变成了印第安人的骨头和骨骼。这位印第安人死后,"x"又回到了土壤中,等待着下一个循环。①

利奥波德这一章被认为是生态哲学的经典。无独有偶,中国现代哲学家金岳霖在他的《论道》中也提出了一个"x"的循环的思想。x 在金岳霖哲学中为"能"。照他所说,"能"不是概念,不是名词,而是一个名字,是构成万物的不可再分的"某种东西"。与"能"相对的是"可能",类似于概念。"能"进入可能,概念即成为"共相"。共相通过现实的具体化和个体化,即产生事物。所有"可能"的析取的总和为"式"。"能"和"式"不能相互脱离。金岳霖指出"居式由能莫不为道"②,就是说,能在"式"中的运动形成宇宙道的演化过程,宇宙间的生生灭灭就发生在这一过程中。金岳霖从哲学上更为普遍地说明了一气贯通,万物嬗形的思想。

金岳霖、利奥波德所说的"x"和中国哲学的"气"是一致的。气的循环决定了人与天地万物的一体性,人的存在的自然性——人和自然服从同样的规律。x 是什么? 它可以是自然的任何一个构成元素。比如,氮。地球上 80% 的氮是在空气中不起反应的氮气。剩下的 20% 中多数是土壤腐殖质的一部分,还有一部分有机化合物的形式存在于生物体内。氮通过生活在土壤中的各种微生物和豆科植物的根的氮固定功能进入土壤,还可以通过腐烂的植物以及动物粪便进入土壤。"腐殖质通过土壤微生物的活动慢慢释放出氮,土壤微生物再把它转化为硝酸盐","硝酸盐又被植物的根部吸收,造出蛋白质和作物的其他有生命的部分。在自然界中,植物变为动物的食物,动物的粪便又返回到土壤之中,这个循环便完成了。"③不少元素

---

① 参看[美]奥尔多·利奥波德:《沙乡年鉴》,侯文蕙译,长春:吉林人民出版社,1997 年版,《奥德赛》一章。
② 《论道》,第 40 页。
③ 《封闭的循环——自然、人和技术》,1997 年版,第 18 页。

都是这样循环的,这可以说是气的循环的一个侧面。

物理意义的天人合一在一定意义上是一个被动的、消极的事实。诚如海德格尔所说,我们是被抛入这个世界的,世界是我们的组成部分,我们又是世界的组成部分。可以说,无论人们是否意识到这一点,这都是个事实;甚至说,无论一个人是否在道德修养和实践行为中主动地朝天人合一的方向努力,这都是个事实。这在某种意义上意味着一个人可以在实践上违背天人合一原则而在物理意义上仍是天人合一的。这是个矛盾,说明还需进一步把天人合一视为价值。

二、价值意义

为了克服天人合一的物理意义存在的悖论缺陷,天人合一应当也是在一种价值观。天人合一作为一种事实,对于人来讲,是一种必然、必须。必然蕴涵应该,这意味着自然对于人具有道德引导功能。所以,天人合一就是一种原则,一个人应该做到价值要求。

与前述关于能量在不同的营养级之间的转移相似,罗尔斯顿提出了一个"生命之流"概念。他指出,生命和外部环境之间进行着物质和能量的交换,这种交换须保持一种动态的平衡。他说:"资源的消耗与资源的保护总是相矛盾的,而生命就在这二者之间微妙的张力中延续。在人类出现以前的生命形式里,这种平衡不是有意识的;人类出现以后,就有了这样一种挑战,如何将这种平衡转变为有意识的,或者说道德性的。自动平衡不排除进化和历史发展,但它却是规定了:未来人类的发展不论采用什么样的途径,都应使这些自然过程能够延续下去,因为生命之河是靠这些过程才能向前流动的。只有当我们的源头可以更新(renewable),我们才能再生发(regenerate)。'更新'和'再发生'这两个词的前缀 re—已不再表示将自然的东西转变为某种供人类利用的东西,而是表示人类应使自己适应于一个不被扰乱的物质资源的流动,以求得自身的延续。从对历史的回顾中我们可以看到,关心自然保护的人也是最早对未来世代产生关注的人。"①可是,真正的问题在于"人是否能够承认他完全是自然的一部分"②。唐纳德·沃斯特也提出了"生态依赖性"的问题,作为他的《自然的经济体系》的结论之一。他指出,"有机大自然尽管都各自进行个别的努力,但都得按相互依赖原则来运转。的确,它只能按照此原则来运转。没有其他物种的帮助,任何有机物或者物种都没有机会生存下来"③。罗尔斯顿和唐纳德的论证都表明,在现代生态哲学的视野中,天人合一是一种价值观。

天人合一作为价值、作为存在的原则在《易经》中已经有所表现。《易经》有六十四卦,每卦都是"兼三才而两之",三才即天、地、人。每一卦六爻的初、二爻代表地,三、四爻代表人,五、上爻代表天。这样,在《易经》中人便被整合进了天地人的结构中。天地的运行对于人的行为有先验的规定和限制意义,人必须按照天地运行的原则或方式行事。这就是天人合一,也可以叫做"因天"。以《乾》卦为例,它的爻辞初九"潜龙勿用"、九二"见龙在田",说的都是自然的事。九三"君子终日乾乾、夕惕若,厉,无咎",便开始陈述人事。九五"飞龙在天"、上九"亢龙有悔",是龙已上天,仍是说自然的事情。《周易》的结构意味着生态原则在儒家文化中是从人的存在以至于自然的存在的本根上发出来的,具有本体和价值的意义。天人合一作为价值,在儒家功夫论哲学中的表现尤为突出。功夫实际上是实现价值的过程。

在天人合一问题上,儒家和道家有所区别。道家尤其是庄子,对于自然的认识是主张万物都是平等的,相互之间没有价值的区别,所以他主张纯任自然,让事物都按照自己的未加任何修饰和改造的本性去发展。儒家认为,阴阳二气的运行有中和、偏颇的不同,人所禀受的是中和之气,这是天所命给人的本性。天的本性是生生不息,是

---

① [美]霍尔姆斯·罗尔斯顿 III:《哲学走向荒野》,刘耳、叶平译,长春:吉林人民出版社,2000年版,第105页。
② [美]唐纳德·沃斯特:《自然的经济体系——生态思想史》,侯文蕙译,北京:商务印书馆,1999年版,第223页。
③ 《自然的经济体系——生态思想史》,第494页。

善。这些本性赋予人,成为人的本性。所以,对于人来说,天人合一就是要做到与天合一。要做到这一点,需要有各种各样的修养功夫,这是儒家的功夫论思想。

三、本体意义

天人合一的本体意义说明的是人与万物的同一性。在物理或事实意义的基础上,可以进一步谈到天人合一的本体意义,其内涵是天地万物具有一定意义的同一性。《中庸》据说是子思的作品,它所设想的读者是普遍的个人,不限于统治者。这是冯友兰所指出的儒家对于人的发现。发现个人,是儒家文化的积极意义之一。《中庸》开篇即说,"天命之谓性,率性之谓道,修道之谓教",把天和人贯穿在了一起,指出人性来源于天性,二者具有同一性。这里的天是自然,它不纯是现代物理学意义的天空(sky)或自然界(nature),而还包含了更多的对于自然与人的联系的认识和对于自然的敬畏的情感。金岳霖把这种意义上的自然称为"自然神"。词义的差别表现了文化的差别。《易传》提出"一阴一阳之谓道,继之者善也,成之者性也",又说"乾道变化,各正性命",表明人和天地万物都是在阴阳运行的过程中获得自己的本性的。《中庸》和《易传》从本体的意义上说明了天和人是贯通的、一体的;人和万物的本性都是来源于天,是天赋予的。天人合一,是天道与人性的同一,这是天人合一的本体意义。朱子非常简明地指出:"盖合而言之,万物统体一太极也;分而言之,一物各具一太极也。所谓天下无性外之物,而性无不在者,于此尤可以见其全矣。"[①]又指出:"太极只是个极好至善底道理。人人有一太极,物物有一太极。周子所谓太极,是天地人物万善至好底表德。"[②]人人一太极,物物一太极,显然是人物具有同一性的明确表述。

什么是"天道",什么是"人道"?《中庸》和孟子都认为,"诚者,

[①] 朱熹:《太极图说解》,《朱子全书》,第13册,朱杰人等主编,上海:上海古籍出版社、合肥:安徽教育出版社,2002年版,第74页。

[②] 《朱子语类》,第2371页。

天之道也",做到诚是人道。什么是诚?《中庸》提出是"择善固执",可见诚就是善。这和《易传》所说的继善成性是一致的。东汉赵岐指出:"授人诚善之性者,天也;思行其诚以奉天者,人也。"①这正是思孟学派天人合一的意思。不过,《中庸》的天道之善不单纯是一个道德伦理范畴,它还是天地万物的本体,具有本体的意义。诚是不息。天道的运行是积极的、永无止息的;不息则能悠远而无穷,悠远而无穷则有征验于外,有征验则其积累至于广博深厚,其发出至于高大光明。高明是天,能够覆盖万物;博厚是地,能够承载万物:

> 不息则久,久则征,征则悠远,悠远则博厚,博厚则高明。博厚,所以载物也;高明,所以覆物也;悠久,所以成物也。博厚配地,高明配天,悠久无疆。②

总之,天地之道是诚于一而不二的。人们看不到它的样子,它却是彰明昭著的;看不见它的动静,它却产生了变化;看不到它做什么,它却生成了万事万物。天地生物是神妙莫测的。这样的天,它的自然意义也是它的道德意义或价值意义,二者是合一的。天道赋予人,成为人性;人性也是自强不息、厚德载物的价值性,与《中庸》的不息与博厚一致。周敦颐的《通书》开篇即是"诚"论。他指出:

> 诚者,圣人之本。"大哉乾元,万物资始",诚之源也。"乾道变化,各正性命",诚斯立焉。纯粹至善者也。故曰:"一阴一阳之谓道,继之者善也,成之者性也。"元、亨,诚之通;利、贞,诚之复。大哉易也,性命之源乎!
>
> 圣,诚而已矣。诚,五常之本,百行之源也。静无而动有,至正而明达也。五常百行,非诚,非也,邪暗,塞也。故诚则无事矣。至易而行难。果而确,无难焉。故曰:"一日克己复礼,天下归仁焉。"③

---

① (汉)赵岐注,(宋)孙奭疏:《孟子注疏》,《十三经注疏》,第 2721 页。
② 《四书章句集注》,第 34 页。
③ 《朱子全书》,第 13 册,第 97—100 页。

周敦颐在这两段话中,首先肯定了诚与天道、与善、与性命的联系,指出易、元亨利贞是诚的根源,由此确立了诚的本体基础。其次,又说明了诚的功夫论,指出诚是道德的根本,诚的功夫在于力行。从二程开始,宋明哲学家把生生、仁作为天道人性,用生生来贯穿天人。认为人的本性和天地万物的本性具有同一性,这种认识超出了奈斯(A. Naess)的深生态学的深度。

四、功夫意义

天人合一的功夫意义是说人应该在实践上做到天人合一,主动地合于天。功夫论主要是道德修养的意义,也包含社会实践。天人合一的功夫意义以它的价值意义为基础。孔子是主张天人合一的,他的语言是"则天"。在《论语·泰伯》中,孔子赞颂尧能够效法天而实行德化。他说:"大哉,尧之为君!巍巍乎,唯天为大,唯尧则之。""则天"就是效法天道,天人合一。邢昺说,尧这个君主,聪明文思,道德高大巍巍。有形的事物,以天为大,天肇始万物,运行四时。尧能够效法天道而推行教化:

> 尧之为君也,聪明文思,其德高大巍巍,然有形之中,唯天为大,万物资始,四时行焉。唯尧能法此天道而行其化焉。①

刘宝楠从普遍原则的高度说,人禀受天地的中气而生,人性根源于天,所以应该"法天";"未有能违天而成德布治者也的。"②《中庸》称颂孔子"上律天时,下袭水土"③。"律天时"是遵循天道,"袭水土"是因循地利。《中庸》所载表明,孔子也是则天的。《易传》说"知崇礼卑。崇效天,卑法地",是说人的智慧效法的是天,人所制定的礼仪效法的是地。可见,在儒家文化中,人应当遵循天地的原则行动;人的主动性即表现为服从自然,而不是破坏自然。

思孟学派更加重视人通过功夫与天合一。据《中庸》、《孟子》,

---

① 《论语注疏》,《十三经注疏》,第 2487 页。
② (清)刘宝楠:《论语正义》,《诸子集成》,第 1 册,第 166 页。
③ 《四书章句集注》,第 37 页。

圣人是那些能够完全实现自己的诚善本性,从而与天合一的人。圣人即是天。普通人必须以圣人为楷模,不能止于独善其身,闭门思诚而已;还应有所作为,积极地对待他人,对待天地万物;成就他人,成就天地万物;成就他人与天地万物,是让他人和天地万物充分实现他们各自的本性。这是"尽人之性"和"尽物之性"。成就自己是仁,成就万物是智。人只有在这个过程中才能实现自己的诚善本性。这是他的"尽性",即实现他的本性。诚作为人的德性,统合内外。人也只有充分实现自己的诚善本性,才能使他人和万物实现他们的本性。成己尽性也内在地包含着让天地万物也实现自己的本性,做不到这一点,就不能说正确地实现了成己尽性:

> 诚者非自成己而已也,所以成物也。成己,仁也;成物,知也。性之德也,合外内之道也,故时措之宜也。①

诚、善也不止是德性的一个条目,还是普遍意义的德性。南宋时,朱子继承周敦颐的思想,明确地把"诚"提升为普遍的天理,使它成为一个包含着所有事物之理从而也是道德规范的本体。

当代深生态学的"自我实现"说与《中庸》"尽性"思想十分接近。深生态学认为,人的自我不是一个孤立的肉体的小我,而是与大自然融为一体的大我。由于自我包含着他人、天地万物,自我的本性是由人与他人、自然界中的其他存在物的关系所决定的,所以,自我的实现包含着让其他存在物都能实现自己的本性。人只有做到这一点,才可以说是一个大我,而不是一个孤立的只求一己私欲之满足的小我。

> 深生态学追随众多世界宗教的精神传统,它的自我实现的规范超出了现代西方自我(self)。这种自我的定义是一个孤立的我(ego),它所追求的基本上是快乐的满足或者一种狭隘意义上的此生或来生的救赎。这种被社会所程式化地规定的狭隘自我或社会自我使我们错位,贪求那些在社会中或社会的某个

---

① 《四书章句集注》,第34页。

团体中流行的时髦或时尚,不能从事于对于我们的独特的精神/生物人格的寻求。在我们不再把我们理解为或看做孤立的狭隘的竞争的自我,而开始把我们的家人和朋友与他人、直至我们这个种类视为同一的时候,精神的增长和展开才会开始。但是,深生态学的意义的自我要求更进一步的成熟和成长,在人性的同一之外,进一步把人与非人的世界相同一。我们必须超出我们当下狭隘的文化假定和价值观,以及我们目前时空的传统智慧,这只能在一个沉思性的深层追问的过程中才能实现。只有在这一过程中我们才有希望获得全部成熟的人格和唯一性。

一个教养性的非支配性的社会能够帮助我们完成实现完整的人格的"真正工作"。这个"真正工作"可以符号化地总结为"**自我**(Self)中的自我"的实现。这里的"**自我**"代表有机整体性。自我的完全展开过程可以用这样一句短语来总结:"在所有都得救之前,没有哪个能够得救"。这里的"哪个"不仅包括我,一个独立的个人,也包括所有的人、鲸鱼、灰熊、整个的热带雨林生态系统、山脉和河流、土壤中最微不足道的微生物等。①

这里的大"自我"之说,颇与阳明所说的与天地万物为一体的"大人"相同。

为了做到天人一体,《中庸》提出了"由明而诚"的功夫论,即通过后天的努力发现和实现自己先天禀赋的诚善本性。孟子把它称为尽心知性从而知天、存心养性从而事天的功夫。孟子说:"尽其心者,知其性也。知其性,则知天矣。"② 由明而诚、尽心知性是领悟自己的本体的功夫,是有后天而到先天;由诚而明,存心养性事天,则是实现自己的本体的功夫,是先天直贯于后天。张载称此为"天人合一"。应该说,天人合一在《易经》和《中庸》中还只是一个原则,不是

---

① Bill Devall and George Sessions: Deep Ecology, Salt Lake City, Gibbs M. Simth Inc, 1985, p66-67. 比尔·戴法尔、乔治·塞松斯:《深生态学》,盐湖城:吉布斯 M. 史密斯有限公司,1985 年版,第 66—67 页。
② 《四书章句集注》,第 349 页。

一个明确的命题,董仲舒、张载把它变成了一个明确的命题。《中庸》、张载的"天人合一",都更加突出了这一命题的道德实践意义,突出了人的主体性和价值。强调人的价值是儒家文化能够历久弥新,贞下起元,从而超越历史的局限性的根源所在。

还要特别指出的是,我们说"圣人"时,当然首先是指尧舜文武周公孔子这些历史上的圣人。但是,在儒家文化中,"圣人"的概念不是封闭的,不是仅限于这些人的,而是开放的。无论谁,只要他做到了参赞天地之化育,他就是圣人。所以,圣人可以在我们身边,也可以就是我们自己。岂止如此,作为人,我们本来就有圣人的本体,本来就应当以圣人为目标;纵不能至,亦应心向往之。明代薛瑄谈自己的功夫修养说:"七十六年无一事,此心惟觉性天通。"①这是儒者应有的态度。

五、境界意义

境界是在一定的功夫的基础上达到的对于事物的"觉解"。这是冯友兰在其贞元六书之一的《新原人》中提出的思想。觉解是一种超迈的理解,深刻的洞见。天人合一是儒家哲学以至于中国文化的最高命题,它是一个事实,也是一个价值,最高的事实就是价值。同时,它也是经过功夫修养后所达到的境界。这种境界在儒家哲学中被表述为"与天地参"、"民胞物与"、"与天地万物为一体"等。与天地参出现于《中庸》:

> 唯天下至诚,为能尽其性;能尽其性,则能尽人之性;能尽人之性,则能尽物之性;能尽物之性,则可以赞天地之化育;可以赞天地之化育,则可以与天地参矣。②

这里的"至诚",是那些经过长期的道德修养功夫,从而达到心性与天地贯通的人,他能够做到把实现自己的本性和让他人与天地

---

① (明)黄宗羲:《明儒学案》上,沈芝盈点校,北京:中华书局1985年版,第3页。
② 《四书章句集注》,第32—33页。

万物都能实现各自的本性有机地统一起来,从而他实现自己本性的过程,也是一个帮助天地生生不息、化育万物的过程。他把自己提升到与天地同德同行的地步。这就是说他做到了参与和帮助天地的变化和生育万物,可以与天地相并列为三了,这就是"与天地参"。照这样来看,人参赞天地万物的化育,就不止是进行了一种道德实践,而且还达到了一种与天地万物为一体的天人合一的境界。这就是冯友兰所说的天地境界。《中庸》还有一些近似于天人感应的思想。它认为做到至诚可以预知,可以感动天地。"国家将兴,必有祯祥;国家将亡,必有妖孽"。① 汉代董仲舒继承了这种思想,并和阴阳五行学说结合起来,形成了人副天数的天人感应思想,通过天人感应说明天人合一。他说:"以类合之,天人一也"②;"天人之际,合而为一"③。

民胞物与是宋代哲学家张载提出来的一种境界。如前所述,以气为基础的合一只是一种自在的或本来的状态。天人合一的根本意义是境界论的或价值的。境界论含义的合一不是谁都能意识到的,更不是谁都能做得到的,所以,儒家强调通过功夫达到天人合一,这是良知和功夫的自觉。这种功夫在张载那里是诚和明。他说儒者通过明达到诚,通过诚达到明,由此做到天人合一,与天地万物为一体。"儒者则因明致诚,因诚致明,故天人合一。"④张载的"民胞物与"是理学家天人合一境界的极好表述。他说:

> 乾称父,坤称母;予兹藐焉,乃混然中处。故天地之塞,吾共体;天地之帅,吾其性。民吾同胞,物吾与也。大君者,吾父母宗子;其大臣,宗子之家相也。尊高年,所以长其长;慈孤弱,所以幼(其)〔吾〕幼。圣其合德,贤其秀也。凡天下疲癃残疾、惸独鳏寡,皆吾兄弟之颠连而无告者也。于时保之,子之翼也;乐且不忧,纯乎孝者也。违曰悖德,害仁曰贼;济恶者不才,其践形,

---

① 《四书章句集注》,第33页。
②③ 《春秋繁露义证》,第341页、第288页。
④ 《张载集》,第65页。

唯肖者也。知化则善述其事,穷神则善继其志。不愧屋漏为无忝,存心养性为匪懈。……富贵福泽,将厚吾之生也;贫贱忧戚,庸玉女于成也。存,吾顺事,没,吾宁也。①

照冯友兰所说,从"乾称父"到"吾其性",张载确立了人在宇宙中的地位。宇宙如同一个大家庭,天地为父母,人为儿女;人承担道德责任,应把百姓作为自己的同胞,万物作为自己的朋友。冯友兰特别强调,本文中的"吾"指人,"其",指"宇宙"。"吾"不仅是社会中的一员,也是宇宙的一员,"吾"所做的一切不仅具有道德意义,而且具有超道德的境界意义。② 准此,则"知化则善述其事,穷神则善继其志"中的"其",亦指宇宙天地万物,"继其志"是继天之志,"述其事"是遵循继天之事。天之志,亦是天之心,乃是化生万物,"天地之心,唯是生物";③天之事,亦是生化万物之事。所以,民胞物与,就是参赞天地之化育,与天为一。程颢的"仁者浑然与物同体"也是境界论的天人合一,关于此,详见下文论仁的部分。我们也须指出,境界不单纯是"觉解"的结果,也包含、甚至说主要包含实践,或者说"觉解"是在实践基础上达到的结果并带有实践的规定性。不与外部世界接触的纯思,是抽象的,难以达到真正的"觉解"。同时,"觉解"又是以天人贯通的本体意义为基础的。据上所说,则境界也具有一定的实体意义,它以本体为基础,以功夫为条件,不纯是一种认识。

六、知识意义

天人合一能不能成为一种知识?从当代分析哲学的原则来看,天人合一是个形而上学原则,不能被视为知识。现在看来,这种见解是片面的。美国学者芭芭拉·沃德指出:"近四五十年来,人们对自然的了解,科学地证实和增强了古代人们的道德观念。哲学家曾告

---

① 《张载集》,第62—63页。
② 冯友兰:《中国哲学史新编》,第5册,北京:中华书局,1988年版,第137页。本段张载引文,《张载集》把"其"订为"吾",本书仍从冯友兰的理解,作"其"。
③ 《张载集》,第113页。

诉我们:我们是一个整体的一个部分,这个整体超越于我们的局部欲望和要求;一切生物都像交错的蜘蛛网一样相互依赖着;侵略和暴力会盲目地破坏生存的脆弱关系,从而引起毁灭和死亡。这些论点,也可以说是从人类社会和人类活动中的得出的直觉知识。现在我们知道,这些知识都是宇宙实际情况的如实写照。"① 这表明,道德正在变为知识。作者认为,天人合一也是一种知识,也可以用科学的方法去把握。人应该遵循自然规律,这可以说是天人合一的最为浅显的表述,它显然是一条知识。不遵守自然规律会遭受惩罚,也是被人类历史反复证明了的。人是自然的一部分,与自然构成一个整体,人的欲望和要求应该服从于整体的存在和发展,可谓天人合一的又一含义,它显然也是一条知识。从气象学上来看,它的知识性是非常明显的。人类生产生活活动对于大气的影响是可以计算的。每年人类的生产生活活动的碳排放总量有多少,这些碳会对臭氧层造成多大的影响,产生的温室效应的程度有多大,可以造成气温升高多少,冰川融化多少,海平面上升多少,凡此种种都是可以计算的。现在已经有不少科学家在从事这方面的研究。

生态系统存在能量,能量可以在无机物和有机物、有机物的不同物种之间相互转移,现代生态学已经用科学手段计算出了能量的转移量。这可以说是对一气贯通意义的天人合一的一种证实。其实,前述氮的转化已经是一种证实了。生态学家坦斯利根据热力物理学认为,在生态系统中能量是不停地穿梭转移的。"能量在流经生态系统的任何一点时都是可以测量的,就此而言,诸如碳或氮之类的地球化学物质的循环也是如此。"② 这样,可以把"整个自然——岩石和大气以及生物区系——都纳入到物质资源的共同序列之中"③。1942年,雷蒙德·林德曼以美国明尼苏达州雪松湖为对象,采用把生物事件还原为能量事件的方法,测量了生态系统的新陈代谢——能量的循环。他提出了一个"营养级"的概念,把营养级分为"普通

---

① 《只有一个地球——对一个小小行星的关怀和维护》,第55—56页。
②③ 《自然的经济体系——生态思想史》,第356页、第354页。

生产者"、"一级消费者"、"二级消费者"、"分解者"。在这里,营养还原为能量。下一级消耗前一级产生的能量。他认为:"在某一级上耗用的能量永远不能全部转移到下一更高等级去。一部分能量总是会在转移中损失,如同热量会散佚到大气中一样。"①他精确地测量了食物链中每一极的"生产力"和能量在由下一级到高一级转移过程中的损失,即能量转移的"效率"。

他的测量表明,湖水只能吸收太阳能量的千分之一,其余反射到天空中。这千分之一的能量中,有 1/5 消耗于第一级生产者植物的呼吸作用,剩下的 4/5 是可用于食草动物的净产量。第一级消费者食草动物只吃到植物净产量的 17%,其他部分都没有用或腐烂了。食草动物所享用的食物能量,30% 用于自己的新陈代谢。第二级消费者食肉动物仅仅消耗了可供利用的食物能量的 28.6%,它的呼吸作用则消耗了它所获得的能量得 60%。因为"消耗得过多就等于是破坏它们食物基地的生存和有效再生产的能力"②。林德曼提出了能量流动的两个模式:"第一,有机物在从较低营养级获取能量方面,随着一种有机物在食物链中不断升级而变得越来越富有效率。能量转移的效率从锡达沼泽湖中植物获取太阳能量的千分之一,一下跳跃到食肉动物从食草动物净产量中获得 28.6% 的能量。第二,随着食物链中物种的升级,呼吸作用消耗的能量所占的比例也越来越大,从植物的 21% 上升到食肉动物的 60%"③林德曼的研究说明了物种数量为什么是金字塔形状的,即在自然界,使食肉动物的数量小于食草动物,食草动物的数量小于草地的产出量。这是自然形成的一种平衡。人是这一金字塔的顶端。当然,需要指出的是,人也是这一平衡的打破者,因为人可以同时消耗动物和植物。从林德曼的研究可以看出,包括人在内的生态系统构成要素之间的相互依赖和动态平衡,亦即把人置于自然,作为自然的一部分,要求其服从自然的天人合一观念,是可以表述为科学知识的。芭芭拉·沃德说:"生

---

① 《自然的经济体系——生态思想史》,第 359—360 页。
②③ 《自然的经济体系——生态思想史》,第 361 页。

物界密切的不可避免的相互依赖,包含着某种稳定的和动态的互变关系。这种互变关系的减弱或破坏,将使生物产生相互残害和自身消灭的可能性。……在这种相互关系的后面,却存在着一种危险,一旦那微妙的平衡被破坏,就有可能造成预料不到的有时是毁灭性的后果。"① 这可以说是对于人是自然的一部分,人与生态系统其他元素的相互依赖——天人合一的一个基于科学的说明。

总之,我们同意这样一种说法,生态运动正在形成一种新的认识论运动,改变人类对于知识的看法,扩大知识的外延;进一步来说,改变人类认识问题的思维方式,比如把时间、变化作为知识的内涵,可以有一种关于"总体"的或"道体"的知识。就此而言,与天地万物为一体也可以是一种知识,而不单纯是一种境界。需要指出的是,我们并不是以符合科学作为天人合一的合理性的根据。相反,我们认为,科学只是显示天人合一的正确性的一个方面。

第三节 惟人为贵:人与万物的差异性

天人合一的本体意义表明,人和物都是在天道运行的过程中获得自己的性质的,天地万物具有同一性。朱子说人人一太极,物物一太极。这是不是意味着天地万物都齐同了呢?万物齐同显然是与事实不一致的,儒家不同意庄子的"齐物论"。对于人与天地万物的差异,儒家有一套自己的说明。

一、"惟人为贵":人、物之异

"物"是中国哲学中外延最大的词汇,照荀子的说法,它是一个"大共名"。荀子认为,人和万物一样,都是"物"的一种。"天命之谓性"说明了人与物的同一性。不过,这种同一性是包含差异性的。包括荀子在内的儒家从道德的角度出发认为,人、物的差异表现于道

---

① 《只有一个地球——对一个小小行星的关怀和维护》,第55页。

德。《尚书》说，人是万物之灵："惟天地，万物父母；惟人，万物之灵。"①《孝经》提出，"天地之性，惟人为贵"②。《礼记》说，"人者，天地之心也"③。孟子说人与禽兽相差别的地方"几希"，即很少。这个"几希"指的就是人的道德良知，这是人生来就有的珍贵之处，是天生的。动物没有道德性。荀子按照价值的高低把人和万物进行了排列，指出水火有气，却没有生命；草木有生命，却没有知觉；禽兽有知觉，却没有礼义。人不仅有气、有生、有知，而且有义，所以是天地间最为珍贵、高贵的：

> 水火有气而无生，草木有生而无知，禽兽有知而无义，人有气、有生、有知，亦且有义，故最为天下贵也。④

荀子指出：人之所以能够服牛乘马，是因为人能够结成群体，形成社会。而人之所以能够形成社会，是因为人有义。人"力不若牛，走不若马，而牛马为用，何也？曰：人能群，彼不能群也。人何以能群？曰：分。分何以能行？曰：义。"⑤荀子又说，人之为人，并不只是说他是两足无毛的动物，人有辨别是非的道德认知能力，有职分的不同。职分是靠礼来调整的。"故人之所以为人者，非特以其二足而无毛也，以其有辨也。"⑥比如，"夫禽兽有父子，而无父子之亲，有牝牡而无男女之别。故人道莫不有辨。"⑦《礼记》上说，鹦鹉能够说话，但不过是飞鸟；猩猩能够说话，也只是禽兽。人如果没有礼，那么，尽管能够说话，也不过是禽兽之心。所以，圣人教人以礼仪，使人区别于禽兽。

> 鹦鹉能言，不离飞鸟；猩猩能言，不离禽兽。今人而无礼，虽能言，不亦禽兽之心乎？夫唯禽兽无礼，故父子聚麀。是故圣人作，为礼以教人，使人以有礼，知自别于禽兽。⑧

---

① 《尚书正义》，《十三经注疏》，第180页。
② 《孝经正义》，《十三经注疏》，第2553页。
③ 《礼记正义》，《十三经注疏》，第1424页。
④⑤⑥⑦ 《荀子集解》，第164页、第78页、第78页、第79页。
⑧ 《礼记训纂》，第7页。

汉代董仲舒也认为,"天地之精所以生物者,莫贵于人",理由在于"唯人独能为仁义","唯人独能偶天地。"①王充认为:"天地之性人为贵,贵其识知也。"②这是个与道德解释不全相同的偏重知识的解释。

罗尔斯顿也把道德性作为人与其他生物的差别所在。他指出,自然产生道德性是一个全新的转向,人类因为有道德而具有价值。他说:"人类与自然的分离,不仅仅在于我们发展了文化,并以惊人的力量重建了我们的环境。当我们为文化划出一定的边界,制定一些我们决心不去改造的荒野地区时,更能显示出我们的非自然性。在这一点上,我确实认为人类的卓异超迈了其他的生物。一方面,人类对世界的评价认识到自然的内在的生成价值的创造性,把自己这种评价活动本身视作这一创造性较晚近的结果,而不是将其视作不是由其创造性产生出来的。但另一方面,人类的卓异又确实有特异之处。自然产生道德性是一个全新的转向,是一个独特的历史的转向。自然历史的故事在人这里进入了高潮,尽管这个故事远比这一高潮丰富。人类是很有价值的,但其价值并不是高到使其他一切都无价值了。而且,当人类能对其生命的价值加以考虑时,其价值也就更高了。"③和罗尔斯顿一样,儒家哲学主张人的道德性的目的只是为了促使人们去实践其道德价值,而不是为了贬低禽兽的价值,甚至为人类虐杀禽兽寻找托词。在先秦儒家看来,动物和人一样都是气构成的,动物的感知能力也包括了一部分或一定程度的亲情或道义感。如前所述,荀子指出,大型鸟兽如果在一个地方失去它们的同伴,它们再路过这个地方时,一定会徘徊踟蹰号鸣而去。小的燕雀也会唧唧喳喳鸣叫一阵才离开。这些都是它们的感知。儒家没有说这仅仅是它们的本能。《礼记》说"獭祭鱼",就是认为獭也具有一定程度的仁慈之心。

---

① 《春秋繁露义证》,第 354 页。
② 《论衡》,《诸子集成》,第 7 册,第 130 页。
③ 《哲学走向荒野》,第 251 页。

既然人和天地万物都是由气构成的,都是得天地之和气而产生的,都是在天道的运行中获得自己的规定性的,为什么人有礼义而最为天下贵?《左传·成公十三年》说,百姓都是禀受天地的中和之气而生的,这就是所谓的命。"民受天地之中以生,所谓命也。"①这在"和"之外又提出了"中"的范畴,后世儒家普遍以"中和之气"来标志人、物的区别。《礼记·礼运》说,人得到了天地的"秀气"。周敦颐继承这种说法,指出人是阴阳五行的精华之气,神妙地结合而形成的,"惟人也,得其秀而最灵"。② 这是人、物区别的又一说法。

朱子用理一分殊的道理来说明人和动物的差异。他同意"天命之谓性"是一个普遍原则,适用于天地万物,所以主张从根源上说天地万物都是相同的。朱子把理称为"太极"。他说,"人人有一太极,物物有一个太极"。这就是说,天地万物就其都是出于理而言,是相同的。但是,朱子也指出,这只是一个原则。理并不能单独存在和运动起来,它必须借助于气才能落实到万物生成的具体过程。这意味着原则的存在状态在它落实之前和落实之后是不一样的。朱子把前者称为"方付之初",后者称为"已得之后"。方付之初是从"本原"上说。这个本原不同于西方哲学的"本体",是与时间结合在一起的。朱子说,从本原上看,万物都出于理,理是同一的,气却是驳杂不一的,所以万物理同而气异。③ 而就"已得之后"来说,天地之气的运行错综复杂,参差不齐,人、物都在这一大化流行的过程中取得自己的气而形成自身。这大化就如同奔腾的河水,人、物都去取,他们各自所碰到的水已经不同,所取的量的多少和质的清浊更有差异。《朱子语类》又说:

> 先生答黄商伯书有云:"论万物之一原,则理同而气异;观

---

① 《十三经注疏》,第 1911 页。
② (宋)周敦颐:《太极图说》,(明)黄宗羲《宋元学案》,第 2 册,陈金生、梁运华点校,北京:中华书局,1986 年版,第 498 页。
③ 《朱子语类》,第 57 页。

万物之异体,则气犹相近,而理绝不同。"问:"'理同而气异',此一句是说方付与万物之初,以其天命流行,只是一般,故理同;以其二五之气有清浊纯驳,故气异。下句是就万物已得之后说,以其虽有清浊之不同,而同此二五之气,故气相近;以其昏明开塞之甚远,故理绝不同。"①

这个"取"的过程,实际上也就是人、物禀受天命的过程,或者说天命形成万物的过程。天命之谓性就是在这个过程中完成的。照朱子说这是天人相接之处。朱子主张,人得的是天地的正气,所以能够有知识,懂道理;物受的都是天地的偏气,所以闭塞不通。由于人物各自所得的气存在差异,所以他们天赋的理也就不同,甚至有根本的差异。动植物既然禀得了那样的气,也就只懂得与它们所得的气相当的那些道理。从这方面说,人和动物的气尚相近,理却是截然不同的。气相近就是都知道饥寒暖饱,好生恶死,趋利避害。理不同表现在动物很少或者没有君臣父子的伦理关系。他说:

> 气相近,如知寒暖,识饥饱,好生恶死,趋利避害,人与物都一般。理不同,如蜂蚁之君臣,只是他义上有一点子明;虎狼之父子,只是他仁上有一点子明;其他更推不去。恰似镜子,其他处都暗了,中间只有一两点子光。②

又据《朱子语类》记载:

> 问:"人物皆禀天地之理以为性,皆受天地之气以为形。若人品之不同,固是气有昏明厚薄之异。若在物言之,不知是所禀之理便有不全耶,亦是缘气禀之昏蔽故如此耶?"曰:"惟其所受之气只有许多,故其理亦只有许多。如犬马,他这形气如此,故只会得如此事。"又问:"物物具一太极,则是理无不全也。"曰:"谓之全亦可,谓之偏亦可。以理言之,则无不全;以气言之,(士毅录作"以不能推言之")则不能无偏。故吕与叔谓物之性有近人

---

① ② 《朱子语类》,第 57 页。

之性者,如猫相乳之类。温公集载他家一猫,又更差异。人之性有近物之性者。如世上昏愚人。"①

问:"气质有昏浊不同,则天命之性有偏全否?"曰:"非有偏全。谓如日月之光,若在露地,则尽见之;若在茆屋之下,有所蔽塞,有见有不见。昏浊者是气昏浊了,故自蔽塞,如在茆屋之下。然在人则蔽塞有可通之理;至于禽兽,亦是此性,只被他形体所拘,生得蔽隔之甚,无可通处。至于虎狼之仁,豺獭之祭,蜂蚁之义,却只通这些子,譬如一隙之光。至于猕猴,形状类人,便最灵于他物,只不会说话而已。到得夷狄,便在人与禽兽之间,所以终难改。"②

总之,在朱子看来,虎狼有的那些父子之亲,蜂蚁有的那些君臣之义,都不过是偶然的微明。和人相比,动物禀得的仁义礼智信之性是偏颇的、片面的、闭塞不通的,而人则禀得的则是纯粹的仁义礼智信之性。同样,就金木水火土五行而言,人禀得的全,物也有五行,只是偏。动物都被它的形体拘限住而不通,不能"推"了。③这是它们的局限性所在。人虽然后天会受到蒙蔽,但人还有可通、可推之理,动物则无此理。所以,虎狼之仁都不过"一两点子光",只懂得一两路:

惟人得其正,故是理通而无所塞;物得其偏,故是理塞而无所知。且如人,头圆象天,足方象地,平正端直,以其受天地之正气,所以识道理,有知识。物受天地之偏气,所以禽兽横生,草木头生向下,尾反在上。物之间有知者,不过只通得一路,如乌之知孝,獭之知祭,犬但能守御,牛但能耕而已。人则无不知,无不能。人所以与物异者,所争者此耳。④

儒家关于人的观点确立了人的价值,似是一种人类中心主义的思想。但儒家强调人的价值,只是为了促使人利用自己的卓异之处去认识、肯定外部世界的价值,并促进这种价值的实现,从而进一步

①②③④ 《朱子语类》,第57—58页、第58页、第66页、第65—66页。

丰富和提升人的价值,而不是为了消灭外部世界的价值。这是一种德性主体、责任主体的思想。在这一点上,罗尔斯顿的认识和儒家思想是相通的。他说:"当我们认识到外在于我们自身的价值时,这种认识是发生在人的内心,而人类心智乃是世界上最为微妙的价值。把荒野视为有价值,这并不会使我们非人化,也不会使我们返回到兽性的水平。相反,这会进一步提升我们的精神境界。我们成了更高贵的精神存在,把荒野作为人类的一个对立面容纳进来,而且这是在保持荒野自身的完整性的前提下,而非以人本主义的方式将它容纳进来。这样,自然就超越了她自己,而产生出独特的一个新现象。"①

二、人与人之异

不仅人与动物有差异,人与人也有差异。动物之性偏而不通,人之性则全而正。人与人的差异,则是全而正之中的清浊昏明的不同。比如,尧、舜之气是清明的,而他们各自的儿子丹朱、商均却都冥顽不灵。为什么会有这样的差别?朱子是这样解释的。本来,在原则上,每个人的天赋之理、亦即天命之性是相同的,没有偏差的。天命之性是人人相同的,普通人和圣人一样。这就是说,每个人在原则上都可以成为圣人。但是,如前所述,人是在天地之气的运行过程中形成的,这个运行过程存在偶然性,每个人所得的份额和质量都不相同。这就如同一碗清水,放在白碗里是白色,放在黑碗里是黑色一样。这样一来,天命之性落实到气运的过程中,就产生了人与人的差别。不过,和动物相比,一些人禀得的性虽然昏暗,但暗的可以复明,而动物的偏塞却是不能使之通的。比如说,我们不能期望动物有人这样的伦常关系。人性由暗复明需要做修养的功夫。所以,在朱子的哲学中,未付之前的天命之谓性具有价值意义,而由于气的运行的偶然性,在已付之后人与人之间存在清浊昏明差异的气质之性,则不具有价值意义或决定意义,它只是一种经验现象。人不能把自己生来的禀赋当做是"天命",尤其是当他的气质昏暗的时候。人必须通过道

---

① 《哲学走向荒野》,第 251 页。

德修养和道德实践的功夫,恢复先天的善性。这样才能成为圣人。那些气禀清明的人比气禀混浊的人较易于进行道德修养的功夫,这种差异,儒家哲学也是承认的。资质偏蔽的人,需要付出更多的工夫才能成为圣人。

第四节 仁的生态功夫与境界

仁是儒家哲学中最重要的范畴之一。儒家文化的发展有几千年的历史,仁的内涵也经历了一个不断丰富发展的过程。从生态哲学的角度看,孔子首先提出仁者"爱人",确立了仁的基本内涵。孟子提出亲亲、仁民、爱物,汉代董仲舒、郑玄把仁爱的对象扩展到外物。宋明时期,理学家把仁从四德之一上升为"全德之名",把《易传》的"生生之德"、"生意"作为"天地生物之心",又作为人心之仁的内涵,使人心之德性与外部世界生生的本体统一起来,深化了天人合一的内涵。在这一时期,仁还被程颢、王阳明等人解释为"感"、"浑然与物同体"等。这些解释既有丰富的生态功夫论的内涵,也有丰富的生态境界论的内涵。

一、"仁,爱人以及物"

关于仁的最初的含义,有的学者认为它是上古时期东夷民族的一种对拜的礼节,后来发展成为表示人与人之间的相亲关系的词汇。《说文解字》对仁的解释是:"亲也,从人二。"[1]在《论语》中,孔子明确提出仁者"爱人",确定了儒家思想的基本内涵。在孔子的时代,人的价值还没有得到全面的承认,所以《论语》强调"爱人"。据说一次马厩失火了,孔子问"伤人乎?"《论语》特别记载孔子"不问马"[2]。这并不表示孔子不怜惜马,他只是为了强调人的价值。事实

---

[1] 《说文解字注》,第 365 页。
[2] 《四书章句集注》,第 121 页。

上,孔子的态度是博爱的。据《论语》记载,孔子"钓而不纲,弋不射宿"①;教子伯鱼"多识于鸟兽草木之名"②,这些都是对于自然的亲近和热爱。又如前所述,据《礼记》记载,"仲尼之畜狗死",使子贡用席卷而埋之,不使狗的尸首与土直接接触。③

对于已死动物的哀悯和掩藏,表现了孔子对于生命的普遍尊重的态度。这种态度得到了孟子的继承。孟子对仁做了很重要的发展。他说,"仁,人心也",④明确地把仁作为人心的一种德性。这是一种什么样的德性呢?孟子提出"恻隐之心,仁之端也"。⑤"端"是开始;恻隐是对事物的深切的同情、怜悯的态度。可见,孟子的仁是对于事物的深切的同情心。孟子见齐宣王时所说的"仁术",就是对禽兽的恻隐之心。孟子希望齐宣王、也包括所有的当政者把这种不忍之心的恻隐态度进一步推广到天下百姓身上,实行仁政。孟子提出了"良知"的概念,并赋予了它生态的维度。他明确地提出了"爱物"的思想,说:"亲亲而仁民,仁民而爱物。"⑥孟子主张要亲近自己的亲人,然后把爱心推出去,扩展开来,怜爱珍惜万物。他的恩惠的对象包含有外物,这用我们今天的话来说,他的道德共同体包括外物。如前所述,董仲舒说:"质于爱民,以下至于鸟兽昆虫莫不爱。不爱,奚足谓仁?"⑦郑玄说,"仁,爱人以及物"⑧。唐代贾公彦进一步解释说:"仁者内善于心,外及于物。"⑨"物"包括禽兽、草木。爱,是取之有时,用之有节。关于爱的意义,罗尔斯顿提出了人类因爱和慈悲而拥有地球的观点。他说:

> 如果不是因为有外在的限制,每一种生命都可以占领整个地球。但现在,在人类这里,生命的驱动却因慈悲而止步。别的生命想要占领整个地球却做不到,人是能够占领整个地球却不

---

①② 《四书章句集注》,第 99 页、第 178 页。
③ (清)朱彬:《礼记训纂》,第 156 页。
④⑤⑥ 《四书章句集注》,第 333 页、第 238 页、第 363 页。
⑦ 《春秋繁露义证》,第 251 页。
⑧⑨ (汉)郑玄注,(唐)贾公彦疏:《周礼注疏》,《十三经注疏》,第 707 页。

想去占领。奇怪的是,在对地球行使这善意与仁惠时,我们却拥有了地球。这拥有不是征服,而是保存;不是武断,而是容让;不是贪欲,而是爱。除了犁、斧头、机器及其他金属器具之外,还有一种谦卑也是强有力的,这种谦卑含有大量的爱,要让别的生命存在下去。这样,谦卑者就继承了地球。①

罗氏所说与中国哲学的精神是一致的。

二、仁者"生意"

《易传》上说,"天地之大德曰生","生生之谓易"。天地之大德,也就是天地的"生生之德"。宋明时期儒家学者把天地的这种德性称做"天地之仁",这样,仁就有了天地的生生之德的内涵。

二程认为,"生生"或"生意"是"易"、天道。他们说:"生生之谓易,是天之所以为道也。天只是以生为道,继此生理者即是善也。"②元有开端、开始的意思,万物皆有春意,就是继之者善。朱子也强调,生意是普遍的,表现于一年四季。春天为仁,万物生长,固然表现了天地的生意,而秋冬时节虽然花叶彫零,生意却仍然存在于树木之中。天地间只是一个生理,循环无穷。

> 春为仁,有个生意;在夏,则见其有个亨通意;在秋,则见其有个诚实意;在冬,则见其有个贞固意。在夏秋冬,生意何尝息!本虽彫零,生意则常存。大抵天地间只一理,随其到处,分许多名字出来。③

这表明,元、亨、利、贞,春、夏、秋、冬都不过是生理的不同说法而已。春天是生意的产生,夏天是生意的亨通,秋天是生意的诚实,冬天是生意的贞固。没有秋冬,生意也是不能完成的。"非元则无以生,非贞则无以终,非终则无以为始,不始则不能成终矣。如此循环

---

① 《哲学走向荒野》,第 414 页。
② 《二程集》,第 29 页。
③ 《朱子语类》,第 105 页。

无穷,此所谓'大明终始'也。"①

理学家认为,天地的生意或者生理也就是天地的生物之心②,"天地以生物为心"③。《易传》有"复,其见天地之心"的说法。《复》的卦象是一阳在下,五阴在上——☷,是一阳来复的意思。朱子指出,天地以生为自己的德性,元、亨、利、贞都是生物之心。在春、在夏,天地生生不息的景象十分显著,可以明显地见到天地之心。在贞的时节,即冬季,仅有一阳来复,天地之心没有显著的外在表现。但这是天命流行之初,造化发育的开始,万物莫不由此资始,此正是可以体见天地之心之时:

> 一阳来复,其始生甚微,固若静矣。然其实动之机,其势日长,而万物莫不资始焉。此天命流行之初,造化发育之始,天地生生不已之心于是而可见也。若其静而未发,则此之心体虽无所不在,然却有未发见处。此程子所以以"动之端"为天地之心,亦举用以该其体尔。④

在理学家看来,万物都得到天地之心作为自己的心。就植物来说,它成熟的时候,天地的生意就凝结在它的果实中;它的果实就是天地的仁。伊川把谷种包含的生长的本性叫做仁。他说:"心譬如谷种,生之性便是仁。"⑤朱子也说,茄子里面的一粒种子,就是个"生性":"看茄子内一粒,是个生性。"⑥又说,谷种、桃仁、杏仁之类,种了便生,不是死物,所以叫做"仁":

> 且如万物收藏,何尝休了,都有生意在里面。如谷种、桃仁、杏仁之类,种着便生,不是死物,所以名之曰"仁",见得都是生意。如春之生物,夏是生物之盛,秋是生意渐渐收敛,冬是生意

---

① ② 《朱子语类》,第 105 页、第 1280 页。
③ 《四书章句集注》,第 237 页。
④ 《朱子语类》,第 1791 页。
⑤ 《二程集》,第 184 页。
⑥ 《朱子语类》,第 62 页。

收藏。①

清代戴震指出:"仁者,生生之德也。"②他又指出"气化流行,生生不息"是仁。③ 清代易学家沈起元说:"果之仁,天地之仁也。"④有趣的是,现代汉语仍然保留着把植物的果核称为"仁"的用法,如花生仁、核桃仁之类。

宋明时期,理学家大都喜"观天地生物气象"或观天地生物之意,珍惜万物表现出来的勃勃生机。周敦颐是宋明理学的奠基者之一,程颢、程颐兄弟二人都曾经跟他学习。据他们记载,周敦颐的窗前长满了茂密的野草,可是,他并不去剪除它们。这叫"绿满窗前草不除"。二程问他为什么不剪除,他说,"与自家意思一般"。这是说野草的生意跟自己心中的生意一样。他欣赏自然的生意,希望野草能够郁郁葱葱地生长下去,完成自己的生命。如前所述,程子说:"万物之生意最可观,此元者善之长也,斯所谓仁也。"⑤朱子指出,植物虽然没有知觉,但它的生意仍可以表现出来。如果戕害了它,它便会"枯悴不复悦怿"。朝阳照耀的时候,花树欣欣向荣,它的生意树皮都包裹不住,自然迸发出来。若是枯枝老叶,便"憔悴"。这是因为气的运行已经离去的缘故。他说:

> 植物虽不可言知,然一般生意亦可默见。若戕贼之,便枯悴不复悦怿,亦似有知者。尝观一般花树,朝日照曜之时,欣欣向荣,有这生意,皮包不住,自迸出来;若枯枝老叶,便觉憔悴,盖气行已过也。
>
> 问:"此处见得仁意否?"
> 曰:"只看戕贼之便雕瘁,亦是义底意思。"⑥

---

① 《朱子语类》,第113页。
② (清)戴震:《孟子字义疏证》,何文光整理,北京:中华书局,1962年版,第48页。
③ 《孟子字义疏证》,第48页。
④ (清)沈起元:《周易孔义集说》卷六,《四库全书》本,第50册,第144页。
⑤ 《二程集》,第120页。
⑥ 《朱子语类》,第62页。

在朱子看来,这个生意也是太极。他强调,即使秋冬的肃杀之气、"雪霜之惨",也是生气的表现,不过是生气的收敛而已:

> 问:"仁是天地之生气,义礼智又于其中分别。然其初只是生气,故为全体。"
> 曰:"然。"
> 问:"肃杀之气,亦只是生气?"
> 曰:"不是二物,只是敛些。春夏秋冬,亦只是一气。"①

朱子又说:

> 天之春夏秋冬最分晓:春生,夏长,秋收,冬藏。虽分四时,然生意未尝不贯;纵雪霜之惨,亦是生意。②

三、"仁包四德"

在《论语》、《孟子》中,仁、义、礼、智主要是四种不同的德性。宋明时期,理学家把仁义礼智四端包括信统一为仁,主张"仁包四德"③。程颢说,"义、礼、知、信皆仁也"④;程颐说:"四德之元,犹五常之仁。偏言则一事,专言则包四者。"⑤朱子继承了这一观点,指出仁是全体,也是"本体"。他说:"'仁'字须兼义礼智看,方看得出。仁者,仁之本体;礼者,仁之节文;义者,仁之断制;知者,仁之分别。"⑥又说:"仁,浑沦言,则浑沦都是一个生意,义礼智都是仁;对言,则仁义礼智一般。"⑦又据《朱子语类》记载:

> 问"四德之元,犹五常之仁,偏言则一事,专言则包四者"。
> 曰:"须先识得元与仁是个甚物事,便就自家身上看甚么是仁,甚么是义、礼、智。既识得这个,便见得这一个能包得那数个。若有人问自家:'如何一个便包得数个?'只答云:'只为是

---

① ② 《朱子语类》,第 107 页。
③ 《朱子语类》,第 118 页。
④ ⑤ 《二程集》,第 16 页、第 697 页。
⑥ ⑦ 《朱子语类》,第 109 页、第 107 页。

一个。"①

"仁包四德"的见解是以《易传》为基础的。理学家把"仁"理解为天地的生生之德,又把仁、义、礼、智四端与元、亨、利、贞和春、夏、秋、冬比配,仁为春、为生,而天地的生意是生生不息的、不间断的,所以,仁贯穿四德。对于仁兼四德,朱子有较多的解释。他说,《乾》卦的元、亨、利、贞四德,元是生意,是天地生物的开端,亨是生意的生长,利是生意的顺遂,贞是生意的完成;"在亨则生意之长,在利则生意之遂,在贞则生意之成。若言仁,便是这意思"②。

郑问:"仁是生底意,义礼智则如何?"

曰:"天只是一元之气。春生时,全见是生;到夏长时,也只是这底;到秋来成遂,也只是这底;到冬天藏敛,也只是这底。仁义礼智割做四段,一个便是一个;浑沦看,只是一个。"

正如同前文朱子所说,礼是仁的节文,义是仁的断制,智是仁的分别,如同春夏秋冬虽然不同,但都出于春。春是万物生出,夏是万物茂盛,秋是生意逐渐收敛,冬是生意的收藏。春夏秋冬只是一气贯穿流注去,春天是万物始生繁荣,到后来生气就逐渐老了。春夏秋冬,只是一气的节文。

致道云:"如春是生物之时,已包得夏长、秋成、冬藏意思在。"曰:"春是生物之时,到夏秋冬,也只是这气流注去。但春则是方始生荣意思,到夏便是结里定了,是这生意到后只渐老了。"

贺孙曰:"如温和之气,固是见得仁。若就包四者意思看,便自然有节文,自然得宜,自然明辨。"曰:"然。"③

兼包四德的仁不是一个道德条目,而是天地万物与人的本体。

四、仁为人的"天地生物之心"

《礼记》指出,人为天地之心:"故人者,天地之心也,五行之端

---

①②③ 《朱子语类》,第 2417 页、第 1691 页、第 112 页。

也。"① 什么是人为天地之心？孔颖达解释说："天地高远在上，临下四方，人居其中央，动静应天地。天地有人，如人腹内有心，动静应人也。故云'天地之心也'。王肃云：'人于天地之间，如五藏之有心矣。人乃生之最灵，其心五藏之最圣也。'"② 张载明确指出："天无心，心都在人之心。"③ 朱子也说："天地间非特人为至灵，自家心便是鸟兽草木之心。"④ 人如何成为天地之心？罗尔斯顿基于自然科学提出了一个解释，很有启发性。他指出："生物进化产生出人类是自然唤醒了心智；同样，从个体的发育来看，个体意识到自己的存在也是自然唤醒了心智。自然不住地逗弄我们，不住地给我们刺激。我们对此做出的反应，是使自己的存在达到超越其他生命形式的水平，而在此过程中将我与非我分离出来。开始是在环境中运动，我们只是被动地对环境作出反应。但接下去，这种反应提升成了一种能动的行动。生态的刺激使人类的主体'我'诞生了。大地的景物以我来对它进行沉思，我就是它的意识。"⑤

这个心是什么？程子指出，人心是生生的道理，恻隐之心是人心的生生的道理："心，生道也。有是心，斯具是形以生。恻隐之心，人之生道也。"⑥ 如前所述，朱子认为，仁是天地的生物之心，天地所生之物又"各得夫天地生物之心以为心，所以人皆有不忍人之心也"⑦。这就是说，天地之心是"生生"，天地生物之心表现于人，就是人心的"仁"、"生生"或"生意"。这样，仁、天地的生生之德、人心三者就联系起来了，生生亦由外在的天地之德变成人内心的德性了。所以，人心之仁就是人的珍爱万物生命、促进万物生长的德性。这是作为人的德性的"生意"，是良知的生态维度。人心的生意与天地的生意是贯通的、同一的。这是宋儒所理解的人与自然同一、天人合一的根本

---

① ② 《礼记正义》，《十三经注疏》，第 1424 页。
③ 《张载集》，第 256 页。
④ 《朱子语类》，第 59 页。
⑤ 《哲学走向荒野》，第 409 页。
⑥ 《二程集》，第 274 页。
⑦ 《四书章句集注》，第 237 页。

所在。

对于人心、生意、天地生生之德的统一的认识,在宋明时期是非常普遍的。朱子说:"仁本生意,乃恻隐之心也。苟伤着这生意,则恻隐之心便发。"① 人有恻隐之心,自然便有恻怛慈爱。又说:"'人者,天地之心。'没这人时,天地便没人管。"② 他所说的"管"是照管,是恻隐之心的生发。王阳明也指出,仁是造化生生不息的道理,充满于天地之间。生意的发用流行,有发端,有扩展。比如冬至一阳初生,就是生意的发端处,然后渐渐发展到六阳。有发端之处,所以能生;因为生,所以不息。他说:

> 仁是造化生生不息之理。虽弥漫周遍,无处不是。然其流行发生,亦只有个渐。所以生生不息。如冬至一阳生。必自一阳生,而后渐渐至于六阳,若无一阳之生,岂有六阳?阴亦然。唯有渐,所以便有个发端处。唯其有个发端处,所以生。唯其生,所以不息。譬之木,其始抽芽,便是木之生意发端处。抽芽然后发干。发干然后生枝生叶。然后是生生不息。③

在阳明哲学中最为典型的良知说认为,"人的良知,就是草木瓦石的良知"④,人与万事万物都是由同一气构成的,所以能够相通。"盖天地万物与人原是一体,其发窍之最精处,是人心一点灵明。风雨露雷,日月星辰,禽兽草木,山川土石,与人原只一体"⑤。戴震也认为,"在天为气化之生生,在人为其生生之心,是乃仁之为德也"⑥。

五、仁即感、通

如前所述,仁在孔子那里是爱,在孟子那里是恻隐之心。在《周易》中,有阴阳二气相感的说法。《易传》说:"易无思也,无为也,寂然不动,感而遂通天下之故。"这个"感",照牟宗三说法,"是存有论

---

①② 《朱子语类》,第1691页、第1165页。
③ 《王阳明全集》,第26页。
④⑤ 《王阳明全集》,第107页。
⑥ 《孟子字义疏证》,第48页。

的感",是本体论的洞见,是"宇宙间、天地间最基本的一个实体",如同海德格尔的"本体论情感"。① 在儒家哲学中,爱、恻隐本来就有相感和相通的成分,或者说,爱和恻隐就是相感和相通的一种。这两种意思在宋明时期达到了会合。理学家把仁理解为人与天地万物之间的恻隐性的相感和相通。在周敦颐那里,诚、无妄是天地生育万物的形式方面的规定,仁、义则是内涵方面的规定,二者是统一的。诚可以寂然不动,但活动起来则能够感通天地万物。这种感通,周敦颐也称为"神"。关于感通,最为典型和形象的是程颢的说法。他说,医书把手足麻痹称为"不仁",这话讲得很好。人的手足和身体是一体的,身体的各个部分都是血气流通贯穿的。哪里血气不贯穿,哪里就不能感应,就不属于自己了:

> 医书言手足痿痹为不仁,此言最善名状。仁者,以天地万物为一体。莫非己也,认得为己,何所不至?若不有诸己,自不与己相干。如手足不仁,气已不贯,皆不属己。故博施济众,乃圣人之功用。②

按照现代医学来说,血气贯通是感知的生理基础。手足痿痹是气不贯穿,不能感应。理学家把这种血气贯穿的感通扩展到人与天地万物的关系上,认为"仁"亦即人的恻隐之心,是人与天地万物相感通的根本;人用自己的恻隐之心与天地万物相感应,从而与之贯穿为一体。程子说,"满腔子是恻隐之心"③;又说,"恻隐之心,人之生道也"④。

对于仁的感通,朱子、王阳明也有很多论述。朱子的说法是仁是"爱之理,心之德"⑤。"爱之理"的说法是把仁作为一种超越的普遍原则,"心之德"则强调仁是心的德性,是一种恻隐感通的情感,也是

---

① 牟宗三:《周易哲学讲习录》,上海:华东师范大学出版社,2004年版,第38页。
② 《二程集》,第15页。
③ (宋)朱熹、吕祖谦:《近思录》,上海:上海古籍出版社,2000年版,第32页。
④ 《二程集》,第274页。
⑤ 《四书章句集注》,第48页。

一种爱的情感。爱是恻隐,心之德只是爱。朱子强调,人之所以为人,禀受的是天地的理和气。理没有形迹可循,不可见,可见的只是气。仁是一团和气,阳春之气,仁的理则是天地生物之心。人心的和气不待安排,自然流露。人只要消除了自己的私意与外部世界的间隔,就能与他人,与万物为一体。这种状态"便活泼泼地,便是仁"。他说:

> 《集注》说:"爱之理,心之德。"爱是恻隐,恻隐是情,其理则谓之仁。心之德,德又只是爱。谓之心之德,却是爱之本柄。人之所以为人,其理则天地之理,其气则天地之气。理无迹,不可见,故于气观之。要识仁之意思,是一个浑然温和之气,其气则天地阳春之气,其理则天地生物之心。今只就人身己上看有这意思如何。才有这意思,便自恁地好,便不恁地干燥。将此意看圣贤许多说仁处,都只是这意。①

朱子认为,孟子所说的恻隐之心,最是亲切。人心自然会如此。"仁是根,恻隐是萌芽。亲亲、仁民、爱物,便是推广到枝叶处。"②

王阳明也强调这种恻隐之心对于万物的感通。他的概念是良知的感应。他的弟子问他,人与自己的身体一体,是因为有血气的贯通。人与他人已经是不同的身体了,与禽兽草木就更远了,怎么还是一体的?阳明的回答说,你从"感应之几"上看,岂止是人与禽兽草木同体,即使是与天地鬼神也是同体的。人是天地之心,良知是人之心,是人的灵明。人往往被自己的身体这个躯壳限隔了,不能与天地万物相通。其实,没有人的灵明,谁去仰观昊天的高远?谁去俯察大地的深厚?谁去辨别鬼神的吉凶?这就是一气贯通,人的身体这层躯壳是限制不住它的。

> 问:"人心与物同体,如吾身原是血气流通的,所以谓之同体;若于人便异体了,禽、兽、草、木益远矣。而何谓之同体?"
> 先生曰:"你只在感应之几上看;岂但禽、兽、草、木,虽天、

---

①② 《朱子语类》,第111页、第118页。

地也与我同体的,鬼、神也与我同体的。"

请问。先生曰:"你看这个天、地中间,甚么是天、地的心?"

对曰:"尝闻人是天地的心。"

曰:"人又甚么叫做心?"

对曰:"只是一个灵明。""可知充天塞地中间,只有这个灵明。人只为形体自问隔了。我的灵明,便是天、地、鬼、神的主宰。天没有我的灵明,谁去仰他高?地没有我的灵明,谁去俯他深?鬼、神没有我的灵明,谁去辩他吉、凶、灾、祥?天、地、鬼、神、万物,离却我的灵明,便没有天、地、鬼、神、万物了;我的灵明,离却天、地、鬼、神、万物,亦没有我的灵明。如此,便是一气流通的,如何与他间隔得?"

又问:"天、地、鬼、神、万物,千古见在,何没了我的灵明,便俱无了?"

曰:"今看死的人,他这些精灵游散了,他的天、地、鬼、神、万物尚在何处?"①

他进一步说,见到幼儿要掉到井里而产生怵惕恻隐之心,是此心之仁与孺子而为一体;见到鸟兽哀鸣战栗而产生不忍杀它之心,是此心之仁与鸟兽为一体;见到草木被摧折而产生悯恤之心,是此心之仁与草木为一体;见瓦石被毁坏而产生顾惜之心,是此心之仁与瓦石为一体。阳明指出,这种一体之仁是人人都有的。小人因为动于欲、蔽于私而丧失了,所以必须进行存理去欲的功夫来恢复。

> 是故见孺子之入井,而必有怵惕恻隐之心焉,是其仁之与孺子而为一体也。孺子犹同类者也,见鸟兽之哀鸣觳觫,而必有不忍之心,是其仁之与鸟兽而为一体也。鸟兽犹有知觉者也,见草木之摧折而必有悯恤之心焉,是其仁之与草木而为一体也。草木犹有生意者也,见瓦石之毁坏而必有顾惜之心焉,是其仁之与瓦石而为一体也。是其一体之仁也,虽小人之心亦必有之。是

---

① 《王阳明全集》,第124页。

乃根于天命之性,而自然灵昭不昧者也,是故谓之"明德"。①

在阳明这里,仁表现为恻隐怵惕、不忍、悯恤、顾惜等,这些都是感通的表现。

近代维新变法思想家谭嗣同著《仁学》,把"通"作为仁的根本含义,提出"仁以通为第一义"。这是仁的感通思想的新发展。当代中国哲学家金岳霖在其《道、自然与人》中批评了人类中心主义无视人和其他动物、其他生物和事物的同一性的缺陷,提出了"普遍同情"(universal sympathy)的概念。所谓"普遍同情"是人对于他人、自然界万物的一种怜悯、友爱、关怀的态度;源自孟子的恻隐之心、程颢的仁和王阳明的"感应之几"等;其基础则是人和自然界万物的基本同一性,也就是中国传统哲学的天人合一。他说:"如果意识到我们与宇宙和宇宙内所有的事物在根本上是合一的,我们就会产生这样一种感觉,即我们真的可以被认为是全体地充塞于时空的,只是这种感觉并不给常人以任何满足。而对于一个哲学的心灵来说,这种感觉是慰藉性的,因为正是这种感觉让他产生了对于周围事物的普遍同情。"②"如果一个人认识到所谓自己不仅与其他人相互渗透,也与其他动物、东西相互渗透,他就不会对作为一个特殊的自我而过于兴奋了。这种认识会使他感觉到自己与世界和世界内的一切事物都是一体的。由此,他就会养成对事物的普遍的同情。"③

的确,同情心会扩大人对于自我同一性的理解,达到万物一体的认识。同情心"构成了扩大的自我同一性,这种理解方式意味着没有一个事物是孤立的或者在种类上是完全不同的。从某种非常根本的意义上说,自然中任何事物都不异化于其他事物或过程。任何事物都是组织化的场的气的一部分。同情感渗透于全体之中。"④

---

① 《王阳明全集》,第 968 页。
② 金岳霖:《道、自然与人》(英文版),《金岳霖文集》,第 2 册,金岳霖学术基金委员会编,兰州:甘肃人民出版社,1995 年版,第 637 页。
③ 《道、自然与人》(英文版),《金岳霖文集》,第 2 册,第 740 页。
④ 唐纳德·N.布拉克雷:《倾听动物——儒家的动物福利观点》(英文),《中国哲学杂志》,总第 30 卷,2003 年 6 月,第 150 页。

六、"仁者浑然与物同体"

与天地万物为一体在儒家文化中是一个基本事实,也是人应该达到的境界。说是基本事实,是从气来说的。既然天地万物都是由同样的气和同样的理构成的,气贯通于或者说流通于人和天地万物,那么,人与天地万物自然是一体的。不过,如前所述,这层意义多少有些消极性。儒家主张在功夫论、境界论上更为积极地做到与物同体。大程主张"仁者浑然与物同体",要求识得此理以诚敬存之;返身而诚,做到万物皆备于我。他说:

> 仁者,浑然与物同体。义、礼、智、信皆仁也。识得此理,以诚敬存之而已,不须防检,不须穷索。若心懈则有防,心苟不懈,何防之有?理有未得,故须穷索。存久自明,安待穷索!①

又说:

> 仁者,以天地万物为一体,莫非己也。认得为己,何所不至?若不有诸己,自不与相干。②

如前所述,程子用感通、阳明用恻隐来做到与天地万物的一体。《论语》中有仁、有恕;仁是爱,恕是推己及人。孟子在论述仁政时说到把仁心推及行政上。推是道德之心的扩展,也是达到天人一体的手段和功夫的一种。张载提出,"推己及人,乃其方也"③。程子强调的是以"诚敬"存心的功夫,朱子则进一步主张"无私"、"克己复礼"。他指出,人只有去掉因为自己的躯壳而与天地万物形成的分割或隔阂,达到无私,才能做到仁;做到仁,才能做到"与天地万物为一体":

> 方叔曰:"与天地万物为一体是仁。"曰:"无私,是仁之前事;与天地万物为一体,是仁之后事。惟无私,然后仁;惟仁,然后与天地万物为一体。要在二者之间识得毕竟仁是甚模样。欲

---

①② 《二程集》,第16—17页、第15页。
③ 《张载集》,第34页。

晓得仁名义，须并'义、礼、智'三字看。欲真个见得仁底模样，须是从'克己复礼'做工夫去。"①

"与物同体"或者天人合一也是现代生态哲学的观念。浪漫主义思想家梭罗等人提出的是"共同体"或曰"爱的共同体"、"自然的共同体"等概念。② 在他看来，"自然界是广阔的平等的共同体，是一个宇宙血缘家庭"③。这种共同体的基础是"对于整个现有秩序的热爱和对自然的亲族关系的感知"④。"人类唯一真正需要尊重和神圣对待的权利，必须通过谦恭、平等地成为自然共同体中的一部分才能实现。"⑤出于对现代科学的反思，梭罗提出了对于自然的基于"爱"和"同感"的理解。他说："爱是那种对精神和物质之间的相互依存和那种'完美的一致'的认识，同感是那种强烈地感受到把一切生命都统一在一个唯一的有机体里的同一性，或者说是亲族关系的束缚力。"⑥梭罗所说的爱和同感近似于仁和恻隐之心。

金岳霖提出的是"存在的民主"、"共存的民主"（democracy of co-existents）等概念。⑦ 所谓共存的民主，在金岳霖的哲学中是人类"与自己的共存者融洽相处"，任何事物都能各尽其性的天人合一状态。"作为人"和作为"共存的民主"的一个元素，在金岳霖哲学中不同。人作为后者具有超越人的有限性，体认到物我一体，同于大道的特点，其意义具有超越性。美国生态哲学家利奥波德也有类似的共存的民主思想。他认为，"人自身存在所要求的那种合作的公有关系的范围，要扩大到包含所有生命。这样一种生态伦理将使人从地球的主人的角色改变为'它的普通成员和公民'，这是一种彻底的民主理想，就其方式而言，是一种与进步主义改造世界的愿望一样的乌托邦空想。"⑧

---

① 《朱子语类》，第117页。
②③④⑤⑥ 《自然的经济体系——生态思想史》，第111页、第112页、第113页、第114页、第118页。
⑦ 《道、自然与人》（英文版），《金岳霖文集》，第2册，第722页。
⑧ 《自然的经济体系——生态思想史》，第338页。

如前所述,约瑟夫·克鲁奇认为,我们要成为"整个共同体的一员","对自然和人为的共同体一道给予某种尊敬"。"我们除非与除我们之外的其他生物共同体分享这个地球,否则,就将不能长期生存下去"①。这是"一种道德的觉醒:一种新型的生物关系与集体主义"②。

罗尔斯顿是用"生命之流"的概念表达人与天地万物为一体的。在他看来,生命是一种"流动",生命没有截然分明的固定界限,在生命之流中,"人与自然的界限冲刷得模糊起来"③,自我和他人和外部世界的界限融化,"自我的扩大延伸到他所喜欢的事物中"。他认为,人与自然的对立在一定意义上是正确的,"但是,如果把它们置于一个更大的、呈现着人与自然、生物自然与物理自然的交流图景中,这些对立的看法就成了不完全的真理。自然赋予我们客观的生命,而个人的主观的生命不过是其中的一个部分的、内在的方面"④。罗尔斯顿的"生命之流"类似于朱子所说的对于躯壳之私的克服。

理学家认为,打破自身的躯体与外部世界的隔阂,置身于万物之中,与天地万物为一体,可以获得一种快乐,一种超越于经验的、世俗的利害得失的精神的愉悦,一种人心和天地的贯通。程子说:"此道与物无对,'大'不足以明之。天地之用,皆我之用。孟子言'万物皆备于我',须'反身而诚',乃为大乐。若反身未诚,则犹是二物有对,以己合彼,终未有之,又安得乐!"⑤朱子强调,与天地万物为一体,不是仁之体,而是仁之量,即人做到仁之后所达到的一种自觉的充实的状态。

"龟山言'万物与我为一'云云,说亦太宽。"问:"此还是仁之体否?"曰:"此不是仁之体,却是仁之量。仁者固能觉,谓觉为仁,不可;仁者固能与万物为一,谓万物为一为仁,亦不可。"⑥

---

①② 《自然的经济体系——生态思想史》,第390页。注②译文略有改动。
③④ 《哲学走向荒野》,第100页、第106页。
⑤ 《二程集》,第16—17页。
⑥ 《朱子语类》,第118页。

他们都是心有灵犀一点通的人,他们能够通于天地之情,自然不觉手之舞之,足之蹈之。现在来看他们的诗歌,有不少仍然跃动着生命的灵性和愉悦。程颢诗云,"云淡风轻近午天,傍花随柳过前川。时人不识余心乐,将谓偷闲学少年","闲来无事不从容,睡觉东窗日已红。万物静观皆自得,四时佳兴与人同";朱子诗云"胜日寻芳泗水滨,无边光景一时新。等闲识得东风面,万紫千红总是春"等等,都是把自己心中的快乐与自然联系在一起的。这种态度不能不使人对自然多一份额外的珍爱。

第五节 人应该做什么? 再探群己权界

此处所说的"群"是人之外的外物,再探群基权界,是要探讨对于世界,人应该做什么。儒家文化把万物的尽性托付给了人。儒家强调人应该尊重万物的权利,维护和实现其价值。在人,这叫做"尽性"和"参赞化育"。

一、"尽性"与"参赞化育"

如前所述,儒家认为人是天地万物之中有理性的存在者,是高贵、灵明的存在者,与物不同。什么是人的"贵"? 照唐玄宗所说,只是"异于万物"[①]。人是天地之心,"天地之心,惟是生物"[②],无有止息。人的贵和异就在于能够体会和服从天地的意愿,把自己的生生之心推广出去,把天地生养万物的职能作为自己的职责,助天行道,"延天佑人"。《中庸》把人的这种工作称为"参天地,赞化育",即参与和帮助天地万物的生生过程。儒家哲学认为,这是人的道德的、宇宙的职责。在这方面,儒家思想并不孤立。诚如孔子所说,"德不孤,必有邻"。当代生态哲学家罗尔斯顿对于人的高贵提出了富有辩证法意味的认识。他一方面承认"人类生命超拔于其他生命之

---

① 《十三经注疏》,第 2553 页。
② 《张载集》,第 113 页。

上,是贵族"①,另一方面他又指出,人只有在弄清自己的局限,维护大地的完整的时候,才会变得"高贵"起来:

> 人作为"智人",要配得上这一称号,就不应该给这个地方造成破坏。这里有着一种充实,但却很脆弱;人如要分享这充实,就得先尊重它。我们给出的,正是我们获得的;要做完整的人,我们必须维持大地的完整。谁要搅扰这里的水,就会给自己带来麻烦。多奇怪啊,在试图弄清自己的局限的过程中,人类会变得更加高贵!②

为做到参赞化育,《中庸》提出了"尽性"的观点。儒家认为,天地生物,赋予了每一事物它固有的内在价值,希望每一物都能顺遂地完成自己的生命,而不是夭折死亡。人性是人的生物之心,也是天地的生物之心,是仁。对于人来说,人应当尽己之性、尽人之性、尽物之性,即充分实现自己的本性,同时也让每个人、进而让天地万物都能实现自己的本性。"尽物之性"就是随顺天地,尊重事物的固有价值,不伤害其固有的性质,不戕逆万物的生命,让万物按照自身的性质发展,这样做才是参与和帮助天地诞生和养育万物。比如说,什么是土地之性?如何尽土地之性?一言以蔽之,大地之性就是生养万物;尽大地之性,就是充分发挥它的生养作用。过度砍伐、污染等造成动植物衰弊,甚至死亡,都是戕害土地之性,妨碍它发挥生养万物的功能。对于山脉,对于河流,对于植物,对于动物,对于他人,对于他国,对于整个人类,我们都要这样去思考。最终应达到《中庸》所说的"万物并育而不相害,道并行而不相悖"、荀子所说的"万物皆得其宜,六畜皆得其长,群生皆得其命"、③《易传》所说的"范围天地之化而不过,曲成万物而不遗"的境界。在儒家哲学中,人实现自己的本性,包含着让他人、让天地万物都实现自己的本性。人只有做到了这一点才可以说得上是真正的人,能够与天地并立的人。阳明在论

---

①② 《哲学走向荒野》,第 415 页、第 413—414 页。
③ 《荀子集解》,第 165 页。

述明德亲民时指出：

> 亲吾之父，以及人之父，以及天下人之父，而后吾之仁实与吾之父、人之父与天下人之父而为一体矣。实与之为一体，而后孝之明德始明矣。亲吾之兄，以及人之兄，以及天下人之兄，而后吾之仁实与吾之兄、人之兄与天下人之兄而为一体矣。实与之为一体，而后弟之明德始明矣。君臣也，夫妇也，朋友也，以至于山川、鬼神、鸟兽、草木也，莫不实有以亲之，以达吾一体之仁，然后吾之明德始无不明，而真能以天地万物为一体矣。夫是之谓明明德于天下，是之谓家齐国治而天下平，是之谓尽性。①

这就是与天地万物为一体，也就是"天人合一"、"天人合德"，是儒家的心胸和境界。所谓并育不害、所谓厚德载物、所谓仁民爱物、所谓民胞物与，皆此意也。

儒家哲学之所以特别提出人，让人尽己之性并把尽物之性作为人尽己之性的内在规定，实际上是认识到人和自然的矛盾，又把自然的尽性问题托付给了人。这看似矛盾，实则不然。儒家文化认识到了人的优异之处：人有灵明，超出万物之上；人有道德，有"义"善"群"，有技术，"善假于物"；人通过道德结成社会，通过技术从自然界获得生活资料。人在与自然打交道实现自己的欲求方面，比之其他动物范围更广，程度更深，主动性更强。人可以认识自然、遵循自然，也可以在一定程度上补充、改造、修理甚至控制自然。自然则具有一定的受动性。所以，人和自然之间的关系，重点还在于人本身。这样，把自然的尽性问题托付给人，是十分恰当的，这其中包含着让人在处理自己与自然的关系的时候保持自律的态度，把遵循自然作为由人的理性本身发出的道德律令。这也就是尽己之性蕴涵尽人、尽物之性的含义所在。进一步言之，"天地之德曰生"，此即天地之心；天地之心在人，为人的生物之心，为"仁"；人者天地之心；天地的运行是个自然的过程，天心须通过人来实现。朱熹说："'人者，天地

---

① 《王阳明全集》，第968—969页。

之心。'没这人时,天地便没人管。"①所谓"管",是"照顾"、"照管",此即是"人能弘道"的含义所在,是人对于自然应承担的责任。王夫之说:"自然者天地,主持者人。人者天地之心。"②"主持"和"管"一样,是承担责任,是《圣经》所谓的"管家"——stewardship,而不是主宰和控制。蒙培元说:"自然界的目的是潜在的,只有实现为人性,才是'现实'的。因此,人才是自然目的的'实现原则'。"③"管"、"主持",都是"实现原则"。这可以理解为中国哲学的主体性原则。在儒家哲学中,荀子的"制天命而用之"不是主流;"天人交相胜,还相用"、"人定胜天"中的"天"都不单是自然界。"替天行道"、"延天佑人"的思想比较接近参天地赞化育。罗尔斯顿说:"现在许多人都倾向于认为:生态系统中有某种智慧,令人不单是畏服,而更多是敬仰。这样的话,遵循自然就不仅是为了达到某种与自然无关的目的而精明地采用的手段,而本身就是一种目的。或者更精确地说,我们的一切都是在人类与环境的相关性中构建出来的。人类的成就无疑是超出了任何环境的规定,但这与环境并非是敌对的,而是对环境作了补充。"④罗尔斯顿所说的"补充",可以说就是"延天佑人"。罗尔斯顿还认为,遵循自然是道德性的,这样可以"增进我们的智慧和优秀品格。"⑤

当然,认为儒家哲学为我们提供了解决当代生态问题所需的一切要素,就言过其实了;用这样的态度去要求儒家或者评价儒家思想,也是不合适的。我们必须看到,中国历史上的生态破坏其实是十分严重的,儒家的生态思想并没有得到彻底而又严格的贯彻;也有可能的是,历史上的生态破坏不及今天严重,所以古人也没有今人的痛切的生态意识。诚如汤一介所说,必须承认,"儒家的'天人合一'思想是不可能直接解决当前人类社会存在的'生态'问题。但是,'天

---

① 《朱子语类》,第1165页。
② 王夫之:《周易外传》,第60页。
③ 蒙培元:《人与自然——中国哲学生态观》,第7页。
④⑤ 《哲学走向荒野》,第87页、第74页。

人合一'作为一种思维授式,认为不能把'天'、"人"分成两截,而应把'天'、'人'看成是相即不离的一体,'天'和'人'存在着内在的相通关系,无疑会对从哲学思想上为解决'天'、'人'关系、解决当前存在的严重'生态'问题提供一有积极意义的合理思路。盖因'哲学'不可能直接解决人类社会存在的具体问题,就这方面说,它可以被视为'无用之学'。但它思考问题的路子却可启迪人们的智慧、提高人们的境界,故又可被视为'大用之学',我们研究中国哲学就是要从中发掘出其无用之大用,以贡献于人类社会"①。

二、爱有差等:道德共同体的范围

《中庸》所说的尽性,也叫做"诚"。《中庸》认为,诚是天地的本性,人应努力做到诚,从而做到让他人和万物都能实现自己的本性。儒家文化其实是把促进天地生养万物的任务,作为了人的道德职责。这是儒家所认为的人的主体性的重要内容。儒家的主体性与西方近代以来建立在主客体对立和二分基础上的主体性截然不同,它是帮助他人、万物实现自己的本性,而不是出于人的目的单方面地征服自然。儒家哲学所说的人性的灵与贵,不是近代以来西方意义上的主宰。所以,从这个意义上说,儒家虽然说天地间只有人是最珍贵的,但这却不是近代西方的人类中心主义。不过,儒家也不像道家的庄子那样,认为万物的价值都是一样的。在对待外部事物的道德顺序上,儒家文化强调爱有差等,对于天地万物施爱有顺序和轻重的差异。

人既然承担了天地的生物职责,就要"替天行道",把道德关怀的范围推及、扩展到整个自然界其他物种、生态圈和山河大地等无机界,承担对它们的相应的道德义务。这意味着,整个自然界范围内的事物,都是道德共同体的成员;宇宙的事,就是自己分内的事,否则就不能说是完整地完成了自己的使命。王阳明明确地把道德共同体扩

---

① 汤一介:《儒家文化与生态问题——从"易,所以会天道、人道说起"》,《中国文化研究》2004 年夏之卷,第 4 页。

展到同类的人、有生意的植物以及没有生命的瓦石。照他的说法,爱就像植物的生意,有一个生出、流行的过程。对于父兄的爱,是人心生意的发端处。由此以往,至于仁民、爱物,就像植物生长主干、枝叶。墨家兼爱,生意无根,不能生生不息地继续下去,所以称不上仁。①

在儒家看来,在对于物的爱和对于人的爱发生冲突时,前者应该让位于后者。王阳明认为这是"良知上自然的条理"。他说,同样是身体的一部分,用手足护卫头目;禽兽和草木都是要爱的,可是,用草木饲养禽兽;人和禽兽都是要爱的,可是,用禽兽供养宾客和祭祀;路人和亲人都是要爱的,可是,在亲人和路人都面临饥饿的时候,把仅有的食品给亲人而不是路人。这些都是道理合该如此。

> 问:"大人与物同体,如何《大学》又说个厚薄?"先生曰:"惟是道理自有厚薄。比如身是一体,把手足捍头目,岂是个要薄手足,其道理合如此。禽兽与草木同是爱的,把草木去养禽兽,又忍得;人与禽兽同是爱的,宰禽兽以养亲与供祭祀,燕宾客,心又忍得;至亲与路人同是爱的,如箪食豆羹,得则生,不得则死,不能两全,宁救至亲,不救路人,心又忍得;这是道理合该如此。及至吾身与至亲,更不得分别彼此厚薄。盖以仁民爱物皆从此出,此处可忍,更无所不忍矣。《大学》所谓厚薄,是良知上自然的条理,不可逾越,此便谓之义;顺这个条理,便谓之礼;知此条理,便谓之智;终始是这个条理,便谓之信。"②

的确,人处于自然进化链条的顶端,为了生存,必须消耗植物和其他动物的肉体,这其中有一定的必然性和合理性。既然自然的进化产生了人,既然人的存在也是进化所要求的,那么,人在一定程度上消耗自然当是必然的,不可避免的,也是可以接受的。儒家哲学的特点是中庸,不偏不倚,不为已甚。那种略显片面的观点如素食主义、那种甚显极端以牺牲人的个体生命为代价的所谓"生态法西斯

---

①② 《王阳明全集》,第26页、第108页。

主义",儒家哲学都不会赞同的。儒家的道德共同体是一个以人为中心的爱的递减的多圈圆:个人对于双亲、他人、自然物的爱的程度,依次递减。这个递减会不会递减至无?甚至进而倒过来发展为恨?费孝通先生曾提出这个问题,笔者认为对此倒是不必担心的。因为爱有差等的起始点是爱,而不是恨或者其他。爱有差等是仁的不同表现,所以它不会到滑到恨上去。在儒家哲学中,人与万物构成爱的共同体。在前引阳明的哲学中,仁表现为恻隐怵惕、不忍、悯恤、顾惜等,仁已经顾及瓦石等无机自然物了。

爱有差等也是一个当代生态哲学和人类存在所共同面临的一个问题,有不少生态哲学家或生态伦理学家都赞同的这种观点。如深生态学家奈斯认为,当人的利益和其他存在物的利益发生冲突时,可采用两条原则进行解决,首先是"根本需要原则",根本需要优先于非根本需要,不管需要的主体是谁;其次是"亲近性原则"。相同的利益或义务发生冲突时,与人相同的存在物的利益优先。人是内在价值等级的顶点。① 在儒家哲学中,对于不同的对象,仁表现为不同原则,是以亲缘关系为基础进行类推的。亲缘关系是儒家生态哲学的"根喻"(root metaphor)。阳明在谈到与天地万物为一体时依次提到父兄、他人、动物、植物、山川,就是以与人的亲缘关系的远近来划分的。当代西方哲学在决定将什么划入道德共同体的范围时,采用的是思维标准,如意识、理性、自律,边沁提出的是对于痛苦的感受力。在解决如何将自然环境划入保护范围时,美国当代学者哈格罗夫提出了"积极美学"的标准。他提出,自然美是一种善,善都是应该保护的,所以自然环境是应该保护的,保护自然就是一种义务。"当我们应该实施的保护有助于成就'善'时,义务,即我们应该做的事就出现了。"②在保护的优先性上,更美的事物值得优先保护。总之,保护自然的本体论是美学和伦理学的,不是形上学的。

对于物,还有一个善恶判断取舍问题。在阳明看来,人可以根据

---

① 参见《生态伦理——精神资源与哲学基础》,第501页。
② 《环境伦理学基础》,第220页。

自己的价值观进行取舍。从自然的演化来看,自然物并没有善恶的区别;只是相对于人的各种目的与评价,才会有善恶之分。人的评价是以人为中心的,有相当的局限性。

侃去花间草。因曰:"天地间何善难培,恶难去"?

先生曰:"未培未去耳"。少间曰:"此等看善恶,皆从躯壳起念。便会错"。侃未达。曰:"天地生意,花草一般。何曾有善恶之分?子欲观花,则以花为善,以草为恶。如欲用草时,复以草为善矣。此等善恶,皆由汝心好恶所生。故知是错。"

曰:"然则无善无恶乎?"

曰:"无善无恶者理之静。有善有恶者气之动。不动于气,即无善无恶。是谓至善。"

曰:"佛氏亦无善无恶。何以异?"

曰:"佛氏着在无善无恶上,便一切都不管。不可以治天下。圣人无善无恶。只是无有作好,无有作恶。不动于气。然遵王之道,会其有极。便自一循天理。便有个裁成辅相。"

曰:"草既非恶,即草不宜去矣?"

曰:"如此却是佛老意见。草若是碍,何妨汝去?"

曰:"如此又是作好作恶。"

曰:"不作好恶,非是全无好恶。却是无知觉的人。谓之不作者,只是好恶一循于理。不去,又着一分意思。如此即是不曾好恶一般。"

曰:"去草如何是一循于理,不着意思?"曰:"草有妨碍,理亦宜去。去之而已。偶未即去,亦不累心。若着了一分意思,即心体便有贻累,便有许多动气处。"

曰:"然则善恶全不在物。"

曰"只在汝心。循理便是善。动气便是恶。"

曰:"毕竟抑无善恶。"

曰:"在心如此。在物亦然,世儒惟不知此,舍心逐物。将格物之学错看了。终日驰求于外,只做得个义袭而取。终身行不著,习不察。"

曰:"如好好色,如恶恶臭,则如何?"

曰:"此正是一循于理。是天理合如此。本无私意作好作恶。"

曰:"如好好色,如恶恶臭。安得非意?"

曰:"却是诚意。不是私意。诚意只是循天理。虽是循天理,亦著不得一分意。故有所念懥好乐,则不得其正。须是廓然大公,方是心之本体。知此即知未发之中。"

伯生曰:"先生云:'草有妨碍,理亦宜去。'缘何又是躯壳起念?"

曰:"此须汝心自体当。汝要去草,是甚么心?周茂叔窗前草不除,是甚么心?"①

阳明认识到了这个局限性所在,所以,他一方面承认,从天理的角度看,大化本身即是一个含有死的生生过程,个体从自己的善恶评价的角度出发,除去花间草是可以接受的;另一方面也要求用天理来校正人的有限性,要"循天理"、"诚意"、"去私意"、"不著",即克服人的局限性。所谓天理,是大化的规律;向天理接近,就是尽量减少自己的好恶,同于大化的道理。由于天人是一体的、合一的,所以,在儒家哲学中,对人的义务就是对物的义务,对物的义务就是对人的义务,二者应该是统一的。

但是,我们认为,从操作意义上说,在人与人、与物之间,还是应该有一个底线,比如,对于父母的爱,不能演化为对于别人的恨,至多是同情的遗憾;对于自然物的取用,不能导致物种的灭绝,比如,吃濒危动物之类。只有划出底线,才能在操作层面上实现与自然的和谐相处。这应该是我们解决现代环境难题的一个思路。

如前所述,我们把包括人和自然界的生态圈整体称做自然Ⅰ,把单独的自然作为自然Ⅱ,人作为自然Ⅲ;把自然Ⅲ、自然Ⅱ作为自然Ⅰ的两个焦点(图见前文)。根据"一阴一阳之谓道"的原则,这两个

---

① 《王阳明全集》,第29页。

圈都不是全部自然Ⅰ的中心,而是它的两个焦点,借用"群己权界"的来说,"群"是人之外的世界,即自然Ⅱ,它有自己的权利,人必须尊重自然Ⅱ的权利,把自然Ⅱ的权利具体化为各类物动物、植物、无机物以及物种的权利,在与这些自然存在物的相互理解、相互诠释、相互适应、相互作用中,完成自己的本性,也完成自然物的本性,共同维持自然本身的存在和发展。

  儒家文化说,天地间只有人是最珍贵的,最优异的。这种珍贵只表现为人能够理解自然过程的意义,愿意从生生的仁心出发,把自然作为道德共同体,珍视它的生命,尊重它的权利,帮助它实现自己的本性。助天行道,延天佑人。这意味着,有智慧的人类的出现是自然进化的结果,人的智慧是属于自然的,人的智慧应该用在理解、帮助自然,与自然共存上,而不是征服和毁灭自然上。征服和毁灭自然是不自然的,服从自然是最高的自然,也是最高的主体性。人类只有让自然"尽性",才能实现自己的本性。这样的人性是包含了对于天地万物的同情慈悲的高贵的人性,具有这样人性的人,就是《易传》所说的与天地合德、与日月合明的"大人"或"圣人"。圣人处于同类之中而又出乎其类,拔乎其萃,同于宇宙,悲天悯人;他有天地的境界,有生态的情怀。每个人都应该以成为这样的人为目标。高山仰止,景行行之,虽不能至,心向往之。

主要参考文献

一、古人著作

(战国)吕不韦等撰,(东汉)高诱注:《吕氏春秋》,《诸子集成》,第 6 册,北京:中华书局,1954 年版。

(西汉)伏生:《尚书大传》,《四部丛刊》经部。

(西汉)贾谊:《贾谊集》,上海:上海人民出版社,1975 年版。

(西汉)刘安撰,(东汉)高诱注:《淮南子》:《诸子集成》,第 7 册,北京:中华书局,1954 年版。

(西汉)董仲舒撰,(清)苏舆疏:《春秋繁露义证》,钟哲点校,北京:中华书局,2002 年版。

(西汉)司马迁撰:《史记》,北京:中华书局,1959 年版。

(东汉)班固撰,(唐)颜师古注:《汉书》,北京:中华书局,1962 年版。

(西汉)孔安国传,(唐)孔颖达疏:《尚书正义》,(清)阮元刻《十三经注疏》,北京:中华书局,1980 年版。

(东汉)王充:《论衡》,《诸子集成》,第 7 册,北京:中华书局,1954 年版。

(东汉)王符撰,(清)汪继培笺注:《潜夫论笺注》,彭铎校正,北京:中华书局,1985 年版。

(东汉)郑玄注,(唐)贾公彦疏:《周礼注疏》,(清)阮元刻《十三经注疏》,北京:中华书局,1980 年版。

(东汉)郑玄注,(唐)孔颖达疏:《毛诗正义》,(清)阮元刻《十三经注疏》,北京:中华书局,1980 年版。

(东汉)何休注,(唐)徐彦疏:《春秋公羊传》,(清)阮元刻《十三经注疏》,北京:中华书局,1980 年版。

（东汉）赵岐注,（宋）孙奭疏：《孟子注疏》,（清）阮元刻《十三经注疏》,北京：中华书局,1980年版。

（东汉）应劭：《风俗通义注疏》,王利器校注,北京：中华书局,1981年版。

（西晋）杜预注,（唐）孔颖达疏：《春秋左传正义》,（清）阮元刻《十三经注疏》,北京：中华书局,1980年版。

（南朝宋）范晔撰,（唐）李贤等注：《后汉书》,北京：中华书局,1965年版。

（北魏）魏收撰：《魏书》,北京：中华书局,1974年版。

（唐）李隆基注,（宋）刑昺疏：《孝经注疏》,（清）阮元刻《十三经注疏》,北京：中华书局,1980年版。

（东汉）郑玄注,（唐）孔颖达疏：《礼记正义》,见（清）阮元刻《十三经注疏》,中华书局,1980年版。

（宋）张载：《张载集》,章锡珅点校,北京：中华书局,1978年版。

（宋）程颢、程颐：《二程集》,王孝鱼点校,北京：中华书局,1981年版。

（宋）朱熹：《四书章句集注》,北京：中华书局,1983年版。

（宋）朱熹：《诗经集传》,《四书五经》中,北京：中国书店,1985年第2版。

（宋）朱熹：《通书注》,《朱子全书》,朱杰人等主编,上海：上海古籍出版社、合肥：安徽教育出版社,2002年版。

（宋）黎靖德编：《朱子语类》,王星贤校点,北京：中华书局,1994年版。

（元）脱脱等撰：《宋史》,北京：中华书局,1977年版。

宋元人注：《新刊四书五经》,北京：中国书店,1994年版。

（明）程荣辑：《汉魏丛书》,长春：吉林大学出版社,1992年版。

（明）黄宗羲：《宋元学案》,陈金生、梁运华点校,北京：中华书局,1986年版。

（明）王阳明：《王阳明全集》,吴光等编校,上海：上海古籍出版社,1992年版。

（明）王夫之:《周易外传》,北京:中华书局,1977 年版。

（明）王夫之:《船山全书》,船山全书编辑委员会编校,长沙:岳麓书社,1988 年版。

（清）陈立撰:《白虎通疏证》,吴则虞点校,北京:中华书局,1994 年版。

（清）戴震撰:《孟子字义疏证》,何文光整理,北京:中华书局,1962 年版。

（清）郭庆藩撰:《庄子集释》,《诸子集成》,第 3 册,北京:中华书局,1954 年版。

（清）李道平撰:《〈周易〉集解纂疏》,北京:中华书局,1993 年版。

（清）刘宝楠:《论语正义》,《诸子集成》,北京:中华书局,1993 年版。

（清）阮元校刻:《十三经注疏》,北京:中华书局,1980 年版。

（清）戴震:《孟子字义疏证》,何文光整理,北京:中华书局,1962 年版。

（清）朱彬撰:《礼记训纂》,饶钦农点校,北京:中华书局,1996 年版。

（清）王聘珍撰:《大戴礼记解诂》,王文锦点校,北京:中华书局,1988 年版。

（清）王先谦撰:《荀子集解》,沈啸寰、王星贤点校,北京:中华书局,1988 年版。

（清）孙希旦撰:《礼记集解》,沈啸寰、王星贤点校,北京:中华书局,1989 年版。

（清）孙星衍撰:《尚书今古文疏证》,陈抗、盛冬铃点校,北京:中华书局,1986 年版。

（清）孙诒让:《周礼正义》,王文锦、陈玉霞校点,北京:中华书局,1987 年版。

（清）徐元诰撰:《国语集解》,王树民、沈长云点校,北京:中华书局,2002 年版。

（清）黎翔凤撰:《管子校注》,梁运华整理,北京:中华书局,2004 年版。

（清）沈起元:《周易孔义集说》,《四库全书》本,第 50 册。

二、今人著作研究

（一）古典校注

陈鼓应:《老子今注今译》,北京:商务印书馆,2006年版。

《庄子今注今译》,北京:商务印书馆,1983年版。

高亨:《〈周易〉大传今注》,济南:齐鲁书社,1979年版。

顾颉刚、刘起釪:《尚书校释译论》,北京:中华书局,2005年版。

黄怀信:《逸周书校补注释》(修订本),西安:三秦出版社,2006年版。

楼宇烈:《王弼集校释》,北京:中华书局,1980年版。

王利器:《文子疏义》,北京:中华书局,2000年版。

杨任之:《诗经今译今注》,天津:天津古籍出版社,1986年版。

袁珂:《山海经校注》,上海:上海古籍出版社,1980年版。

（二）古代思想研究

冯友兰:《中国哲学史新编》,第3册,北京:人民出版社,1985年版。

胡平生、张德芳:《敦煌悬泉置汉简释粹》,上海:上海古籍出版社,2001年版。

李学勤:《中国古代文明十讲》,上海:复旦大学出版社,2003年版。

牟宗三:《周易哲学讲习录》,上海:华东师范大学出版社,2004年版。

睡虎地秦墓竹简整理小组:《睡虎地秦墓竹简》,北京:文物出版社,1978年版。

徐复主编:《广雅诂林》,南京:江苏古籍出版社,1992年版。

中国社会科学院考古研究所:《新中国的考古发现和研究》,北京:文物出版社,1984年版。

中国文物研究所、甘肃省文物考古研究所:《敦煌悬泉月令诏条》,北京:中华书局,2001年版。

朱伯崑:《易学哲学史》,北京:华夏出版社,1995年版。

朱伯崑:《朱伯崑论著》,沈阳:沈阳出版社,1995年版。

三、生态哲学与中国传统生态哲学研究著作/论文

白彤东:《旧邦新命——古今中西参照下的古典儒家政治哲学》,北京:北京大学出版社,2009年版。

傅华:《生态伦理学探究》,北京:华夏出版社,2002年版。

韩立新:《环境价值论》,昆明:云南人民出版社,2005年版。

何怀宏主编:《生态伦理——精神资源与哲学基础》,保定:河北大学出版社,2002年版。

金岳霖:《论道》,北京:商务印书馆,1985年版。

《道、自然与人》(英文版),《金岳霖文集》,第2册,金岳霖学术基金委员会编,兰州:甘肃人民出版社,1995年版。

李丙寅、朱红、杨建军:《中国古代环境保护》:开封:河南大学出版社,2001年版。

卢风:《人、环境与自然——环境哲学导论》,广州:广东出版集团、广东人民出版社,2011年版。

蒙培元:《人与自然:中国哲学生态观》,北京:人民出版社,2002年版。

乔清举:《河流的文化生命》,郑州:黄河水利出版社,2007年版。

佘正荣:《中国生态伦理的诠释与重建》,北京:人民出版社,2002年版。

《生态智慧论》,北京:中国社会科学出版社,1996年版。

唐代兴:《生态理性哲学导论》,北京:北京大学出版社,2005年版。

王勇:《东周秦汉关中农业变迁研究》,长沙:岳麓书社,2004年版。

王子今:《秦汉时期生态环境研究》,北京:北京大学出版社,2007年版。

王子今:《秦汉虎患考》,《华学》,第1期,广州:中山大学出版社,1995年。

张云飞:《天人合一——儒学与生态环境》,成都:四川人民出版社,1995年版。

四、汉译外国著作/论文

《不列颠百科全书》(国际中文版),北京:中国大百科全书出版社,2002年版。

[奥]路德维希·冯·贝特朗菲:《生命问题——现代生物思想评价》,吴晓江译,金吾伦校,北京:商务印书馆,1999年版。

[奥]维特根斯坦:《哲学研究》,李步楼译,北京:商务印书馆,1996年版。

[澳]皮特·辛格:《动物解放》,孟祥森等译,北京:光明日报出版社,1999年版。

[比]克里斯蒂安·德迪夫:《生机勃勃的尘埃》,王玉山译,上海:上海科技教育出版社,1999年版。

[德]汉斯·萨克塞:《生态哲学》,文韬、佩云译,北京:东方出版社,1991年版。

[德]黑格尔:《哲学史讲演录》,贺麟、王太庆译,北京:商务印书馆,1959年版。

[德]康德:《判断力批判》,宗白华译,北京:商务印书馆,1987年版。

[法]阿尔贝特·史怀泽:《敬畏生命》,陈泽环译,上海:上海社会科学院出版社,1992年版。

[法]塞尔日·莫斯科维奇:《还自然之魅——对生态运动的思考》,庄晨燕、邱寅晨译,于硕校,北京:生活·读书·新知三联书店,2005年版。

[美]奥尔多·利奥波德:《沙乡年鉴》,侯文蕙译,长春:吉林人民出版社,1997年版。

[美]芭芭拉·沃德、勒内·杜博斯:《只有一个地球——对一个小小行星的关怀和维护》,《国外公害丛书》编委会译校,长春:吉林人民出版社,1997年版。

[美]巴里·康芒纳著:《封闭的循环——自然、人和技术》,侯文蕙译,长春:吉林人民出版社,1997年版。

[美]戴斯·贾斯丁:《环境伦理学——环境哲学导论》,林官明译,北

京:北京大学出版社,2002 年版。

［美］霍尔姆斯·罗尔斯顿 III:《哲学走向荒野》,刘耳、叶平译,长春:吉林人民出版社,2000 年版。

《环境伦理学——大自然的价值及人对大自然的义务》,杨通进译,北京:中国社会科学出版社,2000 年版。

［美］卡洛琳·麦茜特:《自然之死——妇女、生态和科学革命》,吴国盛等译,长春:吉林人民出版社,1999 年版。

［美］R. 纳什:《大自然的权利——生态思想史》,杨通进译,青岛:青岛出版社,1999 年版。

［美］汤姆·雷根、卡尔·柯亨:《动物权利论争》,杨通进、江娅译,北京:中国政法大学出版社,2005 年版。

［美］唐纳德·沃斯特:《自然的经济体系——生态思想史》,侯文蕙译,北京:商务印书馆,1999 年版。

［美］尤金·哈格罗夫:《环境伦理学基础》,杨通进译,重庆:重庆出版社,2007 年出版。

［美］詹姆斯·奥康纳著:《自然的理由——生态马克思主义研究》,唐正东、臧佩洪译,南京:南京大学出版社,2003 年版。

［日］岩佐茂:《环境的思想》,韩立新等译,北京:中央编译出版社,1997 年版。

［日］安居香山、中村彰八辑:《纬书集成》上,石家庄:河北人民出版社,1996 年版。

［英］边沁:《道德与立法原理导论》,时殷弘译,北京:商务印书馆,2000 年版。

五、外文著作/论文

J. Baird Callicott and Roger T. Ames, *Nature in Asian traditions of Thought*(Albay:State University of New York Press,1989).

Barnhill, David Landis. "Review of Confucianism and Ecology,The Interrelation of Heaven, Earth, and Humans," eds. Mary Evelyn Tucker and John Berthrong. *Worldviews*: *Environment*, *Culture*, *Religion*

4, no. 1 (2000): pp. 94-99.

Berger, Antony, *Dark Nature in Classic Chinese Thought*. Victoria, BC: Centre for Studies in Religion and Society, (Press of University of Victoria, 1999).

Berthrong, John. "Confucian Views of Nature," In Nature Across Cultures: Views of Nature and the Environment in Non-Western Cultures, ed. Helaine Selin, pp. 373-392. (The Hague and London: Kluwer Academic Publishers, 2003).

Blakeley, Donald, "Listening to the Animals: The Confucian View of Animal Welfare," *Journal of Chinese Philosophy* 30, No. 2 (2003): pp. 137-157.

Cheng, Chungying. "On the Environmental Ethics of the Tao and the Ch'I," *Environmental Ethics* 8, no. 4 (winter 1986): pp. 351-370.

Hargrove, Eugene, Ed. *The Animal Rights/Environmental Ethics Debate: The Environmental Perspective* (State University of New York Press, 1992).

Huang, Yong, "Cheng Brothers' Neo-Confucian Virtue Ethics: The Identity of Virtue and Nature," Journal of Chinese Philosophy 30, No. 3-4 (2003): pp. 451-467.

Holmes Rolston III, "Can East Help the West to Value Nature?" *Philosophy East and West*, Vol. 37, No. 2 (April 1987). pp. 171-190.

Helmos Rolston, III, Holmes. *Environmental Ethics* (Temple University Press, 1988).

Inada, Kenneth K. "The Cosmological Basis of Chinese Ethical Discourse," *Journal of Chinese Philosophy* 32, No. 1 (2005): pp. 35-46.

Mary Evelyn Tucker, "The Philosoohy of Ch'i as an Ecological Cosmology," in *Confucianism and Ecology: The Interrelation of Heaven, Earth, and Humans*. eds. Tucker, Mary and John Berthrong, (Cambridge, Mass.: Harvard University Press, 1998).

Patterson, John, *Back to Nature: A Daoist Philosophy for the Environment*. Aotearoa(New Zealand: Campus Press, 1997).

Philip J. Ivanhoe, "*Early Confucianism and Enviormental Ethics,* " *Confucianism and Ecology: The Interrelation of Heaven, Earth, and Humans*. eds. Tucker, Mary and John Berthrong, (Cambridge, Mass.: Harvard University Press, 1998).

Rodney L. Taylor, "Companionship with the World: Roots and Btranches of a Confucian Ecology," *in Confucianism and Ecology: The Interrelation of Heaven, Earth, and Humans*. eds. Tucker, Mary and John Berthrong, (Cambridge, Mass.: Harvard University Press, 1998).

Snyder, Samuel. "Chinese Traditions and Ecology: A Survey Article," *Worldviews: Environment, Culture, Religion* 10, No. 1 (2006): pp. 100-134.

Tu, Weiming,"The Ecological Turn in New Confucian Humanism: Implications for China and the World," *Daedalus* 130, No. 4 (2001): pp. 243-264.

Tucker, Mary, "Ecological Themes in Taoism and Confucianism," in *Worldviews and Ecology: Religion, Philosophy, and the Environment*, eds. John Grim and Mary Evelyn Tucker, (Maryknoll, N.Y.: Orbis Books, 1994)pp. 150-160.

Tucker, Mary and John Berthrong, eds. *Confucianism and Ecology: The Interrelation of Heaven, Earth, and Humans* (Cambridge, Mass.: Harvard University Press, 1998).

Weber, Ralph, "Oneness and Particularity in Chinese Natural Cosmology: the Notion of Tianrenheyi," *Asian Philosophy* 15, No. 2 (2005): pp. 191-205.

人名索引

A

阿奎那·托马斯　17
艾文荷·菲利浦　24,25

B

贝塔朗菲　40,43—45
边沁　18,49,305
伯阳父　154,155,177,178,191,250
伯益　121,159,160
伯宗　147
布拉克雷·唐纳德　32,33,51,54,70,80,97
布鲁克纳·约翰　218,228,236

C

蔡邕　88
曹刿　62,63
晁错　94,102
陈荣捷　178
成中英　16,21,24,34
程颢　19,20,28,68,224,273,283,287,288,292,295,299
程颐　20,28,38,194,195,221,222,231,238,287,288
程子　20,222,240,241,287,290,292,296,298

D

大程　296
达尔文　18,25
戴震　287,291
德迪夫·克里斯蒂安　41
笛卡儿　5,17
董仲舒　20,22,23,28,58,59,86,92,94,99,133,148,155,169—172,185—187,192,240,271,272,278,284
杜维明　178,179

E

恩格斯　3
恩培多克勒　131

F

法雄　57
费希特　5
冯友兰　21,187,214,215,266,271,272,273

G

盖娅　42,43,132
高亨　151
高辛　94

高诱 58
格里芬·大卫 72
公刘 95,118,137,172,173
共工 75,144
贡禹 148,254
古公亶父 118
顾颉刚 135
鲧 75,150,156,174,175,190,258
郭象 15

H

哈格罗夫·尤金 4,6,9,49,52,305
海克尔,恩斯特 11
韩愈 60
何休 139,169
赫拉克利特 45
黑格尔 5,168
后稷 116,118,137
后土 75,144,145
华阳子 147
怀特·吉尔伯特 211
怀特·小林恩 4
怀特海 212
黄帝 75,94,113,116,117,144,191,208,209
黄勇 39

J

箕子 104,113,147,149,174,255,258
贾公彦 71,92,101,140,162,284
贾谊 55,93,94
杰勒德·拉尔夫 36
金岳霖 2,26,29,37,44,263,266,295,297
景帝 94,102

K

凯尔顿·迈克尔 3,7,18
康德 5,15,17,33,48,181,228
康叔 92
克里考特 49
克鲁奇·约瑟夫 213,298
孔安国 92
孔颖达 76,78,81,83,111,121,131,144,150,151,166,188,189,195,201,206—208,215,220,226,229,240—247,249,252,262,290
孔子 19,32,38,55,60,63,70,72,79,82,83,86,92,94,97,102,105,108,117,135,143,145,156,159,165,169,189,199,200,202,240,243,244,246,250,252,259—261,268,271,283,284,291,299

L

拉夫洛克 42,132
老子 14,62,67,68,177,178,197,240,259—261
雷根·汤姆 50
李冰 115,157
李道平 149
李寻 149
李约瑟 113
里革 69,70,190
利奥波德·奥尔多 18,47,49,132,133,140,154,164,212,262,263,297

梁漱溟　45
林奈·卡洛勒斯　25,26,212,218
泠纶　209
刘起釪　135
刘向　109,163
刘勰　105
鲁恭　56,120
吕不韦　88
吕与叔　189,280
栾调甫　176
罗尔斯顿·霍尔姆斯　6,8,9,16,18,
　　27,29,34,35—37,44,49,154,218,
　　228,236,237,264,265,278,282,
　　284,290,298,299,302
洛克　6,30,48

M
马克思　29
蒙培元　15,302,334
孟子　20,55,56,63—65,73,74,92,
　　93,96,97,99,112,114,124,134,
　　140,143,156,158,175,176,178,
　　186,191,259,261,266,268,270,
　　277,283,284,288,291,293,295,
　　296,298
摩尔　33
墨子　50,175—177
莫斯科维奇·塞尔日　72
牟宗三　291

N
兒宽　163
牛顿　212,248

诺顿　26,27

P
帕斯莫尔　48
培根　5,212
蒲松龄　109

S
桑子敏雄　194
单穆公　100
单襄公　102,158
商汤　55,59,94,168
商鞅　119,139
神农　115—117
沈起元　287
史伯　177,193
舜　73,75,79,83,112,118,120,121,
　　143,156,208,209,260,271,282
司马迁　94,115—117,177,210,261
宋均　57,58
孙武　175
孙星衍　92,93
梭罗　297

T
塔克·玛丽　179
太子晋　153,188,190,191,254
泰勒　31,34,49
谭诚甫　176
谭嗣同　295
汤一介　23,302,334
唐玄宗　299

W

王充　15,106,109,111,160,233
王夫之　24,28,248,302
王符　95,103,112
王孙圉　99,100
王阳明　19,28,239,283,291—293,295,303,304
维特根斯坦　46
文王　64,65,68,75,79,83,92,173,199,201,271
沃伦　50
沃斯特·唐纳德　16,25,37,73,87,195,212,213—265
武王　75,93,113,174,199,210,258,271

X

西门豹　115,157,159
奚仲　113
辛德·萨缪尔　7
辛格·彼得　18,49
休谟　33
荀首　150
荀子　63,66,84,96—98,101,113,124,138,146,163,169,193,200,204,206,246,250,261,262,276—278,300,302

Y

亚里士多德　14,17,25
岩佐茂　48
颜路　60
颜师古　112,119,163,188
颜渊　60
尧　73,75,79,112,118,136,143,156,160,164,208,209,249,250,254,268,271,282
益　112,113,
应劭　108,109
有巢氏　113
禹　73,75,112,129,135—137,143,148—150,156,157,159,168,174,175,190,191,208,209,258,260,261

Z

张岱年　38
张辽　108
张载　19,28,94,171,189,194,195,197,221,228,233,237,244,247,248,262,270—272,290,296
赵岐　267
郑国　115,119,157,159
郑玄　20,67,69,71,83,85—88,92,101,111,114,117,119—121,125,128,130,131,140,144,166,175,188,189,203,205,208,241—243,262,283,284
郑众　58,61,119
周敦颐　178,216,226,240,247,262,267—269,279,287,292
周公　68,194,199,271
朱伯崑　180,181,216
朱熹　20,28,38,84,244
朱子　61,105,178,219—239,241,245,248,253,260,262,266,269,276,279—282,285—293,296,

298,299
颛顼 75,94,208
庄子 15,46,163,177,178,197,198,
233,237,238,259,262,265,276,303
子产 99,158
子大叔 175,176
子犯 134
子路 60
子夏 200,201
邹衍 177

概念索引

A

爱有差等 92,303,305

B

报本反始 77,80,144,145
本质主义 41,44—46

C

诚 2,78,171,186,235,238,244,249,250,254,266—272,292,296,298,303,307
川竭国亡 146,154,155,254
存在论 30,31
错综论 22,213,214,218

D

导气 146,153,163,164,190,253
道德共同体 7,17—21,47,51,54,55,59,91,94,95,97,129,132,146,149,284,303,305,308
道德引导价值 30,38
DDT 1
DNA 40,41,44
动态平衡 35,43,257,275
动物 4,5,7,12,13,17—19,25—27,29,32,33,43,44,47—51,54—62,64,65,67—74,79—95,105,109,115,117,120,130,132,133,136—139,147,152,168,182,206—208,211,239,253,263,275,277—282,284,295,300,301,304,305,307,308
动植物 2,17,30,41,42,69,92,97,133,135,154,208,239,280,300

F

泛神论 3,111
非人类中心主义 26,33,49,53,54
复 46,87,113,126,153,188,194,196,204,210,212,216,218,221—224,230,234—237,244,245,267,286,296,297
复魅 72

G

盖然性理论 213
感 22,186,190,193—201,203,206,207,210,213,216,229,234,235,238,243,244,247,272,283,291—293,295—297
个体主义 49,51
工具价值 30,32
工具性价值 26,30,31,32,38,59,154

功夫论　171，257，265，266，268，270，
　　283，289，296
国主山川　146，147

H

合目的　15，16，29，37，197，215，218，
　　228，232，233
和　85，101，142，151—153，171，177，
　　178，183，188，191—194，196—208，
　　210，214，215，220，226，228，229，
　　234，239，250，255，257，262，265，289
和气　84，106，191，，262，279，293，
和谐　9，16，49，80，84，110，135，140，
　　158，161，193，197，201，205，206，
　　211，212，220，226，228，257，261，307
还原论　16，22，41，44，212
还原主义　41，44
环境　1，2，7—13，16，24，33，43—46，
　　49，51，54，84，85，86，98，101，105，
　　106，112，115，122，128，132，149，
　　157，170，194，212，214，255，264，
　　278，290，302，305，307
环境伦理　7，10，49，180
混沌论　213

J

机械论　16，187，212
基督教　4，25，111，170，212
继善成性　219，267
祭祀　51，54，59，61，64，67—69，72—
　　81，88，99，108，110，111，112，114，
　　115，121，123，129，135，136，144—
　　147，151，152，155，163—170，182，
　　183，185，189，208，211，220，238，
　　252，255，304
家族类似　45—47
价值　4—7，9，15—17，20，21，25—27，
　　29—38，50—52，54，64，70，77，80，
　　81，84，87，92，133，154，171，197，
　　198，205，212，214，228，232，236—
　　239，261，262，264，265，267，268，
　　271，272，277，278，281—283，299，
　　300，303
价值观　27，38，95，196，198，232，233，
　　238，264，265，270，306
尽性　38，51，52，269，299—301，
　　303，308
境界　21，171，193，257，271—273，
　　276，282，283，289，296，300，301，
　　303，308
九州　75，122，136，143，177

L

劳动附加价值　30，31
理念　5，7，9，16，55，90，143
利　20，21，193，220，221，223，224，
　　235，267，268，285，286，289
利益　5，25，26，32—34，48，52，53，54，
　　65，115，169，234，259，305
良知　18，19，272，277，284，290，291，
　　293，304

N

内在关系　21，23，186，187，254
内在价值　5—7，26，30—32，38，50，
　　53，54，64，123，154，300，305

Q

启蒙运动　1,3,5,6,9,170
气　1,2,6,10—13,22,23,29,38,58,
　　64,67,69,70,74,81,84,85,94,98,
　　99,101,106—111,117,124,125,
　　130,132,142,145,146,148,151—
　　155,163,164,168,171,172,175,
　　177—198,203—207,209—211,
　　215,216,218—227,229,230,232—
　　234,236—242,244—250,252—
　　255,257,259,262—265,268,272,
　　274,275,277—283,287—289,
　　291—296,306
强人类中心主义　25,26,27
祛魅　5,72,108,160,170
权利　18,25,32,44,47—53,160,297,
　　299,308

R

仁　19—21,25,26,28,39,48,51,54—
　　58,63,65,71,72,76,80,82,84,86,
　　91—95,97—99,122,124,143,165,
　　171,174,176,180,186,202,203,
　　224,226,243,244,257,267—269,
　　272,273,278,280,281,283—298,
　　300,301,304,305,308
人本主义　4,169,282
人副天数　185,272
人类中心主义　3,4,5,11,12,24,25,
　　30,31,33,48,92,281,295,303
弱人类中心主义　26,27

S

人本主义　4,169,282
人副天数　185,272
人类中心主义　3—5,11,12,24—26,
　　30,31,33,48,92,281,295,303
弱人类中心主义　26,27,54
三元价值矩阵　32,54
社稷　74,76,99,106—108,122,134,
　　135,136,141,144,145,165,166,
　　185,192
神　4,17,25,27,42,47,54,58,59,67,
　　68,72—78,80—86,89,105,106,
　　108—112,117,118,121,135—137,
　　144—146,148,151,152,155,156,
　　160,164—170,178,182,184—186,
　　188,189,192—194,205,206,211,
　　225,233,238,242,243,246—248,
　　250—252,255,266,273,292—294,
　　297,301
神妙不测　246
神妙莫测　247,267
神性　3,72,81,130,144,168
生命　5,7,15,16,18,27,31,32,34,
　　35,37—47,49,50,51,53—57,59,
　　64,68,69,71,72,81,85,87,91,95,
　　97,104,105,123,124,129,132,146,
　　150,152,154,171,178,179,180,
　　187,193,194,212,214,215,217,
　　218,220,225—228,232,235—239,
　　253—255,263,264,277,278,284,
　　285,287,290,297—300,304,308
生生　9,10,15,16,20,21,23,24,29,
　　37—39,80,193,195—197,205,

206,211,214—219,221,224,227—229,232—239,241,242,246,250,254,257,263,265,268,272,283,285—287,289,290,291,299,304,307,308

生态 1—4,6—13,16,18,19,22,23,28—31,35—37,41,42,46,49,52,59,61,64,68,80,81,84,94,97—99,101,106,108,109,111,115,119,122,123,127,128,130,132,135,140,142—144,146—148,150—153,155,158,164,171,182,185,186,192,193,195,198,200,201,203—205,207—209,211—214,218,220,228,232,236,239,248,251,254,261,265,270,274—276,283,284,290,297,302—305,307,308

生态规律 23,35,36,214,254,256

生态圈 10,12,28,37,44,49,152,303,307

生态文明 6

生态学 11,12,16,23,25,29,34,35,37,86,87,106,133,154,213,218,254,268—270,274,305

生态哲学 3,6,8,10,16,18,21,34,43,48,49,51,64,87,94,132,164,171,179,228,236,237,239,257,263,265,283,297,299,305

生物圈 10,12,22,23,41,44

生意 20,21,222,224,236,237,283,285—291,294,304,306

时 171,172,176,177,182,183,185,186,190—193,196,197,200,201,204—206,209,216—218,223,226,227,231,232,235,239—242,244—246,248—255,257,260,268,269,272,288

时序 239,248—250

使用价值 5,30,31,33,51,54,59,67,92,95,111,112

水曰润下 149,151,157,175,191,255,258

死亡 2,37,46,47,93,120,132,133,227,232,233,235—239,254,274,300

四灵 81—83,86,105,188

T

太极 28,37,84,178,215,216,240,266,276,279,280,288

天道 2,7,15,20,30—33,38,39,49,51,54,77,80,98,117,123,193,206,239,240—246,248—250,252—254,258,266—268,276,279,285

天地生物之心 222,235,283,289,290,293

天地之大德曰生 15,51,211,215,217,218,221,285

天地之心 15,38,153,178,221—224,235,237,273,277,286,289,290,291,293,299,302,302

天人感应 22,186,187,272

天人合一 5,7,20,21,28,39,80,152,171,186,215,257,261,262,264,—268,270—276,283,289,290,295,

297,301,302

天人一体 20,21,22,270,296

通 46,101,106—108,142,145,146,
150,153,155,166,171,181,187,
188—194,196,197,201,205,210,
215,220,223,225,229,230,234,
235,238,239,241—244,247,249,
253,254,257,262,263,266,267,
271—274,280—282,285,290—
295,298,299,303

通气 108,145,153,187—192,210,
230,241,253,254

土地 1,2,6,18,28,42,47,49,50,52,
73,91,92,98,99,102,105—107,
113,114,117—120,122,129—145,
159,165,182,192,211,252,300

土地伦理 18,47,49,133

土化之法 138

土会之法 135,137,138,141

土壤 2,10,11,13,47,101,104,105,
114,115,119,120,122,129,130,
132,133,135,136,138,139,151,
154,159,163,210,263,270

土宜之法 119,135,137,141

W

外在关系 21,23,254

我思 5

无为 15,243,244,257,260,261,
262,291

五行 38,74—77,93,104,105,109,
113,117,130,131,144,146—149,
151,167,172,174—178,182,184—

186—188,191,215,216,240,241,
250,251,253,255,258,259,272,
279,281,289

五行化 172,181,182,184—186,
208,252

物自体 5

X

相地而衰征 142

形而上学 3,4,26,34,45,53,214,
215,228,273

休耕 119,120,129,135,139,140

宣气 70,190,209

Y

一阴一阳之谓道 28,38,180,181,
193,219,227,232,239,246,266,
267,307

一元之气 223,289

易 9,15,20,24,28,38,67,71,77,78,
100,104,130,131,149,150,152,
153,160,174,180,181,191—198,
211,214—220,224,225—232,235,
240—248,251—253,261,265—
268,270,283,285,286,289,291,
300,308

阴阳 8,22,28,69,77,85,94,101,
131,137,142,148,151,152,154,
165,170—174,177,178,180,181,
184—188,190,192,193,195—198,
201,203—211,214—216,219,
223—227,229—234,238—242,
244—247,255,262,265,266,272,

279,291
有机论 22,212,213
有机体 23,43,45,145,212,297
与天地万物为一体 7,19,28,270—272,276,296,298,301,305
与物同体 19,20,28,273,283,293,296,297,304
元 20,21,195,220,221,224,225,226,227,234,235,267,268,271,285,286—289
元气 130,215,240
爰田 119,139
辕田 119,139
乐 83,119,198—210,211

Z

贞 20,21,193,220,221,223,224,226,234,235,267,268,271,285,286,289
整体性 16,29,34,40,45,49,73,154,186,253,270
整体主义 49,51
植物 7,12,18,19,25,29,43,44,47—50,59,62,74,91—97,104—106,109,112,116,129,130,132,133,135—138,147,152,164,181,206,208,210,221,227,253,275,286,300,287,300,304,305,308
主体性 4,5,29,161,271,302,303,308
助气 190,191
自然 1—10,12—17,19,21—28,30—33,35—38,40,42,44,46—50,54,58,66,70,72,75,80,81,85,87,92,93,97—100,105,106,108,109,111—113,120,122,124,131,132,135,147,148,153,154,158,160,161,163,168,170—172,179,180,181,187,189—192,195—198,201,204,208,210—214,217,218,225,226,228,229,232,234,236,237,239,242—246,248,249,252—255,257,258,260,261,263—269,273—276,278,282,284,287,290,295,297—299,301—308
自然保护 52,64,65,87,264
自然观 124,211,212,214,229,253,274
自然规律 21,23,53,254,255
自然界 3,5,6,13—17,19,20,23,25,27,33,38,47,48,51,105,113,132,152,171,177,196,201,208,212—215,217,218,224,225,227,232,233,236,245,247,257,263,266,269,275,295,297,302,303,307
自然哲学 193,195,197,215,227,244—246,249,251,253
自由 34,37,48,50,73,160,161,212

后 记

本书是教育部规划项目"儒家生态哲学思想研究"(08JA720017)课题的最终成果。

在撰写本书之前，孔子基金会邀请我写一本儒家生态文化的书，要求篇幅12万字，通俗易懂，不引出处，作为世界各国孔子学院的教材。我写成了《泽及草木、恩至水土——儒家生态文化》一书。去年10月的一天，我去看望汤一介先生，顺便汇报了《儒家生态文化》的研究情况。汤先生浏览了一下书稿的目录和内容后说："很好。你再写一本学术版的，我帮你出版。"我很受鼓舞，也很感动。我是汤先生较早的学生。1986年，汤先生在北大哲学系主办"中西哲学比较博士研究生班"，我是那一批学生之一。1988年，按照哲学系对这个班的规划，我转为博士生，跟随朱伯崑先生专攻宋明理学。历史上，朱陆门人递相出入。在现代学术格局下的哲学系师生，更是没有门户意识。所有老师对于每一名学生，都是奖掖诱劝，一视同仁；所有学生对于每一位老师，也都是仰慕感佩，敬重有加。我们十分珍惜难得的机会，希望多学到哪怕一分老师们的学问。我是朱先生的博士生，可是从那时直到现在，在学术研究上，也时常向汤先生请教，获益良多。除了他们，我还时常向中国哲学专业的张岱年、楼宇烈、陈鼓应、许抗生、魏常海、李中华、陈来、王守常以及西哲专业的王太庆、朱德生、赵敦华等诸位先生讨教，也都受益良多。近几年我还为个人的一些事情多次叨扰汤先生、陈先生、楼先生、陈来先生。他们每次都不嫌麻烦地帮助了我。我感铭于心。

汤先生把这本书列为他所主持的《儒藏》编纂与研究中心第一批书目，受此鼓舞，我用三个月的时间一鼓作气把学术版的书稿写完了。学术版和通俗版虽然主题相似，使用的材料有不少也都相同，但篇幅增加了一倍,增加的部分是第一章全部和部分章节的论证等。第一章概述了生态哲学一般问题和儒家对这些问题的态度,使儒家哲学和当代生态哲学能够相互定位——海德格尔说,研究就是定位(Erfortchung)——以加深读者对双方的了解。学术版引用的古代史料都是原文,并且都注明了出处。通俗版则把古代史料译成了现代汉语,有不少还是拆开分头表述的。在文风上,通俗版注重流畅、浅显,学术版则稍显凝重,可能还会有些沉滞,读者谅之。两版最大的区别,当然是在研究的深度上。通俗版偏重于"文化",学术版则偏重于"哲学"。学术版广泛引用了当代生态哲学家的成果,拿来与儒家生态哲学加以比较;又较为全面地吸收了当代儒家生态哲学研究者的成果;其中对于儒家生态哲学的范畴、天人合一的探讨等,在我有限的认识上感觉比通俗版都有不小的深入。

书稿写成后,按照《儒藏》编纂与研究中心的规定,须有两位先生审读推荐。汤先生、蒙培元先生不厌其烦地承担了书稿的审读工作。我是农历廿九把书稿送给两位先生的。汤先生已是耄耋之年,近年来身体欠佳;蒙先生也已过"从心所欲"之岁,且有腰疾。二位先生过年期间为我审稿,真让作为学生的我不胜感激。他们的谬奖,我感动地接受;他们的建议,我则认真地领会。这是因为,他们的建议中凝结了他们一生的学术心得,岂可轻易看过!汤先生的建议是:

  作者是否应注意,儒家生态思想虽可有其普遍性意义的价值,但是否也有其时代的局限性,因为工业化社会毕竟与以农耕为基础的社会不大一样。

这是一个对于一项研究钻进去后能否走出来的问题,进而言之又是一个事关人类存在的问题。我在修改过程中注意到了儒家对于动物给予道德评价的局限,注意到了儒家的生态保护的认识和提出的措施因缺乏科学性而带有的局限性,也注意到罗尔斯顿等学者对于东方生态思想的评论,不过,对于儒家生态哲学的局限性的总体性认识,我必须坦率地承认,还有待于进一步的研究。

蒙先生的一个建议是:

> 生态学有多层次的内容、跨学科的性质,不只限于"用科学方法研究"形而上学一层含义,儒家的天人合一,也不只是"因天",还有"为天地立心"。只强调科学一面,就容易忽视儒家生态思想的人文价值。应补充。

这个意见也非常好。生态学用科学方法研究形而上学,的确是一个表述上的漏洞。我本来想要说的意思是,作为科学的生态学,是用科学的方法在研究一个过去属于形而上学的问题。按照蒙先生的建议,书稿中已经把相应地方的"生态学"改为"生态科学"。关于天人合一不止是"因天"一点,也是一条很重要的建议,涉及儒家的特性问题。我因为对于"因"、"无为"的考证有些心得,不免多说了几句,反而使儒家的"为天地立心"的方面受到遮蔽;文中的表述的确有偏于因循无为一面之虞。在修改中,我注意突出儒家的天心在人,天心通过人心实现的内容。这一部分内容,实际上也是我正月十八日那天去蒙先生家取推荐书时,通过跟蒙先生的讨论,又吸收他的《人与自然——中国哲学生态观》一书的相关结论后改定的。对于二位先生的点拨,我由衷地感谢!

中国哲学这门学科从产生以来,就一直存在把西方哲学作为方法论的特点。我在自己的一本尚未出版的书稿中指出,这样做的结果是,中国哲学研究的进展往往由西方哲学的进展来决定,中国哲学的价值常常由西方哲学的价值来贞定;总是先有了西方的什么新哲学,然后中国哲学的这方面的意义或价值才得到认识和发掘。既然如此,人们就不免会产生疑问,中国哲学自在的或本有的价值究竟是什么?具体到这项研究来说,用生态哲学来研究中国哲学,会不会又是一种很可能昙花一现的学术时髦?这个问题困扰了我很久。我想,敏锐的读者在要读此书之前,一定也会同怀此忧。在这里,我把自己的几条不一定十分成熟的思考公布出来,与大家分享。不妥之处,也请批评。第一条,儒家哲学本质上是生态哲学。原来我是用"儒家哲学的生态维度"来研究这个课题的,但随着研究的深入,我发现仅仅用生态维度是不够的。儒家哲学一直有天人合一的原则,这是生态哲学的原则;儒家哲学有一定程度的生态危机意识,提出了相当系统的生态维护措施。从这几个方面来讲,它本质上就是生态哲学。当然,我们说是本质上,不是说主题上;不是说儒家哲学所讨论的仅仅是或者主要是这个问题。另外,由于儒家哲学没有遭遇现代生态危机,又缺乏现代科学知识,它所提出的措施现在看来不一定都还有现实意义。但是,重要的是它的生态的思维方式对于哲学与文化的定型作用。这是对我们今天的人类能够有所启发的地方。第二条,儒家的生态哲学不仅是一种思维方式,也表示一种存在方式,是中华民族在数千年历史中能够贞下起元、生生不息的存在方式的表述。我们今天研究儒家生态哲学,不仅是在研究哲学,也是在探询中华民族的存在方式;也是在亲近历史,成为历史的一部分;也是探索人类文明未来发展的模式。第三条,对于这一题目的研究活动本身把自己和历史、和当今人类的存在状态联系起来了,使自己的当下存在获得了异于往常的意义。这样思考,我感觉这个研究课题的意义"一时明亮起来了",不知读者诸君此时能否得到与我相同的感受。无论如何,我是会把这类题目继续研究下去的。接下来我计划研究儒家生态哲学史、中国生态哲学史,把这些作为中国的自然哲学,再进一步研究中国的精神哲学。张载曾说:"为天地立心,为生民立命,为往圣继绝学,为万世开太平。"生乎当今之世,如何立而又立,继而复开?探询古圣先贤,思考当下人类的研究活动,应该算得上是其中的一个方面吧。

  书稿的目录和索引是渤海大学申淑华同志帮我制作的,天津医科大学王汐朋同志也参加了部分工作。北京大学《儒藏》编纂与研究中心的胡仲平兄帮我与汤先生、北京大学出版社做了不少联络工作,责编王长民同志付出了不少劳动,责编肖雪同志在身体尚未康复的情况下编辑这份书稿,对他们付出的劳动,我表示诚挚的感谢!

乔清举

2011 年 3 月 20 日